DIE KIRCHE IN IHRER GESCHICHTE

Rudolf Lorenz, Das vierte Jahrhundert

DIE KIRCHE IN IHRER GESCHICHTE

Ein Handbuch

begründet von Kurt Dietrich Schmidt und Ernst Wolf
herausgegeben von Bernd Moeller

Band 1, Lieferung C 2

Rudolf Lorenz
Das vierte Jahrhundert
(Der Osten)

VANDENHOECK & RUPRECHT IN GÖTTINGEN

DAS VIERTE JAHRHUNDERT
(DER OSTEN)

von

Rudolf Lorenz

VℛR

VANDENHOECK & RUPRECHT IN GÖTTINGEN

Die Deutsche Bibliothek - CIP-Einheitsaufnahme

Die *Kirche in ihrer Geschichte*: ein Handbuch /
begr. von Kurt Dietrich Schmidt und Ernst Wolf.
Hrsg. von Bernd Moeller. –
Göttingen: Vandenhoeck und Ruprecht.

NE: Schmidt, Kurt Dietrich [Begr.]; Moeller, Bernd [Hrsg.]

Lfg. C,2: Bd. 1. Das vierte Jahrhundert: (der Osten) /
von Rudolf Lorenz. – 1992
ISBN 3-525-52308-4
NE: Lorenz, Rudolf

ABKÜRZUNGSVERZEICHNIS

für „Die Kirche in ihrer Geschichte".

Ein Handbuch im Verlag von Vandenhoeck & Ruprecht in Göttingen

AMz	Abhandlungen (der geistes- u. sozialwissenschaftl. Klasse) der Akademie der Wissenschaften u. der Literatur, Mainz
AS	Acta Apostolicae Sedis
BA	Abhandlungen der Preußischen (Deutschen) Akademie der Wissenschaften zu Berlin
CW	Ancient Christian Writers
DB	Allgemeine Deutsche Biographie
elsKG	Archiv für elsässische Kirchengeschichte (Archives de l'Eglise d'Alsace)
ESC	Annales. Economies-Sociétés-Civilisations
FH	Archivum Franciscanum Historicum
FP	Archivum Fratrum Praedicatorum
Franc	Analecta Franciscana
GF-G	Veröffentlichungen der Arbeitsgemeinschaft für Forschung des Landes Nordrhein-Westfalen – Geisteswiss.
GG	Abhandlungen der Gesellschaft (Akademie) der Wissenschaften zu Göttingen
GK	Arbeiten zur Geschichte des Kirchenkampfes
HA	Abhandlungen der Heidelberger Akademie der Wissenschaften, Phil.-hist. Kl.
HC	Annuarium Historiae Conciliorum
HDL	Archives d'Histoire Doctrinale et Littéraire du Moyen Age
HP	Archivum Historiae Pontificiae
HR	American Historical Review
HSJ	Archivum Historicum Societatis Jesu
kathKR	Archiv für kath. Kirchenrecht
KG	Arbeiten zur Kirchengeschichte
KultG	Archiv für Kulturgeschichte
LKgMA	Archiv für Literatur- und Kirchengeschichte des Mittelalters
LMA	Archivum Latinitatis Medii Aevi
LW	Archiv für Liturgiewissenschaft
MA	Abhandlungen der Bayerischen Akademie d. Wissenschaften zu München
mrhKG	Archiv für mittelrheinische Kirchengeschichte
nBoll	Analecta Bollandiana
nOr	Analecta Orientalia
RG	Archiv für Reformationsgeschichte
RW	Archiv für Religionswissenschaft
S	Acta Sanctorum
schlesKG	Archiv für schlesische Kirchengeschichte
SG	Abhandlungen der Sächsischen Gesellschaft der Wissenschaften, Phil.-hist. Kl.
SLomb	Archivio Storico Lombardo
SRom	Archivio della (R.) Società Romana di Storia Patria
SS	Acta Sanctae Sedis
uC	J. F. Dölger, Antike und Christentum, Bd. 1-5, 1929–1950
Bardenhewer	O. B., Geschichte der altkirchlichen Literatur, Bd. 1-4, 2. Aufl. 1913–24; Bd. 5, 1932
Barth, PrTh	K. B., Die protestantische Theologie im 19. Jh., 5. Aufl. 1985
BDL	Blätter für deutsche Landesgeschichte

BECh	Bibliothèque de l'Ecole des Chartes
BEH	Bibliothèque de l'Ecole des Hautes Études
BFChrTh	Beiträge zur Förderung christlicher Theologie
BGPhMA	Beiträge zur Geschichte der Philosophie (und Theologie) des Mittelalters
BhistTh	Beiträge zur historischen Theologie
BHR	Bibliothèque d'Humanisme et Renaissance
BKV	Bibliothek der Kirchenväter
BpfälzKG	Blätter für pfälzische Kirchengeschichte und rel. Volkskunde
BSA	Berichte der Sächsischen Akademie der Wissenschaften
BSHP	Bulletin de la Société de l'Histoire du Protestantisme Français
BSKG	Beiträge zur sächsischen Kirchengeschichte
BSLK	Die Bekenntnisschriften der Ev.-luth. Kirche, hrsg. vom Deutschen Ev. Kirchenausschuß, 10. Aufl. 1986
BSTVald	Bollettino della Società di Studi Valdesi
BThAM	Bulletin de Théologie Ancienne et Médiévale
BwürttKG	Blätter für württembergische Kirchengeschichte
ByF	Byzantinische Forschungen
ByzZ	Byzantinische Zeitschrift
Caspar	E. C., Geschichte des Papsttums von den Anfängen bis zur Höhe der Weltherrschaft, Bd 1-2, 1930–33
CathEnc	The Catholic Encyclopedia, Bd 1-15 u Suppl., 1907–22
CCath	Corpus Catholicorum
CChr	Corpus Christianorum
CConf	Corpus Confessionum
ChH	Church History
CHR	Catholic Historical Review
CIG	Corpus Inscriptionum Graecarum
CIJ	Corpus Inscriptionum Judaicarum
CIL	Corpus Inscriptionum Latinarum
CIS	Corpus Inscriptionum Semiticarum
COD	Consiliorum Oecumenicorum Decreta, hrsg. v. J. Alberigo, 3. Aufl. 1973
CR	Corpus Reformatorum
CSCO	Corpus Scriptorum Christianorum Orientalium
CSEL	Corpus Scriptorum Ecclesiasticorum Latinorum
DA	Deutsches Archiv für Geschichte (Erforschung) des Mittelalters
DACL	Dictionnaire d'Archéologie Chrétienne et de Liturgie, Bd 1-15, 1907–53
DDC	Dictionnaire de droit canonique, Bd 1-7, 1935–65
DHGE	Dictionnaire d'Histoire et de Géographie Ecclésiastiques, Bd 1-21, 1912–86
DThC	Dictionnaire de Théologie Catholique, Bd 1-15, 1930–50
DVfLG	Deutsche Vierteljahrsschrift für Literaturwissenschaft und Geistesgeschichte

DW	Dahlmann-Waitz, Quellenkunde der deutschen Geschichte, 9. Aufl. hrsg. v. H. Haering; 10. Aufl. hrsg. v. H. Heimpel u. H. Geuß	HEM	A History of the Ecumenical Movemen 1517–1948, hrsg. v. R. Rouse u. St. Ch Neill
EA	M. Luther, Werke, Erlanger Ausgabe	Hennecke	E. H., Nt-liche Apokryphen in dt. Über setzung, Bd 1–2, 5./6. Aufl., hrsg. v. W Schneemelcher, 1989–90
EC	Enciclopedia Cattolica, Bd 1–12, 1949–54	Hennecke Hdb	Handbuch zu den nt-lichen Apokry phen, hrsg. v. E. H., 1904
EHR	English Historical Review		
EKL	Evangelisches Kirchenlexikon, Bd 1–3, 2. Aufl. 1961–62. 3. Aufl. 1986 ff.	HerChr	Herbergen der Christenheit. Jahrbuc für deutsche Kirchengeschichte
Escobar	Ordini e Congregazioni Religiose, hrsg. v. M. E., Bd 1–2, 1951–53	Hermelink	H. H., Das Christentum in der Mensch heitsgeschichte von der Französische Revolution bis zur Gegenwart, Bd 1–3 1951–55
EThL	Ephemerides Theologicae Lovanienses		
Eus	Eusebius, Historia Ecclesiastica, hrsg. v. E. Schwartz, 2. Aufl. 1914		
EvTh	Evang. Theologie	Hirsch	E. H., Geschichte der neuern ev. Theolo gie, Bd 1–5, 3. Aufl. 1964
FChLDG	Forschungen zur christlichen Literatur- u. Dogmengeschichte	HJG	Historisches Jahrbuch der Görresgesell schaft
FDA	Freiburger Diözesan-Archiv	HKG	Handbuch der Kirchengeschichte, hrsg v. G. Krüger, 2. Aufl.
FGLP	Forschungen zur Geschichte und Lehre des Protestantismus	HN	H. Hurter, Nomenclator Literariu Theologiae Catholicae, Bd 1–6, 3. Aufl 1903–13; Bd 1, 4. Aufl. 1926
FKDG	Forschungen zur Kirchen- u. Dogmengeschichte		
FKGG	Forschungen zur Kirchen- und Geistesgeschichte	Holl	K. H., Gesammelte Aufsätze zur Kir chengeschichte, Bd 1, 7. Aufl. 1948; B 2–3, 1928
Fliche-Martin	Histoire de l'église depuis les origines jusqu'à nos jours, hrsg. v. A. F. u. V. M.	HosEc	Hospitium Ecclesiae. Forschungen zu Bremischen Kirchengeschichte
FMSt	Frühmittelalterliche Studien		
FreibThSt	Freiburger Theologische Studien	HPBl	Historisch-politische Blätter für das ka tholische Deutschland
FS	Franziskanische Studien, Werl		
FSt	Franciscan Studies, St. Bonaventure, N. Y.	HRG	Handwörterbuch zur Deutschen Rechts geschichte, 1971 ff.
FuF	Forschungen und Fortschritte	HSW	Handwörterbuch der Sozialwissenschaf ten, Bd 1–12, 1953–68
GCS	Die griechischen christlichen Schriftsteller der ersten drei Jahrhunderte	HThR	Harvard Theological Review
		HV	Historische Vierteljahresschrift
GdV	Geschichtsschreiber der dt. Vorzeit in dt. Bearbeitung	HWPh	Historisches Wörterbuch der Philoso phie Bd 1–6, 1971–84
Gebhardt-Grundmann	B. Gebh., Handbuch der deutschen Geschichte, Bd 1–4, 9. Aufl. hrsg. von H. Gr.	HWSt	Handwörterbuch der Staatswissenschaf ten, Bd 1–8, 4. Aufl. 1923–29
		HZ	Historische Zeitschrift
GGA	Göttingische Gelehrte Anzeigen	ILCV	Inscriptiones Latinae Christianae Vete res
Grabmann	M. G., Geschichte der scholastischen Methode, Bd 1–2, 1909–11 (Nachdruck 1956)	JAC	Jahrbuch für Antike und Christentum
		Jaffé	Ph. J., Regesta Pontificum Romanun ab Condita Ecclesia ad Annum 1198, B 1–2, 2. Aufl. 1885–88 (Nachdruck 1956)
GWU	Geschichte in Wissenschaft und Unterricht		
Haller	J. H., Das Papsttum, Bd 1–5, 2. Aufl. 1950–53 (Nachdruck 1962)	JBrKG	Jahrbuch für (Berlin-)brandenburgisch Kirchengeschichte
Harnack, DG	A. v. H., Lehrbuch der Dogmengeschichte, 5. Aufl. 1931 f. (Nachdruck 1964)	Jedin, Hdb	Handbuch der Kirchengeschichte, hrsg v. H. J.
		JhessKG	Jahrbuch der hessischen Kirchenge schichtlichen Vereinigung
Hauck	A. H., Kirchengeschichte Deutschlands, Bd 1–5/2, 3.–4. Aufl. 1911–29 (Nachdruck 1954)	JEH	Journal of Ecclesiastical History
		JHI	Journal of the History of Ideas
HBAW	Handbuch der classischen Altertumswissenschaft	JLH	Jahrbuch für Liturgik und Hymnologie
		JLW	Jahrbuch für Liturgiewissenschaft
HDG	Handbuch der Dogmengeschichte, hrsg. v. M. Schmaus, J. Geiselmann u. H. Rahner	JndsKG	Jahrbuch der Gesellschaft für nieder sächsische Kirchengeschichte
Hefele	C. J. v. H., Conciliengeschichte, Bd 1–9, 1855–90; Hefele²: 2. Aufl. Bd 1–6, 1873/90	Jöcher	Allgemeines Gelehrtenlexicon, hrsg. v Chr. J., Bd 1–4, 1750 f.; Forts. u. Ergän zung Bd 1–6, 1784–1819; Bd 7, 1897
		JschlesKG	Jahrbuch (des Vereins) für schlesisch (Kirche und) Kirchengeschichte
Hefele-Leclerq	C. J. v. H.–H. L., Histoire des Conciles, Bd 1–9, 1907–21	JThS	Journal of Theological Studies
Heimbucher	M. H., Die Orden und die Kongregationen der katholischen Kirche, Bd 1–2, 3. Aufl. 1932–34	Jugie	M. J., Theologia Dogmatica Christiano rum Orientalium ab Ecclesia Catholic Dissidentium, Bd 1–5, 1926–35

VWKG	Jahrbuch des Vereins für westfälische Kirchengeschichte
WC	Journal of the Warburg and Courtauld Institutes
KÅ	Kyrkohistorisk Årsskrift
KiG	Die Kirche in ihrer Geschichte. Ein Handbuch, begründet v. K.D.Schmidt u. E.Wolf, hrsg. v. B.Moeller
KIT	Kleine Texte für theologische und philologische Vorlesungen und Übungen
KRA	Kirchenrechtliche Abhandlungen
KuD	Kerygma und Dogma
Künstle	K.K., Ikonographie der christl. Kunst, Bd 1, 1928; Bd 2, 1926
Kuttner	St. K., Repertorium der Kanonistik, 1937
Landgraf	A.M.L., Dogmengeschichte der Frühscholastik, Bd 1/1–4/2, 1952–56
LAW	Lexikon der Alten Welt, 1965
Le Bras	Histoire du droit et des institutions de l'église en Occident, hrsg. v. G. Le B.
LexMA	Lexikon des Mittelalters, 1977 ff.
Lietzmann	H.L., Geschichte der alten Kirche, Bd 1–4, 4./5.Aufl. 1975
LQF	Liturgiegeschichtl. Quellen und Forschungen
LThK	Lexikon für Theologie und Kirche Bd 1–10, 2.Aufl. 1957–65
LuJ	Luther-Jahrbuch
MA	Moyen Âge, Bruxelles
Manitius	M.M., Geschichte der lateinischen Literatur des Mittelalters, Bd 1–3, 1911–31
Mansi	J.D.M., Sacrorum Conciliorum Nova et Amplissima Collectio, 1757–98; Neudruck u. Forts.: Collectio Conciliorum Recentiorum Ecclesiae Universae, 1899–1927
MeH	Mediaevalia et Humanistica
MEKGR	Monatshefte für evangelische Kirchengeschichte des Rheinlandes
MG	Monumenta Germaniae Historica inde ab a. C. 500 usque ad a. 1500. AA = Auctores Antiquissimi Cap = Capitularia Conc = Concilia Const = Constitutiones DD = Diplomata Epp = Epistolae Leg = Leges LLS = Libelli de lite Poet = Poetae Srg = Scriptores rerum Germanicarum SS = Scriptores
MGG	Die Musik in Geschichte und Gegenwart, Bd 1–15, 1949–73
MGkK	Monatsschrift für Gottesdienst und kirchliche Kunst
MIÖG	Mitteilungen des Instituts für österreich. Geschichtsforschung
Mirbt	C.M., Quellen zur Geschichte des Papsttums und des römischen Katholizismus, 5.Aufl. 1934; 6.Aufl. Bd.1, 1967
MPG	J.P.Migne, Patrologia Graeca
MPL	J.P.Migne, Patrologia Latina
MRKG	Monatshefte für Rheinische Kirchengeschichte
MS	Mediaeval Studies
MThZ	Münchener Theologische Zeitschrift
NA	Neues Archiv der Gesellschaft für ältere deutsche Geschichtskunde
NAKG	Nederlands Archief voor Kerkgeschiedenis
NDB	Neue Deutsche Biographie
Neuner-Roos	J.N. u. H.R., Der Glaube der Kirche in den Urkunden der Lehrverkündigung, 3.Aufl. 1949
NGG	Nachrichten der Gesellschaft (Akademie) der Wissenschaften zu Göttingen
NRTh	Nouvelle Revue Théologique
OrChrA	Orientalia Christiana (Analecta)
OrChrPer	Orientalia Christiana Periodica
Pastor	L.v.P., Geschichte der Päpste seit dem Ausgang des Mittelalters, Bd 1–16, 1885–1932; Bd 1–8, Neuaufl. 1906–33
PO	Patrologia Orientalis
Potthast	A.P., Bibliotheca Historica Medii Aevi, 2.Aufl. 1896 (Neudruck 1954)
PRE	Realencyclopädie für protestantische Theologie und Kirche, Bd 1–24, 3.Aufl. 1896–1913
Prümm	K.P., Religionsgeschichtliches Handbuch für den Raum der altchristlichen Umwelt, 1943 (Neudruck 1954)
PS	Patrologia Syriaca
PuN	Pietismus und Neuzeit
PW	Paulys Real-Encyclopädie der classischen Altertumswissenschaft. Neubearb., hrsg. v. G.Wissowa (u.a.), 68 u. 15 Bde, 1894–1980
QFIAB	Quellen und Forschungen aus italienischen Archiven und Bibliotheken
QFRG	Quellen und Forschungen zur Reformationsgeschichte
QGProt	Quellenschriften zur Geschichte des Protestantismus
RAC	Reallexikon für Antike und Christentum, 1941 ff.
RBen	Revue Bénédictine
RBK	Reallexikon zur byzantinischen Kunst, 1966 ff.
RDK	Reallexikon zur dt. Kunstgeschichte, 1937 ff.
RDL	Reallexikon zur dt. Literaturgeschichte, 2.Aufl. Bd. 1–3, 1955–97
REByz	Revue des Études Byzantines
RechSR	Recherches de Science Religieuse
RGA	Reallexikon der germanischen Altertumskunde, Bd 1–4, 1911–19. 2.Aufl. 1973 ff.
RGG	Die Religion in Geschichte und Gegenwart, Bd 1–6, 3.Aufl. 1957–62
RH	Revue Historique
RHE	Revue d'Histoire Ecclésiastique
RHEF	Revue d'Histoire de l'Eglise de France
RHPhR	Revue d'Histoire et de Philosophie Religieuses
Ritschl	O.R., Dogmengeschichte des Protestantismus, Bd 1–4, 1908–27
RivAC	Rivista di Archeologia Cristiana
RMAL	Revue du Moyen-Âge Latin
RöHM	Römische Historische Mitteilungen
RQ	Römische Quartalschrift
RSCI	Rivista di Storia della Chiesa in Italia
RScPhTh	Revue des Sciences Philosophiques et Théologiques
RSI	Rivista Storica Italiana
RSrel	Revue des Sciences religieuses
RThAM	Recherches de Théologie Ancienne et Médiévale
SAB	Sitzungsberichte der Preußischen (Deutschen) Akademie der Wissenschaften zu Berlin, Phil.-hist. Kl.

SAH	Sitzungsberichte der Akademie der Wissenschaften zu Heidelberg, Phil.-hist. Kl.
SAM	Sitzungsberichte der Bayerischen Akademie der Wissenschaften zu München, Phil.-hist. Abt.
SAW	Sitzungsberichte der Österreichischen Akademie der Wissenschaften zu Wien
SC	Sources Chrétiennes
Schieder	Handbuch der europäischen Geschichte, hrsg. von Th. Sch.
Schl	Bibliographie zur deutschen Geschichte im Zeitalter der Glaubensspaltung 1517–85, hrsg. v. K. Schottenloher, Bd 1–6, 2. Aufl. 1956–58; Bd 7, 1966
SE	Sacris Erudiri
Seeberg DG	R. S., Lehrbuch der Dogmengeschichte, Bd 1–2, 3. Aufl. 1922 f.; Bd 3–4/1, 4. Aufl. 1930–33; Bd 4/2, 2. Aufl. 1920 (Bd 1–4 Neudruck 1953)
Sehling	E. S., Die ev. Kirchenordnungen des 16. Jh.s, Bd 1–5, 1902–13; Bd 6/1 ff., 1955 ff.
Seppelt	F. X. S., Geschichte der Päpste von den Anfängen bis zur Mitte des 20. Jh.s, Bd 1–5, 2. Aufl. 1954–57
SettStCIt	Settimane di Studi del Centro Italiano di Studi sull' alto Medioevo
SKG	Schriften der Königsberger Gelehrten Gesellschaft, Geisteswiss. Kl.
SKRG	Schriften zur Kirchen- u. Rechtsgeschichte
SM	Studien und Mitteilungen zur Geschichte des Benediktinerordens und seiner Zweige
Spec	Speculum
StT	Studi e Testi
Stählin	O. S. u. W. Schmid, Die nachklassische Periode der griechischen Literatur, 6. Aufl. 1924
StTh	Studia Theologica
SVRG	Schriften des Vereins für Reformationsgeschichte
SVSHKG	Schriften des Vereins für schleswig-holsteinische Kirchengeschichte
TGP	Texte zur Geschichte des Pietismus
ThLZ	Theologische Literaturzeitung
ThPh	Theologie und Philosophie
ThQ	Theologische Quartalschrift
ThR	Theologische Rundschau
ThRv	Theologische Revue
ThZ	Theologische Zeitschrift, Basel
TRE	Theologische Realenzyklopädie, 1977 ff.
TRHS	Transactions of the Royal Historical Society, London
TThZ	Trierer Theologische Zeitschrift
TU	Texte und Untersuchungen zur Geschichte der altchristlichen Literatur
Ue	F. Überweg, Grundriß der Geschichte der Philosophie, 12. Aufl. Bd 1, 1926; Bd 3, 1924; Bd 4, 1923; 13. Aufl. Bd 2, 1958; Bd 5, 1953
VF	Verkündigung und Forschung
VigChr	Vigiliae Christianae
VSAL	Berichte über die Verhandlungen der Sächsischen Akademie der Wissenschaften zu Leipzig, Phil.-hist. Kl.
VSWG	Vierteljahrsschrift für Sozial- und Wirtschaftsgeschichte
VuF	Vorträge und Forschungen, hrsg. v. Konstanzer Arbeitskreis f. mittelalterliche Forschung
WA	M. Luther, Werke, Weimarer Ausgabe B = Briefwechsel DB = Deutsche Bibel TR = Tischreden
Wattenbach-Holtzmann	W. W.-R. H., Deutschlands Geschichtsquellen im Mittelalter, die Zeit der Sachsen und Salier, Neuausgabe von F. J. Schmale, Bd 1–3, 1967–71
Wattenbach-Levison	W. W., Deutschlands Geschichtsquellen im Mittelalter, Vorzeit und Karolinger, bearb. v. W. Levison u. H. Löwe, Bd 1–6 1952–90; Beiheft bearb. v. R. Buchner, 1953
WdF	Wege der Forschung
Wolf QK	G. W., Quellenkunde der deutschen Reformationsgeschichte, Bd 1–3, 1915–23
WZ	Wissenschaftliche Zeitschrift (folgt jeweils der Name einer Universitätsstadt der DDR)
ZbayKG	Zeitschrift für bayer. Kirchengeschichte
ZevKR	Zeitschrift für evangelisches Kirchenrecht
ZfO	Zeitschrift für Ostforschung
ZGwiss	Zeitschrift für Geschichtswissenschaft
ZhistTh	Zeitschrift für historische Theologie
ZKG	Zeitschrift für Kirchengeschichte
ZkTh	Zeitschrift für kath. Theologie
ZMW	Zeitschrift für Missionswissenschaft
ZNW	Zeitschrift für neutestamentliche Wissenschaft und die Kunde der älteren Kirche
ZRG	Zeitschrift für Religions- und Geistesgeschichte
ZSavRG	Zeitschrift der Savigny-Stiftung für Rechtsgeschichte Germ = Germanistische Abt. Kan = Kanonistische Abt. Rom = Romanistische Abt.
ZSKG	Zeitschrift für schweizerische Kirchengeschichte
ZThK	Zeitschrift für Theologie und Kirche

Weitere Abkürzungen s. RGG oder, wenn dort nicht zu finden, LThK.

Inhalt

Inhalt

Das vierte Jahrhundert (Der Osten)

Von Rudolf Lorenz

Vorbemerkung

1. Die im Abkürzungsverzeichnis dieses Handbuches nicht aufgeführten *Zeitschriften* werden zitiert nach den Siglen der Theologischen Realenzyklopädie (TRE), Abkürzungsverzeichnis, zus.gestellt v. S. Schwertner, 1976.
2. Nachschlagewerke und allgemeine *Abkürzungen* nach TRE. Außerdem: A. = Anmerkung. – C1 = R. Lorenz, Das vierte bis sechste Jahrhundert (Westen), 1970 (KiG 1, Lieferung C1). – Hrsg. = Herausgeber. – KG = Kirchengeschichte. – KO = Kirchenordnung – n. = Nummer.
3. *Alphabetisches Verzeichnis* der nur mit Namen des Autors bzw. Titelstichwort zitierten Werke (siehe aber auch am Kopf der Kapitel und Paragraphen): A. Alföldi, The Conversion of Constantine and Pagan Rome, 1948. – O. Bardenhewer, Geschichte der altkirchl. Literatur, Bd. 1–4, 2. Aufl. 1913–24, Bd. 5 1932. – G. Boissier, La fin du paganisme, 1891, [5]1907. – P. M. Bruun, The Roman Imperial Coinage VII: Constantine and Licinius, 1966. – S. Calderone, Costantino e il cattolicesimo 1, 1962. – W. C. de Clercq, Ossius of Cordova, 1954. – G. Dagron, Naissance d'une capitale. Constantinople et ses institutions de 330 à 451, 1974. – A. Demandt, Die Spätantike. Römische Geschichte von Diokletian bis Justinian, 1989. HAW III, 6. – H. Dörries, Das Selbstzeugnis Kaiser Konstantins, 1954. – L. Duchesne, Histoire ancienne de l'Eglise, Bd. 2 u. 3, 1910. – A. Ehrhardt, Politische Metaphysik von Solon bis Augustin, 1959 (Bd. 1 u. 2); 1969 (Bd. 3). – A. Fliche/V. Martin (Hrsg.), Histoire de l'Eglise, Bd. 3 (1947); 4 (1945); 5 (1947). – J. Geffcken, Der Ausgang des griechisch-röm. Heidentums, 1929. – J. Gothofredus, Codex Theodosianus cum perpetuis commentariis, 6 Bd., 1665. – A. Hahn, Bibliothek d. Symbole u. Glaubensregeln d. alten Kirche, [3]1897. – A. v. Harnack, Marcion: Das Evangelium vom fremden Gott. Eine Monographie zur Geschichte der Grundlegung der katholischen Kirche, 1921, 2. verbesserte u. vermehrte Aufl. 1924. – Ders., Die Mission u. Ausbreitung des Christentums in den ersten 3 Jh.en, 2 Bd., [4]1924. – K. J. Hefele/H. Leclercq, Histoire des Conciles, Bd. 1–3, 1, 1907/09. – A. H. M. Jones, The Later Roman Empire (284–602), 2 Bd., 1964, [2]1973. – H. Kraft, Kaiser Konstantins religiöse Entwicklung, 1955. – P. de Labriolle, La réaction païenne, 1934, [2]1950. – F. Lauchert, Die Kanones der wichtigsten altkirchlichen Concilien, 1896. – H. Lietzmann, Geschichte der alten Kirche, Bd. 1–4, 4./5. Aufl. 1975. – M. Meslin, Les Ariens d'Occident, 1967. – A. Momigliano (Hrsg.), The Conflict between paganism and Christianity in the 4th Century, 1963. – Müller/v. Campenhausen, KG = K. Müller, Kirchengeschichte. 3. Aufl. neu überarbeitet in Gemeinschaft m. H. Frhr. von Campenhausen, I/1 1941. – K. L. Noethlichs, Die gesetzgeberischen Maßnahmen der christl. Kaiser d. 4. Jh.s gegen Häretiker, Heiden u. Juden, 1971 (Diss. Köln). – A. Piganiol, L'Empereur chrétien, Paris 1947. – Ders., L'Empereur Constantin, 1932. – S. Riccobono, Fontes iuris Romani antejustiniani, 1940–43, [2]1968/69. – F. Schulthess, Die syrischen Kanones der Synoden von Nicaea bis Chalcedon, 1908. – V. Schultze, Geschichte des Untergangs des griech.-röm. Heidentums, 2 Bd., 1887/92. – E. Schwartz, Gesammelte Schriften, 5 Bd., 1956/63. – O. Seeck, Geschichte des Untergangs d. antiken Welt, Bd. 1 ([3]1910); 2 u. 3 ([2]1921); 4 (1911); 5 (1913); 6 (1920/1) (Nachdruck 1966). – Ders., Regesten d. Kaiser und Päpste für d. Jahre 311 bis 476 n. Chr., 1919. – Stein, Geschichte = E. Stein, Geschichte des

spätrömischen Reichs, Bd. I, 1928. – STEIN, Histoire = E. STEIN, Histoire du Bas-Empire, Bd. 1 (1959); 2 (1949). – L. DE TILLEMONT, Mémoires pour servir à l'histoire eccl. des six premiers siècles, 16 Bd., 1792. – C. H. TURNER, Ecclesiae occidentalis monumenta juris antiquissima, 2 Bd., 1899–1939. – CH. W. F. WALCH, Entwurf einer vollständigen Historie der Ketzereien, 11 Bd., 1762/85.

4. *Hilfsmittel* (in Auswahl): Handbuch der Kirchengeschichte, hrsg. v. H. JEDIN. Bd. I: K. BAUS, Von der Urgemeinde zur frühchristl. Großkirche, 1965; Bd. II/1: DERS., Die Kirche von Nikaia bis Chalkedon, 1973. – G. W. H. LAMPE (ed.), A Patristic Greek Lexicon, 1961 (u. ö.). – J. TH. SAWICKI (Hrsg.), Bibliographia Synodorum particularium, 1967.

1. Kapitel: Die konstantinische Wende im Osten.
Der Arianische Streit bis zum Tode Konstantins (337)

Bibl. s. KiG C1, 3f. – F. WINKELMANN, Euseb v. Kaisareia, 1991.
Qu.: 1. *Urkunden.* K. s. Gesetze in CTh (mit Gothofreds Kommentar). Zeitlich geordnet bei SEECK, Regesten. – Erlasse und Briefe K. s in Eusebs Vita Constantini (= VC) s. I. HEIKEL, GCS 7 (1902) S. LXVI–LXXXII. – H. G. OPITZ (Hrsg.), Urkunden zur Geschichte des Arianischen Streits (318–328) (= Athanasius, Werke III, 1 1934/35). – Regest der Urk. aus VC u. Athanasius: H. DÖRRIES, Selbstzeugnis, 43 ff. – KRAFT, Entwicklung 201 ff. – Zu den Urk. in der KG des Gelasius v. Kyzikos s. C. T. H. R. EHRHARDT: Constantinian Documents in Gelasius of Cyz. Eccl. Hist., JAC 23 (1980) 48–57 (skeptisch). – (Konstantin,) Oratio ad Sanctos (CPG 3497). Dazu DÖRRIES, Selbstzeugnis 129–61 (im Wesentlichen echt); KRAFT, Entwickl. 271 ff. (ein konstantinischer Kern); R. P. HANSON, The „Oratio ad Sanctos“ ... and the Oratio ad Daphne, JThS 24 (1973) 505–11 (aus der Zeit Julians). – V. KEIL (Hrsg.), Quellensammlung zur Religionspolitik K. s d. Gr., 1989 (TÜK). – 2. *Kirchenhistoriker.* Euseb v. Cäsarea: KG, (CPG 2495). – Märtyrer v. Palästina (CPG 3490). – VC ed. F. WINKELMANN, GCS 1975 (S. LVI f. Lit. zur Echtheitsfrage). – Euseb/Hieronymus, Chronik (CPG 3494). – Rufin, KG (GCS 9,2 [1908] 957 ff. MOMMSEN). – Sokrates Scholastikus (CPG 6028: mit Lit. zu den Qu. [GEPPERT]). Die Paragraphen der Ausgabe von R. HUSSEY, 3 Bd., 1853, werden zitiert. – Sozomenus (CPG 6030: mit Lit. [SCHOO zu d. Qu.]). – Theodoret, KG (CPG 6222). – Philostorgius (CPG 6032). – TITO ORLANDI (Hrsg.), Storia della chiesa di Alessandria. 2 Bd. 1968; 1970. – 3. *Verlorene Werke zur KG.* Sabinus v. Heraklea (Thrazien): P. BATIFFOL, Sozomène et Sabine, ByzZ 7 (1898) 265–84. – W. D. HAUSCHILD, Die antinizänische Synodalaktensammlung des Sabinus v. Heraklea, VigChr 24 (1970) 105–26. – Gelasius von Cäsarea: F. WINKELMANN, Untersuchungen zur KG des Gelasius v. Kaisareia, 1961 (Lit.). – (Alexandria): T. ORLANDI, Ricerche su una storia eccl. alessandrina del IV. secolo, VetChr 11 (1974) 269–312. – Philippus v. Side: s. QUASTEN, Patrol. 3 (1960) 528 ff.; CPG 6026. – 4. *Die hagiographische Literatur,* etwa die Vita Metrophanis et Alexandri (BHG 1279) ed. F. WINKELMANN, AnBoll 100 (1982) 147–83, bietet Legende. Andererseits werden Konstantinviten von den Hagiographen benutzt, s. BIDEZ GCS 1972 (Philostorgius) S. LXXXVIII ff.
Lit.: 1. E. SCHWARTZ, Eusebius, PRE 6 (1907) 1370–1439 (= DERS., Griechische Geschichtsschreiber, 1957, 495 ff.). – G. F. CHESTNUT, The First Christian Historians. Eusebius, Socrates, Sozomen, Theodoret and Euagrius. [2]1986. – R. M. GRANT, Eusebius as Church Historian, 1980. – F. WINKELMANN, Die Quellen der Hist. eccl. des Gelasius v. Cyzycus, BySl 27 (1966) 104–39. 2. Grundlegend: E. SCHWARTZ, Zur Geschichte des Athanasius, NGG 1904/11 (= DERS., GS 3, 1959). – H. KRAFT (Hrsg.), Konstantin d. Gr., 1974. – G. RUHBACH (Hrsg.), Die Kirche angesichts der konst. Wende, 1976 (beides Textlesen mit Bibl.). – R. MACMULLEN, Constantine, 1969. – PAUL KRESZTES, Constantine. A Great Christian, Monarch and Apostle, 1981. – T. D. BARNES, Constantine and Eusebius, 1981. – E. HORST, Konstantin d. Gr. Eine Biographie, 1984. – Die massenhafte moderne Erzeugung patristischer Arbeiten droht die ältere (und oft bessere) Literatur zu verschütten.

§ 1. Die Christenheit im Ostteil des römischen Reiches am Ende der Verfolgungszeit

Qu. Konzilskanones: Ankyra (314). Kanon 20–25 gehören einer kurz darauf tagenden Synode von Cäsarea in Kappadozien (J. LEBON, Sur un concile de Césarée, Muséon 59 [1938] 80–132). – Neocäsarea (zwischen 314 u. 325). Ausgaben s. CPG 8501–5. Die Ausgabe von P. JOANNOU, Fonti usw. genügt wissenschaftlichen Ansprüchen nicht. Hier wird zitiert nach M. J. ROUTH, Reliquiae sacrae Bd. IV 2, 1846 und nach F. LAUCHERT, Die Kanones der wichtigsten altkirchlichen Concilien, 1896; J. ALBERIGO u. a.: Conciliorum oecumenicorum decreta, [3]1973. – Das Restitutionsedikt K. s (Euseb, VC 2, 24–42). – Euseb v. Cäsarea, KG Buch 10; VC 1, 49–2, 19 (K. u. Licinius).

Lit. SAWICKI. – HEFELE/LECLERCQ. – HARNACK, Mission 946–58. – L. v. HERTLING: Die Zahl der Christen zu Beginn des 4. Jh.s, ZkTh 62 (1934) 243–52. – M. FORTINA: La politica religiosa dell' imperatore Licinio, RSC 7 (1959) 245–65; 8 (1960) 3–23. – H. FELD: Der Kaiser Licinius, Diss. Saarbrücken 1960. – EHRHARDT, Polit. Met. Bd. 2, 227–58. – H. CASTRITIUS: Studien zu Maximinus Daja, 1969. – C. ANDRESEN, Die Kirchen d. alten Christenheit, 1971, 307–32. – H. G. THÜMMEL, Die Kirche des Ostens im 3. u. 4. Jh., 1988.

1. Das Toleranzgesetz, welches Licinius nach dem Siege über Maximinus Daja in Ausführung der Mailänder Beschlüsse[1] am 13. Juni 313 in Nikomedien[2] und nach dem Tode Dajas (August 313)[3] in den Provinzen östlich und südlich des Taurus anschlagen ließ, ermöglichte den Kirchen des Ostens, die von Siegesbewußtsein erhoben waren[4], den ungehinderten Wiederaufbau.

a) Nach der Rückgabe des kirchlichen Grundbesitzes[5] wurden die zerstörten Kirchengebäude prächtiger wiedererrichtet[6]. Auch die „Häretiker" genießen Duldung und bauen Kirchen[7].

b) Der Festigung der erschütterten *Gemeindeordnung* widmen sich Konzile nach 313. In Ankyra (314) wird das Bußverfahren für Kleriker und Laien, die in der Verfolgung gefallen waren, im Geiste vernünftiger Mäßigung geregelt[8], und es werden Vorschriften über Kleriker- und Gemeindezucht erlassen, die in Cäsarea[9] und Neucäsarea[10] ergänzt werden.

2. Außerdem sieht sich die Kirche vor Probleme gestellt, die in der starken Ausbreitung des Christentums in der zweiten Hälfte des 3. Jahrhunderts wurzeln. Die Erwähnung von Dorfbischöfen und Dorfpriestern[11] ist ein Zeugnis für das Vordringen des Christentums auf das Land. Man bemüht sich, die Befugnisse der Chorepiskopen einzuschränken und sie in Abhängigkeit von den Stadtbischöfen zu halten[12]. Die Gründung neuer Bischofssitze führt zu dem Streben benachbarter Bi-

---

1 H. GRÉGOIRE, La conversion de Constantin, RUB 26 (1930) 231–73 hielt Licinius für die treibende Kraft. – 2 Lact. De mort. 48, 2–12 mit MOREAUS Kommentar, SC 39 (1954). – Euseb, KG 10, 2–14. – 3 STEIN, Histoire I, 2, 459 A. 146. – 4 Euseb, KG 14, 1–3. – 5 Euseb, KG 10, 5, 9–11. – 6 Theodoret, KG 1, 3, 1 f. (Antiochien) – Euseb, KG 10, 4, 36–45 (Tyrus). Alexandrien: vgl. L. ANTONINI, Le chiese cristiane nell' Egitto del IV. al IX. secolo secondo i documenti dei papiri greci, Aeg. 20 (1940) 129–208, auf S. 131 A. 1. Bischof Alexander baute die Michaels- u. die Theonaskirche: Athanasius, Apol. ad. Const. 15. – 7 Die Markioniten: HARNACK, Markion S. 341 ff. – Die Sakkophoren in Laodicea combusta: W. M. CALDER, Studies in Early Christian Epigraphy, JRS 10 (1920) 42–59. – 8 Kanon 1–9. – 9 S. o. *Qu.* – 10 Kanon 1 über Priesterehe. – 11 Ankyra Kan. 13; Neocäsarea Kan. 13 u. 14; Nicäa s. GELZER/HILGENFELD/CUNTZ: Patrum Nicaen. Nomina, 1898, Index s. v. chorepiscopoi. – 12 HARNACK, Mission, 476 ff. – E. KIRSTEN, Chorbischöfe, RAC 2 (1954) 1105–14. Zur Sonderentwicklung in Ägypten: E. SCHWARTZ, GS 3,

schöfe, sich das ständige Weiherecht daselbst zu sichern und so ihren Einflußbereich zu erweitern. Das führt zu Zwistigkeiten[13].

3. Wahrscheinlich ist dieser Ehrgeiz eine der Ursachen des *melitianischen Schismas* in Ägypten, das in der diokletianischen Verfolgung 305/6 entstand[14].

a) Seine Beurteilung schwankt, je nachdem welcher der beiden Hauptquellen man den Vorzug gibt[15]. Nach den „Fundamentalurkunden" nimmt Melitius[16] von Lykopolis in der Thebais[17] während der Verfolgung, um einem Notstand zu steuern, in Gemeinden, deren Bischöfe im Gefängnis sitzen – sogar in Alexandrien, wo Petrus geflohen ist – eigenmächtig Ordinationen und Exkommunikationen vor, woraufhin ihn Petrus aus der kirchlichen Gemeinschaft ausschließt. Das Schisma entsteht aus den Ordinationen. Nach Epiphanius ist Melitius mit der milden Behandlung der lapsi durch Petrus[18] unzufrieden. Das Schisma entsteht aus der Bußfrage und führt zu Ordinationen. Das dürfte die melitianische Darstellung der Dinge sein.

b) Melitius weihte dann während seiner Verbannung (wohl seit 308/9) in die palästinischen Metallbergwerke von Phaino, wo sich das Schisma von den Anhängern des Petrus fortsetzte, zahlreiche Kleriker und Bischöfe[19]. Nach der Entlassung der Gefangenen in Palästina (Sommer 311)[20] vergrößerte er seine Sonderkirche, die sich (wie die Donatisten in Nordafrika) „Kirche der Märtyrer" nannte, in Palästina und Ägypten[21]. Melitius nimmt seinen Sitz in Alexandrien[22] und betrachtet sich als „Oberbischof"[23]. Merkwürdigerweise scheint es bis 325 keine Zusammenstöße mit Achillas und Alexander, den Nachfolgern des Petrus, gegeben zu haben.

c) Das melitianische Schisma verquickt sich mit anderen Unruhen in der alexandrinischen Gemeinde. So mit dem arianischen Streit[24] und mit dem Schisma des Presbyters Kolluthus, eines Gegners des Arius[25]. Der von Kolluthus geweihte Ischyras[26] wird später zu einer Berühmtheit im melitianischen Streit. Die Zerstrittenheit der alexandrinischen Gemeinde um 324 ruft den Spott der heidnischen Theater hervor[27].

109 f. – **13** Euseb, KG 8,1,7–8; mart. Pal. 12. – **14** Chronologie: E. SCHWARTZ, GS 3,101 A. 1. Über die Verfolgung in Ägypten: H. DELEHAYE, Les martyrs d'Egypte, AnBoll 15 (1922) 5–154; 299–364. – **15** *Qu.*: 1) Die „Fundamentalurkunden" aus der Sammlung des Diakons Theodosius (cod. Veron. LX) ed. TURNER (OPITZ), Mon. I,634–6. 2) Epiphanius, haer. 68 S. 140–52 HOLL. – *Lit.*: E. SCHWARTZ (Die Quellen über den melitianischen Streit) GS 3,87–116, dazu 166 ff. – K. MÜLLER, Die Anfänge des melit. Schismas in Ägypten, ABA (phil.-hist. Kl.) 1922 Nr. 3, 12–17. – H. I. BELL, Jews and Christians in Egypt, 1924, 38–99. – F. H. KETTLER, Der melit. Streit in Äg., ZNW 35 (1936) 151–93. – DERS., Petrus v. Alex., PRE 19,2 (1938) 1281–8. – W. TELFER, Meletius of Lycopolis and Episcopal Succession in Egypt, HThR 48 (1955) 227–37. – W. H. C. FREND, Martyrdom and Persecution in the Early Church, 1960, 539 ff. – J. W. B. BARNES/H. CHADWICK, A Letter ascribed to Peter of Alexandria, JThS 24 (1973) 443–55. – G. F. HERNANDEZ, El cisma meleciano en la iglesia egiciana, Gerion (Madrid) 2 (1984) 155–80. – **16** Zur Namensform: E. SCHWARTZ GS 3,87 A. 1. – **17** Athanas., Apol. sec. 71,6 S. 149,20 OPITZ. – Sozomenus 1,24,1 (Lyko). Zu Lykopolis: CALDERINI, Dizionario III, 210 ff.; TIMM, Christl.-kopt. Ägypten I s. v. Asyut, bes. 238. – **18** Vgl. dessen Ep. canonica: ROUTH, Reliquiae IV, 23–44. – CPG 1639. – **19** Epiph. haer. 68,3,5 ff. Zu Phaino s. HOLL z. Stelle. – **20** SEECK, Regesten zum 30.4.311. – Euseb, KG 9,1,2–11. – **21** Epiph. haer. 68,3,7. Vgl. die Karte der melitianischen Bistümer bei JEDIN, Atlas 6 B. – **22** Epiph. haer. 68,4,1. – E. SCHWARTZ, GS 3,155 f. – **23** Epiph. haer. 69,3,3. – **24** R. WILLIAMS, Arius and the Melitian Schisma, JThS 37 (1986) 35–52, bestreitet zu Unrecht, daß der Arius der Fundamentalurkunden der Häresiarch sei. – **25** E. SCHWARTZ, GS 3,133 f. – B. PHAIDAS, To kolluthianon schisma kai hai archai tu Areianismu, 1973. – **26** G. MÜLLER, Lexicon Athanasianum, 1952 s. v. Ischyras. – **27** Euseb, VC 2,61,5.

4. Die Kirche steht in *Auseinandersetzung mit Heiden und Juden.*

a) Das Judentum hat zu Beginn des 4. Jahrhunderts noch nicht auf Werbung verzichtet[28]. In Sardes wird um 340/50 die Synagoge zu einer großen Basilika umgebaut[29]. Antijüdische Motive der christlichen Polemik sind die Christologie und die Askese: man wirft den Juden die Verachtung Christi und die Hochschätzung des irdischen Besitzes vor[30]. Euseb v. Cäsarea sammelt in der Praeparatio Evangelica (1, 2, 5–8) die jüdischen Einwände gegen das Christentum und weist sie in der Demonstratio Evangelica zurück[31]. Es gab zwar gelegentlich judaisierende Strömungen im Christentum, doch sind die judenchristlichen Sekten bedeutungslos[32].

b) Der Hauptgegner ist das Heidentum. Die schriftstellerische Tätigkeit Eusebs v. Cäsarea hat ihre Mitte in der Apologetik, gegen Hierokles[33] und Porphyrius[34], und er faßt seine Bestreitung des Paganismus in der Praeparatio Evangelica (nach 314) zusammen. Unter den Vernunftgründen gegen das Heidentum nimmt der Weissagungsbeweis eine hervorragende Stelle ein[35]. Eusebs Zeitgenosse Jamblich († 325/6) will dem Heidentum neue Kraft durch die Verbindung neuplatonischer Philosophie mit Theurgie und Mystik einflößen[36]. Gestützt auf diese Bestrebungen hatte Maximinus Daja († 313) es unternommen, das Heidentum in einer Weise, die schon auf Kaiser Julian hinweist, zu festigen. Er förderte den Tempelbau und setzte verdiente Staatsbeamte zu Oberpriestern über je eine Provinz ein[37]. Diese „Metropolitanverfassung" ist vermutlich der kirchlichen, hierarchischen Organisation nachgebildet[38]. Schon vor diesem Kaiser gab es örtliche Versuche zur Wiederbelebung heidnischer Kulte, so auf den kaiserlichen Gütern im östlichen Phrygien[39]. Licinius läßt 313/4 die Anhänger des Maximinus Daja hinrichten, wodurch

---

28 E. Schwartz, Ostertafeln (s. u. A. 55) 117. – B. Blumenkranz, Die jüdisch-christliche Missionskonkurrenz (3. bis 6. Jh.). In: Juifs et chrétiens. Patristique et Moyen Age, Nachdruck London 1977, 227–33. – **29** D. G. Mitten, A New Look at Ancient Sardes, BA 1960, 38–68. – A. Th. Kraabel, Hypsistos and the Synagogue at Sardes, GRBS 10 (1969) 81–93. – **30** L. Lucas, Zur Geschichte der Juden im 4. Jh., 1910, 31 ff. – J. Neusner, Judaism and Christianity in the Age of Constantine, 1987. – **31** Ed. Heikel, Register s. v. Juden. – **32** F. Klijn/G. J. Reininck, Patristic Evidence for Jewish-Christian Sects, 1973. – J. Grego, La reazione ai Giudao-Cristiani nel IV secolo, 1973, 47–78 (Lit.). – **33** S. J. Moreau, SC 39, Bd. 2 (Laktanz) 292f. (Lit.). – **34** A. Harnack, Porphyrius gegen die Christen, ABA 1916 Nr. 1, 1–115; 1921 Nr. 2, 266–86; 834–5. – T. D. Barnes, Porphyry against the Christians, JThS 24 (1973) 424–42. – W. Nestle, Die Haupteinwände des antiken Denkens gegen das Christentum, ARW 37 (1941/2) 51–100. – J. Gagé, Le paganisme impérial à la recherche d'une théologie vers le milieu du IIIe siècle, AAMz 19/2 Nr. 12. – **35** J. R. Laurin, Orientations maîtresses des apologistes chrétiens de 270 à 361, 1961, 94–145; 344–401. – **36** Jamblichus, Über die Geheimlehren, übersetzt, eingeleitet u. erklärt von Th. Hopfner, 1922 (De mysteriis). – J. Bidez, Le philosophe Jamblique et son école, REG 32 (1919) 29–40. – B. Dalsgaard Larsen, Jamblique de Chalcis. Exégète et Philosophe, 1972. – Der Kreis Jamblichs strebt im Interesse des Heidentums nach Einfluß bei Hofe (Sopatros). – **37** Euseb, KG 8, 14, 9; 9, 4, 2. – Laktanz, De mort. 36, 4. – H. Grégoire, Notes épigraphiques I. La religion de Maximin Daja, Byz. 8 (1933) 49–56. – S. Filosi, L'ispirazione neoplatonica della persecuzione di Massimino Daja, RSCI 41 (1987) 78–91. – St. Mitchell, Maximinus and the Christians AD 312. A new Latin Inscription, JRS 78 (1988) 115–28. – **38** Harnack, Mission 510f. – Th. Mommsen, Röm. Gesch. V, 321 f. meint umgekehrt, das Christentum habe die Provinzialverfassung des röm. Kaiserkults nachgeahmt. – **39** Belegt durch neuphrygische Inschriften: MAMA I (1928) XII. In MAMA VII, XLIV eine Karte zur Verbreitung der phrygischen Sprache um 250 n. Chr. – F. R. Trombley, Paganism in the Greek World at the End of Antiquity. The Case of Rural Anatolia and Greece, HThR 78 (1985) 327–52. – Heidnische Urteile über das Christentum: W. den Boer (Hrsg.), Scriptorum paganorum I–IV saeculi de christianis testimonia, 1965. – R. L. Fox, Pagans and Christians, 1986.

auch Vorkämpfer des Heidentums getroffen werden[40]. Ansonsten genoß der heidnische Kult Duldung. Gegenüber den Philosophen verhielt sich Licinius feindlich[41].

5. Die christliche Apologetik, Schriftauslegung und Entfaltung der Glaubenslehre steht unter dem fortwirkenden *Einfluß des Origenes* (Euseb v. Cäsarea) oder in kritischer Auseinandersetzung mit ihm (Methodius)[42]. In Alexandrien meldet sich der Antiorigenismus wieder bei Bischof Petrus († 311), der gegen die Präexistenz der Seelen und gegen die Spiritualisierung der Auferstehung Stellung nimmt[43]. Die von Origenes ausgehenden Denkanstöße in der Trinitätslehre und Christologie sind eine wichtige Voraussetzung des arianischen Streites. Dieser verbreitete sich über Ägypten hinaus im Ostreich. Konstantin traf auf eine dogmatisch zerstrittene Kirche[44].

6. Aus dem 2. und 3. Jahrhundert haben sich *Sonderkirchen* erhalten. Die Montanisten sind immer noch zahlreich in Phrygien, wo sie Bischöfe auf den Dörfern haben[45]. Die Kirche Markions trat als starke Gemeinschaft in das konstantinische Zeitalter ein[46], ebenso die Novatianer, die in Alexandrien[47], Antiochien, Konstantinopel und vielen Provinzen (besonders Kleinasiens) verbreitet sind[48]. Außerdem gibt es eine Fülle enkratitischer Sekten, für die in Kleinasien viele inschriftliche und literarische Quellen fließen[49]. Selbst bei Klerikern können asketisch-häretische Tendenzen auftreten[50]. Gnostiker sind ebenfalls noch vorhanden: in Ägypten[51], in Syrien[52]. Weit gefährlicher für die Kirche ist die neue Gnosis des Manichäismus, die schon vor dem Ende des 3. Jahrhunderts nach Syrien, Palästina, Ägypten, ja nach Nordafrika vordrang[53]. Manichäische Missionare erreichten Ägypten zwischen 241 und 261 n. Chr.[54]. Die Hochschätzung der Askese im Christentum begünstigte die manichäische Mission.

7. Konstantin fand noch eine den Kult – und damit die Einheit der Kirche – betreffende Streitfrage vor: die *zeitliche Bestimmung von Ostern,* des wichtigsten Festes der damaligen Christenheit. Die Kirchen in Syrien, Kilikien und Mesopotamien richteten sich in der Passahberechnung nach den Juden, während Alexandrien

---

40 Euseb, KG 9,11,3–6; 9,3. – 41 Aurelius Victor, Caes. 41,5. – 42 Eine Liste von Einwänden gegen Origenes in der Apologie des Pamphilus (CPG 1715), s. P. Nautin, Origène, 1977, 114 ff. – 43 L. B. Radford, Theognostus, Pierius and Peter, 1908. – Bruchstücke des Petrus v. Alexandrien: CPG 1635 ff. – 44 Über christliche Lehrer und „Schulen" s. Harnack, Mission 365–77. – Alexandrinische Katechetenschule: C. D. G. Müller, TRE 2 (1978) 253 f. (Lit.). – Cäsarea: F. Schemmel, Die Schule v. Cäsarea in Palästina, Philol. Wochenschrift 1925, 1277–80. – A. Knauber, Das Anliegen der Schule des Origenes zu Cäsarea, MThZ 19 (1968) 183–203. – H. Crouzel, L'école d'Origène à Césarée, BLE 71 (1970) 15–27. – Antiochien: Quasten, Patrology 2,144 ff. – *Qu.* zur Bibliothek von Cäsarea: A. Harnack, Geschichte der altkirchl. Literatur 1,2,544 f. (= E. Preuschen). – A. Ehrhardt, Die frühen Bibliotheken in Palästina, RQ 5 (1891) 217–65; 329–31; 382–4. – 45 Sozomenus 7,19,2. – A. Strobel, Das heilige Land der Montanisten, 1980. – 46 Harnack, Markion 157. – 47 Sokrates 7,7,5. – Photius, Bibl. cod. 182 (= Eulogius v. Alexandrien). – 48 Euseb, KG 7,5 (= Dionys v. Alex.); 6,43,5. 22–44,1. – Sokrates ed. Hussey, Reg. s. v. Novatiani. – Sozomenus (Bidez) Reg. s. v. Ναυατιανοί. – W. M. Calder, The Epigraphy of the Anatolian Heresies. In: Anatolian Studies, presented to W. M. Ramsay, 1923, 59–91. – H. J. Vogt, Coetus Sanctorum. Der Kirchenbegriff des Novatian u. die Geschichte seiner Sonderkirche, 1968. – C. Andresen, Die Kirchen – 49 S. Calder (vorige Anm.). – 50 Ankyra Kan. 14. – 51 Epiph. haer. 26,17,4–9. – 52 Edessa: Julian ep. 43 Hertlein. – Kallinikon: Ambrosius ep. 40,6.13.16; 41,1; Paulinus, Vita Ambrosii c. 22. – 53 P. Brown, The Diffusion of Manich. in the Roman Empire, JRS 59 (1969) 92–103. – F. Cumont, La propagation du manichéisme dans l'empire romain, RHLR 1 (1910) 31–43. – 54 F. Decret, L'Afrique manichéenne I, 1978, 126 f. *Qu.*: A. Adam, KlT 175 (1969) – A. Böhlig/P. Asmussen, Der Manichäismus (= Die Gnosis Bd. 3, Zürich 1980) (Lit.).

und die übrigen Kirchen, einschließlich des Abendlandes, sich von der jüdischen Berechnung gelöst hatten. Doch benutzten Alexandrien und Rom verschiedene astronomische Osterzyklen[55].

8. Mit dem gegen Ende des 3. Jahrhunderts sichtbar werdenden *Mönchstum* erscheint eine Großmacht, welche das christliche Denken weithin prägt und auch kirchenpolitisch wirksam wird. Im ägyptischen Mönchtum meldet sich auch das wiedererstarkende koptische Volkstum. Antonius und Pachomius sprechen koptisch. Der Asket Hierakas, ein Zeitgenosse Peters v. Alexandrien[56], schreibt (wohl als erster) Bücher auch in koptischer Sprache[57].

§ 2. Die Kirche des Ostens in der Politik der beiden Augusti (Konstantin und Licinius)

1. *Konstantin* kümmerte sich nach dem Sieg über Maxentius (28. Okt. 312) auch um die Lage der Christen im Osten und nötigte Maximinus Daja zur Einstellung der Verfolgung[1]. Er residierte nach dem ersten Krieg gegen Licinius (316)[2] fast ständig auf dem Balkan, vorzugsweise in Sirmium und Serdika[3], von wo sich nicht nur die Donaugrenze, sondern auch das Gebiet seines Nebenbuhlers überwachen ließ. Seine Erlasse zugunsten der Kirche, die sich zwischen 319 und 321 häufen[4] und auf die Gewinnung des Klerus angelegt sind, machen Eindruck im Osten[5]. Euseb gedenkt in der Kirchweihrede (c. 315) zu Tyrus (wo auch Licinius noch als Feind der Götzen gefeiert wird) der von ihm christlich gedeuteten Siegesstatue Konstantins in Rom mit ihrer Inschrift[6]. Die durch Konstantins Gesetzgebung beförderte Hinneigung des östlichen Episkopats zum Kaiser des Westreichs erregt den Argwohn des *Licinius*[7]. Doch sind die Bischöfe des Ostens nicht ohne Beziehungen zu seinem Hof. So Euseb, Bischof der Reichshauptstadt Nikomedien, der mit Julius Julianus, dem Gardepräfekten des Licinius, verwandt ist[8]. Die Kaiserin Konstantia, Konstantins Schwester, hat Verbindungen zu Basilius v. Amasea[9] und (angeblich) zu einem arianischen Presbyter Eutokios[10].

2. Als sich seit Ende 320 der drohende *Konflikt* abzeichnet[11], beginnt Licinius, den Einfluß der Christen auf das öffentliche Leben einzuschränken[12]. Aus den

---

55 Vgl. Euseb, VC 3, 5. – *Qu.*: R. CANTALAMESSA, Ostern in der Alten Kirche, 1981. – A. STROBEL, Texte zur Geschichte des frühchristlichen Osterkalenders, 1976. – *Lit.*: L. DUCHESNE, La question de la Pâque au concile de Nicée, RQH 28 (1880) 5–42 (Problem der „Protopaschiten"). – R. SCHMID, Die Osterfestfrage auf dem ersten allgemeinen Konzil von Nicäa, 1905. – E. SCHWARTZ, Christliche und jüdische Ostertafeln, 1905. – W. HUBER, Passah u. Ostern. Untersuchungen zur Osterfrage in der alten Kirche, 1969. – A. STROBEL, Ursprung u. Geschichte des frühchristlichen Osterkalenders, 1977. – 56 Epiph. haer. 68, 1, 2. – 57 Epiph. haer. 67, 1, 3. – Koptische Dolmetscher im Gottesdienst: E. HARDY, Christian Egypt, 1952, 34; 73; 217 A. 28.
1 Lact., De mort. 37, 1. – Euseb, KG 9, 2, 12 und 9 a, 12. – CALDERONE, Costantino 150–64. – CASTRITIUS (s. Lit. § 1) 78–83. – R. KLEIN, Der νόμος τελεώτατος L. s für die Christen im Jahre 312, RQ 67 (1972) 1–28. – 2 S. KiG C1, 3 Nr. 7. – 3 S. SEECK, Regesten ab Dez. 316. – 4 S. KiG C1, 11. – 5 Euseb, KG 10, 5–7; dazu E. SCHWARTZ, GCS 9, 3, LIII; LVIII. – VC 2, 22. – 6 KG 10, 4, 16 mit 9, 9, 10–11. – 7 Euseb, KG 10, 8, 16. – 8 SEECK, Untergang Bd. 3, 551 (A. zu S. 398, 30). K. nennt den Nikomedier „Klient" des Licinius: OPITZ Urk. 27, 60, 5. – 9 S. E. HONIGMANN, Patristic Studies, 1953, 17 ff. – 10 Rufin, KG 1, 12, 976, 24 ff. MOMMSEN: Gelasius v. Kyzykos, KG 3, 12, 2 S. 158, 24 LOESCHKE. – 11 SEECK, Untergang 1, 173, 17 mit A. S. 509 f. – 12 *Qu.*: Euseb, KG 10, 8, 8–19; VC 1, 51–54. 56; 2, 1–2. Interessanter Vergleich der Berichte bei CALDERONE 213–15. – Konstantin in VC 2, 30 ff. – Kanon 11 u. 12 v. Nicäa. – *Lit.*: TILLEMONT,

Quellen läßt sich kein sicheres Bild über die zeitliche Abfolge der Verordnungen gewinnen. Licinius entfernt die Christen vom Hofe[13]; für Beamte der Zivilverwaltung[14] wird der Opferzwang eingeführt[15]. Das scheint sich auch auf die Donauarmee erstreckt zu haben[16]. Die öffentliche Wirksamkeit der Kirche wird behindert: Verbot gemeinsamer Gottesdienste für Männer und Frauen, Verlegung der Gottesdienste vor die Stadttore[17], Unterbindung der Liebestätigkeit an Gefangenen[18]. Dabei dürfte es sich nicht um ein zentrales Edikt handeln (was zum Eingreifen Konstantins geführt hätte), sondern um örtliche Auswirkungen der Ermutigung zu Schikanen. Anders steht es mit dem Verbot der Synoden und des gegenseitigen Besuchs der Bischöfe[19]. Als Strafen werden Rangverlust, Einweisung in die Gemeinderäte (Kurien), Zwangsarbeit, Verbannung, Enteignung verhängt[20]. In den Provinzen Pontus und Armenien kam es zur Hinrichtung des Bischofs Basilius v. Amasea und (in Sebaste) zum Martyrium von 40 Soldaten; auch Kirchen wurden zerstört[21]. Wahrscheinlich steht dahinter eine hochverräterische Verwicklung des Basilius in Verhandlungen Konstantins mit Armenien[22]. Die Bußkanones von Nicäa (Nr. 11 u. 12) belegen, daß es auch Abgefallene gab.

3. Zum *Krieg des Jahres 324*[23] geben die Quellen zum Teil (so Euseb und Praxagoras)[24] ein offenbar von Konstantin gewünschtes Geschichtsbild: der Schwerpunkt wird vom Militärischen auf das Moralische und (bei Euseb) Religiöse verlegt, und die beiden Feldzüge von 316[25] und 324 werden zu einer einzigen Auseinandersetzung zusammengezogen[26].

4. Konstantin läßt sich nach dem Sieg, der auch den Sieg der Kirche heraufführte, als Drachentöter darstellen, mit dem siegbringenden Zeichen (Christusmonogramm) über dem Haupte[27]; oder mit dem Labarum, welches das Christogramm trägt, das Untier durchbohrend[28].

Mémoires 5, 502–27; 783; 789–91. – FORTINA, Licinio; FELD, Licinius: s.o. § 1 Lit. – Kriegsursache ist nach SEECK, Untergang 1, 168–74 die antichristliche Wendung des Licinius; nach E. SCHWARTZ, Kaiser Konstantin ²1936, 82 das Streben K.s nach Alleinherrschaft. Vgl. K. KRAFT, JNG 5/6 (1955) 167 ff. (Licinius folgt Bittgesuchen heidnischer Wallfahrtsorte). – 13 Euseb, KG 10,8–10; VC 1,52. – Hieronymus, Chron.a. 320, S.230,16 HELM, wo S.415 (f.) die Parallelquellen. – 14 So BAYNES (s.u. § 3 Lit.) 419–20. – 15 Euseb, KG 10,8,10; VC 1,34,1. Vgl. CTh 16,2,5 u. dazu SEECK, Regesten z. 25.12.323. – 16 Inschrift von Salsovia, H.DESSAU (Hrsg.), Inscriptiones latinae selectae, 3 Bd., 1882/1916 (Nachdruck 1962), hier Bd.III,2 Nr.8940. – 17 Euseb, VC 1,53. – 18 Euseb, KG 10,8,11; VC 1,54,2. – 19 VC 1,51; 2,66 S.74,18 WINKELMANN. – Der Synodalbrief v.Antiochien 324/5 (= OPITZ, Urk. 18 S.37,12 [syrisch]) bezeugt die Allgemeinheit des Verbots. – OPITZ, ZNW 33 (1934) 131 ff. setzt das Verbot auf 322. – 20 Nicäa Kan.11 u. 12. – Euseb VC 2,20,1; 2,30 ff. – 21 Euseb, KG 10,8,15; VC 2,1. – Hieronymus, Chron.a. 320 S.230,18 HELM. – Sozomenus 9,2,1. – Testament der 40 Märtyrer: H. MUSURILLO, The Acts of the Christian Martyrs, 1972, 354–61; Bibl. S.LXXI A.78. – 22 E. HONIGMANN, Patristic Studies, 1953, 6–27. – 23 *Qu.* bei SEECK, Untergang 1 in den A. zu S.175–83. Chronologie s. STEIN, Histoire I,2, 465 A.49. – 24 Euseb, KG 10,8,9; VC 2,3–18. – Praxagoras: JACOBY FGH IIB, 948 f. – J.VOGT, Die VC des Eusebius über den Konflikt zwischen K. und Licinius. Hist 2 (1954) 463–71. – 25 Bedenken gegen diese Datierung durch BRUUN (statt 314) bei J.P.C. KENT, NumC 1954, 225 f.; 1955, 30 f. und bei D. KIENAST, Hamburger Beiträge z. Numismatik 5 (1961/2) 686–89. Dagegen P.BRUUN, The Roman Imperial Coinage VII, 66 A.2. – R.ANDREOTTI, Recenti contributi alla cronologia constantiniana, Latomus 23 (1964) 537–55. – T.D.BARNES, Lactantius and Constantine, JRS 62 (1973) 29–46 (für 316, S.36). – 26 J.MOREAU, Zum Problem der VC, Hist 4 (1955) 234–45. – 27 VC 3,3,1. Vgl. 2,46,2. – 28 P.BRUUN, Coinage VII, 579 Nr. 14 (vgl. auch KiG C1,6 zu Monogramm und Labarum).

§ 3. Das religionspolitische Programm Konstantins
nach dem Sieg von 324

Qu.: K.s Restitutionsedikt, VC 2,24–42. – Brief K.s an die Bewohner der östlichen Provinzen, VC 2,48–60. – VC 2,46 (Brief über Bau von Kirchen). – VC 2,64–72 (Brief an Alexander und Arius). – Datierung dieser Urkunde (Ende September/Anfang Oktober 324): SEECK, Regesten 151.

Lit.: Oben § 1 sowie KRAFT, Entwicklung. – DÖRRIES, Selbstzeugnis. – N. H. BAYNES, C. the Great and the Christ. Church, PBA 15 (1929) 341–442.

Konstantin hatte sich auf die Machtübernahme im Osten vorbereitet, auch auf die Kirchenpolitik. Nur so ist die Schnelligkeit seiner Maßnahmen erklärlich[1]. Noch im Jahre 324 geht er an die Beseitigung der Verfolgungsschäden, die Begünstigung der Kirche, die Beilegung des arianischen Streites.

1. Der Kaiser begleitet die Aufhebung der Verfügungen des „Tyrannen" (Licinius)[2] mit dem *„Restitutionsedikt"* für die Christen[3]. Dieses bezieht die ganze Zeit der Verfolgung seit 303 ein[4]. Es geht über die Mailänder Beschlüsse von 313 hinaus, indem es nicht nur den Kirchen, sondern auch den einzelnen Christen den weggenommenen Besitz zurückgibt. Konstantin stellt sich hier unter heftigen Ausfällen gegen die Verfolger entschieden auf die Seite des Christentums. Der Grund seines Glaubens an das höchste Wesen (τὸ κρεῖττον), welches er mit dem christlichen Gott gleichsetzt, ist der militärische Erfolg. Aus diesem leitet er seine Sendung ab: als Diener Gottes das Menschengeschlecht zur Verehrung des „heiligsten Gesetzes" zu erziehen, auf daß der „seligste Glaube" sich ausbreite[5]. Damit ist das religionspolitische Programm der kommenden Jahre genannt[6]. Den Heiden, welche durch Gerüchte, der Tempelkult sei verboten, beunruhigt sind[7], sichert er Duldung zu in dem Brief an die Bewohner der östlichen Provinzen. Dieser ist eine Missionsschrift[8], welche stellenweise in ein Gebet übergeht. Der Friede des Reiches soll in gemeinsamer Eintracht gewahrt bleiben, mit dem Ziel der Hinführung aller zur wahren (christlichen) Religion, die so alt ist wie die Schöpfung[9].

2. Ein wichtiger Schritt zur Verwirklichung dieses Entwurfs ist die sogleich einsetzende Förderung des *Kirchenbaus*[10], welche während der ganzen Regierungszeit anhält[11.] Konstantin erbaut monumentale Kirchen in den wichtigsten Städten des Reiches[12] und auch in Städten, die seinen Namen tragen, wie Constantina (Cirta) in Numidien[13]. Man hat Zusammenhänge zwischen dem römischen Kaiserkult und den konstantinischen Basiliken vermutet[14]. Jedenfalls verbindet sich in Konstantins Kirchenbauten politisches Programm mit persönlicher Frömmigkeit. Sie verkün-

---

1 P. BRUUN, Coinage VII, 663 f.: rasche Ingangsetzung der östlichen Münzstätten. – 2 CTh 15,14,1 v. 16.12.324. – 3 VC 2,24ff. – 4 BAYNES 355. – 5 VC 2,28. – 6 Vgl. auch VC 2,65,1. – 7 VC 2,60,2. – 8 VC 2,48–60. – 9 VC 2,56f. – 10 Erlaß an die Bischöfe VC 2,46. – 11 Katalog der konstantinischen Kirchenbauten (mit Qu. u. Lit.) bei G. T. ARMSTRONG, Constantinian Churches, Gesta (= Publications of the International Center of Medieval Art) 6 (1967) 1–9. – 12 Nikomedien, Antiochien (Euseb, Triak. 9,11 f. S. 220,30 ff. HEIKEL. – VC 3,50), Konstantinopel (s. u. § 5), Rom, Trier (W. WEBER, Die Anfänge des Trierer Doms, TThZ 98 [1989] 147 ff). – 13 Appendix Optati Nr. X, CSEL 26, ZIWSA. – 14 R. EGGER, Römischer Kaiserkult u. konstantinischer Kirchenbau, JÖAI 43 (1958) 110–32. Ablehnend: O. NUSSBAUM, JAC 2 (1959) 146–8. – R. KRAUTHEIMER, The Constantinian Basilica, DOP 21 (1967) 124 hält die „weltliche" Basilika Ende des 3. Jh.s für religiös geprägt als Stätte bildlicher oder persönlicher Gegenwart des Kaisers. – Zur Ableitung der konst. Basilika s. C. ANDRESEN, Einführung in die christliche Archäologie, 1971 (= KiG, Lieferung B1) 26 u. Bibl. 8 c, 27.

den das Zeichen, das ihn zum Sieg geführt hat[15]. Sie stehen auch nicht zufällig oft über Märtyrergräbern. Die meisten Kirchen Konstantins sind Martyria[16]. Religiös ist auch das Motiv der Kirchenbauten an den heiligen Stätten Jerusalems und Palästinas[17]. Hohe Würdenträger eifern dem Kaiser als Kirchenstifter nach, wie der comes Joseph, ein bekehrter Jude[18]. Konstantin stellt auch Mittel für den Kult bereit durch Geschenk von Ländereien, Kultgerät und Bibelhandschriften[19].

Die feste Überzeugung Konstantins, daß seine Macht und das Heil des Reiches auf der Verehrung des höchsten Gottes beruhe, dessen Kult in den Kirchengebäuden vollzogen wird, ist die Triebfeder seiner Religionspolitik[20].

3. Anstelle der Erlasse des Licinius setzt Konstantin seine im Westreich ergangenen *Gesetze,* darunter natürlich auch die christenfreundlichen, in Kraft[21]. Euseb nennt folgende Beispiele[22]: die Sonntagsheiligung, die Befreiung der Kinderlosen (Asketen) von den augusteischen Erbschaftsbeschränkungen, die Erleichterung der Testamentsformalien für Sterbende, die staatliche Anerkennung von Synodalbeschlüssen. Zu diesen Gesetzen zählt auch die Immunität der Kleriker von Zwangsämtern und Fronen[23] und die Erlaubnis, den Kirchen Erbschaften zu hinterlassen, sowie die Anerkennung der bischöflichen Schiedsgerichtsbarkeit[24]. Damit beginnt auch im Osten die Verflechtung von Kirche und Staat[25].

Dazu gehört neben der episcopalis audientia auch die Verchristlichung des bürgerlichen Kalenders (Sonntag, Osterregelung von Nicäa) und die Unterstützung der sozialen Arbeit der Kirche. Konstantin weist den Bischöfen zur Versorgung der Jungfrauen und Witwen jährliche Getreidelieferungen aus dem Steueraufkommen der Städte zu[26]. Bei der Hungersnot des Jahres 333 in Syrien und Kilikien läßt er die Hilfsmaßnahmen über die Kirche laufen[27].

4. Aus dem Ziel der Vereinheitlichung der Reichsreligion[28] folgt auf längere Sicht, daß die *religiösen Gruppen außerhalb der katholischen Kirche* benachteiligt werden müssen. Die Lage der Juden (nefaria secta)[29] war durch das römische Recht gesichert. Konstantin veränderte das nicht, erschwerte jedoch den jüdischen Proselytismus[30]. Dagegen eröffnet er in der Kirchengeschichte die Verfolgung der Ketzer und Schismatiker durch den Staat. Nach dem Vorspiel seiner Auseinandersetzung mit den Donatisten[31] ergeht das erste Häretikergesetz 326[32]. Auch die Lage des Heidentums wurde ungünstiger.

---

15 Euseb, Triak. 9 S. 220, 6–14 HEIKEL. – 16 A. GRABAR, Martyrium Bd. I, 1946, 204–313 (Les martyria fondés par Constantin). – 17 *Qu.:* Die Urkunden VC 3, 30–32 u. 52–53 und die Beschreibung VC 3, 33–43. Zur Grabeskirche in Jerusalem: E. WIFSTRAND, K. s Kirche am Heiligen Grab in Jerusalem, 1952. – H. BUSSE/G. KRETSCHMAR, Jerusalemer Heiligtumstraditionen in altkirchlicher u. frühislamischer Zeit, 1987. – Bethlehem: T. RICHMOND, The Church of the Nativity, QDAP 6 (1938) 63–66 (mit Plan). – 18 Epiph. haer. 30, 4, 1. – 19 VC 4, 28. 36. Vgl. U. SÜSSENBACH, Christuskult u. kaiserliche Baupolitik bei K., 1977. – 20 Vgl. Euseb, KG 10, 7, 2 (vom Jahre 312/3) und VC 4, 14. – 21 CTh 15, 14, 1 vom 16. 12. 324. SEECK, Regesten 174. – 22 Die Belege: VC 2, 20; 4, 18. 26. 27. – Die Texte aus CTh u. CJ s. KiG C1, 11 f. A. – 23 Das geht aus CTh 16, 5, 1 v. Jahre 326 und 16, 2, 7 v. J. 330 hervor. – 24 S. KiG C1, 11 f. – 25 S. ebenfalls KiG C1, 11 f. – 26 Sozomenus 1, 8, 10; 5, 2–3. – Theodoret, KG 1, 11, 2–3. – 27 Theophanes, Chronogr. Bd. I S. 29, 13 ff. DE BOOR. – Hieronymus, Chron. S. 233, 10 HELM. – 28 VC 2, 65, 1. – 29 CTh 16, 8, 1 v. 315. – 30 GOTHOFRED bespricht zu CTh 16, 8, 1 die Judengesetze K. s. – VC 3, 18, 2–3. – Einzelheiten: NOETHLICHS 32–9 (Lit.). – G. STERNBERGER, Juden u. Christen im hl. Land Palästina unter K. u. Theodosius, 1987. – 31 S. KiG C1, 9 f. – 32 VC 3, 63. CTh 16, 5, 2 v. 25. 9. 326 (SEECK, Reg. 177) setzt das Häretikergesetz voraus. – NOETHLICHS 6–19 über K. s Häretikergesetzgebung. – ST. G. HALL, The Sects under Constantine. In: Voluntary Religion (ed. J. SHEILS/D. WOOD), 1986, 1–13.

§ 4. Konstantin und das Heidentum des Ostens

Qu. Euseb: VC. – Laus Constantini (Triakontaeterikos) (= LC, CPG 3498). – Pseudo-Julian, in: Fl. Cl. Juliani Epistulae, leges, poemata, ed. Bidez/Cumont, 1927, ep. 180–197, S. 228–66. – Eunapius, Vitae Sophistarum, ed. G. Giangrande, 1957. – Zosimus, Hist. nova, ed. L. Mendelssohn, 1887.
Lit.: Schultze; Boissier; Geffcken; de Labriolle; A. Alföldi, Conversion. – L. de Tillemont, Hist. des Empereurs, Bd. 4, 323–35; 605 f. – J. Bidez, Der Philosoph Jamblich u. seine Schule. In: Cl. Zintzen (Hrsg.), Die Philosophie des Neuplatonismus, 1977, 281–93. – K. Prümm, Religionsgeschichtliches Handbuch für den Raum der altchristlichen Umwelt, 1943 (wichtig für Westkleinasien). – A. Barb, The Survival of Magical Arts. In: A. Momigliano (Hrsg.), The Conflict between Paganism and Christianity in the 4th Century, 1963, 100–25. – K. L. Noethlichs, Die gesetzgeberischen Maßnahmen der christl. Kaiser des 4. Jh.s gegen Häretiker, Heiden u. Juden, 1971 (Diss. Köln). – L. de Giovanni, Costantino ed il mondo pagano, 1982.

1. Für den neuen Herrscher des Ostens ist das *Christentum* „sanctissima lex", das Heidentum „aliena superstitio"[1]. Er hat eine Abneigung gegen Opfer, insbesondere blutige Opfer[2]. Er lehnt das heidnische Orakelwesen, das er in seiner Jugend als antichristlich erlebte[3], ab. Der Tempelkult bleibt jedoch erlaubt, weil seine Anhänger noch zu zahlreich sind[4].

2. Konstantin macht einen Unterschied zwischen dem Opferkult und dem *philosophischen Heidentum.*

a) Zu seinem Hof haben Schüler Jamblichs Zutritt: ein unbekannter Rhetor (Pseudo-Julian)[5] und der Philosoph Sopatros, der schon 326 das Vertrauen des Kaisers genießt[6]. Er wurde nach 330 auf Grund einer Intrige des christlichen Gardepräfekten Ablabius hingerichtet[7]. Vielleicht ist es Sopaters Einfluß zuzuschreiben, daß Konstantin im Jahre 326 dem Daduchen (Fackelträger der Eleusinischen Mysterien) Nikagoras eine Reise nach Ägypten ermöglicht. Nikagoras gehörte zu den neuplatonischen Kreisen Athens[8].

b) Diese Rhetoren und Philosophen konnten über den *höchsten Gott, die Vorsehung* und den *Beruf des Herrschers* ganz ähnlich reden wie Konstantin. Dieser hielt den Glauben an die göttliche Vorsehung für den Kern des Christentums[9] und „Über Vorsehung und unverdientes Glück und Unglück" schrieb Sopatros[10]. Konstantin

---

1 CTh 16, 2, 5 vom 25. 12. 323. Siehe Seeck, Regesten. – Euseb, VC 2. 60. 2 (μοχθηρὸς πλάνη). – 2 VC 3, 53, 1; 4, 10, 1. – Or. ad Sanctos 11, 7 S. 167, 29 Heikel. – 3 VC 2. 50 f. – Schon 312 handelte er contra haruspicum monita: Panegyrici lat. XII 2, 4. – 4 VC 2, 60, 2. – 5 Näheres bei J. Bidez, L'auteur de la lettre à Jamblique. In: L'empereur Julien, Oeuvres I, 2 (Lettres et fragments, ed. J. Bidez, ²1972, 233–45). – T. D. Barnes, A Correspondent of Jamblichus, GRBS 18 (1978) 96–106. – 6 Sozom. 1, 5, 1: zur Zeit der Verwandtenmorde K.s (326). – 7 Sopatros habe durch Magie die Kornversorgung Konstantinopels behindert. Da Hungerkrawalle im Hippodrom vorausgingen, muß das Ereignis nach der Einweihung Konstantinopels (11. 5. 330) stattgefunden haben. – *Qu.* bei Jones, Prosop. s. v. Sopater 1 (Eunapius, Zosimus, Suda). – 8 O. Schissel, Die Familie des Minukianos. Ein Beitrag zur Personenkunde des neuplatonischen Athen, Klio 21 (1927) 361–73. – *Qu.* zur Reise: W. Dittenberger, Orientis gr. inscript. sel. 2 Nr. 720 f. – P. Graindor, Constantin et le dadouque Nicagoras, Byz. 3 (1926) 209–14. – Datierung: J. Baillet, Inscriptions grecques et lat. des tombeaux des rois ou Syringes à Thèbes, MIFAO 42, 2 (1923) Nr. 1265 u. 1889. – 9 VC 2, 71, 7. – 10 Suda IV S. 407, 3 ff. Adler. Der Inhalt ist erschließbar aus Jamblich, Ep. ad Maced. § 47 (= Stobaios ed. Wachsmuth/Hense II S. 175 f.). – Zum Regentenspiegel des Sopatros (Sohn) (= Stobaios IV S. 212, 14 ff.): F. Wilhelm, Der Regentenspiegel des Sopatros, RMP 72 (1917/8) 347–402.

konnte also hier eine Form der vernünftigen Urreligion[11] sehen, welche eine Brücke zum Christentum bilde. Der „Synkretismus" steht im Dienste der Christianisierung.

3. Eine schleichende Beeinträchtigung des *Tempelkultes* im Osten ist seit Beginn der Alleinherrschaft festzustellen.

a) Dazu trägt die *Beraubung der Tempel* bei. Sie werden ihrer Statuen und Weihegeschenke aus Edelmetall und Erz entblößt, nicht nur zum Schmuck Konstantinopels, sondern auch zur Behebung der Finanzkrise, welche durch die Bautätigkeit und Verschwendungssucht Konstantins hervorgerufen wurde[12]. Der Kaiser zieht auch die Tempeleinkünfte ein, ohne den Kult zu verbieten[13]. Die feindselige Durchführung der Enteignungen durch christliche Sonderbeauftragte[14] deutet auf das dem Heidentum ungünstige Klima.

b) Einzelne *Tempel* und Kultstätten werden *zerstört:* wegen Entweihung eines biblischen, heiligen Ortes[15], wegen Tempelprostitution[16], wegen Verehrung des „Dämons" als Soter (Äskulaptempel zu Aigai in Kilikien)[17]. Das alles sind Einzelfälle, zudem auf den Orient beschränkt. Sie mußten jedoch einschüchternd wirken. Zum Teil zog auch der Raub bronzener Dachziegel und Türen durch den Fiskus[18] den Verfall der Tempel nach sich. Doch auch an zerstörten Kultstätten dauerten heidnische Gebräuche fort[19]. Der Zurücksetzung des Heidentums dient die Überführung der Nilelle (zur Messung der Nilschwelle) aus dem alexandrinischen Serapistempel in eine Kirche[20]. Aber die Nilpriester, gegen die Euseb den Kaiser vorgehen läßt, hat es nie gegeben[21].

c) Konstantins Abscheu vor den *Opfern* steigert sich in seinen letzten Jahren bis zur Ablehnung der Darbringung von Weihrauch und Lichtern im Tempelkult[22]. Ein allgemeines Opferverbot hat er entgegen der Behauptung Eusebs[23] nicht erlassen[24]. Euseb verallgemeinert das Verbot häuslicher Opfer bei der Haruspizin und das Opferverbot beim staatlichen Zeremoniell[25].

d) Vermutlich hat sich an die *Hinrichtung des Sopatros* die Verbrennung der Bücher des Neuplatonikers und Christenbestreiters Porphyrius, die 333 erwähnt wird[26], angeschlossen. Diese Hinrichtung bezeichnet zweifellos einen Wendepunkt. Eine heidnische Überlieferung verbindet Konstantins Zuwendung zum Christentum mit den Verwandtenmorden des Jahres 326 (Exekution des Sohnes

---

11 VC 2,57 u. 48,2. – **12** Anonymus de reb. bell. 2,1. S.7 ed. R. SCHNEIDER, 1908 (s. DEMANDT S.9). – Euseb, LC 8,1–4. – VC 3,54. – **13** Julian, Or.7,228. – Libanius, Or.30,6 (Pro templis). – Malalas S.324,1 ff. DINDORF. Heidnische Kaiser hatten in Notfällen Ähnliches getan: PIGANIOL, Constantin 183. – **14** S. Euseb oben A.12. – **15** Heidnische Altäre zu Mamre (VC 3,52); Aphroditetempel an Christi Grab (VC 3,26–27). – **16** Zu Aphaka in Phönizien (Euseb LC 8.5–8; VC 3,55). Später wurde über der Mitte des Tempels eine Kirche errichtet: F. DEICHMANN, Frühchristliche Kirchen in antiken Heiligtümern, JdI 54 (1939) 105–36 (S. 108). – Die Niederreißung des Tempels zu Heliopolis (Baalbek) wird nur in der nicht-eusebianischen Überschrift von VC 3,58 behauptet. – **17** VC 3,56. – In Antiochien wurde der Tempel der Musen zum Amtssitz des comes Orientis umgewandelt: Malalas, S.319,2 ff. DINDORF. – **18** VC 3,54,2. – **19** So in Mamre beim jährlichen Markt. Sozom. 2,4,2–3. – **20** Sokrates 1,18,2–3. – Sozom. 5,2,3. – **21** Euseb VC 4,25. – A. HERRMANN, Der Nil und die Christen, JAC 2 (1959) 30–69. – **22** Brief an Sapor, VC 4,10,1. – **23** VC 2,45. – **24** Näheres s. KiG C1,12f. mit A.18 u. 19; S.8 A.1. – Libanius Or.30,3 ed. FOERSTER Bd.2 S.90: kein Verbot des Tempelkults durch K. – **25** Bezeugt VC 2,44. – **26** OPITZ, Urk. 33 (Athanasius, Werke III,1 [1934/5] 66–68, Edikt gegen Arius.) S.67,4. – W. SPEYER, Büchervernichtung, JAC 13 (1970) 123–52, auf S.142.

Krispus und der Gattin Fausta)[27]. Die von heidnischen Priestern versagte Sühne sei ihm im christlichen Taufbad versprochen worden[28]. Das ist lediglich eine Widerspiegelung des Konstantinbildes Julians[29]. Die nach den Hinrichtungen unternommene Wallfahrt der Kaiserinmutter Helena nach Palästina[30] wirkt wie eine Sühnehandlung. Sie bezeichnet keine Wende, sondern erweist, daß der Kaiser im christlicher Lager steht.

4. Konstantin versucht aber auch positiv, *zum Christentum hinzuführen.*

a) Er wirbt durch ermahnende, belehrende Schreiben[31], durch Predigten im Palast[32]. Er bezeichnet sich als ἐπίσκοπος τῶν ἐκτός, „Bischof der Außenstehenden", das heißt der Heiden[33]. Deshalb behält er das Amt des pontifex maximus bei[34], welches ihm die Oberaufsicht über das heidnische Religionswesen sicherte. Orte, deren Bevölkerung christlich ist (Orkistos im östlichen Phrygien) oder sich zum Christentum bekehrt (Maiuma, der Hafen von Gaza), erhalten besondere Gunstbeweise[35].

b) Vor allem liegt ihm die religiöse Erziehung des *Heeres,* der Stütze seiner Macht, am Herzen. Dieses ist 326 noch weitgehend heidnisch, wie die Zurufe der Soldaten an Konstantin beweisen: dii te nobis servent[36]. Der Kaiser läßt das Heer seit 312 unter dem „siegbringenden Zeichen", dem Chi-Ro-Monogramm, kämpfen, das freilich vieldeutig war[37], aber von Konstantin christlich verstanden wurde[38]. Es wurde schließlich für die Heeresfahne verwendet (Labarum), wohl seit 324[39]. Fünfzig Mann der Leibwache des Kaisers bewachen das Labarum und tragen abwechselnd diesen Siegesfetisch dem Heer voran[40]. Auch wurde das Monogramm auf den Waffen der Soldaten angebracht[41]. Nach der Erhebung des Sonntags zum gesetzlichen Feiertag (321) führte Konstantin auch im Heer die Sonntagsfeier ein. Er verordnete den heidnischen Soldaten (die christlichen erhielten Urlaub zum

27 O. Seeck, Die Verwandtenmorde K.s d.Gr., ZWTh 33 (1890) 63–77 nimmt Ehebruch beider an. Aber die Tötung des Sohnes von Licinius und Konstantia und „danach" vieler Freunde (Eutropius, Brev. 10,6,3; Hieronymus, Chron. S. 231,7; 232,2 Helm) deutet auf politische Hintergründe. – H. A. Pohlsander, Crispus' brilliant Career and tragic End, Hist. 33 (1984) 79–101. – Demandt, Spätantike 75. – **28** Zosimus 2,29,1. – Sozomenus 1,5,1. – F. Paschoud, Zosime 2,29 et la version païenne de la conversion de Constantin, Hist. 20 (1971) 334–53. – **29** Julian, Caes. p. 336a. – **30** Euseb VC 3,42–45. – Zur angeblichen Kreuzesauffindung durch Helena: E. D. Hunt, Holy Land Pilgrimage in the Later Roman Empire (A.D. 312–460), 1984, 28 f. – A. Frolow, La relique de la vraie croix, 1961, 55 ff. – St. Heid, Der Ursprung der Helenalegende im Pilgerbetrieb Jerusalems, JAC 32 (1989) 41–71. – J. M. Drijvers, Helena Augusta, Groningen 1989. – P. W. Walker, Holy City, holy places? Christian attitude to Jerusalem and the Holy Land in the fourth century, 1990. – **31** VC 3,57,2 (Heliopolis/Baalbek). – **32** VC 4,29. – **33** VC 3,24. Vgl. KiG C1,16 A.27 u. 14 § 8 (Lit.). – J. M. Sansterre, Eusèbe de Césrée et la naissance de la théorie „césaropapiste", Byz. 42 (1972) 131–95; 532–94. – D. De Decker, L'épiscopat de l'empereur Constantin, Byz. 50 (1980) 118–57. – K. M. Girardet, Das christliche Priestertum K.s d.Gr., Chiron 10 (1980) 569–92. – **34** Zosimus 4,36,3–5. – Auf Inschriften: Dessau, Nr. 695–97. – **35** Orkistos i.J. 324/26 u. 331: MAMA VII (ed. Calder, 1956) Nr. 305, Karte auf S. XLV. Maiuma u. andere Orte: Euseb, VC 4,38 f. Sozom. 2,5,6. – R. Van Dam, From Paganism to Christianity at late antique Gaza, Viator 16 (1985) 1–20. – **36** CTh 7,20,2 v. J. 326. Seeck, Reg. 60,15 ff. – **37** M. Sulzberger, Le symbole de la croix et les monogrammes de Jésus, Byz. 2 (1925) 337–448. – **38** Einzelheiten s. KiG C1,6. – H. R. Seeliger, Die Verwendung des Christogramms durch K. im Jahre 312, ZKG 100 (1989) 149–68. – **39** VC 1,31,1 ist chronologisch falsch eingeordnet. Das Labarum, den Drachen durchbohrend, seit 327 auf Münzen der Prägestätte Konstantinopel: Bruun, Coinage VII S. 572 Nr. 19 u. 26; vgl. S. 451 Nr. 207, Anm. – Lampe, Lexicon s. v. λάβαρον. – Lit. vgl. KiG C1,6 A. 50–4. – **40** VC 2,8 f. – **41** VC 4,21.

Kirchgang) ein monotheistisches Gebet in lateinischer Sprache, welches sie, auf dem Felde angetreten, im Chor zu sprechen hatten[42].

c) Schon vor 324 beginnt die Hinführung der *kaiserlichen Familie* zum Christentum, was als Vorbild wirken mußte. Konstantin bekehrte seine Mutter Helena[43] und ließ seine Söhne christlich erziehen[44].

§ 5. Die Gründung Konstantinopels

Qu.: Euseb, VC 3, 48–49. – Sokrates KG 1, 16. – Sozomenus 2, 3. – Philostorgius, KG 2, 9 S. 20–22 Bidez. – Joh. Malalas Chronographia Buch 13, S. 319–24 Dindorf. – Chronicon paschale S. 527–50 Dindorf. – Scriptores originum Constantinopolitanarum, rec. Th. Preger, 1901 u. 1907. – Zusammenstellung der Qu. bei E. Gerland, Byzantion u. die Gründung der Stadt Konstantinople, BNGJ 10 (1933/4) 93–105. – Quellenkritik: G. Dagron, Constantinople imaginaire. Etudes sur le recueil des Patria, 1984. – A. Berger, Untersuchungen zu den Patria Konstantinupoleos, 1988 (Lit.).

Lit.: H.-G. Beck (Hrsg.), Studien zur Frühgeschichte Konstantinopels, 1973. – G. Dagron, Naissance d'une capitale. Constantinople et ses institutions de 330 à 451, 1974. – *Karten:* W. Kliess, Topographisch-archäologischer Plan von Istanbul, [2]1967. – Pläne auch bei R. Janin, Constantinople byzantine, [2]1964. – W. Müller-Wiener, Bildlexikon zur Topographie Istanbuls, 1977. – R. Krautheimer, Three Christian Capitals, Topograpy and Politics, 1983 (Rom, Konstantinopel, Mailand). – Konstantinopel, TRE 19 (1990) 503–18 (Schmalzbauer).

Konstantin setzte den Entschluß, das alte Byzantium zu einer *neuen Hauptstadt des Ostens* zu erweitern, die seinen Namen tragen soll, unverzüglich ins Werk. Schon im November 324 begannen die Bauarbeiten[1], und die erst im Gröbsten fertige Stadt wurde am 11. Mai 330 eingeweiht[2].

1. Euseb behauptet, Konstantin habe die neue Stadt von Götzendienst rein gehalten, also als *christliche Stadt* geplant und Kirchen, darunter mehrere Martyria, erbaut[3]. Als konstantinisch können die Irenenkirche, die alte Hagia Sophia (erst unter Konstantius II. geweiht), die Apostelkirche, das Martyrion des Mokios und wohl noch andere gelten[4]. Für die Kirchen in Konstantinopel bestellte der Kaiser 50 Bibelhandschriften[5]. In seinem Palast und auch in der Stadt ließ er christliche Symbole anbringen[6]. Jedoch füllte sich die Stadt durch den Kunstraub mit dem Schmuck heidnischer Bildwerke[7].

2. Eusebs Bericht verschweigt Konstantins Zugeständnisse an das *Heidentum*. Bei Baubeginn zog er für die altrömischem Brauch entsprechende Weihe des für die Neubegründung abgesteckten Geländes (limitatio) die Heiden Sopatros und Prätextat heran[8]. Die Tempel auf der Akropolis von Byzanz wurden nicht zer-

---

42 VC 4, 18–20. – LC 9, 9–10 S. 219, 16 ff. Heikel. – 43 VC 3, 47, 2. – 44 Laktanz ist der Lehrer des Krispus in Gallien: Hieronymus, vir. ill. 80.

1 E. Stein, Geschichte 193. – Dagron, Naissance 36. – 2 Seeck, Regesten 180. – 3 VC 3.48. – 4 Skeptischer ist Dagron, Naiss. 392 ff. – Sophienkirche: Th. F. Mathews, The Early Churches of Constantinople, 1971, 11–19. – St. Mokios: Theodoros Anagnostes, KG, GCS 1971 (G. Chr. Hansen) S. 14, 5. 23. – 5 VC 4, 36. – C. Wendel, Der Bibelauftrag K. s, ZfB 56 (1939) 165–75. – 6 VC 3, 49. – 7 *Qu.:* Seeck, Untergang Bd. 3, A. zu S. 428, 31 (S. 559). – Demandt, Spätantike 393 f. – 8 Joh. Lydus, De mens. IV, 2 Wümsch. – Prätextat: KiG C 1, 30 f.; Jones, Prosop. 722 f.

stört[9]. Konstantin baute sogar zwei Tempel: einen für die Tyche der Stadt Rom, den anderen für das in eine „Betende" umgemeißelte Standbild der Rhea (Kybele) als Schirmerin (Tyche) der neuen Stadt[10]. Heidnisches konnte sich hier mit Christlichem im Bereich der Symbolik treffen. Die „Betende" symbolisiert schon in hellenistischer Zeit die Tugend der Frömmigkeit; der in der Stadt aufgestellte Schafträger (den Euseb als Christus, den „guten Hirten" ausgibt[11]), die Philanthropie[12]. Ähnliches mag bei Stiftung von Kirchen der Eirene, Sophia, Dynamis[13] mitspielen. Auf den gleichzeitigen Münzen weichen die heidnischen Götter den abstrakten Tugenden, welche die Taten des Kaisers und seiner Dynastie anpreisen[14]. Daß der Tyche Roms eine Stätte in Konstantinopel bereitet wird, deutet auf den Anspruch, ein zweites Rom zu sein[15].

3. Im Herzen der Stadt, auf dem runden Konstantinsforum, ließ Konstantin eine riesige Porphyrsäule errichten, die *sein Standbild,* eine umgearbeitete Apollostatue mit dem Strahlenkreuz des Helios trug[16]. Konstantin überträgt die Sonnensymbolik auf sich selbst, er nimmt sie in seinen neuen Kaiserkult auf[17]. Zeugen der konstantinischen Sonnensymbolik sind Euseb[18], Porfyrius Optatianus[19], die Inschrift von Termessos (Konstantin als Helios Pantepoptes)[20]. Die Verehrung des Sol invictus verschwindet[21]. Aber die späten Münzporträts übertragen den Apollotyp auf den Kaiser[22]. Bei der alljährlich am 11. Mai stattfindenden Gedenkprozession der Einweihung der Stadt wird eine hölzerne Konstantinfigur, welche dem Apollo/Helios der Porphyrsäule gleicht und die Tyche der Stadt auf der rechten Hand trägt, im Hippodrom vor die Kaiserloge gefahren und dort verehrt. Die Zeremonie wird später abgeschafft, wohl weil sie zu heidnisch wirkte[23].

4. Konstantinopel ist keine von christlichen Motiven bestimmte Gründung, sondern in erster Linie *die Stadt Konstantins.* Er hat ihr „auf Gottes Befehl" einen „ewigen Namen" gegeben – nämlich seinen eigenen[24]. Der Kaiser errichtete ein Siegeszeichen seiner Herrschaft.

9 Malalas S. 324 c, Dindorf. - Fortleben des Heidentums in Konstantinopel: Dagron, Naiss. 377 ff. - 10 Zosimus 2, 31, 2–3. - W. Amelung, Kybele Orans, MDAI.R 1899, I S. 8–12. Rhea als Tyche des vorkonstantinischen Byzanz: Dagron, Naiss. 43 ff.; 372. - 11 VC 3, 49. - 12 Th. Klauser, JAC 9 (1967) 116 ff. - J. M. C. Toynbee, Rome and Constantinople in late antique Art from 312 to 365, JRS 37 (1947) 130–44 (135 f.). - 13 Zu letzterer: Dagron, Naiss. 397. - 14 J. M. C. Toynbee, Roman Medaillons, American Numism. Society, Numism. Studies 5 (1944) 173. - 15 Konstantinopel als altera Roma: Porf. Optatianus, Carm. 4, 1 ff.; 18, 33 (von 325). - Dagron, Naiss. 43 ff. - 16 Qu.: Berger, Patria 295–99. - Dagron, Naiss. 37–40. - 17 Verehrung der Säulenstatue: Philostorgius, KG 2, 17 S. 28, 4 ff. Bidez. - 18 LC 3, 4 S. 201, 7. 12 Heikel; VC 1, 43, 3. - 19 Vgl. KiG C1, 15 A. 9. - 20 Tituli Asiae Min. III, 1, Nr. 45 (P. Heberdey) 1941. - 21 Vgl. KiG C1, 11 A. 3. - M. R. Alföldi, Die Sol-Comes Münze v. Jahre 325. In: Mullus, FS Th. Klauser, 1964, 11–16. - 22 E. B. Harrison, The Constantinian Portrait, DOP 21 (1967) 81–96 (95). - 23 Qu.: Berger, Patria 550–55 u. Reg. s. v. Einweihung. - Dagron, Naiss. 40 f.; 307 f. - In der Konstantin/Helios Frage sah Th. Preger, Konstantinos – Helios, Hermes 36 (1901) 457–69 im Ganzen richtiger als J. Karayanopulis, K. d. Gr. und d. Kaiserkult, Hist. 5 (1956) 341–57. - 24 CTk 13, 5, 7 v. 1. 12. 334 mit Gothofreds Kommentar. - Konstantius II. nennt sich aeternitas mea, s. KiG C1 § 1 S. 18.

§ 6. Zur Christlichkeit von Gesetzen Konstantins

Lit.: E. J. JONKERS, Invloed van het christendom op het romeinsche wetgewing betreffende het concubinaat en de echtscheiding, Wageningen 1938 (skeptisch). – M. SARAGATI, Il diritto privato nella legislazione di Costantino, 1938. – J. VOGT, Zur Frage des christl. Einflusses auf die Gesetzgebung K. s. In: FS L. Wenger II, 1945, 118–48. – J. GAUDEMET, La législation rel. de C., RHEF 33 (1947) 25–61. – A. EHRHARDT, C. d. Gr., Religionspolitik u. Gesetzgebung, ZSavRG Rom 72 (1955) 127–90. – E. VOLTERRA, Intorno ad alcune costituzioni di C., AANL 13 (1958) 61–89. – R. ANDREOTTI, L'imperatore Licinio ed alcuni problemi della legislazione costantiniana. In: Studi in onore di E. Betti 3, 1962, 42–63. – CL. DUPONT, De quelques problèmes découlant de la conquête de l'Orient par C., RIDA 18 (1971) 479–500. – H. LANGENFELD, Christianisierungspolitik u. Sklavengesetzgebung der römischen Kaiser von K. bis Theodosius II., 1977. – B. KÖTTING, Die Bewertung der Wiederverheiratung (der 2. Ehe) in der Antike und in der frühen Kirche, 1988. – S. a. KiG C1, 13 f. A. en.

1. Über den Einfluß christlichen Gedankenguts auf Gesetze Konstantins besteht kein Einvernehmen[1].

a) Man vermutet Christliches in der *Sittengesetzgebung* Konstantins: gegen Ehebruch[2] und zum Schutz der jungfräulichen Keuschheit[3]; im Verbot des Konkubinats für Ehemänner[4], in der Erschwerung der Scheidung[5] und der Abneigung gegen die zweite Ehe[6]. Wahrscheinlich trifft sich hier der Moralismus des Despoten[7] mit christlichen Anschauungen.

b) Christlich wirken Bestimmungen zum Schutz der Unmündigen[8], Witwen, Kranken[9] und die Abschaffung der Kreuzigung[10], welche nach 320 erfolgt[11]. Das Verbot der Gladiatorenspiele und der Verurteilung zu Gladiatorenkämpfen[12] – diese hatten durchaus im hellenistischen Osten Eingang gefunden[13] – kann sich auf ablehnende Stimmen von Heiden und Christen stützen[14].

c) Überhaupt kann hinter *humanen Bestimmungen* Konstantins (Ausführung der Gefangenen ans Tageslicht, Milderung ihrer Fesselung, Verbot der Brandmarkung im Gesicht[15]) sowohl antike Philanthropie als auch Christentum stehen. Über ihren Erfolg sollte man sich keinen Illusionen hingeben. Den humanen Gesetzen stehen solche von barbarischer Grausamkeit gegenüber: geschmolzenes Blei in den Schlund bei Kuppelei[16]. Die Sklavengesetzgebung des Kaisers zeigt, mit geringfügigen Ausnahmen[17], keine Absicht zur Verbesserung des Loses der Sklaven. Sie will vielmehr die bestehende Gesellschaftsordnung und das Recht der Sklavenbesitzer

---

1 Übersicht der Meinungen: SARAGATI 8. – Vgl. KiG C1, 13 A. 2. – 2 CTh 9, 7, 1 u. 2 v. 326. – 3 CTh 9, 24, 1; 9, 8, 1 v. 326, SEECK, Reg. 63, 27 ff. BRUUN, Studies in Const. Chronology, 1961, 42 datiert auf 318. – 4 CJ 5, 26 v. 326. – 5 CTh 3, 16, 1 v. 331. Vgl. GOTHOFRED z. St. – 6 CTh 3, 16, 1 v. 331; CJ 5, 37, 22, 5 (die 2. Ehe von Frauen ist „zuchtlos"). – 7 Paneg. 10, 34, 1. – 8 CTh 3, 30, 5 v. 333. Solche Bestimmungen gab es auch vor K. – 9 CTh 1, 22, 2 v. 334. – 10 Aur. Vict., Caes. 41, 4. Sozom. 1, 8, 12 f. – 11 CTh 9, 5, 1 (vollständig bei RICCOBONO, Fontes Bd. 1, 458 ff.) verhängt Kreuzigung. Datierung: SEECK, Reg. 75, 30 ff. Die Kreuzigung eines gefangenen Alamannenkönigs 366 ist ein Willkürakt asiatischer Truppen, Amm. Marcell. 27, 2, 9. – 12 Euseb, VC 4, 25, 1. – CTh 15, 12, 1 (v. 325). Das Gesetz gilt für den Osten. K. hat 315 noch solche Urteile gefällt: CTh 9, 18, 1. – 13 L. ROBERT, Les gladiateurs dans l'Orient, 1940. – G. VILLE, Les jeux de gladiateurs dans l'empire chrétien, MAH 72 (1960) 274–335. – 14 Stellen bei NOETHLICHS 248 A. 171 f. Über Fortdauer der Gladiatorenspiele in Orient u. Okzident s. GOTHOFRED zu CTh 15, 12, 1. – 15 CTh 9, 3, 1 v. 320; 9, 40, 2 (316) – Vgl. KiG C1, 13 A. 8; 14 A. 25. – 16 CTh 9, 24, 1 v. 326. SEECK, Reg. 61, 1. – Strafe des Säckens CTh 9, 15, 1 v. 318. – 17 Manumissio in ecclesia. Hierzu LANGENFELD 24–31. Vgl. KiG C1, 11 A. 7. – Verbot des Auseinanderreißens von Sklavenfamilien in einem Einzelfall: CTh 2, 25, 1 v. 325. SEECK, Reg. 88, 43.

schützen[18]. Die antoninischen Kaiser bemühten sich weit mehr um eine gerechtere Behandlung der Sklaven[19].

2. Für das Verständnis der konstantinischen Gesetzgebung und ihrer Neuerungen ist neben dem Einfluß christlicher Vorstellungen und des hellenistischen Rechtsbewußtseins (MITTEIS)[20] der *Vulgarismus* zu berücksichtigen, das Vordringen eines nicht mehr fachwissenschaftlichen, sondern laienhaften Formulierens, Denkens und Empfindens, das auch auf den Inhalt der Gesetze wirkt[21].

§ 7. Der Arianische Streit bis zum Eingreifen Konstantins

Qu.: 1. *Urkunden.* Die streitenden Parteien legten Sammlungen ihnen günstiger Dokumente an (Epiph. haer. 69, 4, 3. – Sokrates KG 1, 6, 41 HUSSEY. – Sozomenus 1, 1, 15). Viele Urkunden überliefert Athanasius, gelegentlich frisiert (Nachweis bei H. FROMEN, Athanasii historia acephala, Diss. Münster 1914, 53–5). Das „Synodikon" des Athanasius (Sokr. 1, 13, 12) hat nach E. SCHWARTZ (NGG 1904, 394 ff.) nie oder nur als späte Sammlung existiert. Bericht hierzu: BARDENHEWER, Geschichte Bd. 3, 62–3. – Urkunden zur Geschichte des arianischen Streites, 318–328 (= H. G. OPITZ: Athanasius, Werke III, 1 [1934/5]). – 2. *Reste frühañarianischen Schrifttums* sammelte G. BARDY, Recherches sur S. Lucien d'Antioche et son école, 1936, 217 ff. – Näheres s. CPG s. v. Arius; Asterius; Euseb v. Nikomedien; Athanasius v. Anazarbos (dazu H. G. OPITZ, Dionys v. Alex. u. die Libyer. In: Quantulacunque, FS Kirsopp Lake, 1937, 41–53 [51 f.]); Theognis v. Nicäa. – 3. *Polemiker u. Kirchenhistoriker:* Euseb, VC 2, 61–73. – Das Zeugnis Alexanders v. Alex. (Urk. 4 a, b u. 14 OPITZ) und des Athanasius darf trotz feindseliger Tendenz (hervorgehoben von CHR. STEAD, The Thalia of Arius and the Testimony of Athanasius, JThS 29 [1978] 20–52) nicht a priori verworfen werden, s. R. LORENZ, Christusseele (s. u.) 43 ff. – Sokrates 1, 5–7. – Wertvoll ist Sozomenus 1, 15–16 (wohl auf Sabinus beruhend, was W. D. HAUSCHILD (Die antinicänische Synodalaktensammlung des Sabinus v. Heraklea, Vig Chr 24 [1970] 105–26 [117]) bestreitet. – Epiphanius ist verworren, enthält jedoch haer. 68, 4 u. 69, 1–3 alexandrinische Lokalnachrichten. – Philostorgius, KG ed. BIDEZ/WINKELMANN, Reg. s. v. Areios, Lukianos. – Referat über die Nachrichten der antiken Kirchenhistoriker bei WALCH, Entwurf Bd. 2, 407–17.

Lit.: 1. *Chronologie.* Die Problemlage bei TILLEMONT, Mémoires 6, note I S. 737. Je nach der Ansetzung des Verbots der Synoden durch Licinius (währenddessen die mit Arius befaßten Synoden nicht tagen konnten) gab es eine längere Chronologie (Beginn des Streites um 318) und eine kürzere (Beginn nach K.s Sieg 323). Nach der Feststellung dieses Sieges auf 324 fiel letztere dahin. Sie wurde von TELFER (Synodalverbot April 324: When did the Arian Controversy begin? JThS 47 [1946] 127–42 u. ebd. 50 [1949] 187–91) und CALDERONE, Costantino 221 A. 2 (Synodalverbot 315/6; 323 v. Licinius widerrufen) erneuert. – Beginn 318: H. G. OPITZ, Die Zeitfolgen des arianischen Streits, ZNW 33 (1934) 131–59. – W. SCHNEEMELCHER, Zur Chronologie des arianischen Streits, ThLZ 79 (1954) 393–400. – WILLIAMS (s. u. Nr. 3) ändert die OPITZ'sche Reihenfolge der Urkunden; der Streit begann 321 (S. 58). Doch ist die Chronologie von OPITZ immer noch am wahrscheinlichsten. – U. LOOSE, Zur Chronologie des arianischen Streits, ZKG 101 (1990) 88–92.

2. *Bibliographie.* HEFELE-LECLERCQ Bd. I, 1 (1907) 394 ff. – FLICHE-MARTIN Bd. 3 (1947) 69 f. – LORENZ (1979); WILLIAMS (1987) (s. u.). – Forschungsgeschichte: Antiochenische Theorie (Ursprung des Arianismus aus Lukian v. Antiochien/Paulus v. Samosata); alexandri-

---

18 Z. B. CTh 9, 12, 2 v. 329. SEECK, Reg. 64, 28. – **19** SARAGATI 54; 58. Apologetisch DÖRRIES 25 ff. – DEMANDT, Spätantike 288–96 (spätantike Sklaverei). – **20** S. KiG C1, 13 f. – **21** Die Frage des spätrömischen Vulgarrechts wurde von E. LEWY, Westen u. Osten in den nachklassischen Entwicklung des römischen Rechts, ZSavRG Rom 49 (1929) 230 ff., aufgeworfen. – F. WIEACKER, Vulgarismus u. Klassizismus im Recht der Spätantike, SAH 1955, 3. – G. STÜHFF, Vulgarrecht im Kaiserrecht unter bes. Berücksichtigung d. Gesetzgebung K.s d. Gr., 1966.

nische Theorie (Ursprung aus dem Origenismus); Herleitung aus der Engelchristologie (WERNER); S. LORENZ, Arius 23–36; WILLIAMS 1–25.

3. *Lit.* E. SCHWARTZ, Zur Geschichte des Athanasius, NGG 1904 ff. (= GS Bd. 3). – DERS., Kaiser Constantin u. d. christl. Kirche, [1]1912, modifiziert [2]1963. – R. LORENZ, Arius judaizans? Untersuchungen zur dogmengeschichtlichen Einordnung des Arius, 1979. – DERS., Die Christusseele im arianischen Streit. Nebst einigen Bemerkungen zur Quellenkritik des Arius u. zur Glaubwürdigkeit des Athanasius, ZKG 94 (1983) 1–51. – R. C. GREGG/D. E. GROH, Arianism. A View on Salvation, 1981. – R. C. GREGG (Hrsg.), Arianism. Historical and theological Reassessments, 1985. – R. WILLIAMS, Arius. Heresy and Tradition, 1987. – R. P. C. HANSON, The Search for the Christian Doctrine of God. The Arian Controversy 318–81, 1988. – K. METZLER/F. SIMON, Ariana et Athanasiana, 1991 (zur Thalia des Arius).

1. Arius stand beim Ausbruch des Streites um seine Lehre in vorgerücktem Alter[1]. Er war nach Konflikten wegen seiner Haltung zu Melitius[2] schließlich doch Presbyter an der Baukaliskirche zu Alexandrien geworden[3]. Arius war Asket, er trug das Asketengewand (kolobion) und besaß großen Anhang unter den virgines[4]. Er gehörte zum Schülerkreis Lukians und fand Rückhalt bei seinen „Mitlukianisten"[5]. Die alexandrinischen Presbyter predigten in ihren Kirchen[6]. Eine Predigt des Arius (oder mehrere) erregte Anstoß und Melitius zeigte das dem Bischof Alexander an[7]. Arius hatte (vermutlich) Sprüche 8, 22 ausgelegt und auf die Erschaffung des Sohnes (der Sophia) durch Gott gedeutet[8].

2. Arius geht davon aus, daß *Gott allein* ungeworden (ἀγέν(ν)ητος) sei[9]. Gott ist transzendent, Monas und unerkennbar (Thalia).

a) Dieser Gott erschafft aus Nichts ein Geistwesen, welches seinerseits die Welt erschaffen soll. Es erhält wegen seines von Gott vorausgewußten Gehorsams und seiner sittlichen Bewährung die Ehrennamen „Sophia", „Logos" (unterschieden von der eigentlichen Sophia und dem eigentlichen Logos, welche Eigenschaften Gottes sind) und „Sohn". Dieses von der Welt präexistierende Geschöpf, das einen Anfang hat (ɪ̄v ποτε ὅτε οὐκ ɪ̄γ)[10] und nicht gleicher Substanz (ὁμοούσιος) mit Gott ist[11], ist der Christus, welcher Mensch wird[12].

b) Diese *Christologie des Arius* ist nicht aus einer Verschärfung der Subordination des origenistischen Logos unter Gott entstanden. Sie leitet sich nicht aus der Logoslehre des Origenes ab, sondern aus dessen Lehre von der vorzeitlichen Seele Jesu. Der geschaffene, wandelbare Geist, der bei Origenes wegen seines unzertrennlichen Anhangens an den Gott-Logos „Sohn" Gottes, „Weisheit" und „Kraft" Gottes genannt, zum Christus gesalbt (Ps 44, 8)[13] und zur Seele Jesu bestimmt wird[14], entspricht genau dem „Sohn", welchen Arius lehrt. Arius ersetzt in seiner

---

1 γέϱων: Epiph. haer. 69, 3, 1. – 2 Näheres: E. SCHWARTZ, NGG 1905, 186 ff. – Siehe o. § 1 A. 24 gegen WILLIAMS. – 3 Epiph. haer. 68, 4, 2; 69, 1, 2. – 4 Epiph. haer. 69, 3, 1–2. – 5 Urk. 1, 5; 14, 36 OPITZ. – WILLIAMS S. 30 f. versucht, den Lukianismus des Arius abzuschwächen. Zu Lukian s. LORENZ, Arius 181–203. – 6 Epiph. haer. 69, 2, 6. – Sozom. 1, 15, 12. Wortgottesdienste gab es Mittwoch u. Freitag in Alexandrien: Sokr. 5, 22, 45 HUSSEY. – 7 E. SCHWARTZ, NGG 1905, 187 (Belege). – 8 Epiph. haer. 69, 12, 1. Vgl. Urk. 17 S. 33, 3 OPITZ (Konstantin). – 9 γενητός und γεννητός wurden noch nicht klar unterschieden. L. PRESTIGE, ἀγέ(ν)ητος and γεν(ν)ητός and kindred words in Eusebius and the early Arians, JThS 24 (1922/3) 486–96. – 10 S. LORENZ, Arius S. 38, Tabelle I Nr. II. – 11 Urk. 6 S. 12, 11 OPITZ – antimanichäisch und gegen gnostische Emanation. – 12 Arius Urk. 1 OPITZ. – Thalia (Athanasius, De syn. 15, Werke Bd. II, 242 f. OPITZ). – Referat Alexanders in Urk. 4b S. 7, 19–8, 10 OPITZ. – Athan., De or. c. Ar. 1, 5 MPG 26. 21 a–c. – 13 Ps. 44, 8 (Hebr. 1, 9) bei Arius: Urk. 14 S. 22, 1–3 OPITZ. – 14 Origenes, De princ. 2, 6, 3–4 S. 142, 4–144, 3 KOETSCHAU. – A. L. BOULLUEC, Controverses au sujet de la doctrine d'Origène sur l'âme du Christ. In: Origeniana Quarta (hrsg. v. L. LIST), Innsbruck 1987, 223–37.

Christologie die Logoslehre durch die origenistische Lehre von der Christus-Psyche. Mit Arius, bei dem sich auch Züge der alexandrinischen kirchlichen Gnosis finden[15], macht sich in Alexandrien eine von Lukian herkommende christologische Richtung des Origenismus geltend, welche bei Euagrius Ponticus (hier antiarianisch gewendet) und im isochristischen Mönchtum Palästinas im 6. Jahrhundert wieder faßbar wird[16].

3. Der von Origenes beeinflußte *Alexander von Alexandrien* schwankt zunächst. Nach zwei öffentlichen Disputationen entscheidet er sich gegen Arius und für den „rechten" Flügel des Origenismus[17]: Betonung der vollen Gottheit des Logos-Sohnes und seiner Gleichewigkeit mit dem Vater[18]. Wir kennen den genauen Ablauf der Ereignisse nicht, so daß jede Darstellung hypothetisch bleiben muß.

a) Es scheint, daß Alexander zunächst in einer persönlichen Entscheidung, nach Anhörung des Presbyteriums und einiger in Alexandrien anwesenden Bischöfe, den Arius samt dessen Anhängern im Klerus *exkommuniziert* hat[19]. Die Verurteilten fügen sich nicht. In dieser Zeit muß Arius seine mit Melodien versehenen Propagandalieder für Matrosen, Müller, Eseltreiber, Reisende[20] und seine in Versen gehaltene dogmatische Werbeschrift „Thalia" („Gastmahl", nach Sprüche 9, 1–6) abgefaßt haben[21]. Die Arianer wenden sich auch brieflich an auswärtige Kirchen[22]. Arius war Libyer von Geburt[23] und gewann Anhang im Episkopat der libyschen Pentapolis[24]. Die Unruhen führen zur Ausweisung des Arius und der arianischen Kleriker aus Alexandrien. Arius geht nach Palästina[25], wo er bei Origenisten wie Euseb von Cäsarea und Paulin von Tyrus auf Sympathien stößt[26]. Von dort schreibt er seinem „Mitlukianisten" Euseb v. Nikomedien[27] und reist schließlich nach Nikomedien[28]. Der nikomedische Euseb veranlaßt zahlreiche Bischöfe, brieflich zugunsten des Arius bei Alexander einzutreten[29].

b) Als Gegenschlag gegen diese Ausweitung des Streites wird die Einberufung der *Synode von „mehr als 100 Bischöfen"* Ägyptens und Libyens, die (gestützt auf Auszüge aus der Thalia) den Arianismus feierlich verurteilt[30], und die Bekanntgabe dieses Beschlusses durch Alexanders Enzyklika „Henos somatos"[31] zu betrachten sein[32]. Auf diesem Konzil sind auch die libyschen Bischöfe Sekundus v. Ptolemais und Theonas v. Marmarika abgesetzt worden[33]. Daraufhin versammelt Euseb v. Nikomedien eine Synode in Bithynien, welche den Glauben des Arius[34] billigt und durch Rundschreiben die Bischöfe auffordert, dasselbe zu tun[35]. Da Alexander

15 S. Lorenz, Arius 119 ff. – 16 Nachweise für diesen Abschnitt bei Lorenz, Arius Kap. 9 u. DERS., Christusseele. – WILLIAMS, Arius 181 ff. versucht, die Lehre des Arius von der zweiten Hypostase aus der nachplotinischen philosophischen Entwicklung (Anatolius) zu verstehen. – 17 Terminologie nach H. HAGEMANN, s. LORENZ, Arius 28. – 18 Sozom. 1, 15, 4–6. – Alexander, Urk. 4b OPITZ; Arius, Urk. 1. – 19 Sozom. 1, 15, 6 in Verbindung mit Epiph. haer. 69, 3, 7. – 20 Philost. 2, 2 u. 2a S. 13 BIDEZ. – 21 Gegen Entstehung der Thalia in Nikomedien: CH. KANNENGIESSER, Où et quand Arie composa-t-il la Thalie? In: Kyriakon, FS J. Quasten 1970, I S. 346–51. – LORENZ, Arius 49 ff. – 22 Sozom. 2, 15, 8. – 23 Epiph. haer. 69, 1, 2. – 24 Philostorgius 1, 8a S. 9, 10–14 BIDEZ. – Urk. 34, 2 S. 72, 2 OPITZ. Vgl. H. CHADWICK, HThR 53 (1960) 176 ff. – 25 Epiph. haer. 68, 4, 4; 69, 4, 1. – 26 Urk. 1 S. 2, 4 OPITZ. WILLIAMS, Arius S. 64 sieht bei diesen auch Vorbehalte gegen Arius. Zum Origenismus Paulins s. Urk. 9 S. 17, 4 OPITZ. – 27 Urk. 1 OPITZ. – 28 Epiph. haer. 68, 4, 4. – 29 Urk. 8; Urk. 4b S. 7, 7 OPITZ. – 30 Urk. 4b, S. 8, 11–13 OPITZ. – 31 Urk. 4b OPITZ. OPITZ (ZNW 33 [1934] 149 f.) zeigte gegen O. SEECK (Die Chronologie der beiden Schreiben des Alexander, ZKG 38 [1911] 277–81), daß Urk. 4b zeitlich früher liegt als Urk. 14. WILLIAMS, Arius 48 ff. kehrt die Reihenfolge wieder um. S. aber E. SCHWARTZ, NGG 1905, 270. – 32 So Sokr. 1, 6 MPG 67, 44a. – 33 Urk. 4b S. 7, 16 f; vgl. Urk. 6 S. 12, 23 OPITZ. – 34 Dieser ist zu entnehmen aus Urk. 6. Vgl. Epiph. haer. 69, 7, 1. – 35 Sozom. 1, 15, 10.

das ihm von Arius und den ausgestoßenen Klerikern übersandte Bekenntnis (Urk. 6) zurückwies, ging Arius wieder nach Palästina. Der Metropolit Euseb v. Cäsarea, unterstützt von Paulin v. Tyrus[36] und Patrophilus von Skythopolis – Makarius in dem mit Cäsarea rivalisierenden Jerusalem hielt es mit Alexander[37] –, läßt auf einer Synode den arianischen Klerikern das Recht zur Wiederaufnahme ihrer Tätigkeit in Alexandrien zuerkennen[38]. Nun kehren Arius und die Seinen nach Alexandrien zurück, wo sie gottesdienstliche Versammlungen in Privathäusern halten[39]. Daraus entstehen Tumulte und Prozesse[40].

c) In diese Zeit erbitterter Auseinandersetzungen dürfte auch der Tomos, den Alexander an alle Bischöfe zur Unterschrift schickte[41], sein – nach diesem Tomos ergangenes[42] – Schreiben an Alexander v. Byzanz[43] und der Brief an Silvester v. Rom[44] fallen.

4. *Konstantin,* durch seine Erfahrungen mit den Donatisten gewitzigt, sucht sofort nach seinem Einzug in Nikomedien (kurz nach dem 18. September 324) den Streit beizulegen. Er entsendet seinen Hofbischof Ossius v. Cordoba[45] nach Alexandrien[46] mit einem Schreiben, in welchem er die Streitfrage als nebensächlich und unerforschlich bezeichnet. Es komme allein auf den Glauben an die göttliche Vorsehung und den höchsten Gott, auf die Bewahrung des göttlichen Gesetzes und auf Eintracht unter den Verehrern Gottes an[47]. Die Mission des Ossius, der im November 324 in Alexandrien eingetroffen sein kann[48], scheiterte. Auf der Synode, die anläßlich seiner Anwesenheit stattfand, wurde lediglich erreicht, daß Kolluthus sich wieder als Presbyter dem Bischof Alexander unterstellte[49]. Ossius schied als Parteigänger Alexanders aus der ägyptischen Hauptstadt[50].

§ 8. Das Konzil von Nicäa (325)

Qu.: I. *Konzil v. Antiochien* (324/5): Synodalbrief und Kanones CPG 8509 u. 8510. Dort auch Lit. (HOLLAND, VAN DE PAVERD, STEAD, ABRAMOWSKI). – E. SEEBERG, Die Synode v. Antiochien im Jahre 324/5, 1913. – II. *Nicäa:* P. BATIFFOL, Les sources de l'histoire du concile de Nicée, EOr 28 (1925) 385–402; 30 (1927) 5–17. 1. *Dokumente:* CPG 8511 (Einberufung) – 8511 (Glaubensbekenntnis): G. L. DOSSETTI, Il simbolo di Nicea e di Costantinopoli. Edizione critica, 1967. – 8513 (Kanones). – 8515 (Synodalbrief nach Alexandrien). – 8517 u. 8518 (Schreiben K.s) – 8516 (Unterschriftenliste): H. GELZER/H. HILGENFELD/O. CUNTZ, Patrum nicaenorum nomina, 1898. – Lat. Übersetzungen der Liste: TURNER, Mon. I, 35–102

---

36 Euseb widmete Paulin das 10. Buch seiner KG. – 37 Urk. 1 S. 2,7 OPITZ. – 38 Sozom. 1,15,11–12. – 39 Urk. 14 S. 20,3 u. S. 25,15–17 (zielt auf die palästinensische Synode). Auch K.s Brief an Alexander u. Arius (Urk. 17) setzt voraus, daß sich Arius in Alexandrien befindet. – 40 Urk. 14 S. 20,13 f. – 41 Urk. 15. – 42 Urk. 14 S. 29,14 f. OPITZ. – 43 Urk. 14. Über die Hypothese von BOLOTOV, daß Alexander v. Thessalonich der Adressat von Urk. 14 u. 18 (Synodalschreiben v. Antiochien) sei, handelt ausführlich D. LEBEDEV, VV 19 (1912, erschienen 1915) 69–92. OPITZ, ZNW 33 (1934) 150 übernimmt sie. Dagegen: F. WINKELMANN, Die Bischöfe Metrophanes u. Alexander v. Byzanz, ByzZ 59 (1966) 47–71 (62–5). – 44 Urk. 16. – 45 Über den Einfluß abendländischer Bischöfe auf K. s die Philostorgiusausgabe von BIDEZ/WINKELMANN S. 182,26 ff. – 46 Euseb VC 2,63. – Sokr. 1,7. – 47 Urk. 17. – KRAFT, Entwicklung 81–97. – 48 Ossius wird den schnelleren Seeweg genommen haben, trotz der Jahreszeit. J. ROUGÉ, La navigation hivernale sous l'Empire Romain, REA 54 (1952) 316–25. Für die Reise Alexandrien–Konstantinopel rechnete man 18 bis 20 Tage. L. CASSON, Ships and Seamanship in the Ancient World, 1972, 290 A. 88. – 49 Athanasius, Apol. sec. 74,4 u. 76,3 OPITZ. Einige Kolluthianer widerstrebten und bewarfen die Kaiserstatuen mit Steinen: Sozom. 2,25,3; Euseb VC 3,4; siehe E. SCHWARTZ, NGG 1905,292 u. oben § 1 A. 25. – 50 DE CLERCQ, Ossius 195–206.

(s. ebd. I, 2, 3 S. XV). – J. Van de Sprete, Le dossier de Nicée dans la Quesnelliana, SE 38 (1981/5) 383–450. – F. Rodriguez, Las listas episcopales de Nicea en la coleción canonica Hispana, Burgense 15 (1974) 341–58. – E. Schwartz, Über die Bischofslisten der Synoden v. Chalkedon, Nicäa u. Konstantinopel, SAM 13 (1937) 62–82. – E. Honigmann, La liste originale des Pères de Nicée, Byz. 14 (1939) 17–76. Weitere Arbeiten v. Honigmann: CPG 8516. – Dossetti (s. o.) 155–67. – G. Gelzer, Geographische Bemerkungen zu dem Verzeichnis der Väter v. Nicäa. In: FS H. Kiepert, 1898, 47–61. – Veröffentlichte Akten des Konzils hat es nie gegeben. A. Wikenhauser, Zur Frage nach der Existenz von nicänischen Synodalprotokollen. In: K. d. Gr. u. seine Zeit (ed. Dölger), 1913, 122–42. – E. Chrysos, Konzilsakten u. Konzilsprotokolle vom 4. bis 7. Jh., AHC 15 (1983) 30–40. Die angeblichen Protokollstücke (Philosophendialog) bei Gelasius v. Kyzykos, KG 2, 14–24, S. 64, 1–101, 23 Loeschcke/Heinemann, sind unecht: E. Schwartz, Eusebius, PRE 6 (1907) 1412 f. – M. Jugie, La dispute des philosophes païens avec les pères de Nicée, EOr 28 (1925) 403–10. – 2. *Augenzeugenberichte:* Euseb v. Cäsarea, Brief an d. Gemeinde v. C. (CPG 3502); VC 3, 6–22. – Eustathius v. Antiochien bei Theodoret, KG 1, 8, 1–5 S. 33 f. Parmentier. Vgl. Urk. 22 Opitz. – Das Zeugnis des Athanasius (de decr. Nic. syn. 3, 20; Ep. ad. Afros 5 u. a) bespricht Luibheid, Nicaea (s. u.) 136–43. – 3. *Kirchenhistoriker:* Rufin 10, 5–6. – Sokr. 1, 8, 9. – Sozom. 1, 17–25. – Theodoret, KG 1, 7–10. 12. – Philostorgius 1, 7–10. – Zu Gelasius v. Kyzykos s. Ehrhardt, JAC 23 (1980) 48–57. – 4. *Die orientalischen Qu.* zu Nicäa sind nahezu wertlos. O. Braun, De sancta Nicaena synodo, 1898 (Marutha v. Maipherkat). – F. Haase, Altchristl. KG nach orientalischen Qu., 1925, 247–76. – Ders., Die koptischen Qu. zum Konzil v. Nicäa, 1920. Vgl. CPG 8521–8527. – M. Breydy, A. Ecchelensis et les canons arabes de Nicée, ParOr 10 (1981/2) 223–56.

Lit.: O. Seeck, Untersuchungen z. Geschichte d. nicän. Konzils, ZKG 17 (1896) 1–71; 319–62. – Hefele/Leclercq, Conciles I, 1, 386–632. – Baynes, Constantine 423–28. A. 62–64. – Müller/v. Campenhausen KG Bd. 1, 401 ff. – De Clercq, Ossius 218–89. – J. N. D. Kelly, Early Christian Creeds, ³1972, 205–54. – E. Boularand, L'hérésie d'Arius et la „foi" de Nicée, 1972. – A. Grillmeier, Jes. d. Chr. (s. o. § 7 Lit) I, 386–413. – C. Liubheid, Eusebius of Caesarea and the Arian Crisis, 1978. – Ders., The Council of Nicaea, 1982. – Williams, Arius (s. o. § 7 Lit.) 67–75.

I. Sozomenus berichtet[1], daß Ossius auch wegen des Oster⁺ermins – der im Einflußgebiet Antiochiens abweichend begangen wurde – vermitteln sollte. Ossius scheint demgemäß auf der Reise nach Alexandrien in *Antiochia* Halt gemacht zu haben. Er fand dort Lehrstreitigkeiten vor und veranlaßte eine *Synode*[2], die bei seiner Rückkehr aus Alexandrien unter seinem Vorsitz zusammentrat[3]. Sie machte Eustathius v. Beröa zum Nachfolger des am 20. Dezember 324 verstorbenen Philogonius v. Antiochien[4]. Ossius erreichte dann die Verurteilung der arianischen Lehre unter engem Anschluß an die Rundschreiben Alexanders[5] und den noch von Philogonius unterschriebenen Tomus[6]. Unter 59 anwesenden Bischöfen wurden drei Widerstrebende (Theodot von Laodikea, Narziß v. Neronias in Kilikien, Euseb v. Cäsarea) vorläufig bis zur „großen" Synode von Ankyra exkommuniziert[7]. Das Konzil schrieb auch an Silvester v. Rom und übersandte die beschlossenen Kano-

1 KG 1, 16, 4–5. – 2 Urk. 18 S. 37, 1–8 Opitz. – 3 H. Chadwick, Ossius of C. and the presidency of the council of Antioch, JThS 9 (1959) 292–304. – 4 Seeberg, Synode v. A., 79–84. Todesdatum des Philogonius: E. Schwartz, NGG 1905, 268 ff. – 5 Urk. 4b u. 14 Opitz. – Zum Bekenntnis v. Antiochien (Urk. 18, S. 38, 11 bis 40, 3 Opitz) s. Seeberg 120–50. – Kelly, Creeds 208–11. – L. Abramowski, Die Synode v. A. und ihr Symbol, ZKG 86 (1975) 356–66. – T. E. Pollard, Eusebius of C. and the synod of A. (324/5). In: Überlieferungsgeschichtl. Untersuchungen (Hrsg. F. Paschke) 1981, 459–64. – 6 Urk. 15. – 7 Urk. 18 S. 40, 6–18.

nes[8], welche Buße und Bußstufen für sittliche Vergehen, Magie und Abfall vom Glauben festsetzten[9].

II. Konstantin greift, um die Streitigkeiten zu beheben, zu dem Mittel des *Reichskonzils,* wie schon im donatistischen Streit (Arles 314). Er beruft eine östliche Reichssynode nach Ankyra, einem günstig gelegenen Straßenknotenpunkt[10]. Die antiochenische Synode durchkreuzte mit ihrer Parteinahme für Alexander die Vermittlungspolitik Konstantins und zeigte ihm die Stärke der Antiarianer im Osten. Er beschließt, die geplante Versammlung durch Hinzuziehen abendländischer Bischöfe zu einem Konzil des gesamten Reiches zu erweitern und verlegt sie nach dem westlicher liegenden *Nicäa,* nahe bei der Hauptstadt Nikomedien[11].

1. Die Angaben über die *Teilnehmerzahl* schwanken zwischen „mehr als 250" (wozu noch ein Schwarm von Presbytern, Diakonen, Akolythen kam)[12] und „mehr als 300"[13]. Die kritisch wiederhergestellte Liste ergibt 220[14] oder 197 bis 203[15]. Die symbolische Zahl 318 (Gen. 14, 14) taucht erst Mitte des 4. Jh.s in Kleinasien auf[16].

a) Aus dem *Abendland* sind zwei Legaten des römischen Bischofs, Caecilian v. Karthago, ein gallischer, ein pannonischer Bischof und natürlich Ossius v. Corduba anwesend[17]. Hinter „Markus aus Kalabrien"[18] steckt ein Bischof aus dem Balkan[19]. Die Anwesenheit des ägyptischen Bischofs, Konfessors und Asketen Paphnutius, der auf dem Konzil gegen den Pflichtzölibat für Bischöfe, Priester und Diakone auftrat[20], sollte nicht bezweifelt werden[21].

b) Von *außerhalb der Reichsgrenzen* kam ein persischer Bischof[22], ein gotischer (skythischer), einer aus dem Königreich Bosporus (Krim), zwei aus dem nichtrömischen Armenien[23].

c) *Arius* war vorgeladen[24]. Der Diakon Athanasius begleitete seinen Bischof Alexander[25]. Akesius, der Bischof der Novatianer in Byzanz[26], wurde von Konstantin zu Besprechungen neben der Synode nach Nicäa entboten[27].

2. Das Konzil trat am *19. Juni 325*[28] im kaiserlichen Palast zusammen[29].

a) Eine lebhafte Tätigkeit der gegnerischen Parteien (Arianer unter Euseb v. Ni-

---

8 E. SCHWARTZ, NGG 1905, 279 ff.; 1908, 317 f. – 9 SCHULTHESS 164–66. – SEEBERG 13–56. – F. VAN DE PAVERD, Die Quellen der kanonischen Briefe Basilius d. Gr., OrChrPer 38 (1972) 5–63, hält die antiochenischen Kanones für unecht und aus Basilius geschöpft. Dem widerspricht ein wichtiges „Leitfossil": τὸ τέλειον für die volle Wiederzulassung fehlt bei Basilius, steht aber in den Kanones von Antiochia (324/5) und Ankyra (314). – Die These von BRUUNS, Coinage VII, 664 f., daß K. zur Zeit des Konzils in Antiochien weilte, ist unwahrscheinlich. Die Münze Adventus Aug(usti) ist vor Aufgabe des Reiseplans (Urk. 17 S. 35, 21–25) geprägt. – 10 S. K. MÜLLER, Itineraria Romana, 1916, 629 mit Karte Nr. 202 u. S. 659. – 11 Urk. 20 OPITZ. Vgl. Euseb, VC 3, 5, 3–6, 1. – 12 Euseb, VC 3, 8. – Eustathius bei Theodoret, KG 1, 8: etwa 270. – 13 Konstantin, Urk. 25 S. 53, 7 OPITZ. – 14 GELZER, Nomina S. LX–LXIV. – 15 HONIGMANN, Byz. 14 (1939) 65. – 16 M. AUBINEAU, Les 318 serviteurs d'Abraham et le nombre des Pères au Concile de Nicée, RHE 61 (1966) 5–43. Dazu H. CHADWICK, ebd. 808–11. – 17 GELZER, Nomina: Index restitutus Nr. 1, 208, 218, 217. – 18 Nr. 206, s. S. LXIV GELZER. – 19 Von Salambria (Selymbria) bei Byzanz, nach E. SCHWARTZ, AMA 13 (1939) 70. – HONIGMANN, Byz. 14 (1939) 39 f. setzt ihn nach Tomea (Moesia inferior). – 20 Sokr. 1, 11. – Sozom. 1, 23. – 21 Er fehlt in der koptischen Liste. Vgl. W. ENSSLIN, Paphnutios, PRE 18, 2 (1941) 935 f. – 22 Nr. 82. – GELZER, Geogr. Bemerkungen (s. o. Qu.) 56 f. bezieht es auf die Stadt Persa. Aber Euseb, VC 3, 7, 1 spricht vom Lande „Persien". – 23 Index rest. Nr. 219; 220; 106; 107. Vgl. DEMANDT, Spätantike 73 A. 57. – 24 Rufin, KG 10, 1 S. 960, 20 MOMMSEN. – Sozom. 1, 17, 6. – Philost. 1, 9a S. 10, 25 f. BIDEZ; 1, 7a S. 8, 6 ff. – 25 Athan., Apol. sec. 6, 2 S. 92, 6 f. OPITZ. – 26 Sozom. 2, 32, 5. – 27 Sokr. 1, 10, 1 ff. 13, 2 HUSSEY. – 28 E. SCHWARTZ, NGG 1904, 395–98. Das Datum des 22. Mai bei Sokr. 1, 12, 13 ist irrig. – 29 VC 3, 10, 1. Die Lage des Palastes ist unbekannt. Vermutungen bei A. M. SCHNEIDER, Die römischen Baudenkmäler von Iznik/Nicäa, IF 16, 1943, 1 f.

komedien, Antiarianer unter Alexander und Ossius, Origenisten, mit Euseb von Cäsarea) ging der Eröffnung voraus. Ossius bespricht sich in Nikomedien mit Alexander[30]. Euseb v. Cäsarea und Paulin v. Tyrus werben auf der Reise durch Kleinasien (über Ankyra) für ihre Sache[31]. Auch Arius zieht Unterstützung suchend über Palästina, Syrien, Kilikien nach Bithynien[32].

b) Da *Ossius* an der Spitze der Unterzeichner steht, scheint er als Vorsitzender der Synode gegolten zu haben[33]. Doch zog Konstantin bei allen wichtigen Punkten die tatsächliche Leitung an sich[34].

3 a) Zuerst wurde der *Arianismus,* also die Glaubensfrage, behandelt[35]. Als nach der Begrüßung des Kaisers (wohl durch Euseb v. Nikomedien)[36] und der lateinischen Eröffnungsansprache Konstantins – das Lateinische unterstreicht den Rang des Konzils als Staatsakt – der Monarch den „führenden Bischöfen" (τοῖς προέδροις) das Wort erteilt, bricht ein heftiger Streit aus[37]. Man wird daraus Auseinandersetzungen zwischen Alexander v. Alexandrien und Euseb v. Nikomedien, dessen Brief verlesen und „zerrissen" wird[38], und Angriffe gegen die in Antiochien Verurteilten, insbesondere Euseb v. Cäsarea, erschließen dürfen[39]. Euseb v. Cäsarea legt zu seiner Rechtfertigung ein persönliches Bekenntnis vor, welches die Klippen geschickt umschifft[40]. Hier greift der Kaiser ein und schneidet jede Widerrede ab, indem er erklärt, dies sei auch sein Glaube. Andererseits will er den Antiarianern, welche die Mehrheit bilden[41], entgegenkommen und fordert die Einfügung des ὁμοούσιος in den christologischen Artikel von Eusebs Credo. Daraufhin erfolgte die Ausarbeitung des nicänischen Glaubensbekenntnisses durch einen Ausschuß[42] unter Leitung des Ossius[43].

b) Der Begriff *„homousios"* fand in das Nicänum Aufnahme, weil er ausdrücklich von Arius und Euseb v. Nikomedien verworfen worden war[44]. Alexander v. Alexandrien stand dem „homousios", wie alle Origenisten, zurückhaltend gegenüber und verwendete es nicht. Dagegen hatte Ossius in Antiochien gegen Euseb v. Cäsarea und Narziß v. Neronias die μία οὐσία von Gott-Vater und Sohn behauptet[45], worin Eustathius v. Antiochien, mit dem Ossius Freundschaft schloß[46], mit

---

30 Philost. 1,7 S. 8, 1 ff. Bidez. Vgl. Sozom. 1, 17, 6: Vorbesprechungen der Bischöfe. – 31 Markell v. Ankyra bei Euseb, C. Marcell. S. 26, 28 ff.; 27, 14 ff.; 28, 7–12 Klostermann. – 32 Philost. S. 8, 6–13 Bidez. – 33 Erörterung des Problems bei De Clercq, Ossius, 228–38. – 34 VC 3, 13-14. Bei der Osterfrage führt K. den Vorsitz: προκαθεζόμενος; Euseb, De solemn. pasch. 8 MPG 24, 702. – Vgl. H. Gelzer, Die Konzile als Reichsparlamente, Kl. Schr. 1907, 142–55. – 35 Synodalbrief Urk. 23 S. 47, 8 f. Opitz. – 36 E. Schwartz, Eusebius PRE VI, 1 Sp. 1413, 57. Vgl. De Clercq, Ossius, 234 f. – 37 VC 3, 13. – 38 Urk. 21 Opitz. – Eustathius bei Theodoret, KG 1, 8 S. 34, 4–9 Parmentier. – S. Chr. Stead, „Eusebius" and the Council of Nicaea, JThS 24 (1973) 85–100. – 39 D. Larrimon, Die Synode v. Antiochien (324/5) u. ihre Bedeutung für Eusebius v. C. u. d. Konzil von Nicäa, ZKG 83 (1970) 164–81. – 40 Urk. 22 S. 43, 9–25 Opitz. H. von Campenhausen, Das Bekenntnis Eusebs v. C. (Nicäa 325), ZNW 67 (1976) 123–39. – Kelly, Creeds 182 f.; 213–20. – H. Lietzmann, Symbolstudien XIII, ZNW 24 (1925) 193–202. – 41 Philostorgius 8 und 8 a, S. 9 Bidez, nennt 22 Bischöfe auf Arius' Seite. Freilich war Basilius v. Amasea 325 schon tot, s. o. § 2 Nr. 2. – 42 So Euseb, Urk. 22 S. 44, 1–4 Opitz. – 43 Athan. Hist. Arianorum 42, 3 S. 206, 31 Opitz: (ὅσιος) καὶ τὴν ἐν Νικαίᾳ πίστιν ἐξέθετο. – Euseb, Urk. 22 S. 44, 9 spricht von mehreren Urhebern. Einzelheiten: De Clercq, Ossius 250–58. – R. E. Person, The mode of theological decision making at the early ecumenical councils, Diss. Basel 1978. – Kelly, Creeds 220–30. Dort 230 zur Rolle des Hermogenes. – Referat über die Hypothesen zur Vorlage des Nicänums bei K. Beyschlag, Grundriß der DG ²I, 271 A. 139 (1987). – 44 Urk. 6 S. 12, 11. – Urk. 21 Opitz. – 45 Euseb, C. Marcell. 1, 4, 39 S. 26, 5–10 Klostermann. Dazu Opitz, ZNW 33 (1934) 152 f. Im Bekenntnis v. Antiochien, Urk. 18 S. 38, 11 ff. Opitz, fehlt homousios noch. – 46 Synodalbrief der Orientalen v. Serdika, CSEL 65, S. 66, 25 f. Feder. – Sozom 3, 11, 7. –

ihm übereinstimmte: die Gottheit hat nur eine Hypostase[47]. Die Abneigung gegen drei Hypostasen Gottes verbindet den Abendländer Ossius mit den Antiorigenisten Eustathius v. Antiochien[48] und Markell v. Ankyra[49]. Von dieser Seite muß der Gedanke gekommen sein, Arius und Euseb v. Nikomedien mit dem ὁμοούσιος zu vernichten. Ossius wird Alexander v. Alexandrien dazu überredet[50] und auch Konstantin dafür gewonnen haben.

c) *Arius* widerrief nicht und unterzeichnete das Bekenntnis nicht. Die Bischöfe unterschrieben alle, außer den Libyern Theonas v. Marmarike und Sekundus v. Ptolemais. Sie wurden mit Arius und den Presbytern seiner Begleitung exkommuniziert und nach Illyrien verbannt[51]. Euseb v. Nikomedien und Theognis v. Nicäa, denen Konstantins Halbschwester Konstantia zur Unterschrift riet[52], stimmten dem Credo zu, weigerten sich aber, die Anathematismen gegen Arius zu unterzeichnen[53]. Sie erhielten Bedenkzeit[54], während derer der Nikomedier den Kaiser durch Fürsprecher bearbeiten ließ[55].

d) Die Homousie, welche gegen Arius die volle Gottheit des Erlösers sichern sollte, hatte im Verständnis des Ossius einen sabellianisierenden Zug, und auch das Nicänum setzte Usia und Hypostasis einander gleich[56]. Die davon abweichende Auslegung des Begriffs durch Euseb v. Cäsarea[57] ist ein Vorzeichen kommender Kämpfe um die Deutung des vom Kaiser stets festgehaltenen Nicänums.

4. Nach dem Arianismus wurden die anderen *Spaltungen in der Ostkirche* behandelt[58].

a) Gegen die *Melitianer* zeigt man auf Betreiben Konstantins[59] und zum Mißfallen des Athanasius[60] ein gewisses Entgegenkommen. Melitius darf mit dem Titel „Bischof" in Lykopolis bleiben, allerdings ohne irgendwelche Befugnisse. Die Ordination der melitianischen Kleriker muß μυστικωτέρᾳ χειροτονίᾳ wiederholt werden, und die melitianischen Bischöfe und Kleriker dürfen keine Amtshandlungen ohne Genehmigung des zur Partei Alexanders gehörenden Ortsbischofs vornehmen[61].

---

47 Eustathius, Frg. 38. M. SPANNEUT, Recherches sur les écrits d'Eustathe d'Antioche, 1949, 107. Vgl. die Stellensammlung von E. SCHWARTZ, Der sog. Sermo maior de fide des Athanasius, AMA 1925, 60 f. – **48** S. R. LORENZ, Eustathius v. Antiochien, TRE 10 (1982) 542–46 (Lit.). – **49** Markells Selbstzeugnis über seine Rolle in Nicäa: Frg. 129 S. 214, 14 KLOSTERMANN. – **50** Philostorgius 1,7 S. 8 f. BIDEZ. – **51** Urk. 23 S. 47, 9–48, 9. – Philost. 1, 9 a S. 11, 5 f. BIDEZ. – **52** Philost. 1, 9 S. 11, 1–3. – **53** Urk. 31 S. 65, 7 ff. OPITZ. – **54** Urk. 27 S. 62, 5 f. – **55** Urk. 27 S. 61, 8–13. – **56** F. LOOFS, Das Glaubensbekenntnis der Homousianer v. Serdika, ABA (phil.-hist. Kl.) 1909, 376 f. – G. M. WALKER, Ossius of C. and the Nicene Faith, StPatr 9 (1960) 316–20. – M. TETZ, Ante omnia de sancta fide et de integritate veritatis. Glaubensfragen auf der Synode von Serdika (342), ZNW 76 (1985) 243–69. – Zu homousios: TH. ZAHN, Marcellus v. Ancyra, 1867, 10–32. – G. L. PRESTIGE, God in Patristic Thought, 1956, 179–218. – F. DINSEN, Homousios. Die Geschichte des Begriffs bis zum Konzil v. Konstantinopel (381), Diss. Kiel 1976. – Für abendländische Herkunft: HARNACK, DG [4]II, 232 A. 4; LOOFS, DG [4]1906, 241 f.; KRAFT, Homousios, ZKG 66 (1954) 1–24. – Gegen dieselbe: BOULARAND, Arius, 332–53; CHR. STEAD, Divine Substance, 1977, 233–66, bes. 250 f. – H. G. BRENNECKE, Zum Prozeß gegen Paul v. Samosata. Die Frage nach der Verurteilung des Homousios, ZNW 75 (1984) 270–90. – Zur Theologie des Nicänums: F. LOOFS, Das Nicänum. In: FS K. Müller, 1922, 68–82. – KELLY, Creeds 205–62. – F. RICKEN, Nikaia, als Krisis des altchristl. Platonismus, ThPh 44 (1969) 321–41. – GRILLMEIER, J. d. Chri. I, 403–13. – O. SKARSAUNE, A neglected detail in the Creed of Nicaea (325), VigChr 41 (1987) 34–54. – **57** Urk. 22 S. 45, 5–14 OPITZ. – **58** Urk. 23 S. 48, 11 OPITZ. – **59** TILLEMONT, Mémoires VI (1732), 662 f. – **60** Apol. sec. 71, 5 S. 149, 13 OPITZ. – **61** Synodalbrief Urk. 23 S. 48, 11 ff. OPITZ. Die von Alexander zur Durchführung des Beschlusses von Melitius angeforderte Klerikerliste steht bei Athanasius, Apol. sec. 76, 6 S. 149–51 OPITZ.

b) Den *Novatianern* (καθαροί) wird bei Rückkehr zur Kirchengemeinschaft die Übernahme ihrer Kleriker nach Handauflegung zugesagt [62].

c) Die *Paulianisten* in Antiochien (von Paulus v. Samosata) müssen sich wiedertaufen lassen. Ihre Kleriker (nach Reordination) und ihre als Laien geltenden Diakonissen dürfen bei Eignung verwendet werden [63].

5. In der *Osterfrage* beschließen die Väter gemäß dem kaiserlichen Willen, das Fest in Zukunft überall am gleichen Tage zu feiern [64]. Den Vertretern der Kirchen von Syrien, Kilikien und Mesopotamien [65] wird die Zustimmung zur Aufgabe des „jüdischen" Brauches, Ostern am Sonntag nach dem von den Juden berechneten Passah zu begehen, abgerungen [66]. Ein bestimmter Osterzyklus wurde nicht vorgeschrieben, offenbar, weil man sich zwischen Rom und Alexandrien nicht einigen konnte [67]. Eine Opposition in der Diözese Oriens blieb beim Alten, vor allem der syrische Asket Audius mit seinen Anhängern [68].

6. Das Konzil faßt Beschlüsse zur Bischofswahl und -weihe und zur bischöflichen Exkommunikationsgewalt, welche die *Provinzial- und Metropolitanverfassung* zur Grundlage der Reichskirche machten. Damit wird eine schon in Gang befindliche Entwicklung aufgenommen [69].

a) Bei der *Wahl eines Bischofs* sollen alle Bischöfe der Provinz beteiligt sein (im Notfall mindestens drei), wobei dem Bischof der Provinzhauptstadt (Metropoliten) das Recht der Bestätigung (Vetorecht) zukommt. Und die Exkommunikationen von Klerikern und Laien sollen zweimal jährlich durch eine Provinzialsynode überprüft werden (Kanon 4 und 5). Kanon 4 erwähnt keine Mitwirkung der Gemeinde bei der Bischofswahl, doch setzt der Synodalbrief [70] eine solche voraus.

b) Die Angleichung der *kirchlichen Organisation* an die politischen Provinzen wird aber von Kanon 6 durchbrochen. Hier werden die alten Rechte einiger Kirchen, die über den Bereich einer Provinz hinausgreifen, bestätigt. Diese Rechte kommen aus der Missionsgeschichte und wurzeln in der Autorität der Mutterkirche über die von ihr begründeten Tochterkirchen (K. MÜLLER) [71]: Der Bischof von Alexandrien soll seine althergebrachte Gewalt (ἐξουσία) über Ägypten, Libyen und

---

62 Kan. 8. Der Sinn der Handauflegung ist strittig. A. SCHEBLER, Die Reordination in der „altkatholischen" Kirche, 1936, 47 ff.: Geistmitteilung, d. h. Wiederholung der „Weihe". – H. J. VOGT, Coetus Sanctorum, 1968, 188–94: rekonziliatorischer Ritus. – 63 Kanon 19. – F. LOOFS, Paulus v. Samosata, 1924, 164–80. – J. COTSONIS, A contribution to the interpretation of the 19th Canon of the First ecumenical council, REByz 19 (1961) 189–97. – 64 Synodalbrief Urk. 23 S. 50, 13 ff. – Schreiben K. s Urk. 26, bes. S. 53, 7. – 65 Athan., De syn. 5, 1. – 66 Urk. 23 S. 50, 13–51, 2. – Euseb, Über das Osterfest 8 MPG 24, 702. – E. SCHWARTZ, Ostertafeln 117–26. – DE CLERCQ, Ossius 269–74. – HUBER (s. § 1 A. 55) 61–88. – 67 Über die Spannungen zwischen Alexandrien u. Rom wegen der Osterberechnung s. E. SCHWARTZ, Ostertafeln 27 ff.; 53. – 68 Audianer: Epiph. haer. 70, 9 ff. – WALCH, Entwurf III, 300–321. – RAC 1 (1950) 910–15 (PUECH). – 69 Kanon 4–7. Vgl. R. SOHM, Kirchenrecht, ²1923, 368–76; 396–406. – E. HERRMANN, Ecclesia in Republica, 1980, 53–7. – W. DE VRIES, Die Struktur der Kirche nach dem 1. Konzil v. Nicäa u. in seiner Zeit. In: FS H. Biedermann, 1971, 55–81. – 70 Urk. 23 S. 50, 4 f. OPITZ. – 71 F. MAASSEN, Der Primat des Bischofs v. Rom u. die alten Patriarchatskirchen, 1853 (einflußreich in der kath. Forschung). – SOHM (s. o. A. 69). – K. LÜBECK, Reichseinteilung u. kirchl. Hierarchie bis zum Ausgang des 4. Jh. s, 1901. – H. LINCK, Zur Übersetzung u. Erläuterung des Kanones IV, VI u. VII des Konzils v. Nicäa, Diss. Gießen 1908 (Kritik an LÜBECK). – K. MÜLLER, Beiträge zur Geschichte der Verfassung der Alten Kirche, ABA (phil.-hist. Kl.) 1922, 3 (grundlegend). – E. SCHWARTZ, Der 6. nicänische Kanon auf der Synode v. Chalkedon, SAB 1930, 611–40, bes. 633–40. – H. CHADWICK, Faith and Order at the Council of Nicaea, HThR 53 (1960) 171–95 (zum 6. Kanon). – A. H. M. JONES, The Later Roman Empire, 1973, 883–86. – M. R. CATAUDELLA, Intorno al VI canone del concilio di N., AAST 103 (1969) 397–421.

die Pentapolis behalten, entsprechend den Rechten, welche der römische Bischof in seinem (nicht näher bezeichneten)[72] Gebiet ausübt. Damit ist das Recht der Einsetzung und Absetzung von Bischöfen und der Berufung von Synoden gemeint[73]. Kanon 4 von Nicäa bewirkt auch, daß die Wahl des Bischofs von Alexandrien vom Presbyterium der Stadt auf die ägyptischen Bischöfe übergeht. – Die Befugnisse Antiochiens und der übrigen bevorrechtigten Kirchen (dabei wird auch an Ephesus gedacht sein) werden in Kanon 6 nicht benannt. Es wird sich um das Recht, Bischöfe zu bestellen, welches auf dem Verhältnis zwischen Mutter- und Tochterkirche beruht, handeln. Allerdings gab es im Gebiet von Antiochien, im Unterschied zum damaligen Ägypten, Metropoliten, so daß der Antiochener außerhalb seiner eigenen Provinz mit deren Vetorecht (gemäß Kanon 4) rechnen mußte[74].

c) Der Bischof von *Jerusalem* (Aelia), Makarius, erreichte dank der Vorliebe Konstantins für die heiligen Stätten Palästinas einen Ehrenvorrang für Jerusalem, unbeschadet sonstiger Rechte der Metropole Cäsarea (Kanon 7). Das ist der erste Schritt auf dem Wege zum späteren Patriarchat Jerusalem.

7. In Kanon 10 bis 14 gibt das Konzil eine *Bußordnung* für die Gefallenen der licinianischen Verfolgung. Die übrigen Kanones befassen sich mit Lebenswandel und Disziplin des Klerus (außer Kan. 20, der eine liturgische Frage betrifft). Eine Reihe von Berührungen mit den Regeln der abendländischen Konzile von Elvira (ca. 306) und Arles (314) geht auf den Einfluß des Ossius zurück[75]. Doch verweigert Nicäa (Kan. 13) im Gegensatz zu Elvira und Arles keinem Exkommunizierten auf dem Sterbebett die letzte Wegzehrung[76].

8. Am 25. Juli 325 feierte Konstantin sein zwanzigjähriges Regierungsjubiläum. Euseb v. Cäsarea hielt die Lobrede[77]. Die Bischöfe wurden zum Festmahl geladen[78]. Nach Abschluß der Arbeiten des Konzils entließ Konstantin die Väter mit einer Ermahnung zum Frieden[79].

a) Nicäa, von Euseb „ökumenische Synode" genannt[80], war das *Konzil des Kaisers*[81]. Rom spielte lediglich die Rolle eines eingeladenen Teilnehmers[82]. Der Kaiser ist es auch, der durch Briefe für die Annahme der nicänischen Glaubensentscheidung und Osterregelung wirbt[83].

b) In Nicäa wurde das Fundament der *Reichskirche* gelegt: durch die kaiserliche Einberufung eines Reichskonzils (kaiserliche Synodalgewalt)[84]; in der Durchsetzung der Metropolitanverfassung; durch die Vorschrift einer allgemeingültigen

---

[72] Diesem Mangel hilft Rufin (KG 10,6 S.967,1 MOMMSEN), die karthagische Übersetzung der nicänischen Kanones und die Prisca (TURNER, Monum. I,1,2 S.120,6; 121,3) durch den Zusatz „die suburbikarischen Kirchen(Orte)" ab. – [73] LINCK 44ff. – K. MÜLLER, Beiträge 18–21; 23ff. (Verfassung d. äg. Kirche zur Zeit von Nicäa. – [74] Die Textherstellung von Kan.6 durch E. SCHWARTZ, ABA (phil.-hist. Kl.) 1930, 623–40 unterstreicht das. – [75] DE CLERCQ, Ossius 275–78. – [76] TURNER, Monum. I, 395. – [77] VC 1,1. – [78] VC 3,15–16. – [79] VC 3,21. – BARONIUS, Annales ad ann. 325 Nr.8 zitiert eine Notiz des Atticus v. Konstantinopel (in der Concordantia canonum des Cresconius), das Konzil habe bis zum 25. August getagt. – [80] VC 3,6,1. – H. CHADWICK, The origin of the title „oecumenical council", JThS 23 (1976) 130–5. – [81] Vgl. H.J. SIEBEN, Die Konzilsidee in der Alten Kirche, 1979, 199–269; 425–65. – [82] Das wird von kath. Seite oft bestritten. Vgl. M. WOJTOWYTSCH, Papsttum u. Konzilien von den Anfängen bis zu Leo I. (440–60). Studien zur Entstehung der Überordnung des Papstes über die Konzilien, 1981. – [83] Urk. 25 u. 26 OPITZ. – [84] Vgl. A. KARTASCHOW, Die Entstehung der kaiserlichen Synodalgewalt unter K. d. Gr. In: „Kirche und Kosmos", Wien 1950, 137–52.

Glaubensformel, deren Unterzeichnung vom Staat erzwungen wird[85]; durch Empfehlung einer einheitlichen Osterfeier im ganzen Reich; durch Förderung der Einheit der staatlich anerkannten Kirche. Die Verwirklichung dieser Beschlüsse stieß freilich auf Hindernisse; bald zeigten sich die ungelösten Fragen, die im nicänischen Bekenntnis steckten.

c) Nicäa blieb im *Abendland* zunächst ziemlich unbekannt. Der Pilger von Bordeaux (333) besucht zwar Hannibals Grab, verliert aber bei der Durchreise durch Nicäa kein Wort über das Konzil, das acht Jahre zuvor tagte[86]. Hilarius v. Poitiers kannte sogar als Bischof anfänglich das Nicänum nicht[87]. Im Osten dauerte es über 50 Jahre, bis sich das Credo der Synode endgültig durchsetzte. Im 6. Jh. kam das Fest des Konzils von Nicäa auf[88].

§ 9. Kurswechsel in der kaiserlichen Kirchenpolitik ab Ende 326. Beginn der zweiten Phase des arianischen Streites

Qu.: s. § 8 und die Anm. unten. Chronologie der nachnicänischen Urk. zum arianischen Streit bei E. Schwartz, NGG 1911, 377–89. Dagegen: G. Bardy, La politique religieuse de Constantin après le concile de Nicée, RevSR 8 (1928) 516–51. Vgl. Schneemelcher, Chronologie (s. o. § 7 Lit. Nr. 1)

Lit.: H. M. Gwatkin, Studies of Arianism, chiefly referring to the Character and Chronology of the Reaction which followed the Council of Nicaea, [2]1900. – E. Schwartz, NGG 1911, 367–426 (Von Nicäa bis zu K.s Tod). – L. Duchesne, Histoire Bd. 2, 158–91. – H. Lietzmann, Geschichte 3, 111–25. S. die Lit zu § 8. – A. Martin, Le fil d'Arius: 325–335, RHE 84 (1989) 297–333.

Athanasius hat den *kirchlichen Zwist nach Nicäa* als Kampf zwischen dem wahren Glauben und der arianischen Häresie dargestellt. In Wirklichkeit handelt es sich um ein Bündel verschiedener Streitigkeiten und persönlicher Feindschaften, die miteinander verflochten sind. Man muß unterscheiden a) Angriffe nicänischer Fanatiker (Eustathius v. Antiochien, Markell v. Ankyra) gegen Euseb v. Cäsarea und seine Gesinnungsgenossen; b) den Versuch, Arius und seine Anhänger wieder in die Kirche einzugliedern, der vom Kaiser auf der Grundlage des weitherzig ausgelegten Nicänums gefördert wird; c) den melitianischen Streit in Ägypten; d) die Bemühungen des wieder zu Gunst bei Hofe (ab 328) gelangten Euseb v. Nikomedien, seine Gegner auszuschalten.

1. In dem Halbjahr, welches Konstantin nach dem Abschluß des Konzils bis zu seiner Reise nach Rom, wo er am 25. Juli 326 seine Vicennalien wiederholte, noch im Osten verbrachte, steuert er einen scharf *antiarianischen Kurs*. Als Euseb v. Nikomedien und Theognis v. Nicäa kirchliche Gemeinschaft mit Arianern halten, welche aus Alexandrien nach Bithynien verwiesen worden waren, trifft sie die Ver-

---

85 Der magister (officiorum?) Philumenos (s. Jones, Prosop. s. v.) ist während des Konzils beauftragt, mit Androhung des Exils Unterschriften bis herab zum Diakon einzutreiben. Philost. 1, 9 a S. 10, 21–27 Bidez. – 86 CSEL 39 (1898) S. 14, Geyer. – 87 S. Salaville, La fête du concile de Nicée et les fêtes de conciles dans le rite byzantin, EOr 24 (1925) 445–70. – 88 A. M. Ritter, Arius redivivus? ThR 55 (1990) 155–81.

bannung[1], drei Monate nach dem Konzil[2]. Sie erhielten sogar Nachfolger[3]. Dazu kommt der Drohbrief gegen Theodot im syrischen Laodikea[4], der auf der antiochenischen Synode von 324/5 verurteilt worden war. In diesen Maßnahmen verrät sich der Einfluß des Ossius, der mit Eustathius v. Antiochien zusammenwirkt[5]. Ossius ist nach dem Jubiläum in Rom aus Konstantins Umgebung verschwunden[6]. Damit beginnt eine Wende in der kaiserlichen Kirchenpolitik.

2. *Eustathius v. Antiochien*[7] weigerte sich nicht nur, „Lukianisten" in seinen Klerus aufzunehmen[8], sondern griff auch Euseb v. Cäsarea wegen „Verfälschung" des nicänischen Glaubens an, woraus sich eine briefliche Fehde entwickelte[9].

a) Der Wandel der Lage wird nun darin offenbar, daß eine Synode zu Antiochien unter dem Vorsitz Eusebs v. Cäsarea zusammentritt, welche den Eustathius wegen „Sabellianismus" und anstößigen Lebenswandels absetzt[10]. Die daraufhin in Antiochien entstehenden Tumulte und die dem Kaiser zugetragene Anklage, Eustathius habe die Kaiserinmutter Helena (die Ende 326 auf ihrer Pilgerfahrt ins heilige Land den Orient durchzog) beleidigt, tragen ihm die Verbannung nach Thrazien ein[11]. Eustathius fiel 326 oder 327[12].

b) *Euseb v. Cäsarea* spielte in dieser Zeit eine ziemlich bedeutende kirchenpolitische Rolle. Eine ganze Reihe von Bischöfen, die 324/25 in Antiochien mit Ossius und Eustathius gegen ihn gestimmt hatten, ging jetzt zu ihm über[13]. Nachdem zwei für Eustathius eingesetzte Nachfolger (Paulin v. Tyrus, Eulalius) innerhalb kurzer Zeit starben[14], brachen bei der nun eintretenden Sedisvakanz Unruhen der Anhänger des Eustathius aus, welche der Kaiser niederschlagen ließ. Eine Synode trat zusammen, auf der Euseb v. Cäsarea eine friedenstiftende Rolle gespielt haben will und (auf den Wink Konstantins) den ihm angetragenen Stuhl von Antiochien ausschlug[15]. Konstantin befahl den führenden Bischöfen der offenbar länger tagenden Versammlung[16] die Veranstaltung einer Wahlsynode, zu der auch Euseb v. Cäsarea

---

1 Urk. 27 S. 62, 1–8 OPITZ. – Philost. 2, 1b (nennt noch Maris v. Chalkedon). – 2 Philost. 1, 10 S. 11, 7 BIDEZ. – 3 Athan. Apol. sec. 7 S. 93, 18 f. OPITZ. – 4 Urk. 28. – 5 Synodalbrief der Orientalen von Serdika 27, CSEL 65 S. 66. 25 ff. FEDER. – 6 DE CLERCQ, Ossius 284–89. – 7 CPG 3350–98. – R. LORENZ, Eustathius v. A., TRE 10 (1982) 543–6 (Lit.). – DERS., Die Eustathius v. Antiochien zugeschriebene Schrift gegen Photin, ZNW 71 (1980) 109–28. – 8 Athan. Hist. Arian. 4, 2 gibt die Namen, darunter Eustathius (später v. Sebaste). – 9 Sokr. 1, 23, 6–8 HUSSEY. – 10 *Qu.:* Euseb, VC 3, 59–62. – Brief der Orientalen v. Serdika, CSEL 65, S. 66, 25 ff. (anstößiger Lebenswandel). – Athan. Hist. Arian. 4. – Sokr. 1, 24; 2, 9, 4 (Sabellianismus). – Sozom. 2, 19. – Theodoret, KG 1. 21–22. – Philost. 2, 7. – Gelasius v. Kyzykos 3, 16, 8–29. – *Lit.:* GWATKIN 77 f. – E. SCHWARTZ, NGG 1908, 354–9. – DERS., ZNW 34 (1935) 159 f. – H. CHADWICK, The Fall of Eustathius of A., JThS 49 (1948) 27–35. – R. C. P. HANSON, The Fate of Eust. of Antiochia, ZKG 95 (1984) 171–9. – 11 Athan. Hist. Arian. 4 S. 186, 2 OPITZ. – Hieronymus, vir. ill. 85. Wahrscheinlich tadelte E. die Verehrung Helenas für den Märtyrer Lukian. Belege für diese bei BARDY, Lucien (s. o. § 7 Qu. Nr. 1) 77. Todesjahr des E.: etwas vor 360 n. Chr. Siehe LORENZ, TRE 10, 544, 30 ff. – 12 CHADWICK, Fall 31. – 13 Das ist für 15 bis 16 Bischöfe nachweisbar durch Vergleich der Unterschriften des Synodalbriefs von 324/5 (bei F. SCHULTHESS, Syr. Kanones, 1908, 160, 4–14; aufgeschlüsselt bei E. SCHWARTZ, NGG 1905, 284–8) und des Synodalbriefs zu den (fälschlich der Kirchweihsynode von 341 zugeschriebenen) Kanones einer antiochenischen Synode unter Vorsitz Eusebs v. Cäsarea (SCHULTHESS 65 f. Vgl. E. SCHWARTZ, NGG 1911, 392–7). – 14 DUCHESNE, Histoire 2, 164 A. 2. – E. SCHWARTZ, NGG 1908, 358 A. 1. – D. LEBEDEV, Pavlin i Zinon episkopy tirskije, VV 20 (1913) 1–56; 117–88 (wichtig). – G. BARDY, Sur Paulin de Tyr, RevSR 2 (1922) 35–45. – 15 VC 3, 59. 62. – 16 Theodot v. Laodikea, Theodor v. Sidon, Narziß v. Neronias, Aetius v. Lydda, Alpheus v. Apamea. Die Sitze nach SCHULTHESS (s. o. A. 13) 65, Nr. 10; 2; 3; 11; für Aetius nach der nicänischen Liste. Die Angaben im Index der VC ed. WINKELMANN S. 232 sind zu berichtigen.

huldvoll entboten wird[17], und schlug die Presbyter Euphronius (dieser stand dem Arianer Narziß v. Neorias nahe[18]) und Georg (der von Alexander v. Alexandrien exkommuniziert worden war[19]) als Kandidaten vor[20]. Die Synode wählte Euphronius und erließ Disziplinarkanones[21].

c) Seit der Absetzung des Eustathius wird *Antiochien* zu einer Hochburg des kirchlichen Kampfes gegen Alexandrien und das alexandrinische Verständnis der Rechtgläubigkeit[22]. Andererseits schließen sich die Getreuen des Eustathius zu einer Sondergemeinde zusammen[23]. Damit beginnt das langandauernde Schisma von Antiochien[24].

3. *Konstantins Kirchenpolitik* nach Nicäa folgt dem Grundsatz, daß niemand, der sich dem Einigungswerk von Nicäa unterwirft, von der Kirche ausgeschlossen bleiben soll.

a) So werden *Euseb v. Nikomedien* und *Theognis v. Nicäa* im Jahre 328 wieder in ihre Bistümer eingesetzt[25]. Ihr „Reuebrief", der das bewirkte[26], erwähnt, daß die Begnadigung des Arius bereits früher erfolgte[27]. Auch den Libyern Sekundus v. Ptolemais und Theonas v. Marmarike muß um diese Zeit die Rückkehr gestattet worden sein[28].

b) Das alles erforderte eine oder mehrere „*Nachsynoden*" zu Nicäa, jedoch keine Wiederholung des ökumenischen Konzils[29]. Da Euseb v. Nikomedien und Theognis nach Gallien verbannt worden waren[30] und von dort an die Synode schrieben, welche Arius begnadigt hatte, müssen angesichts der Dauer der Nachrichtenübermittlung mehrere Monate zwischen beiden Begnadigungen (und Tagungen) liegen. Die Rückberufung der Verbannten geschah nach ihrer Erklärung, dem Glauben von Nicäa anzuhangen[31].

4. Die „Nachsynode" mußte sich auch mit den *Melitianern* befassen. Sie hatten sich beim Kaiser über Alexander v. Alexandrien wegen mangelhafter Durchführung der nicänischen Beschlüsse über das Schisma beklagt[32].

5. Zu der kirchenpolitischen Wende mögen *persönliche Einflüsse auf Konstantin* beigetragen haben. Die Verehrung seiner Mutter Helena für den Märtyrer Lukian (an dessen Ruhestätte in Drepanon gerade 327 die nach der Augusta benannte Stadt Helenopolis und eine Basilika neugegründet wurden[33]) mußte zugunsten der Lukianschüler Arius und Euseb v. Nikomedien ins Gewicht fallen. Und Konstantins

---

17 VC 3, 61–62. – 18 Markell, Frg. 81 S. 202, 33 f. KLOSTERMANN. – 19 Athan. Apol. sec. 8 S. 94, 9 OPITZ. – 20 VC 3, 62, 2. War Euseb v. C. der Ratgeber? – 21 LAUCHERT 43–50. – SCHULTHESS 66–84, s. o. A. 13. – 22 E. SCHWARTZ, NGG 1908, 366. – DERS., Eusebius v. C., PRE VI, 1 (1907) 1418. – 23 Theodoret, KG 1, 22. – 24 F. CAVALLERA, Le Schisme d'Antioche, 1905. – 25 Philost. 2, 7 S. 18, 21 f. BIDEZ. – 26 Urk. 31 OPITZ. – 27 Die Echtheit des „Reuebriefes" wurde nach TILLEMONT, Mémoires VI S. 810–12 von G. BARDY, Politique rel. (s. o. *Qu./Lit.*) 552–5 bezweifelt. Für Echtheit: A. LICHTENSTEIN, Eusebius v. Nikomedien, 1903, 31–41. – H. LIETZMANN, Geschichte 3, 111. – K. MÜLLER, Zu der Eingabe der Bischöfe Euseb v. Nikomedien u. Theognis v. Nicäa, ZNW 24 (1925) 290–2. – Das Dokument nimmt (Urk. 31 S. 65, 1) auf die von Eustathius (Theodoret, KG 1, 8 S. 34, 3–9 PARMENTIER) geschilderte Szene in Nicäa Bezug. – 28 Philost. 2, 1 S. 12, 6. – 29 S. R. LORENZ, Das Problem der Nachsynode zu Nicäa (327), ZKG 90 (1979) 22–40. – 30 Philost. 2, 1b S. 19, 18 BIDEZ. – Konstantin: „möglichst weit entfernt" (Urk. 27 S. 62, 8 OPITZ). – 31 Urk. 31 S. 65, 3–7 (Euseb u. Theognis). – Urk. 32 S. 66, 4–11 mit Urk. 30 (Arius u. Euzoius). – Urk. 32 (K. an Bischof Alexander) ist Anfang 328 an Alexander v. Alex. geschrieben. DUCHESNE, Hist. 2, 183 A. 2 setzt den Brief auf 335 und betrachtet Alexander v. Konstantinopel als Empfänger. – 32 Schreiben der ägypt. Synode v. 338 bei Athan., Apol. sec. 11 S. 96, 16 f. OPITZ. Vgl. Euseb, VC 3, 23. – 33 SEECK, Regesten 178.

Halbschwester Konstantia stand auf seiten des Nikomediers[34]. Den Hintergrund der kaiserlichen Kursänderung, welche die zweite Phase des arianischen Streites (326/7–361) einleitet, bildet das Unbehagen vieler origenistisch gebildeter Bischöfe gegenüber dem als „sabellianisch" empfundenen „homousios"[35], welches die drei Hypostasen Gottes in Frage zu stellen schien. Freilich gelang die Wiedereinsetzung des Arius in seine alexandrinische Gemeinde nicht. Konstantin forderte zwar Alexander v. Alexandrien schriftlich dazu auf[36] – dieser hatte also an der Nachsynode nicht teilgenommen. Doch starb Alexander nach einigen Monaten (am 17. 4. 328)[37]. Mit der Wahl des Athanasius (am 8. 6. 328)[38] entstand eine neue Lage.

§ 10. Der Eintritt des Athanasius in die Kirchengeschichte. Sein erstes Exil. Der Fall Markells von Ankyra

Qu. (s. auch § 8): Die historisch-polemischen Schriften und die Enzykliken des Athanasius, s. CPG 2092; 2120–29 (wo auch die darin enthaltenen Urkunden genannt werden). – Vorbericht (Kephalaia) zu den Festbriefen des Athanasius, hrsg. von W. CURETON, 1848, S. (1) bis (11). Deutsch: E. LARSOW (s. o. § 9 A. 37). – Historia acephala, CPG 2119 u. A. MARTIN/M. ALBERT, L'Histoire acéphale, SC 317, 1985 (mit dem Vorbericht). Dazu R. LORENZ, Autour de l'histoire acéphale, REAug 34 (1988) 267–73.

Lit.: M. TETZ, Athanasius, TRE 4 (1979) 333–49. – DERS., Zur Biographie des Athan. v. A., ZKG 40 (1979) 304–38. – H. NORDBERG, Athanasius and the Emperor, Helsinki 1963. – Politique et Théologie chez Athanase d'Alexandrie (ed. CH. KANNENGIESSER), 1974. – CH. KANNENGIESSER, Athanase d'Alexandrie: Evêque et Ecrivain, 1983. – Zu den Festbriefen: R. LORENZ, Der 10. Osterfestbrief des Athanasius v. Alexandrien. Text, Übersetzung, Erläuterungen, 1986. Vgl. CPG 2102. *Chronologie:* Gegen E. SCHWARTZ (NGG 1904, 338–44), welcher der Ansicht war, daß der Vorbericht teils nach dem ägyptischen, teils nach dem römischen (Konsulats-)Jahr datiere, meinte O. SEECK (Urkundenfälschungen des 4. Jh.s, ZKG 30 [1909] 181–227; 399–433 [401 ff.]), der Vorbericht rechne nur nach römischen Konsulatsjahren. Ebenso F. LOOFS, Die chronol. Angaben des sog. „Vorberichts" zu den Festbriefen des Athanasius, SAB 1908, 1012–22. SCHWARTZ blieb bei seiner Meinung: NGG 1911, 516 ff. A. MARTIN (Hist. acéph. 73 ff.) folgt E. SCHWARTZ.

Das letzte Jahrzehnt der Regierungszeit Konstantins ist kirchenpolitisch gekennzeichnet durch die Auseinandersetzungen, die sich um die Person des *Athanasius* drehen, und den wachsenden Einfluß Eusebs v. Nikomedien und seiner Parteigänger („Eusebianer"). Die Konflikte um Athanasius sind veranlaßt durch das melitianische Schisma (alle Anklagen gegen Athanasius bis 335 kommen von Melitianern) und durch seine Weigerung, Arius und Genossen wieder aufzunehmen[1].

---

34 Philost. 1,9 S. 11,2. – Rufin, KG 10,12. – SEECK, ZKG 17 (1897) 257. – 35 Vgl. Sokr. 1,23,7. – 36 Urk. 32; s. aber oben A. 31 zu DUCHESNE. – 37 Einleitung z. Vorbericht d. Festbriefe des Athanasius, S. (1) Z. 10 ff. CURETON (The Festal Letters of A., 1848), deutsch bei F. LARSOW, Die Festbriefe des hl. A., 1853, 26 f. – Theodoret, KG 1,26,1. – 38 Vorbericht a. a. O. – Vgl. Historia Athanasii (acephala) 18: TURNER (OPITZ), Mon. I S. 670 b Z. 18–28.

1 K. F. HAGEL, Kirche und Kaiser in Lehre und Leben des Athanasius, Diss. Tübingen 1933. – NORDBERG. – A. MARTIN, Athanase et les Mélitiens (325–335) (= Polit. et. Théol. 31–61). – K. M. GIRARDET, Kaisergericht u. Bischofsgericht. Studien zu den Anfängen des Donatistenstreits u. zum Prozeß des Athanasius (328–346), 1975.

1. Die *melitianischen Wirren* entzündeten sich erneut zunächst an der Wahl und Weihe des Athanasius (8. Juni 328)[2].

a) Es ist die erste *Wahl* eines alexandrinischen Bischofs, die nicht mehr von den Presbytern der Stadt[3], sondern gemäß Kan. 4 von Nicäa durch ägyptische Bischöfe vorgenommen wurde. Den gegensätzlichen Berichten[4] ist zu entnehmen, daß die Partei des verstorbenen Alexander nach längeren Verhandlungen Athanasius im Handstreich wählte und weihte, wobei Vereinbarungen mit den Melitianern[5] gebrochen wurden. Daß Athanasius seine Wahl durch ein Schreiben der Alexandriner dem Kaiser anzeigen ließ und von diesem bestätigt wurde[6], beleuchtet die Strittigkeit des Vorgangs[7].

b) *Athanasius' Lage* war zunächst schwierig. Von den 34 melitianischen Bischöfen in Ägypten, die in der Liste des Melitius standen[8], hatte sich ein erheblicher Teil nach Nicäa nicht unterworfen[9]. Zudem besaßen in der Pentapolis die Arianer eine starke Stellung[10]. Durch Visitationen in der Thebais (330), in der Pentapolis und Ammoniaca (332), im Nildelta (334)[11] bekommt Athanasius sein Patriarchat in den Griff. Bei der Reise durch die Thebais nimmt er Verbindung mit dem pachomianischen Mönchtum auf[12].

c) Er *visitierte* des öfteren die Mareotis vor den Toren Alexandriens[13]. Dabei verwüstete der Presbyter Makarius aus seinem Gefolge die kleine Hauskirche des von Kolluthus[14] geweihten Presbyters Ischyras und zerbrach einen Abendmahlskelch – ein schwerer Kultfrevel. Ischyras verbündete sich mit den Melitianern, und der zerbrochene Kelch spielt fortan eine wichtige Rolle in den Anklagen gegen Athanasius[15].

d) Die *Melitianer,* welche nach dem Tode des Melitius (dieser starb vor Alexander v. Alexandrien[16]) von Johannes Archaph geführt wurden[17], schickten 330 eine Gesandtschaft an den Hof[18]. Sie wurde nach langem, vergeblichem Warten erst durch Vermittlung Eusebs v. Nikomedien vorgelassen[19]. Damit beginnt das für Athanasius gefährliche Bündnis zwischen den Melitianern (die keine Arianer waren)[20] und dem Nikomedier. Die Gesandten erhoben Klage gegen die Wahl des zu jungen Athanasius[21], gegen seine Gewalttätigkeit[22] und wegen unberechtigter Ausschreibung von Abgaben[23]. Athanasius wird im Jahre 331 zum Kaiser befohlen[24]. Jetzt werfen ihm die Melitianer noch die Bestechung eines hohen Beamten (des Philumenos)[25] und den zerbrochenen Kelch des Ischyras vor[26]. Athanasius zeiht

2 S. o. § 9 A. 37. – 3 Dazu E. Schwartz, NGG 1908, 349 A. 1. – A. Vilela, La condition collégiale des prêtres au IIIe siècle, 1971, 173–9 (Lit. 174 A. 5). – 4 Übersicht: Gwatkin 70 A. 2. Für Athanasius: Ägyptischer Synodalbrief v. 338 (= Athan. Apol. sec. 6 S. 92, 17–29 Opitz). – Apollinaris v. Laodikea bei Sozom. 2, 17, 2–3. – Epiph. haer. 68, 7; 69, 11, 4–7. Gegen Athanasius: das Zitat Apol. sec. 6 S. 92, 17–19. – Regest der Synodalakten von Tyrus bei Sozom. 2, 17, 4. 25, 6 – Philost. 2, 11. – 5 Sozom. 2, 25, 6. – 6 Brieffragment K.s: Philost. 1, 11a S. 23 Bidez. – 7 E. Schwartz, NGG 1911, 371 A. 1. – A. Martin in Polit. et Théol. 40–4. – 8 S. o. § 8 A. 56. – 9 A. Martin, Pol. et Th. 38–40. – 10 S. o. § 7 A. 24. – 11 Vorbericht zum 2., 4., 6. Festbrief, S. (2) Z. 4–16–24 Cureton. – 12 S. Pachomii Vita prima 30 S. 19 f. Halkin (BHG 1396). – Zu Athanasius' Kenntnis des Koptischen: Th. Lefort, S. Athanase écrivain copte, Muséon 56 (1932) 1–32. – 13 Apol. sec. 17, 1 S. 99, 21 ff.; 75, 6 S. 154–12 Opitz. – 14 S. o. § 1 A. 25. – 15 *Qu.* s. E. Schwartz, NGG 1911, 374 A. 4. – 16 Epiph. haer. 65, 5, 1. – 17 Sozom. 2, 21, 2. Archaph: Athan. Apol. sec. 65, 5 S. 144, 25 Opitz. – 18 Vorbericht z. 3. Festbrief, S. (2) Z. 8–11 Cureton. – Postskript zum 4. Festbrief S. (35) Z. 21 ff. Cureton. – Athan. Apol. sec. 60. – 19 Epiph. haer. 68, 6, 1. – 20 Athan. Ep ad episc. Aeg. et Lib. 22: Arianer u. Melitianer waren zuerst Feinde. – 21 Vorbericht a. a. O. – 22 Sozom. 2, 22, 2. – 23 Athan. Apol. sec. 60, 2. – 24 Vorbericht, s. o. A. 18. – 25 Zu diesem s. o. § 8 A. 85. – 26 Apol. sec. 60, 4; 61, 1.

seinerseits die Melitianer unberechtigter Ordinationen, des Abfalls vom nicänischen Glauben und angeblicher Übergriffe gegen die Rechtgläubigen[27]. Er setzt
sich beim Kaiser durch. Einen mächtigen Gönner bei Hofe hatte er in dem Gardepräfekten Ablabius[28]. Nach der siegreichen Rückkehr vom Hofe (in der Fastenzeit
332)[29] brachte Athanasius den Ischyras durch eine politische Denunziation (Stein-
würfe gegen eine Kaiserstatue) beim Präfekten Hyginus ins Gefängnis[30]. Ischyras
kaufte sich durch ein „Geständnis", daß alle Anklagen gegen Athanasius erlogen
seien, frei[31]. Er widerrief es später, wie aus der erneuten Verhandlung seiner Sache
in Tyrus (335) hervorgeht.

e) Ein weiterer Skandal entstand um den melitianischen Bischof von Hypsele,
Arsenius. Als dieser nach Mißhandlung, Niederbrennung seines Hauses und Gefan-
gensetzung durch seinen katholischen Nachbarbischof verschwunden war[32], erhob
Johannes Archaph Klage gegen Athanasius wegen Mordes. In verblendeter Verbit-
terung blieb er dabei, als der „Ermordete" wieder auftauchte, und ließ ihn in einem
melitianischen Kloster der Thebais verstecken. Dort spürte ihn ein Diakon des
Athanasius auf. Die Melitianer schafften Arsenius aus Ägypten nach Tyrus, wo er
entdeckt und vor dem Bischofsgericht des Paulus v. Tyrus überführt wurde[33].
Athanasius war glänzend gerechtfertigt, und Konstantin bestätigte ihm das in einem Schreiben[34]. Arsenius und Johannes Archaph unterwarfen sich dem alexandrinischen Bischof, worauf Johannes eine gnädige Einladung an den Hof erhielt[35].
Diese Vorgänge fallen in das Jahr 332/3[36].

f) Im Laufe des Jahres 333 tritt bei Konstantin ein *Stimmungswandel gegen Athanasius* ein. Der Bischof spricht von Sympathien der kaiserlichen Damen für Euseb
v. Nikomedien[37]. Der Hauptgrund wird aber des Athanasius schroffe Haltung gegenüber Arius und seine fortdauernde Gewalttätigkeit gegen die Melitianer[38] gewesen sein. Der Umschwung deutet sich in der Berufung eines Konzils im Jahre
334 nach Cäsarea an[39], zu dem auch (als Zeugen) melitianische Bischöfe und Priester geladen wurden[40]. Athanasius erschien nicht, so daß die Versammlung unver-
richteter Dinge auseinandergehen mußte[41]. Nun berief Konstantin auf eine Eingabe der Eusebianer hin wegen der ägyptischen Streitigkeiten ein neues *Konzil nach
Tyrus* unter Berücksichtigung der ihm vorgetragenen Einladungswünsche. Er be-
auftragte den comes Dionysius, über die gute Ordnung zu wachen[42]. Athanasius
wurde unter Androhung der Verbannung zum Erscheinen aufgefordert[43]. Sein

---

27 Sozom. 2,22,3. – 28 Brief K.s: Apol. sec. 61–62. – 29 Postskript z. 4. Festbrief, S. (35) Z. 18–
20 CURETON. – 30 Vorbericht zum 3. Festbrief S. (2) Z. 11 f. – 4. Festbrief S. (32) Z. 18–20 CU-
RETON. – 31 Sozom. 2,25,3. – 32 Brief an Athanasius, Apol. sec. 64. – 33 Sozom. 2,25,12. –
34 Athan., Apol. sec. 65,3. – 35 Apol. sec. 68 Zu Arsenius ebd. 65–68. – 36 Apol. sec. 69–70. –
Im Anhang des 19. Festbrief (S. syr. 47 Z. 14 f.) erscheint Arsenius als „wiederversöhnter" Bischof
v. Hypsele. – 37 Rufins (KG 10,18) Erzählung, wie Athanasius auf dem Konzil v. Tyrus (335) den
Schwindel mit dem abgeschnittenen Unterarm des Arsenius entlarvt, ist Legende. – 38 Hist. Ari-
an. 5–6. Vgl. SEECK, Untergang 3,561 zu S. 431,29. Zur Geschichte vom arianischen Beichtvater
der Konstantia, Eutokius (Gelasius v. Kyzykos 3,12,2 S. 158,24 f. LOESCHKE) s. F. WINKELMANN,
Charakter und Bedeutung der KG des Gelasios v. Kaisareia. In: FS F. Dölger, 1966, 346–85
(382 f.). – 39 Vgl. K. HOLL, Die Bedeutung der neugefundenen melitianischen Urkunden für die
KG, Ges. Aufs. 2, 1928, 283–97. – 40 Das Jahr wird durch Papyr. London 1913 gesichert:
H. I. BELL, Jews and Christians in Egypt, 1924, 48 f. – 41 Papyr. 1913 Z. 4–6 BELL S. 49. – 42 Qu.:
Pap. 1913 BELL S. 49 f. – Vorbericht z. 6. Festbrief S. (2) Z. 25 f. CURETON. – Schreiben d. Orien-
talen v. Serdika 7, CSEL 65 S. 54 FEDER: Sozom. 2,25,1. – Theodoret, KG 1,28. – 43 Schreiben
K.s bei Euseb, VC 4,42. Eine Liste der Teilnehmer bei MARTIN, Pol. et Théol. 50 A. 48. Asklepas
v. Gaza ist zu streichen, er wurde schon 326 abgesetzt (CSEL 65 S. 56,19). – Die urkundlichen
Qu. zu den Konzilen von Tyrus u. Jerusalem nennt E. SCHWARTZ, NGG 1911, 413 ff. Dazu Papyr.

Presbyter Makarius, des Frevels des zerbrochenen Kelches angeklagt, wurde in Fesseln nach Tyrus verbracht[44], und eine Gesandtschaft, die seine Freilassung erreichen sollte, war in Antiochien von Johannes Archaph abgefangen worden[45]. Trotzdem ließ Athanasius noch in der Zeit des Schwankens, ob er reisen solle, eine Zusammenkunft melitianischer Bischöfe und Kleriker in Alexandrien (welche offenbar der Vorbereitung auf das Konzil dienen sollte) mit brutaler Gewalt sprengen[46].

Der Bischof reiste am 17. Epiphi (11. Juli) 335 nach Tyrus ab[47]. Er nahm zu seiner Unterstützung 48 ägyptische Bischöfe mit, die nicht eingeladen waren, darunter ehemalige Melitianer[48]. Den Vorsitz des Konzils scheint neben dem Konsular Dionys der antiochenische Bischof Flacillus geführt zu haben[49].

Von den Beschuldigungen gegen Athanasius[50] rückt der zerbrochene Kelch in den Mittelpunkt. Die Obstruktionspolitik des Athanasius nötigt den comes Dionysius, ihn zwangsweise vorführen zu lassen[51]. Es wird ein Untersuchungsausschuß, den die Eusebianer mit Gegnern des Athanasius besetzten[52] – Athanasius stand seinerseits in Verdacht, für die Aufhebung unbequemer Zeugen gesorgt zu haben[53] – in die Mareotis entsandt. Zur Kommission gehörten die jungen Bischöfe Valens v. Mursa und Ursacius v. Singidunum, die hier zum erstenmal auftauchen[54]. Durch Proteste und Schreiben seiner Anhänger arbeitet Athanasius auf eine Anfechtung der Synode hin[55], die dann durch den Appell der ägyptischen Bischöfe an den Kaiser erfolgt[56]. Athanasius flieht auf dem Seewege aus Tyrus, um selbst in Konstantinopel vorstellig zu werden[57].

Der Ausschuß trifft in Alexandrien, umtost von Straßenkrawallen der christlichen Jungfrauen[58], auf den erbitterten Widerstand des athanasianischen Klerus, der schriftliche Proteste an die Kommission, die kaiserlichen Beamten und an das Konzil in Tyrus richtet[59]. Entsprechend dem Bericht des Ausschusses spricht die Synode das Absetzungsurteil gegen Athanasius aus[60].

2. Gleichzeitig mit dem Kampf des Athanasius gegen die Melitianer schleppt sich die *Sache des Arius* hin.

a) Konstantin ließ die von der Nachsynode beschlossene Wiederaufnahme des Arius durch ein Schreiben Eusebs v. Nikomedien an Athanasius (wohl 329) einfordern. Als dieser das ablehnte, drohte ihm Konstantin mit der Absetzung[61]. Atha-

1914 BELL S. 53. – Wichtig: Euseb, VC 4, 41–42. – Athan., Apol. sec. 10–17; 71–87. – Sozom. 2, 25, 3–7.12.15–19. Wertlos sind Rufin, KG 10, 16–18 u. Philostorgius 2, 11 S. 23, 11–24 BIDEZ. Vgl. noch Epiph. haer. 68, 8–9. – Theodoret, KG 1, 28. 31. *Lit.*: E. SCHWARTZ, NGG 1911, 413–24. – F. SCHEIDWEILER, Die Verdoppelung der Synode von Tyrus vom Jahre 335, ByzZ 51 (1958) 87–99 (Quellenkritik) – NORDBERG (s. o. Lit.) 27–30. – J. M. SANSTERRE, Byz. 42 (1972) 557–84. – A. MARTIN, Pol. et Théol. 51–58. – K. M. GIRARDET, Kaisergericht (s. o. A. 1) 52–79. – 44 Apol. sec. 71, 2. – Euseb, VC 4, 42, 4. – 45 Apol. sec. 71, 2. – Papyr. 1914 Z. 29–31 S. 59 BELL. – 46 Papyr. 1914 Z. 32–38 S. 59 f. BELL. – 47 Papyr. 1914 Z. 1–28 BELL. – R. HAUBEN, On the Melitians in Papyr. London (P. Jews), 1914. The problem of papas Heraiscus. Proc. of the XVIth Internat. Congress of Papyrology, 1981, 447–56. – 48 Vorbericht S. (3) Z. 8–10 CURETON. Das Jahr 335 (statt 336 des Vorberichts) ergibt sich aus Apol. sec. 76, 5. – Chronologie des Ablaufs der Synode: s. OPITZ zu Apol. sec. 73 S. 152, 10. – 49 Vgl. Apol. sec. 78, 7 S. 179 OPITZ mit den Anm. – 50 E. SCHWARTZ, NGG 1911, 415. – SANSTERRE (s. o. A. 43) 573 f. – 51 Aufgezählt bei Sozom. 2, 25, 3–6. – 52 Apol. sec. 72, 1. – 53 Apol. sec. 77, 6; 79, 4 u. 6; 81. – 54 Apol. sec. 14, 2; 83, 3. – 55 Apol. sec. 13, 2. – 56 Einzelheiten bei E. SCHWARTZ, NGG 1911, 417–19. – 57 Apol. sec. 79 (über den comes Dionysius geleitet). – 58 Apol. sec. 86, 1. – Vorbericht z. 8. Festbrief, S. (3) Z. 9–11 CURETON. – E. SCHWARTZ, NGG 1911, 421 A. 2. – P. PEETERS, Comment S. Athanase s'enfuit-il de Tyre en 335? BAB 30 (1944) 131–77. – 59 Apol. sec. 15. – 60 Apol. sec. 73–76. – 61 Sozom. 2, 25, 16–19; Näheres NGG 1911, 419.

nasius blieb unbeugsam, und der Kaiser ließ die Sache zunächst ruhen. Arius verlor schließlich die Geduld und drohte 333 in einem Schreiben an Konstantin mit der Gründung einer Sondergemeinde[62]. Das trug ihm einen Erlaß, der die Verbrennung seiner Bücher und die Bezeichnung „Porphyrianer" für seine Partei verfügte, und ein grobes Schreiben Konstantins ein[63]. Dieses baute ihm freilich eine Brücke durch eine Einladung an den Hof.

b) Arius unterwarf sich und wurde durch ihm günstige Beschlüsse der inzwischen tagenden Synode von Jerusalem belohnt. Denn die in Tyrus versammelten Bischöfe begaben sich auf kaiserlichen Befehl nach Jerusalem, wo anläßlich des dreißigjährigen Regierungsjubiläums des Kaisers die *Einweihung der Grabeskirche* Mitte September 335 stattfand[64]. Zu dieser Kirchweih hatte Konstantin eine große Bischofsversammlung aus allen Provinzen des Ostreichs berufen, ein Gegenstück zu Nicäa[65]. Ein kaiserliches Schreiben (Konstantin war also nicht in Jerusalem) förderte die Synode auf, dafür zu sorgen, daß Arius – für dessen Rechtgläubigkeit ein beigelegtes Bekenntnis zeuge – mit den Seinen auch in Alexandrien wieder aufgenommen werde. Die Synode schrieb dementsprechend nach Alexandrien[66]. Doch starb Arius nicht lange danach in Konstantinopel[67].

3. Am 2. Athyr (30. Oktober) 335 traf der flüchtige *Athanasius* in *Konstantinopel* ein[68]. In seiner Begleitung befanden sich fünf ägyptische Bischöfe[69]. Die Klärung der Vorgänge, die zu seiner *Verbannung* führten, ist schwierig[70].

a) Nach dem Vorbericht[71] erschien Athanasius acht Tage nach seiner Ankunft vor dem Kaiser und wurde durch Beschuldigungen seiner Feinde, die Konstantin heftig erregten, sofort verbannt. Nach dem von Athanasius überlieferten Brief Konstantins[72] fängt Athanasius den Kaiser auf der Straße ab und erwirkt eine Vorladung der tyrischen Bischöfe, die sich für ihr streitsüchtiges Urteil verantworten sollen. Daraufhin[73] beschließen die sechs führenden Eusebianer, die übrigen Bischöfe von der Reise abzuhalten und allein zu kommen. Sie erklären vor dem Kaiser, Athanasius habe die Unterbindung der ägyptischen Getreidelieferungen nach Konstantinopel angedroht, woraufhin dieser sofort verbannt wird[74].

b) Der Brief Konstantins ist mit O. Seeck[75] als eine Fälschung des Athanasius anzusehen, welche das Urteil von Tyrus jedes Ansehens berauben soll[76]. Am 10.

---

62 Apol. sec. 59,4–6. – 63 Urk. 34 S. 60,20 f. Opitz. Vgl. NGG 1911, 408 ff. – 64 Urk. 33 u. 34 Opitz. H. Kraft, Entwicklung 230–42 hält beide Urkunden für athanasianische Fälschungen. – 65 Euseb, VC 4,43. – Am 17. Sept.: Chronicon paschale S. 531,11 Dindorf (= MG. AA IX S. 234,44–235,2 Mommsen). In Jerusalem galt der 13.9. als Kirchweihtag: A. Bludau, Die Pilgerreise der Aetheria, 1927, 1985–7. – 66 Euseb, VC 4,43–45. – 67 Synodalschreiben v. Jerusalem, Athan. Apol. sec. 84 u. De syn. 21. Opitz hält Arius schon für tot (Fußnote S. 248). – Sozom. 2, 27,13 berichtet, K. habe Arius und Euzoius nach Jerusalem entsandt. – 68 Entstellende Erzählung bei Athan., Ep. de morte Arii (CPG 2125). – A. Leroy-Molinghem, La mort d'Arius, Byz. 38 (1968) 105–11. – J. L. von Mosheim, Instit. hist. eccl., Helmstedt 1764, 167 A.z vermutet, daß Arius vergiftet wurde. – 69 Vorbericht z. 8. Festbrief S. (3) Z. 10–14 Cureton. Da 335 ein koptisches Schaltjahr war (Berechnungsschlüssel bei K. F. Ginzel, Handbuch der mathem. u. technischen Chronologie III, 1914, 321) entspricht der 2. Athyr dem 30. Oktober. – 70 Apol. sec. 87,2. – 71 E. Schwartz, NGG 1911, 421–4. P. Peeters, L'Epilogue du Synode de Tyre en 335, AnBoll 63 (1945) 131–44. – W. Telfer, Paul of Constantinople, HThR 43 (1950) 1–92 (58–62). – Sansterre (s. o. A. 43) 571–84. – A. Martin, Pol. et Théol. 55–8. – H. A. Drake, Athanasius' first exile, GRBS 27 (1986) 193–204. – 72 Cureton S. (3) Z. 11–14. – Larsow 28. – 73 Apol. sec. 86. Die Fassung bei Gelasius v. Kyzykos 3, 18,1–13 weicht nicht unerheblich ab. – 74 So Apol. sec. 87. – 75 Apol. sec. 86. – 76 ZKG 30 (1909) 400 f.; 418 ff. Gegen Seeck: N. H. Baynes, An Athanasian Forgery? in: Ders., Byzantine Studies and other Essays, 1955, 282–7.

Athyr (7. November) 335 brach Athanasius ins *Exil nach Trier* auf[77]. Ein Nachfolger für ihn wurde nicht ernannt. Um den Streit in Ägypten auszutreten, schickt der Kaiser auch den Melitianer Johannes Archaph in die Verbannung[78]. Doch sammelten sich die Melitianer wieder[79].

4. Über die veränderten Parteiverhältnisse bei Hofe stürzt auch ein weiterer Wortführer der in Nicäa siegreichen Gruppe, der Antiorigenist *Markell von Ankyra*. Freilich wurde er in erster Linie das Opfer seiner eigenen Verfolgungssucht[80].

a) Markell betrachtet Gott als unteilbare Monas und kämpft (wie Eustathius v. Antiochien) gegen die Lehre von drei Hypostasen Gottes[81]. Die Ausdehnung (πλατύνεσθαι) Gottes zur Trias geschieht in Weltschöpfung und Heilsgeschichte – wobei Gott eine Person (ἐν πρόσωπον) bleibt – und wird am Ende der Zeiten zurückgenommen[82].

b) Markell versucht, seine Auffassung der Wesensgleichheit von Vater und Sohn für das *Verständnis des Nicänums* verbindlich zu machen. In einer Schrift gegen den Lukianisten Asterius beschuldigt er Euseb v. Nikomedien, Euseb v. Cäsarea und Narziß v. Neronias der Häresie[83]. Er überreicht das mit Schmeicheleien für Konstantin gespickte Pamphlet[84] dem Kaiser persönlich. Dieser berief zur Prüfung der Anklagen ein Konzil aus Kleinasien und Thrakien (mit Anrainern) nach Konstantinopel und wohnte den Verhandlungen selbst bei. Markell wurde verurteilt und abgesetzt[85]. Im Anschluß an die Synode verfaßte Euseb v. Cäsarea zwei Widerlegungen Markells, in denen er ihn als Genossen des Sabelius und Paulus v. Samosta bekämpft[86]. Das Konzil fand wahrscheinlich 336 statt, da die Eusebianer dem Kaiser anzeigten, daß ihr Ankläger sich geweigert habe, an der Kirchweih in Jerusalem teilzunehmen[87].

Mit dem Fall von Eustathius, Athanasius und Markell ist die nicänische „Rechte" vorerst zurückgedrängt.

---

77 Gründe: 1. K. schreibt, er habe bei der kurzen Begegnung auf der Straße nicht selbst mit Athanasius gesprochen, sondern nur dessen Klageruf zur Kenntnis genommen. Trotzdem richtet er sofort einen Brief an das Konzil v. Tyrus, der das Werk des Konzils in Frage stellt. 2. Anfang November 335 sind die Bischöfe weder in Jerusalem noch in Tyrus mehr versammelt. 3. Die Beförderung des Briefes, die Reaktion und die Reise der Eusebianer kann nicht innerhalb einer Woche erfolgt sein. 4. Die Benutzung konstantinischer Floskeln beweist nichts für die Echtheit des Briefes. Das Lokalkolorit im Bericht des A. (Straßenszene) und die Anklage wegen der Getreidezufuhr (Sopatros wurde schon dessen angeklagt u. hingerichtet. JONES, Pros. s. v. Sopater 1) sind echt. Die anklagenden Eusebianer müssen (gegen Apol. sec. 87, 1) schon in Konstantinopel gewesen sein (Euseb, VC 4, 46 hält in Konstantinopel die Tricennalienrede). – 78 Vorbericht, S. (3) Z. 14 CURETON; LARSOW S. 28, VIII. – Apol. sec. 86, 1–87, 2 u. 9, 2–4. – Sokr. 1, 35, 4. – Sozom. 2, 28, 14. – 79 Sozom. 2, 31, 4. – 80 E. SCHWARTZ, NGG 1911, 423 f. – Suppl. epigraph. graec., ed. HONDIUS, Bd. 8 Nr. 647, Amsterdam 1937: eine „katholische Kirche des Melitius" im Porphyrgebirge (wo die Säulen für d. Grabeskirche gebrochen wurden) wurde wiederhergestellt (um 335). – 81 *Qu.:* Euseb, C. Marcell. 2, 4, 29–31 KLOSTERMANN. Ebd. die Fragmente Markells (= CPG 2800). – Athan. Hist. Arian. 6–8. – Sokr. 1, 31. – Sozom. 2, 33. *Lit.:* Geschichte der Markellforschung bis 1930 bei W. GERICKE, Markell v. Ankyra, 1940, 28–70 (immer noch wichtig d. Arbeiten v. TH. ZAHN u. F. LOOFS). – M. TETZ, Zur Theol. des M. v. A. I–III, ZKG 75 (1964) 217–70; 79 (1968) 3–42; 83 (1972) 145–94. – 82 Gute Darstellung der Hauptgedanken M.s mit Belegen bei F. LOOFS, DG [4]1904, 244–8. – J. T. LIENHARD, Marcellus of Ancyra in modern Research, ThSt 43 (1982) 486–503. – 83 S. unter den Namen im Markellregister KLOSTERMANNS. – 84 Euseb, C. Marcell. S. 58, 6 KLOSTERMANN. – 85 C. Marcell. 2, 4, 29–30 KLOSTERMANN. – Synodalbrief der Orientalen v. Serdika CSEL 65 S. 50, 18 ff. FEDER. – E. SCHWARTZ, NGG 1911, 400–4. – 86 CPG 3477/8. – 87 Sozom. 2, 33. – Markell wird die arianerfreundliche Synode gemieden haben.

§ 11. Taufe, Tod und Begräbnis Konstantins

1. *Konstantin starb* am 22. Mai 337 in Achyron, einer Vorstadt Nikomediens[1], nachdem er zuvor Hilfe in der Kirche des Märtyrers Lukian zu Drepanon/Helenopolis gesucht und auf dem Sterbebett die Taufe durch Euseb v. Nikomedien empfangen hatte[2].

2. Die von Konstantin selbst angeordnete *Bestattung* wird verschieden gedeutet[3]. Er ließ sich in der von ihm erbauten Apostelkirche[4] in Konstantinopel beisetzen. Das Mausoleum bei der Apostelkirche geht erst auf Konstantius II. zurück[5]. Die Kirche war als Martyrion gedacht[6]. In der Mitte (des Kirchenschiffes) befand sich ein Altar, dazu 12 Grabmäler der Apostel zu beiden Seiten von Konstantins Sarkophag[7]. Konstantins Begräbnisstätte soll über der Stelle eines heidnischen, den zwölf Göttern geweihten Altars (δωδεκάθεον) errichtet worden sein[8]. Wollte Konstantin sich als dreizehnten Apostel oder darüber hinaus gar als Stellvertreter Christi bezeichnen?[9] Er hat sich freilich nie Gleichstellung mit Christus angemaßt[10]. Sein Begehren nach der Taufe im Jordan[11] besagt lediglich, daß er Christus nachahmen will und hängt mit seiner Verehrung der heiligen Stätten Palästinas zusammen[12]. In der Rolle eines Apostels hat er sich aber gefühlt: durch seinen Dienst wird das Menschengeschlecht bekehrt[13].

3. Nach heidnischem Brauch vollzog der römische Senat die Apotheose (consecratio) Konstantins[14]. Die Konsekrationsmünzen[15] vermeiden jedoch ausgesprochen heidnische Bildsymbole (Scheiterhaufen, Adlerflug) und zeigen nach beiden Seiten Ausdeutbares (Himmelfahrts-Viergespann, göttliche Hand aus den Wolken). Konstantin ist der letzte Kaiser, für den Konsekrationsmünzen geprägt wurden[16].

---

1 MG AA IX, 235 f. – Aurelius Victor, Caes. 41. 16. – Eutropius, Brev. 10, 8. – Vorbericht S. (3) Z. 24 ff. Cureton (Larsow, S. 29, VIII). – 2 Euseb, VC 4, 61–64. – Hieronymus, Chron. S. 234, 4 Helm (die Parallelen S. 447, 40 ff.). – F. J. Dölger, Die Taufe K.s u. ihre Probleme: In: K.d.Gr. u. seine Zeit (FS ed. F. J. Dölger) 1913, 377–447. – H. Kraft, Zur Taufe K.s, StPatr 1 (1957) 642–8. – 3 Euseb, VC 4, 60. 66–73. – P. Franchi de'Cavalieri, I funerali e il sepolcro di Costantino Magno, MAH 36 (1916/17) 205–61. – A. Heisenberg, Grabeskirche u. Apostelkirche, 2 Bd., 1908 (K. will bestattet sein wie Christus selbst). – A. Kaniuth, Die Beisetzung K.s d. Gr., Breslau 1941. – H. Dörries, Selbstzeugnis 413–24. – H. Kraft, Entwicklung 151–59 (kosmisch-astrale Bedeutung der 12 Stelen). – P. Gierson, The Tombs and Obits of the Byzantine Emperors (337–1042), DOP 16 (1962) 1–60. – Dagron, Naissance 1401–9. – 4 H. Vogt, Der Erbauer der Apostelkirche in Konstantinopel, Hermes 81 (1953) 111–117 (gegen G. Downey, DOP 6 [1951] 53–80). – 5 R. Egger, Die Begräbnisstätte des Kaisers K., JÖAI 16 (1913) 212–30. – K. Wulzinger, Die Apostelkirche u. die Mehmedije zu Konstantinopel, Byz. 7 (1932) 7–39. – C. Andresen, Einführung in d. christl. Archäologie, KiG B1, 1971, 36 f.; 69 f. (Lit.). – 6 Überschriften zu VC 4, 58 u. 59. – 7 Vgl. Andresen, Archäol. 70 (in der Vierungsraum). Ähnlich befand sich in der Grabeskirche zu Korykos (6. Jh.). in der Mitte ein zentrales Viereck mit 2 Sarkophagen: E. Herzfeld/S. Geiger, Meriamli u. Korykos, MAMA 2, 1930, 126–50. – 8 Nikephoros Kallistos Xanthopulos, KG 8, 55 MPG 146, 220 c. – 9 O. Weinreich, K.d.Gr. als dreizehnter Apostel u. die religionsgeschichtl. Tendenz seiner Grabeskirche, Triskaidekadische Studien, 1916. Dagegen Dörries, Selbstzeugnis 417 ff. – 10 VC 4, 48. – 11 VC 4, 62, 2. – 12 Vgl. W. Telfer, Constantine's Holy Land Plan, StPatr 1 (1957) 696–700. – 13 Kaniuth S. 34–8. – E. Krebs, Die missionsgeschichtl. Bedeutung K.s d. Gr., ZMW 3 (1913) 173–86. – 14 Eutropius, Brev. 10, 8, 3: inter divos meruit referri. – 15 VC 4, 73. – 16 L. Koep, Die Konsekrationsmünzen K.s u. ihre religionspolitische Bedeutung, JAC 1 (1958) 94–104. – Ders., Art. Consecratio II, RAC 3 (1957) 284–94. – S. Calderone, Teologia politica, successione dinastica e consecratio in età constantiniana. In: Le culte des souverains dans l'Empire Romain, ed. W. Den Boer, Vandoevres/Genève 1971, 213–61, bestreitet, daß es sich um Konsekrationsmünzen handele.

§ 12. Kaiserkult und politische Theologie

Lit.: E. R. Goodenough, The Political Philosophy of Hellenistic Kingship, YCS 1 (1928) 55–102. – E. Peterson, Der Monotheismus als politisches Problem, 1935 (= Theol. Traktate 1951, 45–147). – W. Ensslin, Gottkaiser u. Kaiser von Gottes Gnaden, SAM 1943. – F. Taeger, Charisma. Studien z. Geschichte d. antiken Herrscherkultes, 1957/60. – R. Farina, L'impero e l'imperatore cristiano in Eusebio di Cesarea, 1966. – F. Dvornik, Early Christian and Byzantine Political Philosophy, 2 Bd., 1966. – A. Wlosok, Römischer Kaiserkult (WdE 372), 1978. – N. H. Baynes, Eusebius and the Christian Empire, 1933 (= Byzantine Studies, 1955, 168–72). – H. Eger, Kaiser u. Kirche in der Geschichtstheologie Eusebs v. C., ZNW 38 (1939) 97–115. – Kaniuth (s. o. § 11 A. 3) 39–84. – H. Berkhof, Kaiser u. Kirche. Eine Untersuchung z. Entstehung der byzantinischen u. der theokratischen Staatsauffassung im 4. Jh., 1947. Gegen Berkhof: K. Aland, Der Abbau des Herrscherkultes im Zeitalter K. s. (1959) (= Kirchengeschichtl. Entwürfe, 1960, 240–56). – E. F. Cranz, Kingdom and Polity in Eusebius of Caesarea, HThR 45 (1952) 47–66. – J. M. Sansterre, Eusèbe de C. et la naissance de la théorie ‚césaropapiste', Byz. 42 (1972) 131–95; 532–94. – W. den Boer, Le culte des souverains (s. o. § 11 A. 15). – G. Ruhbach, Die politische Theologie Eusebs v. C. (= Ders. [Hrsg.], Die Kirche angesichts der konst. Wende, 1976, 236–58). – B. H. Warmington, Aspects of Constantinian Propaganda in the Panegyrici latini, TAPhS 104 (1978) 371–84. – K. M. Girardet, Das christl. Priestertum K. s d. Gr. Ein Aspekt der Herrscheridee des Eusebius v. C., Chiron 10 (1980) 569–92. – P. Stockmeier, Herrscherfrömmigkeit und Totenkult. K. s Apostelkirche u. Antiochos' Hierothesion. In: Pietas, FS B. Kötting, 1980, 105–13.

1. Die von Konstantin gewählte Form der Bestattung entspricht seinem Bemühen, sich der Stützen, welche der *Kaiserkult* dem Thron bot, auch im Zeichen des Christentums zu bedienen.

a) Die *Gottheit des Kaisers* und das Opfer für ihn fiel dahin. Freilich war schon bei Diokletian nicht die Gottheit des Kaisers, sondern nur die Göttlichkeit seines Amtes behauptet worden[1]. Konstantin verbietet zwar die Aufstellung seiner Bilder in Tempeln[2], doch werden die Kaiserbilder weiterhin mit fast religiöser Ehrfurcht behandelt[3]. Das Hofzeremoniell mit seiner Erhöhung der kaiserlichen Person bleibt[4]. Die Kaiserfeste (Jubiläen, Geburtstage, dynastische Ereignisse) werden als populärer Bestandteil des Kaiserkultes (natürlich ohne Opfer) übernommen, und die Ausrichtung der dazugehörigen Spiele blieb nicht selten bei den örtlichen Priesterschaften des Kaiserkultes[5].

b) Konstantin sucht aber auch nach tragbaren religiösen Formen eines *neuen Kaiserkultes*. Dem dient die synkretistische Helios-Symbolik[6]. Vor allem schreibt er sich eine religiöse Rolle zu und benutzt das für den neuen Kaiserkult. Die Verehrung der Apostel in seiner Grabeskirche an dem Altar, wo sein Sarkophag inmitten der 12 Apostelstelen oder -Kenotaphe stand, sollte auch ihm als „Apostel" zugute kommen[7]. Und wenn Konstantin das Diadem trägt[8], so ist auch daran zu denken, daß dieses ja auch ein priesterliches Abzeichen war[9]. Er läßt sich mit dem Nimbus abbilden[10], der als Zeichen übermenschlicher Autorität galt[11]. Diese (übernomme-

---

1 Taeger, Charisma 2, 1960, 246; 459 f. – 2 VC 4, 16. – 3 Demandt, Spätantike 226. – J. Engelmann, Herrscherbild, RAC 14 (1988) 966–1047. – 4 Demandt 231 (Lit.). – 5 Inschrift v. Hispellum, Dessau Inscr. sel. Nr. 705. – Dörries, Selbstzeugnis 339 ff. – 6 § 5 Nr. 3 - Philost. S. 28, 4–8 Bidez: Verehrung der Porphyrsäule K. s. – 7 Euseb, VC 4, 60. – 8 M. Restle, Herrschaftszeichen, RAC 14 (1988) 951 ff. – 9 Oratio ad sanctos 18, 2 S. 179, 9. Heikel. – 10 Bruun, Coinage VII, 43 ff.; 53 f. – 11 Nimbus, KP 4 (1979) 131 ff. (Edzard), Lit.

nen) Abzeichen stehen also im Rahmen der religiösen Rolle des Kaisers. Er ist der Mann Gottes und Lehrer der Völker, der „Bischof der Außenstehenden"[12].

2. Eine nicht bloß an das Selbstbewußtsein und die Person Konstantins gebundene, christlich-politische Lehre und Herrschertheologie ist jedoch erst von *Euseb von Cäsarea* ausgebildet worden. Dieser verlieh damit den theologischen Rhapsodien Konstantins Zusammenhang und die Möglichkeit des Überdauerns.

a) Die politische Theologie Eusebs tritt in der *Praeparatio Evangelica*[13] hervor, also um 313, als sich der Sieg des Christentums abzeichnete. Ihre Grundzüge blieben sich gleich. Doch rückt beim späten Euseb (Triakontaeterikos, VC) die Gestalt Konstantins stärker in den Vordergrund.

b) Euseb geht von dem Gegensatz zwischen Monotheismus und Polytheismus aus. Der Vielgötterei, das heißt der Herrschaft der Dämonen, entspricht die Zersplitterung in viele Staaten mit ihren Kriegen; der Herrschaft des einen Gottes die irdische *Monarchie.* Dabei entwickelt Euseb eine heilsgeschichtliche und eine philosophisch-metaphysische Gedankenlinie.

α) Der in Jesus Christus erschienene Logos verkündete die Alleinherrschaft des Schöpfergottes und warf die Dämonen (die heidnischen Götter) nieder. Mit den Dämonen stürzt die Vielherrschaft, und die *Monarchie des Augustus* bringt dem Erdkreis Frieden, wie der Prophet geweissagt hatte[14]. Das römische Weltreich und die christliche Lehre, welche das Reich Gottes verkündet, sind zwei Gewalten (δυνάμεις), durch welche Gott seinen Heilsplan durchführt[15]. Der ungehinderte Reiseverkehr im Reich erleichtert die christliche Mission[16]. Zudem versittlicht und zivilisiert der Logos seit seiner Inkarnation in verstärktem Maß die Barbaren, so daß sie sich als Freunde empfinden und so auf die Einbeziehung in das römische Imperium vorbereitet werden[17].

β) Metaphysisch begründet Euseb die *Monarchie Konstantins,* auf welche die Heilsgeschichte hingeführt hat, als Abbild (εἰκών) und Nachahmung (μίμημα, μίμησις) von Gottes Monarchie[18]. Das jenseitige Reich Gottes (βασιλεία τοῦ θεοῦ) ist der Zentralbegriff der politischen Metaphysik Eusebs. Gott will durch die irdische basileia auf die himmlische hinweisen[19]. Das Reich Konstantins, obwohl prophetisch geweissagt, ist kein messianisches Heilsreich, sondern Ort der Verkündigung des Reiches Gottes. Der transzendente Gott bedient sich dabei der Vermittlung des Logos. Dieser hat den Menschen als zoon basilikon (ein Wesen, fähig zu herrschen und beherrscht zu werden) geschaffen[20] und damit auf Christi Predigt von der basileia vorbereitet. Dazu wirkt der Logos auf die Seele des Kaisers, sie durch Tugenden („Ausströmungen" des göttlichen Jenseits) gestaltend[21]. Der Herrscher wird dadurch Philosoph[22]. Wenn der Kaiser jedoch von Gott abfällt und sich Lastern hingibt, verliert er seine Legitimität und hat als Tyrann zu gelten[23] – ein Gegengewicht gegen die Würdenamen, welche ihn an die Seite Christi zu stellen scheinen[24].

---

12 S. o. § 4 Nr. 4a. – 13 1,4 S. 15 ff. Mras. – Die Stellen aus Euseb gesammelt bei Peterson, Monotheismus (= Theol. Traktate, 1951, S. 86–91; 135 A. 133). – 14 Praep. ev. 1,4. – Dem. ev. 3,7,30–35 S. 145,21 ff. Heikel. – Triak. 16,3–4 S. 249,9 ff. Heikel. – 15 Theophanie 3,2 S. 127,13 ff. Gressmann. – Triak. 16,5 S. 249,26 f. Heikel. – 16 Theoph. 3,2 S. 128,7 ff. Gressmann. Vgl. Origenes, C. Cels. 2, 30 S. 158,2–20 Koetschau. – 17 Theoph. S. 126–8 Gressmann. – Triak. 16,2–7 S. 248,28 ff. Heikel. Zivilisierung: Euseb, KG 10,4,17–18. – Triak. 1,4,4–5. – 18 Triak. 1,6; 3,5; 5,2. – 19 Triak. 4, S. 202 ff. Heikel. – 20 Triak. 4,2 S. 203,6–10. – 21 Triak. 5,1 S. 203,20 ff. – 22 Triak. S. 204,17–21 – ein rhetorischer Topos. – 23 Triak. S. 203,27 ff. – 24 Statthalter (ὕπαρχος) Gottes. Von K.: Triak. S. 215,21. Vom Logos: S. 202,2. Zum Kaiser als

3. Die politische Theologie Eusebs ist nicht aus seinem „arianischen" Monotheismus abzuleiten[25]. Euseb schöpft aus der *hellenistischen Herrschertheorie,* insbesondere aus Philo v. Alexandrien[26]. Durch Euseb und neben ihm über die rhetorische Tradition der höfischen Panegyriker wirkt die hellenistische Herrschertheorie auf die oströmische Kaiser- und Reichsidee[27].

§ 13. Werk und Persönlichkeit Konstantins

Lit.: s. a. KiG C1, 3 Nr. 8; S. 16, § 9 (Lit.). – J. BURCKHARDT, Die Zeit Constantins d. Gr. (1853/80), hrsg. von B. WYSS (1950), Reg. s. v. Constantin d. Gr.: Äußeres; sein Charakter. – E. SCHWARTZ, Kaiser C. d. Gr., ²1936, 159 f. – K. MÜLLER, K. d. Gr. u. die christl. Kirche, HZ 140 (1929) 261–78. – J. VOGT, Kaiser K. u. sein Jh., 1960, 259 ff. – F. WINKELMANN, K. s Religionspolitik u. ihre Motive im Urteil der liter. Quellen des 4. Jh. s, AAH 9 (1961) 239–56. – DEMANDT, Spätantike 79 f.

1. Konstantin hat nicht nur mit dem „dämonischen Scharfblick des Weltbezwingers"[1] den Wert des Bundes mit der Kirche erkannt. Sie war ihm nicht bloß als Organisation ein Machtfaktor, sondern weil ihr Gott sich als mächtig erwiesen hatte: in der Standhaftigkeit der Märtyrer[2] und in den *Siegen Konstantins.* Der Kaiser trifft seine religiösen Entscheidungen nicht ohne Berechnung. Aber die Erfolge unter dem christlichen Siegeszeichen erhoben sein „Christentum" zur inneren Überzeugung. Charakteristisch für Konstantin ist, daß seine politische Berufung zur Weltherrschaft eine religiöse Berufung ist, und umgekehrt – schon in seiner heidnischen Zeit (Apollovision)[3]. Neben der Erwägung, daß von dem Christengott das Heil von Kaiser und Reich abhängt[4], trieb ihn vor allem das Zusammenfallen von politischer und religiöser Sendung, bekräftigt von „Visionen", zu seinem Werk des Zusammenschmiedens von Kirche und Imperium. Auf diesem Werk beruht ein Jahrtausend byzantinischer und ein Gutteil abendländischer Geschichte.

a) Der Herrscher sucht die *sittlichen Kräfte des Christentums* für die Erneuerung der korrupten Reichsverwaltung[5] zu nutzen – durch Anerkennung der bischöflichen Schiedsgerichtsbarkeit[6] (mit Erfolg, wie deren starke Inanspruchnahme beweist); durch Ernennung christlicher Beamter und durch Predigten gegen Habsucht an seinen Hofstaat (was beides ziemlich wirkungslos blieb)[7].

b) Konstantins Politik hat zur Folge, daß „das *Christentum* die *Alleinherrschaft* im Reich, die *katholische Kirche* die *im Christentum* erhalten hat". Ohne ihn hätte die Kirche ihre Einheit schwerlich bewahren können[8]. Indem er das Nicänum durchsetzte, beschritt er den Weg zu einer staatlich gewährleisteten Orthodoxie und zur staatlichen Ketzerverfolgung. Bischöfe und Kleriker gewöhnten sich dar-

vicarius Dei: FARINA 238 f. – A. HARNACK, Christus praesens – vicarius Christi. In: Kl. Schr. z. alten Kirche II, Leipzig 1980, 794 (438). – „Retter": Triak. S. 215, 13 f. Vgl. GOODENOUGH 67. – 25 Zur Kritik an dieser These E. PETERSONS s. A. SCHINDLER (Hrsg.), Monotheismus als politisches Problem?, 1978. – 26 Über die *Qu.* Eusebs: FARINA 260 ff. – BAYNES, Eusebius. – E. GOODENOUGH, The Politics of Philo Judaeus, 1938. – P. BESKOW, Rex Gloriae. The Kingship of Christ in the Early Church, 1962, 242–257; 321. – 27 O. TREITINGER, Die oströmische Kaiser- und Reichsidee nach ihrer Gestaltung im höfischen Zeremoniell, 1938/69.
   1 E. SCHWARTZ, K. d. Gr. 2. – 2 Märtyrerverehrung K. s: Euseb, VC 3, 1, 6; 4, 23. – 3 Panegyr. lat. VI, 21, 4 S. 201 MYNORS. – 4 VC 2, 64–65. – 5 Belege s. SEECK, Untergang 2, 519 zu 102, 10. – 6 S. KiG C1, 11. – 7 VC 4, 29–31. – 8 MÜLLER, 275 ff.

an, disziplinäre und dogmatische Streitigkeiten durch den Ruf nach dem weltlichen Arm zu ihren Gunsten zu entscheiden. Die Reisen an den Hof häufen sich[9].

c) Die Kehrseite der Verschmelzung von Kirche und Imperium waren *kaiserliche Eingriffe* in das Leben der Kirche: kaiserliche Synodalgewalt, Einfluß auf die Besetzung der Bischofsstellen, Begünstigung theologischer Richtungen.

d) Das Urteil, Konstantin sei ein umstürzender *Neuerer* gewesen[10], trifft auf seine Religionspolitik zu[11]. Doch ist er konservativ in dem Bestreben, den bestehenden Aufbau der Gesellschaft zu erhalten[12].

2. Mit der *Gründung Konstantinopels* schuf Konstantin ein dauerhaftes Herrschaftszentrum im Osten und den Kristallisationspunkt des byzantinischen Staates. Seine Gestalt blieb den Byzantinern gegenwärtig. Die byzantinischen Kaiser wurden als „neuer Konstantin" akklamiert[13]. Die byzantinische Kirche nahm den „Apostelgleichen" unter ihre Heiligen auf[14]. Seinen Platz in der byzantinischen Volksfrömmigkeit zeigen die legendären Konstantinviten an[15].

3. Die Überzeugung, Gott und Christus unterworfen zu sein, ließ *Konstantins Selbstbewußtsein* nicht zum Herrscherwahn ausarten. Doch ist er bedenkenlos und wortbrüchig bei der Beseitigung seiner Nebenbuhler (Maximianus, Licinius). Er liebt es, in huldvoller Freigebigkeit zu erstrahlen, möchte als witzig[16] und gebildet[17] gelten, ist aber unberechenbar und tötet „zahlreiche Freunde"[18]. Konstantin ist, wie alle Despoten, Wächter der Moral und Präzeptor der Untertanen. Er ist Zornes- und Haßausbrüchen unterworfen, aber von berechneter Kunst der Selbstdarstellung: er spricht bei Wutanfällen (wie bei seinen Predigten[19]) mit gedämpfter Stimme[20]. Von seiner eigenwilligen und selbstbewußten Persönlichkeit zeugen die konfessionsartigen Stellen in seinen Briefen und Erlassen[21].

---

9 Kan. 5; 11; 12 v. Antiochien, S. 46 Lauchert. – 10 Julian, bei Amm. Marcel. 21, 10, 8. – 11 Über die Reformen in der Zivil- und Militärverwaltung und im Geldwesen s. Demandt, Spätantike 77. – Stein, Geschichte I, 168–92. – 12 S. o. § 6 zu A. 18. – 13 Treitinger I, 1938, 130 f. (s. o. § 12 A. 27). – 14 Acta SS Maii, tom. V S. 12–14. – A. Baumstark, K. der Apostelgleiche. In: K. d. Gr. u. seine Zeit, ed. F. J. Dölger, 1913, 248–54. – 15 BHG 316x–369k mit Auctarium (1969) S. 50 f. – F. Winkelmann, Einleitung zur Ausg. der VC S. XXI ff. – E. Gerland, K. d. Gr. in Geschichte u. Sage, o. J. (1937). – 16 Epitome de Caes. 41, 13, 16 S. 167, 14–24 Pichlmayr. – 17 Das Material bei H. Peter, Die geschichtl. Lit. über d. römische Kaiserzeit bis Theodosius I. u. ihre Quellen, 1897 Bd. I, 96–8. – 18 Eutrop, Brev. 10, 6, 3. Dazu Sopatros. – 19 VC 4, 29, 2. – 20 Petrus Patricius, Frg. 15, C. Müller, FHG IV, 190. – Selbstdarstellung K.s: R. Delbrueck, Spätantike Kaiserporträts, 1933, 12–18. – Schilderung von K.s Aussehen: Nikephoros Kallistos Xanthopulos, KG 8, 55 MPG 146, 221 a–c, wohl nach einem Malerbuch, s. H. Gentz/F. Winkelmann, Die KG des Nik. Kall. Xanth. u. ihre Quellen, 1966, 87; 209 f. – 21 Z. B. VC 2, 28, 2–29, 2; 4, 9.

2. Kapitel: Die Kirche in der Zeit Konstantius' II.
Fortgang des Arianischen Streites (337–361)

Qu. u. Lit.: A. DEMANDT, Spätantike, 1989, 80 f. Siehe auch DUCHESNE, Histoire 2, 192–244. – LIETZMANN 3, 174–261. – E. SCHWARTZ, Zur Kirchengeschichte des 4. Jh.s, 1935 (= GS 4, 1–110). – J. MOREAU, Constantinus II., Constantius II., Constans, JAC 2 (1959) 160–84. – Dazu: L. DE TILLEMONT, Histoire des Empereurs IV, 1697, 312–483; 664–92. – SEECK, Untergang Bd. 4, 1–204. – STEIN, Geschichte 202–45. – A. PIGANIOL, L'empire chrétien, ²1972, 81–121. – W. ENSSLIN, Zur Geschichtsschreibung u. Weltanschauung des Ammianus Marcellinus, 1923. – G. GIGLI, L'ortodossia, l'arianesimo e la politica di Costanzo II, 1949. – GIRARDET, Kaisergericht (s. o. Kap. 1 § 10 A. 1). – R. KLEIN, Constantius II u. d. christl. Kirche, 1977. – TH. G. ELLIOT, Ammianus Marcellinus and IVth cent. History, 1983. – M. M. MUDD, Aspects of the internal Government of the later Roman Empire in the reign of Constantius II., 1984. – J. N. STEVENSON, Basil of Ancyra and the course of Nicene orthodoxy, 1983.

§ 1. Reichsteilung und Wiederaufleben der kirchlichen Streitigkeiten

1. Konstantin hatte die *Teilung des Reiches* unter seine drei Söhne Konstantin II. (Gallien, Britannien, Spanien; er residierte in Trier), Konstantius II. (die asiatischen Provinzen mit Ägypten), Konstans (Italien, Afrika, Pannonien, Dakien) und seinen Neffen Fl. Dalmatius (Thrakien mit Konstantinopel) verfügt[1]. Am 9. Sept. 337 nahmen die drei Söhne bei einer Zusammenkunft in Viminacium an der Donau (Mösien) den Augustustitel an[2]. Wahrscheinlich schon vorher war Dalmatius in Konstantinopel mit anderen Verwandten Konstantins, die als mögliche Thronanwärter gelten konnten, unter Billigung des Konstantius von aufgeputschten Truppen ermordet worden. Auch der Gardepräfekt Ablabius und andere Beamte kamen um. Konstantius übernahm den Reichsteil des Dalmatius[3]. Nachdem Konstantin II. beim Konflikt mit Konstans (Frühjahr 340) gefallen war, gewann Konstans den gesamten Westen des Reiches und wurde so weit mächtiger als Konstantius II.[4]

2. Die Teilung des Reiches bringt es mit sich, daß die innerkirchlichen Spannungen zu Unterschieden in der *Kirchenpolitik* der Herrscher führen. Schon nach sechs Jahren kommt es zur Kirchenspaltung von Serkika (343).

Konstantin II., der Athanasius in Trier kennengelernt hatte, gestattete diesem am 17. Juni 337 die Rückkehr nach Alexandrien[5]. Außerdem entließ der junge Kaiser eigenmächtig noch andere östliche Bischöfe aus der Verbannung: Markell v. An-

---

1 Die Belege in den o. g. Werken von SEECK, STEIN, PIGANIOL. – 2 Qu.: SEECK, Bd. 4, 397 zu 41, 14. – E. SCHWARTZ, NGG 1911, 471 f. (= GS 3, 1959, S. 268), Datierung auf d. J. 337. – 3 STEIN, Geschichte 203. – SEECK, Untergang 4, 28 f. u. 390 f. legt die Morde auf die Zeit nach Viminacium. Ebenso PIGANIOL, L'empire 82 f. – 4 Belege s. SEECK 4, 400 f. zu 47, 9 ff. – E. SCHWARTZ, GS 3, 295 f. A. 5. – 5 Schreiben des Kaisers: Athanasius, Apol. sec. 87, 4–7, S. 166 OPITZ.

kyra, Paulus von Konstantinopel, Asklepas von Gaza, Lucius v. Adrianopel[6]. Dabei beriet ihn der Bischof von Trier, Maximin[7]. Diese Amnestie durchkreuzte die Kirchenpolitik Konstantins d. Gr. – ein bedeutender Erfolg des Athanasius. Mit der Rückkehr der Verbannten begannen die kirchlichen Kämpfe im Osten aufs Neue.

3. Konstantius II. fand sich zunächst mit der Maßnahme seines Bruders ab, hielt es jedoch für angezeigt, den auf Umwegen heimkehrenden *Athanasius* nicht nur anläßlich der Zusammenkunft der Kaiser in Viminacium zu empfangen, sondern beschied ihn noch einmal im kappadozischen Cäsarea zu sich[8]. Athanasius sammelte auf seiner langen Rückreise eine Partei. Er wirkte für die Wiedereinsetzung amnestierter Bischöfe und weihte Leute seiner Wahl[9]. Am 23. November 337 zog er in Alexandrien ein[10].

4. Die *Kämpfe und Krawalle,* welche die Rückkehr der Exilierten auslöste[11], erleichterten es der Partei Eusebs von Nikomedien, die abermalige Vertreibung der Heimgekehrten zu erreichen[12]. In Konstantinopel setzte eine Synode den Paulus ab und machte Euseb v. Nikomedien zum Bischof der Hauptstadt[13]. Markell v. Ankyra suchte 339/40 als Vertriebener Hilfe in Rom[14]. Athanasius war in seiner Festung Ägypten nicht so leicht zu stürzen. Doch erkannten die Eusebianer den einstigen Presbyter Pistus, einen Mitstreiter des Arius, den Sekundus v. Ptolemais zum Bischof geweiht hatte, als alexandrinischen Bischof an[15].

§ 2. Die Einbeziehung des römischen Bischofs in die östlichen Kirchenkämpfe

Qu. 1. *Urkunden:* Schreiben der Synode v. Alexandrien (338), Athan. Apol. sec. 3–20. – Athanasius, Epist. encyclica (April/Mai 339), Werke II S. 169–72 OPITZ. – Brief des Julius v. Rom an die Eusebianer: Apol. sec. 21–35, S. 102–13 OPITZ. – Brief und Bekenntnis Markells an Papst Julius, Epiphanius haer. 72, 2–3. – Glaubensbekenntnisse der antiochenischen Kirchweihsynode v. 341: Athan., De synod. 22–24. Siehe A. HAHN, Bibliothek der Symbole und Glaubensregeln der alten Kirche, ³1897, 183–88. – Synodalbrief der Orientalen v. Serdika, CSEL 65 S. 48–67; 74–8 FEDER. – 2. *Polemiker, Chroniken, Kirchenhistoriker:* Athanasius, Apol. sec.; Hist. Arian.; De synodis; Apol. ad Const. (= CPG 2123; 2127–29). – Der 10. u. 11. Festbrief (für 338 u. 339) wird ausgewertet v. E. SCHWARTZ, NGG 1911, 473 f.; 485 f. (= GS 3, 270 f.; 286 f.). Siehe auch R. LORENZ, Der 10. Osterfestbrief (s. K. 1 § 10 Lit.). – Vorbericht zu den Festbriefen (s. o. K. 1 § 9 A. 37). – Historia Athanasii (= Historia acephala. Ed. A. MARTIN s. o. K. 1 § 10 Qu.). – Hieronymus, Chronik S. 234 f. HELM; S. 447–9 die Parallelquellen. – Rufin, KG 10, 16. 18 (wertlos). – Sokr. 2, 1–17. – Sozom. 3, 1–10. – Theodoret, KG 2, 1–4. – Philostorgius 2, 1 S. 24, 12–23 BIDEZ (verworren); 3, 1 S. 29 f., 3, 3 S. 32.

Lit.: GWATKIN (s. K. 1 § 9 Lit.) 113–24. – E. SCHWARTZ, GS 3, 265–334 (= NGG 1911). – E. CASPAR, Geschichte des Papsttums 1, 1930, 137–55. – LIETZMANN, Geschichte 3, 185–93. – P. P. JOANNOU, Die Ostkirche u. die Cathedra Petri im 3. Jh., 1972 (ungenügend). – CH. PIÉ-

---

6 Schreiben der Orientalen v. Serdika, CSEL 65, S. 55. – 7 CSEL 65, S. 66, 30 ff. FEDER. Vgl. A. LIECHTENSTEIN, Eusebius v. Nikomedien, 1903, 70–80. – E. SCHWARTZ, GS 3, 270–78. – 8 Athan., Apol. ad Const. 5. – 9 Schreiben d. Orientalen v. Serdika, CSEL 65, S. 54 f. – 10 Vorbericht (s. o. K. 1 § 9 A. 34) S. (3) z. 3 v. u. CURETON. LARSOW S. 29, X. Zum Jahresdatum: E. SCHWARTZ, GS 3, 270. – Hist. acéphale ed. A. MARTIN (s. o. K. 1 § 10 Qu.) S. 79 ff. – 11 CSEL 65, S. 55, 10–25. – 12 CSEL 65, S. 56, 16 ff. – 13 Sokr. 2, 7. – Sozom. 3, 4. Über Paul v. Konstantinopel, seine Anfänge u. Verbannungen: E. SCHWARTZ, GS 3, 273–8. – A. LIPPOLD, PRE Suppl. 10 (1965) 510–20 (Lit.) – Dagron, Naissance (s. o. K. 1 § 5 Lit.) Register s. v. – 14 Epiph. haer. 72, 2. – 15 Apol. sec. 24, 2 (Juliusbrief). – E. SCHWARTZ, GS 3, 278 A. 5.

TRI, Roma Christiana 1, 1976, 187–207. – GIRARDET, Kaisergericht (s. K. 1 § 10 A. 1). – DERS., Appellatio. Ein Kapitel kirchlicher Rechtsgeschichte in den Kanones des. 4. Jh. s, Hist. 23 (1974) 98–127.

1. Der Rückhalt, den Athanasius an dem westlichen Kaiser Konstantin II. hatte, nötigte die Eusebianer, das *Abendland* bei der Bekämpfung des Bischofs zu berücksichtigen.

a) Das Organ der *Bischofspartei Eusebs von Konstantinopel* (vorher Nikomedien) waren Zusammenkünfte ihrer Häupter in Antiochien, wo Konstantius II. wegen der Perserfeldzüge in diesen Jahren sein Standquartier hatte. Diese Versammlungen, die sich auch zu Synoden erweitern konnten, sind eine Vorstufe der späteren endemischen Synode zu Konstantinopel. Von Antiochien schickten die Eusebianer (wohl Anfang 338) eine Gesandtschaft an den römischen *Bischof Julius*. Sie überbrachte die Akten des Konzils von Tyrus mit dem Urteil gegen Athanasius[1] und verlangte die Anerkennung eines Pistus als alexandrinischen Bischofs. Pistus hatte zu der Presbytergruppe des Arius gehört und war von Sekundus v. Ptolemais zum Bischof geweiht worden[2]. Gleichzeitig schrieben die Eusebianer einen Anklagebrief gegen Athanasius an die drei Kaiser: Seine Rückkehr war mit Gewalttaten gegen seinen Widersacher verbunden; schon seine Wahl war unkanonisch gewesen; er mißachtete das Urteil von Tyrus[3]. Konstantius II., der unter dem Einfluß Eusebs stand, tadelte etwa gleichzeitig die Verwaltung der staatlichen Getreidespenden für die Witwen durch Athanasius[4].

b) Wegen dieser Angriffe berief *Athanasius* eine Synode von 80 ägyptischen Bischöfen[5], die ihn durch ein (von ihm verfaßtes) Rundschreiben verteidigte[6]. Zudem schrieb er an die drei Kaiser[7]. Seine Presbyter, welche das Synodalschreiben nach Rom brachten, trafen dort auf die Gesandten der Eusebianer. Diese ließen sich sowohl hinsichtlich der arianischen Vergangenheit des Pistus als auch des tyrischen Verfahrens gegen Athanasius so in die Enge treiben, daß sie den Gedanken einer erneuten synodalen Untersuchung vorbrachten[8]. Papst Julius griff das auf und schlug noch im Jahre 338 in Briefen an die Eusebianer und an Athanasius ein solches Konzil an einem beliebigen Orte vor[9]. Er übersandte Athanasius auch die Akten von Tyrus[10].

c) Die Eusebianer ließen daraufhin Pistus fallen und ersetzten ihn auf einer antiochenischen Synode im Winter 338/9 (nachdem Euseb von Emesa abgelehnt hatte) durch einen Kappadozier Gregor[11], der in Alexandrien studiert hatte[12]. Konstantius, für die Pläne der Eusebianer gewonnen, machte den energischen Philagrius, einen Gegner des Athanasius, zum zweitenmal zum Präfekten Ägyptens[13] und ließ Gregor mit militärischer Gewalt am 22. Mai 339 in Alexandrien einführen. Die Stadt war schon vorher in Aufruhr, es kam zu blutigen Zwischenfällen, die Dionysiuskirche ging in Flammen auf; die Theonaskirche, wo Athanasius die Nacht

---

1 Athan. Apol. sec. 83, 4. – 2 Ebd. 24, 1–2 (Julius). – SCHWARTZ 3, 278. – 3 Apol. sec. 5; 6, 4; 8 (ägypt. Synodalbrief v. 338). – 4 Apol. sec. 18. Dazu E. SCHWARTZ 3, 281 A. 1. – 5 Apol. sec. 37, 5. – 6 Apol. sec. 3–10. – 7 Apol. ad. Const. 4. – 8 Brief des Julius, Apol. sec. 24; 22. – 9 Zu entnehmen aus Apol. sec. 29, 2. – Athan. Ep. encycl. 7, 2; Hist. Arian. 9. Chronologie: E. SCHWARTZ 3, 288 A. 2. – 10 Apol. sec. 83, 4. – 11 Sokr. 2, 10, 1. Doch verwechselt Sokr. 2, 8, 1 (ebenso wie Sozom. 3, 5 und Philostorgius 2, 1) diese Synode mit der Kirchweihsynode v. 341. – SCHWARTZ 3, 287 f. – 12 Gregor v. Nazianz or. 21, 15. – 13 JONES, Prosop. Philagrius 5.

hindurch taufte, war am 19. März von Truppen gestürmt worden[14]. Athanasius entwich und verbarg sich einen Monat in der Stadt. Er verließ sie erst am 16. April (Ostermontag) 339[15]. Damit begann sein *zweites Exil*. In einer erbitterten Enzyklika prangerte er die Vorgänge von Alexandrien vor aller Welt an[16]. Sein Ziel war Rom, aber er reiste zunächst umher (per diversas partes orbis terrarum) und sammelte bei Bischöfen Zustimmungserklärungen für seine Sache[17]. Mit diesen gerüstet wird er im Spätherbst 339 in Rom eingetroffen sein. Dort fanden sich noch andere Opfer der Eusebianer ein (aus Thrazien, Cölesyrien, Phönizien, Palästina), vor allem Markell von Ankyra[18].

2. Julius stellte sich auf die Seite Markells und des Athanasius und nahm den Plan einer west-östlichen Synode wieder auf. Er schickte zwei Presbyter zu den Eusebianern nach *Antiochien* (in den ersten Monaten des Jahres 340) mit der Einladung zu einer zeitlich festgelegten Synode in Rom, wo sich die Orientalen wegen der Urteile gegen Athanasius und Markell rechtfertigen sollten[19]. Euseb v. Konstantinopel ließ die Gesandten bis zum Januar 341 warten[20]. Einen Vorwand lieferte vermutlich die am 6. Januar (Epiphanias) 341 stattfindende Einweihung der von Konstantin d. Gr. begonnenen „Goldenen" Kirche in Antiochien, die mit einer Synode verbunden war[21]. Erst dann wurden sie mit einer ablehnenden Antwort zurückgeschickt, welche den Ton der römischen Einladung rügte, auf Anerkennung der östlichen Synodalurteile bestand und am Schluß mit dem Schisma drohte[22].

a) Bei der *antiochenischen Kirchweihsynode* im Januar 341 waren 97 Bischöfe anwesend[23]. Auch der Sophist Asterius, Gesinnungsgenosse des Arius und Gegner Markells, kam im Gefolge des Dianius von Cäsarea (Kappadozien)[24]. Der Hauptstoß der Kirchweihsynode richtete sich gegen den „Sabellianismus" Markells. Am Anfang der Verhandlungen wurde das antimarkellische Bekenntnis („dritte antiochenische Formel")[25], zu dem Theophronius v. Tyana genötigt worden war, verlesen[26]. Die sogenannte „erste antiochenische Formel"[27] ist ein Auszug aus der Antwort, welche die römischen Legaten aus Antiochien Anfang 341 mitnahmen[28]. Hier betonen die Bischöfe, daß sie keine Gefolgsleute des Presbyters Arius seien, sondern als Bischöfe dessen Bekenntnis (von Jerusalem 335) für rechtgläubig erkannten. Sie erhärten das durch ein kurzes Credo vornicänischen Typs mit einer Spitze gegen Markell: Christi Herrschaft bleibt ewig. Das offizielle Bekenntnis der

---

14 Athan. Ep. encycl. 2 f. – Vorbericht S. (4) Z. 6–9 Cureton (= Larsow S. 30, XI). – Sokr. 2, 11, 6. Vgl. Seeck, Untergang 4, 62–64; 409–11 (Belege). – Schwartz 3, 288–91. – Lietzmann 3, 182–4. – **15** Nachweis bei A. Martin, Hist. acéph. 81–3. – **16** Athanasius, Ep. encycl., Werke II, 169 ff. Opitz. – Gegendarstellung der Eusebianer: CSEL 65, S. 55, 5 ff. Feder. – W. Schneemelcher, Die Epist. encycl. des Athanasius. In: Ders., Ges. Aufsätze, 1974, 290–337. – **17** CSEL 65, S. 55, 26–56, 4. – **18** Apol. sec. 32 f. (Juliusbrief). – **19** Sozom. 3, 8, 3. Weitere Belege: Schwartz 3, 294 A. 2–4. – **20** Apol. sec. 25, 3 (Julius). – **21** W. Eltester, Die Kirchen Antiochiens im 4. Jh., ZNW 36 (1937) 251–86. – G. Downey, A History of Antioch in Syria, 1961, 358 f. – **22** Wiederherstellung des Briefes bei E. Schwartz 3, 287–300. Deutung: Girardet, 157–62. – **23** Athan. De syn. 25 – Hilarius, De syn. 28–33. – Sokr. 2, 8–10. – Sozom. 3, 5. Chronologie: Downey (s. o. A. 21). Lit.: Hefele/Leclercq, Conciles 702 ff. – Schwartz 3, 310–18. – W. Schneemelcher, Die Kirchweihsynode v. Antiochien 341. In: FS J. Straub, 1977, 319–46. – M. Tetz, Die Kirchweihsynode v. Antiochien (341) u. Marcellus v. Ankyra. Zur Glaubensformel des Theophronius v. Tyana u. ihrer Folgen. In: FS Schneemelcher, 1989, 199–217. – **24** G. Bardy, S. Lucien d'Antioche, 1936, 326. – **25** Athan., De syn. 24. – **26** Dazu Tetz (s. o. A. 23) 206 f. – **27** Athan., De syn. 22, 3–7. – Sokr. 2, 10, 4–8. – Regest bei Sozom. 3, 5. – **28** E. Schwartz 3, 311 f.

Kirchweihsynode ist die „zweite antiochenische Formel"[29]. Sie ist stark biblizistisch. Origenistisch ist die Hervorhebung dreier abgestufter Hypostasen Gottes und die Verlegung der Einheit von Vater und Sohn in die Willenseinheit. Christologische Wendungen des Asterius klingen an[30]. Das Verhältnis der 2. antiochenischen Formel zu Lukian v. Antiochien ist strittig[31].

b) Bei der Rückkehr der römischen Legaten mit dem Absageschreiben aus Antiochien (mit Beginn der Schiffahrt im Frühjahr 341) war der von Julius festgesetzte Termin für die *römische Synode* längst verstrichen. Julius hielt trotzdem mit etwa 50 italienischen Bischöfen[32] eine Synode in der Kirche des Presbyters Vito (der als römischer Legat 325 in Nicäa war), und zwar anderthalb Jahre nach der Ankunft des Athanasius in Rom[33], das heißt im April oder Mai 341. Die Kirchweihsynode von Antiochien fand also vor dem Konzil des Julius statt[34]. Markell hatte vor dessen Beginn vorsichtshalber Rom verlassen. Er richtete ein Rechtfertigungsschreiben, das seinen Standpunkt verschleierte, und ein Bekenntnis, welches sich an das römische Taufsymbol anschloß, an Julius[35]. Die Synode erklärte Markell für rechtgläubig und Athanasius für unschuldig und bestätigte die Gemeinschaft mit beiden[36].

c) Julius teilte diese Entscheidung den Eusebianern in einem vorwurfsvollen Schreiben mit[37]. Das Interessante des Juliusbriefes liegt nicht so sehr in der einseitigen Parteinahme für Athanasius und Markell, als in der *kirchenrechtlichen Begründung der Einschaltung Roms.* Die Eusebianer forderten die Anerkennung der Urteile der östlichen Synoden, da jedes Konzil (weil vom hl. Geist geleitet) nach kirchlichem Herkommen unerschütterliche Geltung habe[38]. Die Aufhebung eines Synodalurteils kann nur durch die Instanz erfolgen, welche geurteilt hat[39]. Julius behauptet dagegen, daß die Urteile eines Konzils von einem zweiten untersucht und aufgehoben werden können. Er beruft sich dabei auf Kanon 5 von Nicäa[40]. Doch nimmt er das Konzil von Nicäa von solcher Überprüfung aus, weil dort die ganze Kirche geurteilt habe[41]. Der Gedanke des ökumenischen Konzils dient nun dazu, das Abendland (Rom) in orientalische Angelegenheiten einzuschalten. Bischöfe apostolischer Sitze (das geht auf Markell v. Ankyra) müssen von der ganzen Kirche, also unter Beteiligung des Abendlandes, gerichtet werden. Insbesondere sei nach der Gewohnheit (ἔθος) Rom mit Dingen, die den alexandrinischen Bischof betreffen, zu befassen. Erst dann kann ein Urteil erfolgen. Diese Ordnung gehöre zu der Überlieferung, welche der römische Bischof von Paulus und Petrus empfangen habe[42]. In diesen Worten steckt der Keim zu weiteren Ansprüchen des römischen Stuhls[43].

29 Athan., De syn. 23, 2–10. – Hilarius, De syn. 29. – 30 SCHWARTZ 3, 312–15. – LIETZMANN 3, 191 f. – KELLY, Creeds 264–71. – L. W. BARNARD, Marcellus of Ancyra and the Eusebians, GOTR 25 (1980) 63–75. – 31 F. KATTENBUSCH, Das Apostolische Symbol 1, 1894, 255 ff.; 268–71 (die 4. Antiochenische Formel [s. u. § 3] entspricht Lukians Symbol). – F. LOOFS, Das Bekenntnis Lukians des Märtyrers, SAB 1905, 576–603. – BARDY, Lucien 85–132 (die 2. Formel ist Lukians Bekenntnis). – 32 Athanasius, Apol. sec. 20, 3; 26, 2–3. – 33 Apol. sec. 29, 2. – 34 Deshalb kann der Absagebrief, den die Legaten mitnahmen, nicht die Antwort auf den Juliusbrief von der römischen Synode sein. – 35 Epiph. haer. 72, 2 f. – SCHWARTZ 3, 303–7. – KELLY, Creeds 102–4; 108–11. – M. TETZ, Zum altrömischen Bekenntnis. Ein Beitrag des Marcellus von Ankyra, ZNW 75 (1984) 107–27. – 36 S. G. ROETHE, Zur Geschichte der röm. Synoden im 3. u. 4. Jh., 1937, 81–5. – 37 Apol. sec. 21–35. – 38 Apol. sec. 22, 6, S. 104, 18 OPITZ. – 39 Belege bei GIRARDET, Kaisergericht 82–4. – 40 Apol. sec. 22, 2. – 41 Ebd. 23. – H. J. SIEBEN, Die Konzilsidee in der Alten Kirche, 1979. – 42 Apol. sec. 35, 2 ff., S. 113 OPITZ. – 43 Würdigungen des Juliusbriefes: DUCHESNE, Histoire 2, 204–7. – SCHWARTZ 3, 301–3. – CASPAR, Papsttum 1, 148–54. – LIETZMANN

3. In dem *Streit um Markell* geht es in erster Linie um Theologie. Die Eusebianer wollen in ihm den „Sabellianismus" und die „sabellianische" Auslegung des Nicänums treffen. Dagegen führen sie gegen Athanasius nie theologische, sondern kirchenrechtliche (unkanonische Wahl, Mißachtung von Synodalurteilen) und disziplinäre (Gewaltanwendung) Gründe ins Feld. Dieser jedoch brandmarkt die Eusebianer als Arianer, welche durch seinen Sturz das Nicänum beseitigen wollen. Bedenkt man, daß zu den Häuptern der Eusebianer Freunde des Arius gehörten (Euseb v. Konstantinopel, Narziß von Neronias, Maris v. Chalkedon)[44] und sie sich alter Arianer bedienten (Pistus, Karpones[45], Asterius, Sekundus v. Ptolemais), wird man den Vorwurf des Athanasius nicht für unberechtigt halten. Die Eusebianer verzichteten zwar auf radikale Sätze des Arius (ꞃν ποτε, ὅτε οὐκ ꞃν; Erschaffung des Sohnes aus Nichts). Doch schließen ihre Aussagen (2. antiochenische Formel) ein arianisches Verständnis keineswegs aus. Der Rückgriff auf vornicänische Bekenntnistypen zeigt, daß ihnen das Nicänum (das nicht angegriffen wird) ein Stein des Anstoßes ist. Der Antisabellianismus genügte freilich nicht, die Geschlossenheit der Bischofsgruppe zu wahren, als sie mit dem Tode Eusebs von Konstantinopel[46] ihre bedeutendste Persönlichkeit verlor, und als es notwendig wurde, das Verhältnis zwischen Gott-Vater und Sohn näher zu bestimmen.

§ 3. Das Schisma von Serdika

Qu.: 1. *Dokumente des Konzils der Abendländer.* TURNER, Monum. 1, 444–560: Kanones, Teilnehmerliste; 645–53: Enzyklika mit Bekenntnis (s. Theodoret, KG 2, 8. – Hilarius, CSEL 65, S. 103–26) u. andere Synodalschreiben. Siehe CPG 8560/71. – 2. *Konzil der Morgenländer:* Synodalschreiben mit Bekenntnis, CSEL 65, S. 48–78 (Hilarius). – Aus codex Veronensis LX: Historische Notiz, Bekenntnis, Osterzyklus, TURNER, Monum. 1, 637–43. Siehe CPG 8572/4. – 3. *Berichte:* Sokr. 2, 20. – Sozom. 3, 11–12. – Vorbericht zu den Festbriefen des A. S. (5) Z. 4–14 CURETON (= LARSOW) S. 31, XV.

Lit.: DE CLERCQ – O. HESS, The Canons of the Council of Sardica, 1958. – HEFELE/LE-CLERCQ, Conciles I 2, 737–823. – Zu den Teilnehmerlisten: A. L. FEDER, Studien zu Hilarius v. Poitiers II, SAW (phil.-hist. Kl.) 116, 5. 1911. – E. HONIGMANN, On some Members of the Council of Serdica 342/3, Patristic Studies, 1953, 28–35. – CASPAR, Papsttum 1, 157–65; 587 f. – GIRARDET, Kaisergericht (s. o. K. 1 § 10 A. 1) 106–54. – PIÉTRI, Roma chr. (s. o. § 2 Lit.) 1, 208–37. – KLEIN (s. o. § 1) 46 ff. – H. CHR. BRENNECKE, Hilarius v. Poitiers u. die Bischofsopposition gegen Konstantius II., 1984 (Lit.).

1. Eusebs Tod rief in *Konstantinopel* Nachfolgewirren hervor. Der 338 abgesetzte und ausgewiesene Paulus[1] kehrte nach Konstantinopel zurück; die „Eusebianer" (Theodor v. Heraklea, Maris v. Chalkedon, Theognis v. Nicäa, die Illyrier Valens und Ursacius) ordinierten dagegen Makedonius[2], der wie Paulus zum Klerus Alexanders v. Byzanz gehört hatte[3]. Bei den nun ausbrechenden Straßenschlachten bei-

---

3, 187–90. – J. HALLER, Das Papsttum 1, 1950, 67–70; 502 f. – GIRARDET, Kaisergericht 88–104; 108. – PIÉTRI, Roma christ. 1, 201–7. – **44** Apol. sec. 21, 1 (Julius). – **45** Zu Karpones: Apol. sec. 24, 1 (Julius). – **46** Er starb „bald" nach der Kirchweihsynode, also etwa Mitte 341, Sokr. 2, 12, 1. – Sozom. 3, 7, 3. Er wird, wie Sokr. u. Sozom. sagen, den Brief des Julius gar nicht mehr erhalten haben. Charakteristiken Eusebs v. Konstantinopel: A. LICHTENSTEIN, Euseb v. Nikomedien, 1903, 103 f. – E. SCHWARTZ 3, 318–20.
1 S. o. § 1 A. 12. – **2** Sokr. 2, 12. – Sozom. 3, 7. – **3** S. Sokr. 2, 6, 3–4.

der Parteien wurde der Reitergeneral Hermogenes, der Ruhe herstellen sollte, ge-
lyncht[4]. Paulus wurde daraufhin verbannt, ohne daß der Kaiser den Makedonius
bestätigte[5]. In der späteren Legende wurde Paulus (in Angleichung an Athanasius)
zum Märtyrer der Rechtgläubigkeit umgedichtet[6].

2. Wichtiger war der vom *Abendland* ausgehende Druck zur Berufung eines
west-östlichen Konzils.

a) Angesichts der Verweigerung der führenden östlichen Bischöfe konnte Papst
Julius den Konzilsplan nur mit kaiserlicher Hilfe durchsetzen. Schon die Überbrin-
gung seines Briefes nach Antiochien durch einen hohen Beamten, den comes Gabianus[7], läßt vermuten, daß Konstans für Julius tätig wurde. Jedenfalls ließ der
Papst auch einen Bericht über die römische Synode und die Vertreibung des Athanasius und anderer Bischöfe an den Hof nach Trier gehen[8], wo er in Bischof Maximin einen Verbündeten besaß.

b) Wohl infolge der Mission des comes Gabianus suchten die Eusebianer die
unerwünschte Synode durch ein möglichst „nicänisches" Bekenntnis, das deren
Überflüssigkeit erweisen sollte, zu vermeiden. Diese „vierte antiochenische Formel"[9] nimmt nicänische Wendungen (ohne homousios) auf und verurteilt die arianische Lehre von der zeitlichen Erschaffung des Sohnes aus dem Nichts, richtet
sich aber auch gegen Markell. Die Bischöfe Narziß v. Neronias (Kilikien), Maris
v. Chalkedon, Theodor v. Heraklea (Thrakien), Markus v. Arethusa (Syrien) überbrachten das Bekenntnis dem Kaiser in Trier[10]. Doch Maximin und demgemäß
auch Konstans lehnten die Gesandtschaft mit ihrem Credo ab[11]. Konstans hatte
sich für das Konzil gewinnen lassen. Athanasius, der in Rom Zugang zu Angehö-
rigen der kaiserlichen Dynastie (Eutropia) hatte[12], wurde zu ihm nach Mailand
befohlen und erfuhr, daß der Kaiser das Konzil von Konstantius gefordert habe[13].
Einige Monate später wird er nach Gallien (Trier) entboten, um mit dem wieder
aufgetauchten Ossius und Maximin für das in *Serdika* (Sofia)[14] vorgesehene Konzil
den Feldzugsplan zu entwerfen[15].

3. Die *Synode* trat in der zweiten Hälfte des Jahres 343 zusammen[16]. Das Schisma – getrenntes Tagen der Morgen- und Abendländer und gegenseitige Exkommunikation der führenden Bischöfe[17] – wird veranlaßt durch das Festhalten der

---

4 Anm. Marcell. 14, 10, 2. – Sokr. 2, 12. – Seeck, Untergang 4, 72 f.; 415. – **5** Zu den Exilen des
Paulus (abweichend von Dagron): Schwartz 3, 273–76; 320–22 u. 4, 25–27. – Klein, Constan-
tius 71–77. – A. Martin, Hist. acéph. 37–48. – Anfechtbar aber anregend: W. Telfer, Paul of
Constantinople, HThR 43 (1950) 31–92. – **6** Dagron, Naissance 422 ff.; 436 ff. (s. o. Kap. 1 § 5
Lit.). – F. Loofs, Macedonius, RE 12 (1903) 42–5. – **7** Athan., Apol. sec. 20, 32. – **8** Athan., Hist.
Arian. 15, 2. – **9** Athan., De syn. 25. – Schwartz 3, 324. – Kelly, Creeds 272 f. – F. Kattenbusch,
Das Apostolische Symbol I, 1894, 260 ff. – **10** Athan., De syn. 25. – Sokr. 2, 18. – Brennecke
17 ff. – Wegen der Wahl und Wirren des Makedonius kann diese Reise nicht vor dem Frühjahr
342 angesetzt werden. – **11** Brief der Orientalen v. Serdika: CSEL 65, S. 66, 30 ff. Feder. –
12 Apol. ad Const. 6. – **13** Apol. ad Const. 4: im 4. Jahr, nachdem Konstans die bestellten Bibelhandschriften aus Alexandrien erhielt. – **14** Zur Namensform Serdica s. Turner, Monum. 1,
533. – **15** Apol. ad Const. 4. Chronologie: Konstans ist Dez. 342 in Mailand u. Juni 343 in Trier,
Seeck Reg. S. 191 u. 193. – **16** S. KiG C1, 21 A. 25. Der Vorbericht S. (5) Z. 6 f. Cureton (=
Larsow S. 31, XV) nennt die Konsuln von 343: Placidus u. Romulus. Die Notiz des cod. Veron
LX (Turner 1, 637) hat die des Jahres 342. Die Zuverlässigkeit der Jahresdaten des Vorberichts
wies (gegen E. Schwartz 3, 11; 56; 325 ff.) O. Seeck, ZKG 30 (1909) 401 ff.; Untergang 4, 16 f.
nach. Erörterung der Streitfrage: de Clercq, Ossius 313–24. – L. W. Barnard, The Council of
Serdica: some Problems reasserted, AHC 12 (1980/2) 1–25 (für 343). Brennecke 25 f. folgt
Schwartz ohne neue Argumente. – **17** Vgl. die Darstellung KiG C1, 21. – I. Oppelt, I dissidenti
del concilio di Serdica, Aug. 25 (1985) 783–91.

Abendländer an dem römischen Konzil mit seiner Rechtfertigung des Athanasius und Markell. Die *theologische Spaltung* wird durch das Glaubensbekenntnis der Abendländer besiegelt[18], dessen offiziellen Rang Athanasius später bestreitet[19]. Es behauptet eine Hypostase (Usia) Gottes und erklärt die Dreihypostasenlehre für „Arianismus"[20]. Damit bestätigte sich die Ablehnung origenistischer Spekulation, welcher Rom schon im Streit der beiden Dionyse mißtraut hatte[21]. Dagegen gibt sich das Symbol der Morgenländer friedlich. Es wiederholt die 4. Antiochenische Formel, erweitert durch Anathematismen gegen Tritheismus (gegen Mißdeutung der Dreihypostasenlehre) und gegen den (markellianischen) Monarchianismus[22].

§ 4. Von Serdika (343) bis Sirmium (347)

Lit: s. a. KiG C1 Kap. 2 § 3. – F. Loofs, DG [4]1906, S. 243–51. – Seeck, Untergang 4, 80–89; 420–22. – E. Schwartz, Zur KG des 4. Jh. s, ZNW 34 (1935) 129–213 (= GS 4, 1–110 [13–26]). – Lietzmann, Geschichte 3, 202–7. – Brennecke, Hilarius (s. o. § 3 Lit.) 46–64.

1. Das *Konzil der Abendländer in Serdika* bemüht sich, seiner Rechtfertigung verschiedener orientalischer Bischöfe (Athanasius, Markell, Aklepas v. Gaza, Lucius v. Adrianopel)[1] durch seine Enzyklika[2] und durch Briefe an die betreffenden Gemeinden[3] Geltung zu verschaffen. Ein Schreiben an Konstantius II.[4] fordert Glaubensfreiheit (natürlich nur für die im abendländischen Sinne Rechtgläubigen) und das Aufhören staatlicher Eingriffe in kirchliche Angelegenheiten. Man scheut sich aber gleichzeitig nicht, die Macht des Kaisers Konstans für die eigenen Zwecke in Bewegung zu setzen. Diese Einmischung des Westens erzeugt Unruhen im Osten, welche Konstantius zum Eingreifen nötigen. Als der zur Heimkehr „legitimierte" Lucius in Adrianopel die durchreisenden orientalischen Synodalen von Serdika tätlich angreifen ließ, wurde das blutig geahndet, und Lucius mußte erneut in die Verbannung ziehen. Stadttore und Häfen im Ostreich wurden gegen unerwünschte Rückkehrer überwacht[5].

2. *Konstans* schaltet sich ein und schickt im Frühjahr 344 den magister equitum Sali mit zwei Bischöfen, Euphrates v. Köln und Vincentius v. Capua (der in Serdika mittagte), nach Antiochien[6]. Die Gesandtschaft überbrachte den Brief der Synode an Konstantius und ein energisches Schreiben des Konstans, welches unter Andro-

---

18 Theodoret, KG 2, 8, 37–52. – F. Loofs, Das Glaubensbekenntnis der Homousianer v. Serdika, ABA (phil.-hist. Kl.) 1909, 3–39. – M. Tetz, Ante omnia de sancta fide et de integritate veritatis. Glaubensfragen auf der Synode v. Serdika (342), ZNW 76 (1985) 243–69. – 19 Tom. ad Antiochenos 5, 1 MPG 26, 800c. Vgl. M. Tetz, Über nikänische Orthodoxie, ZNW 66 (1975) 194–222 (203 ff.). – 20 Lietzmann, Gesch. 3, 196 f. – de Clercq, Ossius 362–76. – 21 Zur Atethese des Briefwechsels der beiden Dionyse (L. Abramowski, Dionys v. Rom [† 268] u. Dionys von Alexandrien [† 264] in den arianischen Streitigkeiten des 4. Jh.s, ZKG 93 [1982] 246–72) s. die Einwände von R. Lorenz, Der 10. Osterfestbrief des Athan., 1986, 81 A. 59. – 22 CSEL 65, S. 68–73. – Turner, Monum. 1, 638–40. – Kelly, Creeds 275 f.
  1 S. CSEL 65 Index. – 2 CSEL 65, S. 103–26. – 3 Nur die Briefe nach Ägypten sind erhalten: CPG 8562/3; 8565. – 4 Der sog. Lib. I ad Const. CSEL 65, S. 181–4. Forschungsgeschichte s. Brennecke, Hilarius 258–65. – 5 Athan., Hist. Arian. 18–19 mit weiteren Einzelheiten. – 6 Athan., Hist. Arian. 20, 2. – Theodoret, KG 2, 8, 54. – Datierung auf 344: M. Richard, Le comput pascal par Octaétéris, Muséon 87 (1974) 307–39 (= Scripta Minora 1, 1976, Nr. 21) (320 ff.) – Girardet, Kaisergericht 146–49.

hung militärischen Eingreifens die Wiedereinsetzung der Vertriebenen forderte[7]. Der Versuch des Stephanus v. Antiochien, die Bischöfe durch ein Freudenmädchen bloßzustellen, scheiterte und zog seine Absetzung nach sich. Sein Nachfolger wurde Leontius, ein Schüler Lukians[8].

3. Die Drohungen des Konstans bewegen *Konstantius* zum Einlenken. Er läßt im September 344 verbannte alexandrinische Kleriker heimkehren[9] und entschließt sich (nach Beratung mit der endemischen Synode zu Antiochien)[10] zur *Rückberufung des Athanasius.* Das wurde Konstans brieflich mitgeteilt[11]. Wohl Ende 344, Anfang 345 entsendet Konstantius den comes Thalassius, der mit Konstans und Athanasius verhandelt, nach Pettau[12]. Athanasius soll seinen Einfluß am Hofe des Konstans durch Bestechung des Ministers des Kronschatzes, Eustathius, gesteigert haben[13]. Gegenüber Konstantius schlägt er eine Verzögerungstaktik ein, um seine Bedingungen durchzusetzen. Konstantius schreibt dreimal vergeblich an ihn und läßt auch hohe Würdenträger Briefe an ihn richten[14]. Sendboten des Athanasius gehen zu Konstantius nach Edessa[15]. Und Konstans erhält den diplomatischen Druck aufrecht, indem er das von Konstantius für 346 angesagte Konsulat der beiden Augusti in seinem Reichsteil nicht verkünden läßt[16]. Es scheint, daß Athanasius die Aufhebung des Urteils von Tyrus durch eine Synode und die Verurteilung seiner Gegner anstrebte[17]. Das konnte Konstantius nicht gewähren, und es blieb bei persönlichen Zusicherungen für die Stellung des Athanasius in Alexandrien. Nach einer Audienz in Trier[18], die offenbar ergab, daß mehr nicht zu erreichen sei, reiste er über Rom (wo ihm Julius ein Glückwunschschreiben mitgab) und Adrianopel zu Konstantius II. nach Antiochien[19]. Dort hielt er Gemeinschaft mit den Eustathianern[20] und im benachbarten Laodikea mit Apollinaris und nicht mit dem Bischof Georg[21], der einst für Arius eingetreten war[22]. Anläßlich seiner Durchreise durch Jerusalem beruft der dortige Bischof Maximus, der in Tyrus gegen Athanasius unterschrieben hatte, auf Wunsch des Gastes eine Synode, die sich zur Gemeinschaft mit Athanasius bekennt[23]. Auf der Reise durch Palästina agitiert Athanasius gegen die „Arianer" und nimmt (außerhalb seines Sprengels!) Ordinationen vor[24]. Am 21. Oktober (24. Paophi) 346 zog er im Triumph in Alexandrien ein[25].

Paulus v. Konstantinopel, den die Abendländer in Serdika mit Schweigen übergingen, der aber in Maximin v. Trier einen Fürsprech hatte, muß etwa um dieselbe Zeit wie Athanasius auf Druck des Konstans seinen Sitz wieder erhalten haben[26].

---

7 Rufin, KG 10, 20 Mommsen. – Sokr. 2, 22, 3. – Sozom. 3, 20, 1. – Theodoret, KG 2, 8, 54–56. – Philost. 3, 12 S. 43, 7–11 Bidez. – Athan. Hist. Arian. 20, 2. – 8 Theodoret, KG 2, 8–10. Zu Leontius s. Bardy, Lucien, Reg. s. v. Léonce. – 9 Zehn Monate vor dem Tode des Gegenbischofs Gregor († 26. 6. 345: Vorbericht S. [6] Z. 4 f. Cureton = Larsow S. 32, XVIII), Athan. Hist. Arian. 21, 1–2. – 10 Sokr. 2, 23, 1–2. – Sozom. 3, 20, 2. – 11 Athan., Apol. sec. 51, 1. – Hist. Arian. 21, 3. – 12 Athan., Apol. ad Const. 3. Datierung: Als Thalassius kommt, befindet sich A. in Aquileia (ebd.). Ostern 344 war er in Naissus (Vorbericht S. [5] Z. 19 Cureton = Larsow S. 31, XVI), Ostern 345 in Aquileia (Vorbericht S. [5] Z. 3 v. u. = Larsow S. 32, XVII). Über Thalassius s. O. Seeck, Die Briefe des Libanius, 1906, 289. – 13 Philost. 3, 12. Vgl. die Bestechung des Philumenos, oben Kap. 1 § 8 bei A. 85. – 14 Hist. Arian. 22, 1. – Apol. sec. 51. – 15 Apol. sec. 51, 6. – 16 Seeck, Untergang 4, 85. – 17 Hist. Arian. 22, 2. 18 Apol. ad. Const. 4 MPG 25, 601 a; Anfang 346? Vgl. das Itinerar des Konstans, Seeck Reg. – 19 Apol. sec. 52–56, – Hist. Arian. 22–23. – 20 Sozom. 3, 20, 4. – 21 Sozom. 6, 25, 7–8. – 22 Urk. 12 u. 13 Opitz (s. o. Kap. 1 § 7 Qu.). – 23 Apol. sec. 57. – Hist. Arian. 25, 2. – Sokr. 2, 24, 1–4. – Unterschrift des Maximus in Tyrus: Sokr. 2, 8, 3. – 24 Sokr. 2, 24, 7–8. – Sozom. 3, 21, 4. – Philostorgius 3, 12 S. 43, 15–18 Bidez. – 25 Vorbericht S. (6) Z. 5–8 Cureton (= Larsow S. 32, XVIII). – Hist. acephala 2, Turner (Opitz) Mon. 1, 663. – 26 Sokr. 2, 22, 5 (Brief des Konstans); 2, 23, 39. – Zu Maximus u. Paulus v. Konstantinopel: Synodalschreiben der Orientalen v. Serdika, CSEL 65 S. 66, 7 ff.

Er ist 349 als Bischof in Konstantinopel bezeugt[27]. In dieser Zeit war Makedonius auf eine Winkelkirche beschränkt[28].

4. Die theologischen Auseinandersetzungen drehen sich um *„Arianismus"* und *„Markellianismus"*.

a) Athanasius hatte seine Rückkehr dem östlichen Kaiser, der mit der Markell-feindschaft seines Episkopats rechnen mußte, dadurch leichter gemacht, daß er sich öffentlich von Markell trennte, als dieser eine Verteidigungsschrift für seinen Schüler Photin, jetzt Bischof von Sirmium, ausgehen ließ[29]. Photin, der 344 zuerst erwähnt wird[30], trug den theologischen Monarchianismus Markells ohne jede Ver-schleierung vor und brandmarkte die Dreipersönlichkeit Gottes als Tritheismus[31]. Photin rückt jetzt in die Mitte der ostkirchlichen Polemik.

b) Die Bischöfe Euphrates und Vincentius hatten eine Liste von Glaubensfragen an die Orientalen mit[32]. Eine antiochenische Synode (von 344) antwortete mit der *„langen Erklärung"* *(ekthesis makrostichos)*[33], die sachlich eine Wiederholung des orientalischen Credo von Serdika (d. h. der vierten antiochenischen Formel) mit angehängten Erläuterungen ist. Die Ekthesis grenzt sich gegen den Arianismus durch Aufnahme nicänischer Anathematismen und gegen Markell und Photin durch die Lehre von der ewigen Dreipersönlichkeit Gottes ab. Dabei wird anstelle von drei „Hypostasen" (was den Abendländern anstößig war) von drei „Personen" (πρόσωπα) oder „Dingen" (πράγματα)[34] geredet. „Homousios" fehlt; man nennt den Sohn κατὰ πάντα ὅμοιον[35]. Die „homöische" Partei kündigt sich an. Dieses recht friedliche Bekenntnis wird von vier Bischöfen[36] einer Synode in Mailand überbracht, die von Konstans (wohl auf Grund der Verhandlungen in Antiochien mit Konstantius) einberufen war. Sie tagte 345[37]; päpstliche Legaten waren anwe-send. Die Orientalen erreichten die Verurteilung Photins. Als man von ihnen die Absage an den „Arianismus" (womit nach Ausweis des abendländischen Serdikense die Dreihypostasenlehre gemeint war) forderte, verließen sie „erzürnt" das Kon-zil[38]. Ursacius und Valens, die sich im Gebiet des Konstans nicht mehr halten kön-nen, suchen in Mailand um Wiederaufnahme und Gemeinschaft mit Athanasius nach. Photin konnte jedoch nicht aus Sirmium vertrieben werden, weil seine Ge-meinde zu ihm hielt – auch dann nicht, als 347 ein Konzil in Sirmium selbst seine Absetzung wiederholte[39].

---

27 Hist. aceph. 2; s. u. § 5 A. 35. – **28** Sokr. 2, 23, 43. – F. Loofs, Makedonius, RE 12 (1903) 41 ff. – Zu Paulus v. Konstantinopel ist immer noch nützlich: F. Fischer, De Patriarcharum Con-stantinopolitanorum Catalogis, 1894, 311–26. Siehe auch o. § 1 A. 13 und § 4 Nr. 1. – **29** Hilarius CSEL 65, S. 146, 8–18 Feder. – L. A. Speller, New Light on the Photinians, JThS 34 (1983) 82–98. – **30** In der Ekthesis Makrostichos Nr. VI. Hahn, Bibliothek 194. – **31** S. R. Lorenz, Die Eusta-thius v. Antiochien zugeschriebene Schrift gegen Photin, ZNW 71 (1980) 109–28. – Walch, Entwurf Bd. 3, 1–70. – F. Loofs, Photin v. S., RE 15 (1904) 371–4. – B. Studer, Zur Theophanie-exegese Augustins, 1971, 9–17 (Photin). – Die Qu. zu den Verhandlungen über Photin: Schwartz GS 4, 18 f. – **32** Synodalbrief von Ankyra (358) bei Epiphanius, haer. 73, 2, 3 S. 269, 10 Holl: ἐπερωτηθέντες. – **33** Text: Athan., De synod. 26. Name: Sokr. 2, 19 Überschrift; Sozom. 3, 11, 1. Deutung: Schwartz 4, 19 f. – Lietzmann 3, 204 f. – Kelly, Creeds 279–81. – **34** Dieser Sprach-gebrauch ist origenistisch, s. Lampe, Lexikon s. v. Nr. 4. – **35** De syn. 26 Nr. VI S. 253, 12 Opitz. – **36** Eudoxius (v. Germanicia), Makedonius (v. Mopsuestia), Demophilus (v. Beröa in Thrazien) und Martyrius: Athanasius, De syn. 26, 1; Hilarius CSEL 65, S. 91, 18 (= Papst Liberius). Die Sitze nach Sokr. 2, 19, 1; für Demophilus nach Sozom, Reg. ed. Bidez. – **37** Chronologie: G. Bardy in Fliche/Martin 3, 134 A. 4. – **38** CSEL 65, S. 91, 20 f. (Papst Liberius). – **39** Belege: KiG C1, 21 f. A. 46–56. – Schwartz 4, 21 f.

§ 5. Die „Eusebianer" nach der Rückkehr des Athanasius, Usurpation des Magnentius

Lit.: s. u. § 7 (Gummerus; Kopecek; Brennecke; Löhr). – S. a. KiG C1 Kap. 2 § 3 (Qu. u. Lit.). – Die prosopographischen Artikel in DCB, RE, DThC, PRE, DHGE. Die TRE versagt prosopographisch weithin. – L. Feder, Studien zu Hilarius v. Poitiers II, SAW (phil.-hist. Kl.) 166,5 (1911).

Nachdem Konstans die Rückkehr des Athanasius durchgesetzt hat, wendet er sich auf kirchlichem Gebiet der Bekämpfung des nordafrikanischen Donatismus zu[1]. Im Orient tritt eine kirchenpolitische Beruhigung ein.

1. In *Ägypten* festigt Athanasius sein Regiment durch Bestätigungen und Ernennungen im Episkopat[2]. Doch bleibt in Libyen unter Führung des Sekundus v. Ptolemais ein arianisches Widerstandsnest, das er nicht beseitigen kann[3]. Und die Mehrheit der Bischöfe Syriens und Kleinasiens verharrt in Gegnerschaft zu ihm[4].

2. Führer dieser *Opposition*[5] sind: Theodor von Heraklea (Thrazien)[6], Narziß v. Neronias (Irenopolis) in Kilikien († vor 359)[7], Georg v. Laodikea, Syrien († 360)[8], Acacius v. Cäsarea, Palästina († 365)[9], Menophantus v. Ephesus († nach 356)[10]; außerdem: Maris v. Chalkedon († nach 362)[11] und Patrophilus v. Skythopolis († 361)[12]. Der wichtige Thronos der Residenz Antiochien ist seit 344 mit Leontius besetzt († 357)[13]. Diese Führungsgruppe setzt das Bündnis von Lukianisten und Origenisten fort, das im Zusammenwirken der beiden Eusebe (von Nikomedien und Cäsarea) vorgezeichnet war.

a) Maris v. Chalkedon, Menophantus v. Ephesus, Leontius v. Antiochien sind Schüler Lukians[14]. Auch Eudoxius v. Germanikia, der erst nach 350 stärker hervortritt, ist in lukianistischen Überlieferungen unterwiesen worden[15]. Origenist ist Acacius v. Cäsarea, der Schüler und Nachfolger Eusebs; ebenso Narziß v. Neronias, der drei göttliche Usiai (Hypostasen) lehrt und den Sohn δεύτερος θεός nennt[16]. Vermutlich war auch der eng mit Euseb v. Cäsarea verbundene Patrophilus Origenist.

b) Seit der 4. antiochenischen Formel[17] (nach dem Tode Eusebs v. Konstantinopel) haben die *nicht-lukianistischen Origenianer,* die sich deutlich von Arius abgrenzen, das Übergewicht. Die 4. antiochenische Formel wird in dem Jahrzehnt nach 350 eine wichtige Rolle spielen. Die Feindschaft gegen Athanasius und gegen den „Sabellianismus" Markells (Photins) und des nicänischen „Homousion" hält die Partei vorerst zusammen. Man gibt sich biblizistisch, wofür auf die zweite antiochenische Formel und auf Euseb v. Emesa († um 359)[18], der sich bei Euseb v. Cä-

---

1 S. KiG C1 Kap. 2 § 4. – 2 S. den Anhang des 19. Festbriefs, wo auch Unterwerfungen bisheriger Gegner erwähnt sind. Cureton S. syr. 47 Z. 7–24 (= Larsow 150 f.). – 3 Le Quien 2, 619 f. – 4 Das erhellt aus der Liste Apol. sec. 48–50. – 5 Die Namen nach dem Synodalschreiben der Abendländer v. Serdika CSEL 65, S. 115, 5–10 Feder. – 6 CPG 3561/7. – Le Quien 1, 1103 f. – K. Schäferdiek, Theodor v. H. (328/34–351/55). In: FS J. Straub, 1982, 393–410. (Theodor steht in der Tradition der antiochenischen Exegese). – 7 Le Quien 2, 897–99. – 8 CPG 3555/8. – Le Quien 2, 792 f. – P. Nautin, George évêque de Laodicée, DHGE fasc. 115 (1983). – 9 CPG 3510/5. – Le Quien 3, 559/61. – F. Loofs, RE 1 (1896) 125–7. – J. M. Leroux, Acace évêque de Césarée, StPatr 8,2 (1965) 82–5. – Löhr 6–9. – 10 Le Quien 1, 674 f. – 11 Le Quien 1, 599. – Feder, Studien II, 118 f. – Bardy, Lucien 214–16. – 12 Le Quien 3, 683 ff. – 13 Le Quien 2, 712; s. o. § 4 A. 8. – 14 Philost. 2, 14–15. – 15 F. Loofs, Eudoxius, RE 5 (1898) 577–80. – 16 Markell, Frgt. 80 u. 81 Klostermann. – 17 S. o. § 3 Nr. 2 b. – 18 CPG 3525/43. – Le Quien 2, 839. – O. Perler, Pseudo-Ignatiana u. Euseb v. Emesa, HJ 74 (1958) 73–82. – Altaner/Stuiber (1978) 224 f.; 592 f. (Lit.).

sarea und Patrophilus v. Skythopolis gebildet hatte und ein Freund Georgs v. Laodikea war, verwiesen sei. Bei manchen Arianisierenden besteht eine Erweichungstendenz, welche an die Verschleierungstaktik, die schon Arius und Euzoius († 376)[19] geübt hatten[20], und an Aussagen des Asterius[21] anknüpft. Gegen Markell verteidigt Acacius v. Cäsarea die Lehre des Asterius, der Sohn sei ἀπαράλλακτος εἰκών des Vaters[22]. Diese Wendung findet sich auch bei Athanasius[23]; aber für Acacius stellt der Logos-Sohn das Abbild durch Nachahmung des Vaters her. Durch Lektüre des Asterius soll Eudoxius vorübergehend zur Anerkennung des κατ᾽ οὐσίαν ὅμοιον für den Sohn gekommen sein[24]. Auch Demophilus v. Beröa in Thrazien († 386), der 343 mit den Orientalen in Serdika getagt hatte[25], greift auf Asterius zurück[26].

c) Demgegenüber erneuert *Aetius,* der seit 346 unter Leontius in Antiochien lehrt, die radikale Behauptung, der Sohn sei dem Vater unähnlich (ἀνόμοιος)[27]. Aetius hatte seine theologische Bildung nicht von Arius, sondern von anderen Lukianschülern (Athanasius von Anazarbus[28], Antonius v. Tarsus, Leontius v. Antiochien)[29]. Er übt Kritik an der Nachgiebigkeit des Arius[30]. An Aetius schließt sich 351 Theophilus der „Inder" an, der von Euseb v. Nikomedien ausgegangen war. Theophilus stammte von der Insel Dibus (Sokotra am Ausgang des Roten Meeres) und war als Geisel am Hofe Konstantins d. Gr. aufgewachsen. Euseb v. Nikomedien weihte ihn zum Diakon. Er wurde von Konstantius II. mit einer Missionsgesandtschaft nach Südarabien (welche auch den persischen Einfluß eindämmen sollte) betraut[31].

3. Die orientalische Opposition gegen die Nicäner muß sich zurückhalten, solange deren Patron Konstans am Ruder ist. *Leontius von Antiochien* (der zudem nicht streitsüchtig war) behelligt die Eustathianer nicht, obwohl Athanasius für sie Partei ergriffen hatte[32]. Als ihm nach der Weihe des Aetius zum Diakonen nicänisch Gesinnte (Flavian und Diodor) drohten, das im Abendland bekannt zu machen, wich er (ein kleines Stück) zurück und beschränkte Aetius auf bloße Lehrtätigkeit[33]. Doch ist Leontius durchaus Arianer[34]. Es scheint, daß im Jahre 349 die Häupter der Eusebianer: Theodor v. Heraklea, Narziß v. Neronias, Georg v. Laodikea und andere, (vergeblich) Frieden mit Paul von Konstantinopel suchten[35].

---

19 Sokr. 4, 35, 4. – 20 S. Urk. 30 OPITZ (Credo des Arius und Euzoius). – Zu Euzoius: LE QUIEN 2, 712 f. – E. SCHWARTZ 4, 45. – M. SPANNEUT, DHGE 15 (1963) 98–101. – 21 BARDY, Lucien 316–57. – 22 Epiph. haer. 72, 6 f. – 23 C. gentes 41 ed. THOMSON S. 113 A. 1. – 24 Philost. 4, 4. – 25 LE QUIEN 1, 1165. – 26 S. das Frgt. bei Philost. 9, 14 a S. 121, 9 ff. BIDEZ, Testimonienapparat. Beachte die Anspielung auf Plato, Tim. 41 a–43 c; 63 c; vgl. Albinus, Didaskalikos 15–17 S. 171 f. HERMANN. – 27 Zu Aetius: KOPECEK 1 S. 61 ff. Chronologie S. 96. – 28 Als Lukianist Philost. S. 46, 1–4 BIDEZ genannt. – 29 S. Philost. ed. BIDEZ, Reg. s. v. Aetios usw. – 30 Rufin, KG 10, 26. – Sokr. 2, 35, 25. – Sozom. 4, 12, 2. – 31 Philost. 3, 4. – A. DIHLE, Die Sendung des Inders Theophilus, Palingenesia 4 (1969) 330–6. – R. KLEIN, Constantius II., 1977, 217–27. – N. PIGULEWSKAJA, Byzanz auf dem Wege nach Indien, 1969, 72 ff. – 32 S. o. § 4 zu A. 8. – 33 Theodoret, KG 2, 24, 6–8. – 34 S. Philost. ed. BIDEZ, Reg. s. v. Leontios 1. – 35 Hist. aceph. 2, TURNER (OPITZ) Mon. 1 S. 663, 11 ff. Coss. Hypatio (359) et Catullino (349) mit G. R. SIEVERS, Athanasii vita acephala, ZLThK 38 (1868) 89–162 auf S. 147 in Limenio et Catullino (349) zu ändern. Das paßt zu Hist. aceph. 2, wo Ereignisse nach der 2. Rückkehr des Athanasius behandelt werden. Euseb v. „Nikomedien", der 349 schon tot war, ist „Verdeutlichung" zu „Euseb", dem weniger geläufigen kaiserlichen Kammerherrn, über welchen Paulus v. Konstantinopel später denunziert wurde. E. SCHWARTZ 3, 61 A. 1 u. 4, 26. Die Einwände von A. MARTIN, Histoire acéph. 37 sind schwach. P. FRANCHI DE' CAVALIERI, AnBoll 64 (1946) 133–75 (Il martirio dei santi Notari) nennt die Hypothese von SCHWARTZ „vernünftig"; 141 A. 1.

4. Am 18. Januar 350 ließ sich der General *Magnentius* im gallischen Augusto-dunum zum Kaiser ausrufen. Konstans wurde auf der Flucht ermordet[36]. Magnen-tius schickte Gesandte an Konstantius über Alexandrien. Sie sollten Verbindung mit Athanasius aufnehmen und erhielten von ihm einen Brief an den Usurpator, was Athanasius später ableugnete[37]. Er hoffte damals weiterhin auf politischen Rückhalt am westlichen Herrscher. Auch Paulus in Konstantinopel wurde hoch-verräterischer Sympathien zu Magnentius bezichtigt, was ihm die endgültige Ver-bannung eintrug, in der er starb oder umgebracht wurde[38]. Der Sieg des Konstan-tius über den Usurpator[39] veränderte die kirchliche Lage im ganzen Reich.

§ 6. Die Vertreibung des Athanasius aus Alexandrien

Qu. u. Lit.: s. a. KiG C1 Kap. 2 § 5. – Athanasius, apol. ad Const. 19–34; Apol. de fuga sua 4–7; 24–25; Hist. Arian. 28–81. – Historia Athanasii acephala: TURNER, Mon. 1, 663 ff. (s. o. Kap. 1 § 10). – Vorbericht der Festbriefe (s. ebd.). – Die Exilsbriefe des Papstes Liberius (CSEL 65 S. 89–93; 155–57; 164–73). Dazu BRENNECKE, Hilarius (s. u. § 7) 265–97.

1. Auf dem Zuge gegen Magnentius erhob *Konstantius* zur Sicherung des Ostens seinen Vetter Gallus[1] am 15. Mai 351 zum Cäsar und wies ihm *Antiochien* als Re-sidenz zu[2]. Am Hof des Gallus genoß der „Inder" Theophilus großes Vertrauen; Aetius wurde dem Cäsar durch Bischof Leontius nahegebracht[3], so daß die Arianer eine starke Stellung in Antiochien hatten. Konstantius weilt von 351 bis zum Herbst 359 im Abendland[4]. Er hat jetzt kirchenpolitisch freie Hand. Eine sirmische Synode entfernt Ende 351 Photin aus seinem Bischofssitz[5]. Danach rückt die Be-seitigung des Athanasius in die Mitte der Kirchenpolitik. Das erschien auch im Hinblick auf die Geltung der kaiserlichen Autorität in Ägypten politisch notwen-dig.

2. Solange Magnentius noch gefährlich war, erhielt Athanasius beruhigende Zusicherungen des Kaisers[6]. Doch schon im Frühjahr 352 hielten die Eusebianer in Antiochien eine Synode, an der auch Melitianer teilnahmen[7]. Sie erklärte die Rückkehr des Athanasius (weil nicht durch eine Synode beschlossen) für wider-rechtlich und wählte den Kilikier (Kappadozier) Georg[8] an seiner Statt. Als der Sieg über Magnentius sicher ist, entschließt sich Konstantius zum *Vorgehen gegen Athanasius*.

a) Er entzieht ihm die Verteilung der staatlichen Getreidespenden in Alexan-drien[9] und versucht durch Abgesandte, erst Athanasius an den Hof zu locken (wo

---

36 SEECK, Untergang 4, 89 ff.; 422 f. (Qu.). – 37 Athan., Apol. ad Const. 6–11. – SEECK 4, 443 zu S. 135, 19. – ST. ELBERN, Kirche und Usurpation, RQ 81 (1986) 26 ff. – 38 Hist. aceph. 2. – Athan. Hist. Arian. 7. – 39 Schlacht bei Mursa am 28. 9. 350. Selbstmord des Magnentius am 10. 8. 353 in Lyon. SEECK 4, 112–17; 436–38.
1 E. A. THOMPSON, The Historical Work of Ammianus Marcellinus, 1947, 56–71. – 2 *Qu.*: STEIN, Geschichte 1, 217 A. 1. – 3 Philost. 3, 27. – 4 S. SEECK, Regesten. – 5 Sokr. 2, 29, 1–2. – HEFELE/LECLERCQ, Conciles 1, 2, 852–62. – MESLIN, Ariens d'Occident 268–70. – BRENNECKE, Hilarius, 91–107. – 6 Athan., Apol. Const. 23; Hist. Arian. 24; 51, 3. – Vorbericht z. 22. Fest-brief, S. (7) Z. 7 CURETON (= LARSOW S. 33). – 7 „Aegypti": Liberius, CSEL 65, S. 90, 12. Das Datum ergibt sich daraus, daß der Synodalbrief an Papst Julius († 12. 4. 352) an dessen Nachfol-ger Liberius gelangt: CSEL 65, S. 155, 7–9 (Liberius, ep. Studens paci). – 8 S. KiG C1, 24. – PIÉTRI, Roma christ. 1, 237 A. 9. – 9 Hist. Arian. 31, 1–2.

man ihm einen Majestätsprozeß angehängt hätte), dann, die Alexandriner gegen ihn aufzuwiegeln – beides vergeblich[10]. Andererseits nimmt er dem Patriarchen den Rückhalt im Westen, indem er die abendländischen Bischöfe zur Verurteilung des Athanasius zwingt (Konzile von Arles 353 und Mailand 355)[11].

b) Zur Entfernung des Bischofs aus Alexandrien muß der Kaiser jedoch zu militärischer Gewalt greifen. Der dux Syrianus marschiert mit allen in Ägypten verfügbaren Legionen am 6. Januar 356 in der Stadt ein. Nach fruchtlosen Verhandlungen mit Athanasius läßt Syrianus in der Nacht vom 8. zum 9. Februar 356 die Theonaskirche, wo Athanasius eine Vigil hielt, stürmen. Aber Athanasius entkommt und verbirgt sich[12]. Damit beginnt sein *drittes Exil,* das bis zum 21. Februar 362 dauern wird. Er hält sich teils in Alexandrien versteckt[13], teils in den Wüstenklöstern[14]. Im „Untergrund" verfaßt er seine Verteidigungs- und Kampfschriften und leitet den Widerstand, der zeitweise die Form eines Bürgerkriegs annimmt. Schon am 12. Februar 356 fordert ein Plakat die Schiffskapitäne auf, die Nachricht von den Greueln in Alexandrien überall zu verbreiten[15].

3. Der *Gegenbischof Georg* kann erst am 24. Februar 357, nachdem das Militär den Athanasianern die Kirchen entrissen hat, in Alexandrien unter dem Schutz der Soldaten einziehen[16]. Georg[17], durch seine kirchliche Gewaltherrschaft den Orthodoxen und durch Feindschaft gegen Tempel und Götterdienst[18] den Heiden Alexandriens verhaßt, kann im August 358 in der Dionysiuskirche nur mit Mühe aus der Menge, die ihn umbringen will, befreit werden. Erneuter Aufruhr zwingt ihn am 2. Oktober 358 zur Flucht aus der Stadt. Während dieser Vorgänge hielt sich Athanasius versteckt in Alexandrien auf[19].

a) In seiner kurzen Amtszeit versuchte Georg, eine anti-athanasianische Hierarchie aufzubauen[20]. Die einst von Bischof Alexander ausgestoßenen Kleriker erhalten, soweit sie noch leben, ihre Kirchen wieder, darunter Euzoius[21]. Im Lande werden 26 Bischöfe verbannt[22] und ersetzt. Georg stützt sich auch auf die Reste der Melitianer[23]. Der Kaiser hofft offenbar, durch ihn Ägypten wieder in die Hand zu bekommen. Er sucht auch Äthiopien in die kirchliche Obödienz Georgs zu führen[24]. Georg, der aus der staatlichen Finanzverwaltung kam, steigerte die wirtschaftliche Macht seines Bistums, indem er Einnahmen aus der Gewinnung von Natron, Salz, Papyrus an sich zog und ein Beerdigungsmonopol einführte[25]. Die

---

10 Apol. Const. 18–22. – Hist. aceph. 3 (ed. MARTIN S. 142, 50). – Vorbericht z. 25. Festbr. S. (7) Z. 5 ff. v. u. (= LARSOW S. 34). – **11** S. C1 S. 24 f. HEFELE/LECLERCQ 1, 2, 869–77. Die Glaubensfrage bleibt ausgeklammert (gegen K. GIRARDET, Constance II, Athanase et l'édit d'Arles [353]. In: Politique et Théol. [s. Kap. 1 § 10 Lit.] S. 69–91). Gegen GIRARDET auch BRENNECKE, Hilarius 184–92. – **12** Apol. Const. 22; 25. – De fuga 24. – Hist. Arian. 52, 1; 81, 6. – Hist. aceph. 5, TURNER Mon. 1 S. 664 f. – Vorbericht z. 28. Festbr. S. (8) Z. 17–19 CURETON (= LARSOW S. 35). – **13** Vorbericht z. 29. u. 30. Festbr. S. (8) Z. 3 ff. v. u.; S. (9) Z. 5 f. CURETON (= LARSOW S. 35 f.). – Palladius, Hist. Lausiaca 63 S. 158–60 BUTLER. – **14** Apol. Const. 27; 32; 34. – Zum 3. Exil: MARTIN, Hist. acéph. 89–97. – **15** Hist. Arian. 81. – **16** Hist. Arian. 48, 3; 54–56. – Hist. aceph. 5–6. – Vorbericht z. 29. Festbr. S. (8) Z. 4 ff. v. u., CURETON. – **17** Über ihn: Amm. Marcell. 22, 11, 3–7 – Julian ep. 60; 106; 107 BIDEZ. – Athan. Hist. Arian. 75. – Gregor v. Nyssa, C. Eunom. 1, 48 S. 38, 12 ff. JAEGER. – Epiph. haer. 76, 1. – DHGE fasc. 115/1982) 602–10 (GORCE). – **18** Sokr. 3, 2, 3 ff. – Sozom. 4, 30, 1; 5, 7, 4–7. – Amm. Marcell. 22, 11, 7. – **19** Hist. aceph. 6, S. 665 TURNER/OPITZ. – Vorbericht z. 30. Festbr. S. (9) Z. 4–7 CURETON (= LARSOW S. 36). – **20** Marcellinus et Faustinus CSEL 35, 1 S. 33, 21–26 (Oxyrhynchos). – **21** Hist. Arian. 71, 4 mit den A. von OPITZ. – **22** Die Namen Hist. Arian. 72. – **23** Marcell. et Faust. CSEL 35, 1 S. 36, 13 f. – **24** Brief gegen Frumentius an die Fürsten zu Aksum, Apol. Const. 31. – F. THELAMON, Païens et chrétiens au IVe s., 1981, 60 f. u. Reg. s. v. Frumentius. – **25** Epiph. haer. 76, 1, 5.

theologische Lehre wird von Aetius wahrgenommen, der sich zu Georg nach Alexandrien begeben hatte[26].

b) Dieser umfassende Versuch, die kirchliche Entwicklung Ägyptens in andere Bahnen zu lenken, scheitert an der überragenden Persönlichkeit des Athanasius, aber auch an der allgemeinen Verhaßtheit Georgs, der sogar die Notabeln Alexandriens durch die Ersinnung neuer Abgaben an den kaiserlichen Fiskus gegen sich aufbrachte[27]. Freilich war angesichts der Aufhetzung der Massen durch Athanasius, der mit der Bezeichnung des Kaisers als Antichrist[28] geradezu zum Aufruhr ermunterte, eine gemäßigte Politik, wie sie Leontius in Antiochien betrieben hatte[29], in Ägypten unmöglich. In etwas günstigerem Lichte erscheint Georg durch seine Fürbitte in Antiochien beim comes Orientis Modestus (i. J. 360) für Alexandriner, die seinetwegen bestraft worden waren[30], und durch seine gelehrten Interessen[31].

§ 7. Die Aufrichtung einer nicht-nicänischen Reichskirche

Qu.: s. a. KiG C1 Kap. 2 § 5. *1. Urkunden.* Die sirmischen Formeln: HAHN, Bibliothek 196–201; 204 f. Vgl. CPG 8577 f.; 8580 f. – Synodalschreiben von Ankyra (358): Epiph. haer. 73, 2–11. – Konzil v. Rimini (359): CPG 8582/87. – Konzil v. Seleukia (359): CPG 8589 f. – Formel v. Nike: CPG 8588. – Konzil v. Konstantinopel (360): CPG 8591 (HAHN 208 f.). – Bekenntnis des Patricius u. Aetius: Hist. aceph. 14, TURNER, Mon. 1, 668. – In CPG sind jeweils die entsprechenden Abschnitte bei HEFELE/LECLERCQ, Conciles angegeben. – 2. *Kirchenhistoriker und Polemiker.* Sokr. 2, 30–42. – Sozom. 4, 6–29. – Theodoret 2, 15–30. – Philost. 4, 3–5, 5. – Hilarius v. Poitiers: Bruchstücke aus dem Liber adversus Valentem et Ursacium; von FEDER (CSEL 65) „Collectanea antiariana Parisiana" genannt, s. CPL 436–459. Erörtert bei BRENNECKE, Hilarius 248–312. – Hilarius, De synodis MPL 10, 479–546. – DERS., Ad Constantium, CSEL 65, 181–7 (Oratio Synodi Sardicensis). – DERS., Contra Constantium, ed, A. ROBERT, SC 334 (1987). – Athanasius, De synodis, CPG 2128. – 3. *Theologische Schriften.* Aetius, Synagmation und Fragmente: CPG 3445 f. – Eunomius, The extant Work ed. R. P. VAGIONE, 1987. – Fragmente des Acacius v. Cäsarea: CPG 3510/12. – Georg v. Laodikea: CPG 3557 f. – Basilius v. Ankyra: 2825 f. – Athanasius, De decr. Nicaenae syn., CPG 2120.

Lit.: F. LOOFS, Acacius v. Cäsarea, RE 1 (1896) 125–7. – DERS., Eudoxius v. Germanicia, RE 5 (1898) 577–80. – J. GUMMERUS, Die homöusianische Partei bis zum Tode des Constantius, 1900 (immer noch der beste Arbeit). – M. ALBERTZ, Untersuchungen über die Schriften des Eunomius, Diss. Halle 1908. – E. AMMAN, Sirmium, DThC 14, 2 (1941) 2176–83. – G. FRITZ, Seleucie d'Isaurie, ebd. 1786–90. – DE CLERCQ, Ossius 459–525. MESLIN, Ariens d'Occident, 1967. – L. ABRAMOWSKI, Eunomius, RAC 6 (1966) 936–47. – E. CAVALCANTI, Studi Eunomiani, 1976. – TH. A. KOPECEK, A History of New-Arianism, 1979. – B. SESBOÜÉ, L'Apologie d'Eunome de Cyzique et le C. Eunome (l. I–III) de Basile de Césarée, Diss. Rom 1980. – M. S. TRAIANO, I Cappadoci e la questione dell'origine dei nomi nella polemica contro Eunomio, VetChr 17 (1980) 313–46. – A. M. RITTER, Eunomius, TRE 10 (1982) 525–28. – H. CHR. BRENNECKE, Hilarius v. Poitiers u. die Bischofsopposition gegen Konstantius, 1984. – DERS., Studien zur Geschichte der Homöer. Der Osten bis zum Ende der homöischen Reichskirche, 1988. – W. A. LÖHR, Die Entstehung der homöischen und homöusianischen Kirchenparteien, 1986. – J. DOIGNON, Hilarius v. Poitiers, RAC 15 (1989) 139–67.

26 Gregor v. Nyssa, C. Eunom. 1, 48 S. 38, 15 JAEGER. – 27 Amm. Marcell. 22, 11, 6. – 28 Hist. Arian. 74–76. – 29 S. o. § 5 Nr. 3. – 30 Libanius ep. 205. – O. SEECK, Die Briefe des Libanius, 1906, 371 f. – 31 Julian, ep. 106 u. 107 BIDEZ (Bibliothek Georgs).

1. Die Vertreibung des Athanasius steht im Rahmen der Durchsetzung der *kaiserlichen Herrschaft über die Reichskirche.* Für die dauerhafte Einheit und die Beseitigung des Schismas von Serdika muß jedoch eine Lösung der Glaubensfrage gefunden werden. Angesichts der theologischen Entwicklung erwies sich das als schwierig.

a) Seit etwa 350 rückt das *Nicänum* bei Athanasius und bei seinen Parteigängern im Abendlande immer stärker in den Vordergrund[1]. Hilarius v. Poitiers lernt nicht lange vor 356 das Nicänum kennen[2]. Das Konzil v. Rimini (359) vor seiner Unterwerfung betont das Nicänum[3]. Andererseits sammelt der Antiochener Aetius und später sein Schüler Eunomius, der sich 357/8 an Aetius anschloß, eine neuarianische Schule. Sie gewinnt in Syrien, Palästina, Libyen und Kleinasien (besonders in Lydien und der Asia) Anhang[4]. Aetius lehrte wohl seit 346 als Diakon in Antiochien und nach einem Zwischenspiel in Alexandrien (347/8) wieder in Antiochien in der Regierungszeit des Gallus (351/4)[5].

b) Die Grundlehre des *Neuarianismus,* die mit Syllogismen bewiesen wird (Technologie)[6], ist die Ungezeugtheit (ἀγεννησία) Gottes. Sie ist das Wesen (Usia, Physis) Gottes. Alles Verursachte, auch der Sohn, ist von dieser Usia verschieden[7]. Gott ist transzendent, aber (gegen Arius) erkennbar. Das wird sprachphilosophisch begründet. Die Namen der Dinge sind keine willkürliche Setzung (ἐπίνοια), sondern entsprechen dem wirklichen Sein. Gott selbst hat den Dingen die Namen gegeben und sie den Menschen gelehrt[8]. So wird durch den Namen „ungezeugt" die Usia Gottes erfaßt. Gott ist auch aus seinem Wirken (energeia) erkennbar[9]. Der Sohn ist Abbild des Willens, Wirkens und der Macht (dynamis) des Vaters[10].

c) Die Erneuerung des Arianismus erweckt Widerspruch bei denjenigen Gegnern des nicänischen „Homousios", die sich seit der 4. antiochenischen Formel (samt ihren Wiederholungen vom Serdika der Orientalen bis zur ersten sirmischen Formel) vom Arianismus abgegrenzt haben. Schon während der Regierung des Gallus treten *Basilius von Ankyra* (der Nachfolger Markells) und *Eustathius (v. Sebaste)* in Antiochien gegen Aetius auf[11]. Basilius, dessen Anschauungen aus dem Synodalschreiben von Ankyra (358)[12] zu entnehmen sind, behauptet die Wesensgleichheit (ὁμοιότης κατ᾽ οὐσίαν) des Sohnes[13]. Der Begriff ὁμοιούσιος (gleichwesentlich), der die hypostatische Selbständigkeit des Sohnes (gegen das als ταὐτούσιος verstandene ὁμοούσιος)[14] festhalten will, ist schon vor 357 geprägt worden[15]. Gegen die neuarianische Dialektik von „Ungewordener" und „Gewordener" werden die biblischen Namen „Vater" und „Sohn" gesetzt[16]. Darin macht sich Einfluß der Schriften des Athanasius geltend[17].

---

1 Athan., De decr. Nic. synodi; De sent. Dionysi. – Papst Liberius, ep. Obsecro (CSEL 65, S. 92, 1–5. – Euseb v. Vercelli, in Mailand (355) CSEL 65, S. 187, 9 ff. – BRENNECKE, Hilarius 178 ff. hält das „Nicänum" Eusebs für das abendländische Serdicense. – **2** De syn. 91. – **3** CSEL 65, S. 95, 12. – **4** Philost. 8, 2. – Synodalbrief v. Ankyra (358), Epiph. haer. 73, 2. – Hilarius, De syn. 63. – **5** Philost. Reg. s. v. Aetios. – Chronologie: KOPECEK 96; 111. – **6** Zum Begriff: E. VANDENBUSSCHE, La part de la dialectique dans la théologie d'Eunome „le technologue", RHE 40 (1944/5) 47–72 (50 ff.). – **7** Aetius, Syntagma 2; 5; 18 (Epiph. haer. 76, 11, 1 ff.). – LAMPE, Lexicon s. v. ἀνόμοιος B 2. – **8** Eunomius bei Gregor. Nyss., C. Eunom. 2, 398 S. 324, 22 ff.; 2, 423 S. 350, 6 ff. JAEGER. – **9** Eunomius 1. Apol. 20 ed. VAGIONE S. 58, 7 f. – **10** Eunomius, 1. Apol. 24; 26. – **11** Philost. 3, 16–27. – KOPECEK 111 f. – **12** Analyse bei GUMMERUS 66–80. – J. T. LIENHARD, The Epistle of the Synod of Ancyra, 358. A Reconsideration (s. o. Kap. 1 § 7 Lit.) 313–19. – **13** Epiph. haer. 73, 11, 2. – GUMMERUS 86 ff. – **14** Epiph. haer. 73, 11, 10. – **15** Frühester Beleg: die 2. sirmische Formel v. 357. – **16** Epiph. haer. 73, 3, 1 ff. – **17** GUMMERUS 84; 89. Zur Frühdatierung der Orationes c. Arian. s. KANNENGIESSER (s. o. Kap. 1 § 10 Lit.) 374 ff.

2. Die Gruppe der *illyrischen Hofbischöfe* (Valens v. Mursa, Ursacius v. Singidunum, Germinius v. Sirmium)[18] hält nach dem Sieg über Athanasius die Zeit für
gekommen, das Nicänum durch ein neues Reichsbekenntnis zu ersetzen. Eine kleine Bischofsversammlung zu Sirmium im Sommer 357, geleitet von den Hofbischö-
fen[19], verabschiedet eine theologische Erklärung (*2. sirmische Formel*). Es gibt nur
einen Gott, nicht zwei. Der Sohn, welcher den Titel „Gott" trägt und dessen Entstehung unerforschlich ist[20], hat einen seelenlosen Leib (carnem, corpus) angenommen[21]. Die antiarianischen Anatheme der 4. antiochenischen Formel (und ihrer
Abkömmlinge) fehlen. Der Gebrauch der Begriffe Usia, homousios, homöusios
wird verboten. Die 2. sirmische Formel ist eine deutliche Öffnung zum Arianismus
hin[22]. Der nach Sirmium zitierte, uralte Ossius muß sie unterschreiben, und sie
wurde im Reich zur Unterzeichnung umhergeschickt. Auch der im Exil lebende,
nach Heimkehr begehrende Papst Liberius unterschrieb[23].

3. Die 2. sirmische Formel setzt den Zerfall der Partei der *„Eusebianer"* in Gang.
Den Anstoß gaben die Vorgänge in Antiochien[24].

a) Als der antiochenische Bischof Leontius (wohl im Sommer 357) starb, eilte
Eudoxius von Germanikia, der sich im Gefolge des Kaisers befand, im Einvernehmen mit den Hofeunuchen sofort nach Antiochien und bemächtigte sich des Thronos. Auf einer von ihm berufenen kleinen Synode nimmt er die 2. sirmische Formel
an.

b) Aetius und Eunomius kommen aus Alexandrien wieder nach Antiochien und
Eudoxius nimmt Eunomius und andere Schüler des Aetius in den Klerus auf, den
er durch Absetzungen gelichtet hat. Das alles rief Widerstand im syrischen Episkopat hervor[25].

4. Georg im benachbarten Laodikea, dem das antiochenische Bistum zum zweitenmal entgangen war[26], schrieb an Makedonius v. Konstantinopel, Basilius v. Ankyra und andere und forderte zum Einschreiten gegen die anhomöische Gefahr in
Antiochien auf[27].

a) Der Brief erreichte Basilius, als Ostern 358 eine Kirchweihsynode in Ankyra
zusammentrat. Basilius ist federführend bei dem durch Georgs Schritt veranlaßten
Synodalschreiben[28], das auch von Eustathius v. Sebaste unterzeichnet ist. Mit dieser
Urkunde treten die *Homöusianer* als kirchliche Partei in Erscheinung[29]. Das Schreiben bekennt sich gegen die zweite sirmische Formel[30] zum Glauben der Kirchweihsynode von 341, zum Credo von Serdika (der Orientalen) und Sirmium 351,
schweigt aber von Nicäa. Der Sohn ist dem Vater ὅμοιος κατ'οὐσίαν (wesens-
gleich)[31]. Die Bezeichnung der Homöusianer als Semiarianer (ἡμιάρειοι)[32] ist un-
zutreffend.

b) Die Synode schickt Basilius v. Ankyra, Eustathius v. Sebaste, Eleusius v. Kyzykos und den Priester Leontius, der als gewesener kaiserlicher Kammerdiener
(excubicularius) die Wege ebnen konnte, an den Hof nach Sirmium. Die Gesandt-

---

18 S. Meslin, Ariens d'Occident 67ff. – 19 Hilarius, De syn. 11. – Athan., De syn. 28. – Sozom.
4, 12, 6. – Gummerus 52ff. – Kelly, Creeds 285ff. – 20 Ebenso Euseb v. Nikomedien, Urk. 8
S. 16, 6 f. Opitz. – 21 Das entspricht arianischen Anschauungen, s. R. Lorenz, Arius judaizans
211 ff. – 22 Der Versuch von Brennecke, Hilarius 312 ff. und Löhr, Entstehung 45 ff., den
Arianismus der Formel wegzudeuten, ist abzulehnen. – 23 Gummerus 57 f. – Brennecke, Hilarius 292 ff. – 24 *Qu.*: Sokr. 2, 37, 7–11. – Sozom. 4, 12, 3–7; 4, 14. – Theodoret, KG 2, 25, 1–4. –
Philost. 4, 4–6. – 25 Gummerus 62–5. – Loofs, Eudoxius, RE 5, 578, 46 ff. – 26 S. o. Kap. 1 § 9
Nr. 2 b. – 27 Sozom. 4, 13, 1–4. – 28 Epiph. haer. 73, 2–11. – 29 S. Gummerus 66 ff. – 30 Epiph.
haer. 73, 2, 5. – 31 Epiph. haer. 73, 5. – 32 Epiph. haer. 73 Überschrift.

schaft erreicht: 1. daß der Kaiser sich gegen Eudoxius und Aetius wendet[33] und das Stichwort homoios kat'usian billigt[34]. Eudoxius weicht aus Antiochien in seine armenische Heimat[35]. 2. daß eine Synode in Sirmium die 2. sirmische Formel nach Verhandlungen der Abordnung aus Ankyra mit Ursacius und Valens (welche eine Darlegung des Unterschieds zwischen „homousios" und „homoiusios" verlangen) durch ein „Konkordienbuch" (*3. sirmische Formel*) ersetzt[36], bestehend aus der Verurteilung des homousios von 268[37], dem Credo der Kirchweihsynode (2. antiochenische Formel) und der ersten sirmischen Formel[38]. Auch Papst Liberius unterschreibt und wird aus dem Exil entlassen[39]. Die Homöusianer hatten über die illyrischen Hofbischöfe gesiegt.

c) Die Einigung zwischen Liberius und den Homöusianern leitet deren Bemühungen um Verbindung mit den *Abendländern* ein. Liberius brachte die sirmischen Dokumente von 358 nach Rom mit[40]. Die dritte sirmische Formel war auch von vier afrikanischen Bischöfen, die (wohl in persönlichen Angelegenheiten) bei Hofe waren, unterschrieben worden[41]. Hilarius v. Poitiers sucht mit seiner Schrift De synodis Verständnis für die Homöusianer in Gallien zu wecken[42]. Bei seiner Rückkehr aus der Verbannung (360) brachte er einen Brief der Homöusianer mit[43].

d) Basilius v. Ankyra benutzte die kaiserliche Gunst, um Aetius, Eunomius und viele ihrer Genossen (auch durch politische Verdächtigungen) in die Verbannung zu treiben, unterstützt von Makedonius v. Konstantinopel[44]. Die kirchliche Gewaltherrschaft des Basilius in Kleinasien und Syrien bewog die beiden Veteranen Narziß von Neronias und Patrophilus von Skythopolis, zum Kaiser nach Singidunum (Belgrad) zu reisen und Basilius anzuklagen. Konstantius widerrief die Verbannungen[45].

5. Der Herrscher, beraten von Basilius v. Ankyra, wünscht nun zur Besiegelung der Glaubenseinheit eine *Reichssynode* nach konstantinischem Vorbild. Bei der Vorbereitung und im Tauziehen um den Tagungsort setzt sich im Intrigenspiel der Basilianer und der illyrischen Hofbischöfe der Plan der Teilung in eine abendländische Synode (in *Rimini*) und eine morgenländische (im *isaurischen Seleukia*) durch. Das erschwerte, ganz im Sinne von Ursacius und Valens, ein Zusammengehen von Homöusianern und Abendländern[46]. Jede der beiden Synoden soll durch eine Abordnung von zehn Bischöfen dem Kaiser Bericht erstatten[47].

a) Als Arbeitsgrundlage für die Konzile erarbeiteten die gerade am Hofe in Sirmium weilenden Bischöfe[48] im Beisein des Kaisers am 22. Mai 359 eine Glaubensformel, die *4. sirmische Formel* (datiertes Credo)[49]. Sie verbietet, den Begriff Usia (Substanz) von Gott-Vater und Sohn zu gebrauchen und lenkt insofern zur 2. sirmischen Formel zurück. Ein mageres Zugeständnis an Basilius ist, daß der Sohn dem Vater ὅμοιος κατὰ πάντα sei, was durch den Zusatz „wie die Schrift

---

33 Sozom. 4, 13, 4 ff. – GUMMERUS 90–2. – 34 Sozom. 4, 14, 4. – 35 Philost. 4, 8 S. 62, 22 BIDEZ. – 36 Über die Verhandlungen: GUMMERUS 93–99. – 37 H. CHR. BRENNECKE, Zum Prozeß gegen Paul v. Samosata. Die Frage nach der Verurteilung des Homousios, ZNW 75 (1984) 271–90 (skeptisch). – 38 Sozom. 4, 15, 2. – Hilarius, De syn. 90; 12–26. – LÖHR, Entstehung 76 ff. – Nach LOOFS, SAB 1915 (Bekenntnis Lukians) 583 gehörte auch das orientalische Credo von Serdika zu dem corpus doctrinae. – 39 Sozom. 4, 15, 1 ff. – 40 S. P. HADOT SC 68 (Marius Victorinus) 1960, S. 35 f. – 41 Sozom. 4, 15, 2. – GUMMERUS 93 A. 4. – 42 Sozom. 4, 16, 20. – 43 CSEL 65, S. 43, 18 f. – 44 Philost. 4, 8–9. – Sokr. 2, 42, 5. – Sozom. 4, 24, 4–5. – Gregor. Nyss., C. Eunom. 1, 33. – 45 Philost. 4, 10. – 46 S. KiG C1, 24 f. a. 44 ff. – GUMMERUS 115 f. – LÖHR, Entstehung 93 ff. – 47 Anweisung für Rimini, CSEL 65, S. 94, 13. – 48 GUMMERUS 116 A. 2. – 49 Text: Athan., De syn. 8. Vgl. Sozom. 4, 16, 20. – Epiph. haer. 73, 22, 5.

lehrt" wieder verwässert wird. Die 4. sirmische Formel lehrt das ὅμοιος κατὰ τὰς γραφάς und gehört damit zu den „Gründungsurkunden" der homöischen Kirchenpartei[50]. In der Nachfolgeformel von *Nike* (Thrazien), zu deren Annahme die Abordnung des Konzils von Rimini im Oktober 359 durch Valens und Ursacius bewogen wurde[51], bleibt es bei ὅμοιος κατὰ τὰς γραφάς.

b) Wie der Verlauf der Synode von *Seleukia,* die am 27. Sept. 359 unter der Aufsicht des comes Leonas und des isaurischen Militärbefehlshabers zusammentrat[52], zeigt, bestand ein Einvernehmen zwischen Valens und Ursacius im Westen und Acacius von Cäsarea im Osten[53]. Acacius mit seiner Gruppe (etwa 39 Bischöfe)[54] vertritt sachlich dasselbe wie die Hofbischöfe in Rimini: ὅμοιος „gemäß dem Apostel", unter Ablehnung von homousios und homoiusios (aber auch von anhomoios)[55]. Damit erweist sich die Existenz der homöischen Partei. Die große Mehrheit der Synodalen sind Homöusianer. Zum theologischen Gegensatz kam der Streit um die Teilnahme verurteilter Bischöfe, insbesondere des vom Metropoliten Acacius abgesetzten Kyrill von Jerusalem. Die Synode spaltete sich. Die homöusianische Mehrheit unterzeichnete hinter verschlossenen Türen die 2. antiochenische Formel von 341. Nach mehreren Tagen ergebnislosen Zanks hob der comes Leonas die Synode auf und stellte den Bischöfen anheim, in der Kirche ihr „Gewäsch" fortzusetzen[56].

c) Die Acacianer und die homöusianische Mehrheit (mit Basilius v. Ankyra und Eustathius v. Sebaste an der Spitze) schickten je zehn Abgeordnete nach Konstantinopel. Zwar erreichten die Homöusianer dort durch heftige Anklagen die Verurteilung des Neuarianismus und die Verbannung des Aetius, drangen aber mit der Homöusie nicht durch. Dagegen konnten die Acacianer, die zudem eher zur Stelle waren, auf ihre Übereinstimmung mit der 4. sirmischen Formel hinweisen. Zu ihnen stieß die Zehnergesandtschaft des zu Kreuze gekrochenen Konzils von Rimini unter Ursacius und Valens, welche die Formel von Nike mitbrachte. Der Kaiser entschied sich für das homöische Bekenntnis und in der Nacht des 31. Dezember 360 unterschrieben die anwesenden Bischöfe, auch die Homöusianer, die Formel von Konstantinopel[57]. Sie entspricht mit leichten Abwandlungen der von Nike, bekennt den Sohn als ὅμοιος κατὰ τὰς γραφάς und verbietet das theologische Reden von Usia und Hypostasis[58]. Konstantius erhebt die Formel zum *Reichsbekenntnis*[59]. Damit war die nicänische Reichskirche durch eine homöische Reichskirche ersetzt, welche (abgesehen von der Episode Julians) im Osten bis zum Tode des Kaisers Valens (378) bestand. Im Abendland gewann die Formel von Konstantinopel keine Bedeutung, weil es durch die Usurpation Julians (Februar 360)[60] aus dem Machtbereich des Konstantius ausschied. Durch die Unterschrift des Gotenbischofs Wul-

50 KiG C1, 25 f. – Die Unzufriedenheit der Homöusianer äußert sich in ihrer Denkschrift zum datierten Credo, Epiph. haer. 74, 12–22. Dazu GUMMERUS 121–33. – 51 Text: Theodoret, KG 2, 21, 3–7. – GUMMERUS 135 f. Zu Rimini u. Seleukia s. LIETZMANN 3, 225–31. – 52 *Qu.* s. GUMMERUS 100–103. – Verlauf: ebd. 137–45. – BRENNECKE, Homöer 40–47. – Stadtplan von Seleukia: J. KEIL/A. WILHELM, Denkmäler aus dem rauhen Kilikien, MAMA 3, Manchester 1931, Tafel 1 u. 3. Zu Leonas: JONES, Prosop. s. v. – 53 LOOFS, Acacius, RE 1, 126, 26 ff. – 54 GUMMERUS 138. – 55 Bekenntnis der Acacianer bei Epiph. haer. 73, 25–26, bes. S. 299, 2 f., HOLL. – 56 Sokr. 2, 40, 36. – 57 Sozom. 4, 23, 7–8. – Text: Athan., De syn. 30 (HAHN, Bibliothek 208 f.). – 58 *Qu.* zu den Verhandlungen in Konstantinopel: GUMMERUS 145 A. 3. Darstellung ebd. 146–52. – LIETZMANN, Geschichte 3, 230 f. – BRENNECKE, Homöer 48–55. – LÖHR, Entstehung 153–55. – 59 Sie wird zur Unterzeichnung im Episkopat umhergeschickt: Athan., De syn. 30, 1. – Sozom. 4, 26, 2 ff. – Basilius Caes. ep. 51, 2. – Gregor v. Nazianz or. 21, 23. – 60 SEECK, Untergang 4, 487. – STEIN, Geschichte 240 A. 4.

fila wurde die Formel von Konstantinopel jedoch zur Grundlage des germanischen Arianismus[61].

d) Die *Acacianer,* welche sich entsprechend dem bei Hofe wehenden Wind gegen die Anhomöer erklärt hatten, veranstalteten im Januar 360 ein Konzil in Konstantinopel[62], das die Glaubensformel bestätigte. Es setzte Makedonius von Konstantinopel, der sich die Ungnade des Kaisers zugezogen hatte[63], ab und machte Eudoxius zum Bischof der Hauptstadt. Alle führenden Homöusianer teilten das Schicksal des Makedonius[64]. Acacius hielt jetzt die Fäden der Kirchenpolitik in seiner Hand. Doch erlitt er bei der Ersetzung der vertriebenen Homöusianer Enttäuschungen; die meisten der von ihm Erwählten entpuppten sich als Homöusianer[65]. Auch die Besetzung des wichtigen Thronos von Antiochien mit dem Armenier Meletius (Ende 360)[66], der sich in Seleukia zu den Acacianern gehalten hatte[67], auch Unterzeichner der Formel von Konstantinopel war[68], erwies sich als Fehlschlag. Meletius wurde nach wenigen Wochen vertrieben, nicht wegen seiner Predigt über Sprüche 8, 22[69] – diese ist weder nicänisch, noch homöusianisch, sondern gleitet, geölt mit Schriftzitaten, zwischen allen Klippen hindurch –, sondern wegen der Wiederaufnahme der von Eudoxius (dem jetzigen Bischof von Konstantinopel) während seiner antiochenischen Usurpation ausgeschlossenen Kleriker, von denen sich Meletius Anhang errechnete[70]. Sein Nachfolger wurde Euzoius, der alte Kampfgefährte des Arius. Das scheint die Entwicklung des Meletius zur „Orthodoxie" veranlaßt zu haben[71]. Seine Anhänger bildeten nach seiner Verbannung eine Sondergemeinde in Antiochien neben Eustathianern und „Arianern"[72].

§ 8. Religionsgesetzgebung Konstantius' II.
Förderung der Kirche

Lit.: SCHULTZE – GEFFCKEN – NOETHLICHS 58 ff.

1. *Konstantius* hat selbst das Leitmotiv seiner *Religionspolitik* ausgesprochen: der Staat hat viel mehr durch Gottesfurcht (religionibus) als durch Ämter und körperliche Dienste seinen Bestand[1].

a) Demzufolge bleibt für das *Heidentum* eigentlich kein Raum mehr. Doch behält Konstantius zunächst die vorsichtige Politik Konstantins bei. Erst nach Erringung der Alleinherrschaft beginnen seine Gesetze gegen den heidnischen Kult. Er widerruft die Erlaubnis des Usurpators Magnentius zu nächtlichen Opfern[2]. Einige Zeit später verschärft er das schon von Konstans für den Westen[3] erlassene Opfer-

---

61 Sokr. 2,41,23. – Sozom. 4,24,1. – **62** CPG 8591/2 (Credo u. Synodalbrief). – Sozom. 4,24f. – Theodoret, KG 2,29. – Philost. 5,1. – **63** Er hatte den Sarkophag Konstantins eigenmächtig aus der Apostelkirche in die Acaciuskirche überführt. Sokr. 2,38,33ff. – **64** Sozom. 4,24–25. – **65** Philost. 5,1 S.66,18ff. BIDEZ. Philostorgius sagt „homousios" statt „homoiusios". – **66** LOOFS, Meletius, RE 10 (1903) 552–8 (553,20ff.). – **67** Sokr. 2,44,2. Meletius hatte sich in Sebaste nicht als Bischof gegen Eustathius durchsetzen können, war also dem Eustathius feind. LOOFS, Eustathius v.S., 1898, 85. – **68** Philost. 5,1. – **69** Text: Epiph. haer. 73,29–33. – **70** E. SCHWARTZ 4,44f. – LOOFS, Meletius 553,45–554,52. – **71** LOOFS, Meletius 555,1ff. – **72** Theodoret, KG 2,31,10f. – F. CAVALLERA, Le schisme d'Antioche, 1905, 89ff.
1 CTh 16,2,16 v. 14.2.361. – **2** CTh 16,10,5 v. 23.11.353. – **3** CTh 16,10,2 v. J.341.

verbot durch Verhängung der Todesstrafe[4] und ergänzt es durch Schließung der Tempel und das Verbot, sie zu betreten[5]. Das Gesetz ist zwar nach Italien gerichtet, doch bezeugt Libanius[6] das Opferverbot auch für den Osten. Georg v. Alexandrien (357/8) hindert die Heiden am Opfern, beraubt die Tempel mit Hilfe des Militärbefehlshabers Artemius ihrer Bilder und Weihegeschenke und fordert ihre Zerstörung[7]. Wir erfahren von Tempelzerstörungen in Arethusa (Cölesyrien)[8], im kappadozischen Cäsarea[9] und an anderen Orten[10]. Der Kaiser verschenkte Tempel und ihre Ländereien an Kirchen und an seine Höflinge, die Baumaterial daraus gewannen[11]. Es ist jedoch kein Fall bekannt, daß die in dem Heidengesetz angedrohte Todesstrafe verhängt worden wäre. Dagegen wurden die Gesetze gegen Zukunftserforschung (welche das Orakelwesen der Tempel schwer trafen) und gegen Magie streng durchgeführt. Nach seinem Rombesuch (357) erließ Konstantius keine Gesetze mehr gegen die Heiden[12].

b) Das eingeengte Heidentum dauerte fort[13]. Den Kern des *heidnischen Widerstandes* bildeten jene Sophisten und Rhetoren, welche dem religiösen Neuplatonismus Jamblichs nahestanden[14]. Diese Kreise zogen Verehrer griechischer Literatur und Bildung, wie den späteren Kaiser Julian an. Einen Abriß neuplatonischer Dogmatik bietet Julians Zeitgenosse Salustios in der Schrift über Gott und die Welt[15]. Die jamblichisch-chaldäische Theurgie wurde Julian durch den „Philosophen" Maximus von Ephesus vermittelt[16].

2. Es fehlt an *Häretikergesetzen* des Konstantius, da es erst seit der Annahme der Formel v. Konstantinopel (360) wieder eine reichskirchliche „Orthodoxie" gab. Es ist hier von den ihn umgebenden Bischöfen abhängig. Diese betreiben die Absetzung Photins. Zur Verurteilung des Aetius und der Anhomöer wurde er durch die Homöusianer bewogen. Athanasius wurde nicht aus dogmatischen Gründen verfolgt. Manche Bischöfe gingen eigenmächtig gegen Schismatiker und Häretiker vor: Makedonius von Konstantinopel verfolgte die Novatianer (und Nicäner)[17], Basilius v. Ankyra die Anhomöer, Athanasius die Melitianer. – Das einzige, sicher von Konstantius stammende, *Judengesetz* verbietet den Übertritt von Christen zur „gotteslästerlichen Sekte" (sacrilegus coetus) der Juden[18].

3. In den Maßnahmen, welche *die Kirche begünstigen,* folgt Konstantius den Spuren seines Vaters.

a) Die schon von Konstantin verfügte[19] Befreiung des Klerus von den Kuriallasten und Zwangsdiensten (munera sordida)[20] wird zunächst bestätigt[21], dann auf Familie und Gesinde der Kleriker erweitert. Auch sollen sie von Vermögenssteuer

---

4 CTh 16,10,6 v. 19.2.356. – 5 CTh 16,10,4 v. 1.12.356. Zur Datierung: NOETHLICHS 273 A.389. – 6 Or. 30,7 S.90,20f. FOERSTER. – 7 Julian, ep. 10 BIDEZ (= Sokr. 3,3,10). – Sozom. 4,30. – Theodoret, KG 3,18. – Amm. Marcell. 23,11,7. – 8 Gregor v.Naz., Or. 4,88. – Theodoret, KG 3,18. – 9 Sozom. 5,4,2. – 10 Einzelheiten: S.BEISSEL, Umwandlungen heidnischer Kultstätten in christliche, StML 69 (1905) 23–38; 134–43 (27f.). – 11 Libanius, or. 30,38. – or. 17,7. – Amm. Marcell. 22,4,3. – 12 S. KiG C1 Kap.2 § 2. – 13 S. V. SCHULTZE, Untergang 110–22. – GEFFCKEN, Ausgang 100–3. – 14 S.o. Kap.1 § 4 Nr.2. – H. DÖRRIE, Die Religiösität des Platonismus im 4. u. 5.Jh. n.Chr. In: De Jamblique à Proclus. Entretiens sur l'Antiquité class. de la Fondation Hardt, Genf 1975. – 15 Ed. A. NOCK, 1926 (wichtige Einleitung). – 16 S. J. BIDEZ, La vie de l'Empereur Julien, ²1965, S.73ff. – 17 Sokr. 2,38. – Sozom. 4,20. – 18 CTh 16,8,7 v. 3.7.353. Datierung: SEECK, Reg. S.46,43. – Vgl. LANGENFELD (s.o. Kap.1 § 6) S.77ff.; 84f. – TRE 3 (1978) 128–37, Antisemitismus IV (DE LANGE). – 19 S. KiG C1, 8. – 20 S. GOTHOFRED, Paratitlon zu CTh 11,16 u. Kommentar zu 11,16,15. – A.H.M.JONES, The Later Roman Empire, 1973, 737–63. – A. NEUMANN, Decurio KP 1, 1417–20. – 21 CTh 16,2,11 v. 26.2.342, bezieht sich auf CTh 16,2,6 v. J.326.

(census) und für ihre Handelsgeschäfte von Gewerbesteuer befreit sein. Der Kaiser will damit den Zulauf zum Klerus heben[22]. Doch dann erweisen sich Einschränkungen als notwendig. Die Flucht aus den Gemeinderäten (Kurien)[23] in den Klerus muß eingedämmt werden. So wird der Klerikerberuf für nicht kurienpflichtige Söhne von Klerikern erblich gemacht, sonst verfallen sie dem Zwangsamt als decurio[24]. Die Gewerbesteuer wird wieder von Klerikern gefordert[25]. Eine Bitte des Konzils von Rimini (359) um Befreiung des Grundbesitzes von Kirchen und Geistlichen von Abgaben und Lasten und Freiheit der Kleriker von Gewerbesteuer lehnt Konstantius nach einigem Schwanken[26] schließlich ab[27]. Die Finanznot des Staates erzwang das[28]. Eine noch spätere Verfügung regelt die Bedingungen, unter welchen der Übergang aus der staatlichen Verwaltung oder den Kurien in den geistlichen Stand möglich war[29].

b) Das Gesetz, nach welchem Klagen gegen Bischöfe nicht vor den staatlichen Gerichten, sondern vor einem Bischofsgericht (Synode) zu verhandeln sind (privilegium fori) schließt nicht aus, daß gegen einen Bischof nach seiner Absetzung ein weltliches Gericht vorgeht. Spätere Kaisergesetze schränken das privilegium fori erheblich ein[30].

4. In der *Sittengesetzgebung* des Konstantius spiegelt sich (wie schon bei Konstantin) der Einfluß kirchlicher Anschauungen: Feindschaft gegen die zweite Ehe von Frauen[31]; Bestrafung des Raubes gottgeweihter Jungfrauen und Witwen, auch wenn diese nachträglich einverstanden sind[32]; Verbot, die Frauen des Bruders oder die Schwester der (geschiedenen oder verstorbenen) eigenen Frau zu ehelichen.

§ 9. Kaiser und Kirche in der Zeit Konstantius' II.

Lit.: C1 Kap. 2 § 6: HAGEL – SETTON – GREENSLADE – P. BESKOW, Rex gloriae, 1962 S. 259–330 (Königtum Christi im Arianischen Streit). – J. ZIEGLER, Zur religiösen Haltung der Gegenkaiser im 4. Jh., 1970.

In den Kämpfen um Athanasius und das Reichsbekenntnis bahnt sich eine Rückbesinnung auf die kirchliche Selbständigkeit gegenüber dem Staate an, deren Wortführer im Osten Athanasius wird.

1. Konstantius übernimmt die Rolle, welche Konstantin gegenüber der Kirche gespielt hatte. Er nennt sich „Knecht Gottes" (famulus dei), erklärt die kirchlichen Angelegenheiten für seine vornehmste Sorge[1] und belehrt die Bischöfe[2]. Der Ausspruch: „Was ich will, ist kirchliche Richtschnur"[3] dürfte freilich zu den erfunde-

---

22 CTh 16,2,10 v. 26.5.346. SEECK, Reg. 44,1 ff. – **23** Zur Kurialenflucht: DEMANDT, Spätantike 408 ff. – **24** CTh 16,2,9 v. 16.4.349. Genaueres bei GOTHOFRED z. St. – **25** CTh 13,1,1 v. 2.12.356. Doch soll für den stadtrömischen Klerus das günstige Gesetz CTh 16,2,10 v. 346 weitergelten: CTh 16,2,14 v. 6.12.356 an den Gegenpapst Felix. – **26** CTh 11,1,1 v. 16.1.360. – **27** CTh 16,2,15 v. 30.6.360. – **28** Übersicht der spätantiken Wirtschaftsentwicklung: J. BLEICKEN, Verfassungs- und Sozialgeschichte des Römischen Kaiserreiches, 2, 1978, 77 ff. – CTh 16,2,16 v. 14.2.361 bestätigte nur die Immunität von Ämterzwang und Frondienst. – **29** CTh 8,4,7 u. 12,149 v. 28.8.361. – **30** CTh 16,2,12 v. 23.9.355 mit dem Kommentar von GOTHOFRED. – **31** CTh 8,13,1 v. 20.9.349 u. 8,13,4 v. 23.6.358. – **32** CTh 9,25,1 v. 23.8.354. Vgl. Konzil v. Elvira Kan. 61; Neocäsarea Kan. 2.

1 Brief an Euseb v. Vercelli, MPL 13,546 d; 565 b. – **2** CSEL 65, S. 87,7 ff. (Brief der Synode v. Rimini). – **3** Athan., Hist. Arian. 33,7.

nen Worten gehören, welche Athanasius seinen Gegnern in den Mund zu legen pflegt[4]. Von seinen offiziellen Lobrednern, in erster Linie Themistius, hörte Konstantius die hellenistische Herrschertheorie, welche schon Euseb vor Konstantins Ohren entfaltet hatte[5]. Durch Tugend ahmt der Kaiser Gott nach und macht seine Seele zum Abbild Gottes[6]. Der Kaiser ist selbst Gesetz und steht über dem (geschriebenen) Gesetz, um dessen Strenge zur Menschenfreundlichkeit zu mildern[7]. Spuren dieses Herrscherbildes finden sich über den Kreis der Hofbischöfe hinaus bis zu Kyrill von Jerusalem[8]. Dessen Brief an Konstantius (um 350) über die Erscheinung eines Lichtkreuzes am Himmel Jerusalems[9] verbindet „Byzantinismus" mit der Verfolgung kirchenpolitischer Interessen seines Bischofssitzes.

2. Der rücksichtslose Druck, welchen Konstantius auf die zur Durchsetzung seiner Kirchpolitik berufenen Synoden ausübte (Arles, Mailand, Rimini/Seleukia), und seine Gewaltmaßnahmen bringen die abendländische Bischofsopposition (Hilarius v. Poitiers, Lucifer v. Calaris)[10] und Athanasius zur Ablehnung staatlicher Eingriffe in die Kirche. Staatliche Herrschaft (ῥωμαικὴ ἀρχή) und Kirchenordnung dürften nicht vermischt werden[11]. Kirchliche Synodalurteile benötigen keine kaiserliche Bestätigung[12], Bischöfe sind nicht vom Kaiser zu ernennen[13]. Gemäß Mt. 22,21 gebührt den Bischöfen keine weltliche Herrschaft, noch dem Kaiser eine kirchliche Funktion[14]. Freilich denkt Athanasius nicht an die Aufhebung der konstantinischen Verbindung von Kirche und Reich. Die Begünstigung der Kirche wird ohne weiteres angenommen. Die Freiheit von staatlicher Gewalt soll auch nur für die katholische Kirche gelten. Gegen Häretiker verlangt Athanasius kaiserlichen Zwang[15]. Andererseits widersprechen die von Konstantius verfolgten Neuarianer ebenso entschieden wie Athanasius dem Hineinregieren des Kaisers in die Kirche[16]. Die Äußerungen über Kaiser und Kirche geschehen nicht grundsätzlich, sondern vom jeweiligen Parteistandpunkt aus.

---

4 Anders noch KiG C1, 18. – **5** S.o. Kap.1 § 12. – CH. DAGRON, L'Empire romain d'Orient au IVᵉ siècle et les traditions politiques de l'hellénisme. Le témoignage de Thémistius, Traveaux et Mémoires 3 (1968) 1–242. – G. BARNER, Comparantur inter se graeci de regentium hominum virtutibus auctores, Diss. Marburg 1889 (materialreich). – C. GLADIS, De Themistii, Libanii, Juliani in Constantium orationibus, Diss. Breslau 1907. – K. GIRARDET, Kaiser Konstantius II. als „Episcoporum episcopus" und das Herrscherbild des kirchlichen Widerstandes, Historia 26 (1977) 95–128. – **6** Themistius, or. 1, 8d–9b; 2, 31d. 32d, ed. SCHENKL/DOWNEY. – **7** Or. 1 S. 21,10–20. – A. STEINWENTER, Νόμος ἔμψυχος, ABA (phil.-hist. Kl.) 83 (1946) 250–68. Weitere Lit. bei KABIERSCH (s.u. Kap. 3 Lit.) 12. – **8** SETTON 70. – **9** Ed. J. RUPP Bd. 2, 1860, 434–41. – CPG 3587. – J. VOGT, Berichte über Kreuzeserscheinungen aus dem 4. Jh., AIPh 9 (1949) 593–606. – **10** Und andere, s. KiG C1, 26 f. – W. TIETZE, Lucifer v. Calaris und die Kirchenpolitik des Constantius II., Diss. Tübingen 1976. – **11** Hist. Arian. 34,1. – **12** Ebd. 52,3. – **13** Ebd. 51,2. – **14** Hist. Arian. 44,7. – Ob der Widerstand des Athanasius sich auf ein national-ägyptisches Bewußtsein stützt, ist unsicher. Zum Problem: E. R. HARDY, National Elements in the Career of Athanasius, ChH 2 (1933) 187–96. – **15** Ep. ad episc. Aeg. et Lib. 22, MPG 25, 592a. – **16** Leontius v. Tripolis bei Philost. 7, 6a S. 85, 22 ff. BIDEZ. – Material aus den Apost. Konstitutionen bei BESKOW 320 ff.

3. Kapitel: Die heidnische Restauration Julians und die Kirche des Ostens

Qu: s.a. KiG C1, 28. – 1. *Werke Julians:* Ed. F.C. HERTLEIN, 2 Bd. 1875/6. – Ed. W.C. WRIGHT, 3 Bd., 1913/23 (LOEB.) – Oeuvres complètes ed. BIDEZ/ROCHEFORT/LACOMBRADE, 1924/64 (unvollendet). – Briefe u. Gesetze: Imperatoris Caes. Fl. Cl. Juliani epistulae, leges, poemata, fragmenta varia ed. J. BIDEZ/F. CUMONT, 1922 (= Bi/Cu). – Julian, Briefe, griechisch-deutsch ed. B. K. WEISS, 1973. – Gegen die „Galiläer": K. F. NEUMANN, Juliani imp. librorum c. Christianos quae supersunt, 1880. – Übersetzungen: s.o. WRIGHT und Oeuvres complètes. – R. A. ASMUS, Kaiser J.s philosophische Werke, 1908. – A. MAU, Die Religionsphilosophie Kaiser J.s, 1907 (mit Ü. der Reden auf den König Helios u. die Göttermutter). – K. F. NEUMANN, Kaiser J.s Bücher gegen d. Christen, 1880. – 2. *Sonstige literarische Qu.*: Libanius, or. 1, 118–135; 12; 13; 15; 17; 18 ed. FOERSTER Bd. 1 u. 2, 1903/4. Vgl. in Bd. 12 (1923) den Index nominum propriorum von E. RICHTSTEIG. – O. SEECK, Die Briefe des Libanius, 1906 (Prosopographie). – Claudius Mamertinus: XII Panegyrici Latini, ed. R. A. MYNORS, 1964, S. 121–44. – H. GUTZWILLER, Die Neujahrsrede des Konsulars Cl. Mamertinus vor dem Kaiser J., 1942 (TÜK). – R. C. BLOCKLEY, The Panegyric of Cl. Mamertinus on the Emperor Julianus, AJP 93 (1972) 437 ff., – Themistius: Zu dem arabisch überlieferten Brief über Politik an Julian (ed. SCHENKL/DOWNEY/NORMAN Bd. 3, 1974, S. 75–119 [IRFAN SHAHIDI] s. DAGRON, Empire (s.o. Kap. 2 § 9 A.5) S. 22–24. – Ammianus Marcellinus, Rerum gestarum lib. 20–25, ed. W. SEYFARTH, 1975 (TÜK). Kommentar: A. SELEM, Giuliano l'Apostata nelle storie di Ammiano, 1979. – Zosimus, Historia Nova, Buch 3, ed. F. PASCHOUD, 1971 (TÜK). – Eunapius, Vitae Sophistarum, ed. J. GIANGRANDE, 1956. Mit engl. Übersetzung: W. C. WRIGHT, Philostratus and Eunapius, The Lives of the Sophists, 1961 (LOEB). – Gregor v. Nazianz, Or. 4 und 5, SC 309, 1983 (J. BERNARDI). – A. KURMANN, Gregor v. Naz., or. 4 gegen Julian. Ein Kommentar, Diss. Basel 1988. – 3. *Inschriften*: GEFFCKEN, Ausgang 140; 292. – J. ARCE, Estudios sobre el emperador Fl. Cl. Juliano, 1984, 89 ff. – Münzprägung: The Roman Imperial Coinage Bd. VIII, 1981 (KENT) – ARCE 177 ff.

Lit.: W. ENSSLIN, Kaiser Julians Gesetzgebungswerk u. Reichsverwaltung, Klio 18 (1923) 104–99. – J. BIDEZ, La vie de l'empereur J., Paris 1930, ²1965. – A. HARNACK, Julian RE 9 (1901) 609–19. – G. v. BORRIES, Julianos (Apostata) PRE 10 (1918) 26–91. – J. KABIERSCH, Untersuchungen zum Begriff der Philanthropie bei dem Kaiser Julian, 1960. – J. P. NILSSON, Geschichte d. griech. Religion 2, 447–59 (= HAW V, II, 2) ²1961. – DAGRON, Empire (s.o. Qu., Themistius) 65 ff.; 218 ff. (Themistius u. Julian). – R. BRAUN/J. P. RICHER (Hrsg.), L'Empereur Julien Bd. 1: De l'histoire à la légende (1978); Bd. 2: De la légende au mythe (1981). – G. W. BOWERSOCK, Julian the Apostate, 1978. – P. ATHANASSIADIS-FOWDEN, Julian and Hellenism. An Intellectual Biography, 1981. – CL. FOUQUET, Julien. La mort du monde antique, 1985. – Bibliographie: R. KLEIN (Hrsg.), Julian Apostata, 1972 (WdF 509). – F. PASCHOUD, Trois livres récents sur l'empereur Julien, REL 58 (1980) 107–23. – H. W. BIRD, Recent Research on the Emperor Julian, Class. Views 26 (1982) 281–96. – R. ASMUS, Der Alkibiades-Kommentar des Jamblichos als Hauptquelle für Kaiser Julian, SAH 1917. – G. BONAMENTE, Giuliano l'Apostata e il Breviario di Eutropio, 1986.

§ 1. Wiederherstellung des Heidentums.
Trennung zwischen Reich und Kirche

1. Nachdem der junge Julian im Jahre 351[1] seinen Zwangsaufenthalt Makellum (beim kappadozischen Cäsarea)[2] verlassen und seine Studien wieder aufnehmen durfte, erfolgte – vorbereitet durch seine Liebe zu griechischer Literatur und Philosophie – unter dem Einfluß neuplatonischer Rhetoren und Theurgen (Maximus v. Ephesus) seine Wendung zum Heidentum[3]. Er mußte das verbergen, besuchte noch nach seiner Usurpation den Epiphaniengottesdienst am 6. Januar 361 in Vienne und opferte nur insgeheim[4]. Erst bei dem Marsch gegen Konstantius, auf die Nachricht von dessen Tode († 3. 11. 361) geht er zum öffentlichen Opferkult über[5]. Am 11. Dezember 361 zog Julian in Konstantinopel ein. Er verließ die Hauptstadt Mitte Mai 362, um sich zur Vorbereitung des Perserkrieges nach Antiochien zu begeben. Von dort marschierte er am 5. März 363 gegen die Perser und fiel am 26. Juni 363[6]. In etwa fünfzehn Monate also drängt sich *die heidnische Reformation Julians* zusammen. Als geistliche Berater dienen ihm seit Anfang 362 die Philosophen Maximus v. Ephesus und Priskus, beide dem pergamenischen Neuplatonismus mit seinem jamblichischen Ritual- und Orakelwesen zugehörig[7]. In Antiochien zählen Libanius und der aus Athen angereiste Rhetor Himerius[8] zu den Anhängern der Ideen Julians.

2. Schon im Dezember 361 erließ der neue Herrscher ein *Restitutionsedikt,* welches die Wiederherstellung der Tempel, ihres Kultus und ihrer Einkünfte befahl[9]. Freilich stieß die befohlene Rückführung geraubter Tempelsäulen[10] und die Erstattung des vielfach weiterveräußerten Tempelgutes auf große praktische und rechtliche Schwierigkeiten, so daß in der kurzen Regierungszeit Julians nicht allzuviel erreicht wurde. Der Kaiser kümmerte sich um die Wiederauffüllung der Priesterschaften und gab ihnen ihre Immunitäten wieder, schärfte die Götterfeste ein und förderte Mysterienkulte und Orakelstätten[11]. Er verfügt also von Anfang an über ein Reformprogramm, welches die konstantinische Wende rückgängig machen soll[12]. Der kaiserliche famulus dei ist jetzt „Gefolgsmann (ὀπαδός)" des Königs Helios[13].

3. Julian beginnt wie sein Gegenbild Konstantin mit *Toleranz.* Der christliche Gottesdienst wird nicht behindert, niemand zum Opfern gezwungen[14].

a) Die Duldung erstreckt sich auf alle christlichen Richtungen. Wenige Tage nach dem Restitutionsedikt gestattete Julian den im Kirchenkampf unter Konstantius Verbannten die Rückkehr[15]. Damit ist die Reichskirchenpolitik aufgegeben.

---

1 Seeck, Untergang 4, 214, 12 mit A. S. 461. – Koch (s. u. § 2 Lit.) 138 f. datiert auf 347. – 2 Lage: A. Hadjinicolaou, Macellum le lieu d'exil de l'empereur Julien, Byz. 21 (1951) 15–22. – 3 Bidez, Vie 73 ff. – A. Gauthier, L'expérience religieuse de Julien, dit l'Apostat, Aug (L) 37 (1987) 237–55. – K. Praechter, Maximus, PRE XIV, 2 (1930) 2563 ff. – 4 Amm. Marcell. 21, 2, 4–5. – Seeck, Untergang 4, 294, 19 f. – 5 Jul. ep. 26 S. 32, 20 ff. Bi/Cu. – 6 Seeck, Regesten 209–213. – 7 K. Praechter, Die Philosophie des Altertums, 1926 (= Überweg Bd. I) 618–21. – Seeck, Libanius S. 246: Priscus I). – Ders., Untergang 4, 314 f. – 8 H. Gärtner, Himerios, RAC 15, 167–73 (1989). – 9 Qu.: Bi/Cu Nr. 42 S. 47–49. – B. K. Weiss, Das Restitutionsedikt Kaiser Julians, Diss. Heidelberg 1933. – Chronologie: Seeck, Unterg. 4, 493 zu 304, 31. – 10 Libanius, or. 18, 126. – 11 Zusammenfassung der Anordnungen J. s: Philost. 7, 1. 4c. – Sozom. 5, 3, 1–3. – Libanius, or. 18 S. 290, 7 ff. Foerster. – 12 Zurückdrängung der Gedankenwelt Konstantins: Ensslin 153–56. – 13 Rede auf d. König Helios p. 130c. – 14 Belege: Kabiersch 24. – 15 Bi/Cu Nr. 45–46 S. 51 f.

Er verfügt den Wiederaufbau der novatianischen Kirchen in Konstantinopel und Kyzykos durch ihre christlichen Zerstörer[16]. Julian fand Häretikerverfolgungen abstoßend[17]. Allerdings waren sich die miteinander verfeindeten Bischöfe in der Ablehnung des heidnischen Kaisers einig. Der greise Lukianist Maris v. Chalkedon beschimpft den im Tempel der Tyche zu Konstantinopel opfernden Julian (ohne daß ihn Strafe trifft)[18].

b) Die *Trennung zwischen Reich und Kirche* fand Ausdruck 1) im Ende der Förderung der Kirche: Entzug der seit Konstantin gewährten öffentlichen Mittel für die kirchliche Liebestätigkeit[19]; Aufhebung der Immunität des christlichen Klerus von kurialen Lasten und von Zwangsdiensten[20]; Fortfall der staatlichen Anerkennung der bischöflichen Gerichtsbarkeit und des von Konstantin[21] verbrieften Rechts der Kirche, Erbschaften zu empfangen[22], 2) Besetzung hoher Beamtenstellen mit Heiden[23]. Julian machte seine Beamtenauswahl sogar des öfteren von Götterorakeln abhängig[24]. Würdenträger in Julians Umgebung traten zum Heidentum über[25].

c) Im *Heer* mußte der Kaiser hohe christliche Offiziere dulden[26]. Doch versuchte er von Anfang an, das Heer am Opferkult zu beteiligen[27]. Hier meldet sich der Missionseifer Julians. Von einem allgemeinen Ausschluß der Christen aus dem Heer[28] kann keine Rede sein[29]. Doch wurde die Leibwache des Kaisers von Christen gereinigt[30], das Labarum im Heer abgeschafft und die alten Feldzeichen wiederhergestellt[31]. – Von den Münzen verschwinden die christlichen Symbole[32].

4. Das *Schulgesetz* vom 17. Juni 362[33] bezeichnet keine Wende in Julians Religionspolitik von Toleranz zur Unduldsamkeit[34], sondern einen weiteren Schritt zur Reinhaltung des „Hellenismus" von christlicher Befleckung und zur Zurückdrängung der Christen aus den öffentlichen Ämtern. Das Gesetz untersagte die Tätigkeit als Lehrer der Grammatik und Rhetorik allen, welche den Götterglauben der alten Autoren und Mythen, welche sie auszulegen hatten, nicht teilten. Denn es sei charakterlos und mache zum Lehren untauglich, wenn man bei der jetzt herrschenden Meinungsfreiheit gegen seine religiöse Überzeugung handle. Julian will mit seinem Erlaß auch christliche Kritik an der heidnischen Götterwelt im Unterricht unterbinden. Obwohl er christlichen Kindern ausdrücklich den Schulbesuch gestattete[35], behaupten die christlichen Polemiker das Gegenteil[36]. Das Unterrichtsgesetz wird von dem Heiden Ammianus Marcellinus kritisiert[37]. Die beiden Apollinaris (Vater und Sohn) im syrischen Laodikea schufen zu Unterrichtszwecken Ersatz für

---

16 Bi/Cu Nr. 43 S. 50. – 17 Jul. ep. 144 p. 436 ab. – 18 Sokr. 3, 11, 3–12, 5. – Sozom. 5, 4, 8–9. – 19 Sozom. 5, 5, 2–4. – Philost. 7, 4. – 20 Bi/Cu Nr. 47 d (v. 13. 3. 362); 47 e. – ep. 54. – 21 CTh 16, 2, 4. – 22 Ep. 114 p. 437 a v. 1. 8. 362 blickt auf diese Verfügungen zurück. – 23 Nachweise bei R. v. HAEHLING, Die Religionszugehörigkeit der hohen Amtsträger des Röm. Reichs seit Konstantin I. Alleinherrschaft bis z. Ende der theodosianischen Dynastie (324–450 bzw. 455 n. Chr.), 1978, 537–47. – Julian, ep. 83 Bi/Cu. – Gregor v. Naz. or. 4, 96 f. – 24 Libanius, or. 18, 180. – 25 Philost. 7, 10 ff.; s. SEECK, Libanius S. 155 (Felix II); 170 (Helpidius II); 189 (Julianus II); 215 (Modestus). – 26 S. VON HAEHLING 540 ff. – 27 Jul. ep. 26 (aus Naissus) p. 415 c. – Amm. Marcell. 22, 13, 6. – Weihrauchopfer der Soldaten bei Geldgeschenken: Libanius, or. 18, 168. – Gregor. Naz. or. 4, 83 f. – 28 So Theodoret, KG 3, 8, 2. – 29 SEECK, Untergang 4, 322–25 u. A. S. 500. – 30 Bi/Cu Nr. 50. – 31 Bi/Cu Nr. 48. – 32 Bi/Cu Nr. 49. – H. WEBB, NumC 10 (1911) 238 ff. – 33 Bi/Cu Nr. 61. – C. J. HENNING, De eerste schoolstrijd tussen kerk en staat onder Julianus den Afvallige, 1937. – B. C. HARDY, The Emperor Julian and his School Law, ChH 37 (1968) 131–43. – 34 So BIDEZ, Vie 261–66. – 35 Bi/Cu Nr. 61 p. 424 ab. – 36 Die Stellen bei Bi/Cu Nr. 61 d. – 37 Lib. 22, 10, 7.

die klassische Literatur durch Verarbeitung biblischer Texte zu Epen, Oden, Tragödien, Dialogen platonischer Art[38].

§ 2. Versuch einer heidnischen „Kirchengründung". Literarische Bekämpfung des Christentums

Lit.: ASMUS – BIDEZ – MAU – KABIERSCH (s. o. § 1). – W. NESTLE, Die Haupteinwände des antiken Denkens gegen das Christentum, ARW 37 (1941/2) 51–100. – J. LEIPOLDT, Der röm. Kaiser Julian i. d. Religionsgeschichte, SSAW. PH 110 (1964). – Dazu: R. ASMUS, Eine Enzyklika Julians des Abtrünnigen, ZKG 16 (1895) 45–71; 222–52. – DERS., Julians Galiläerschrift, Programm Freiburg/Br 1904. – W. KOCH, Comment l'empereur Julien tâcha de fonder une église païenne, RBPH 6 (1927) 123–45; 7 (1928) 49–82; 511–50; 1163–85. – A. MEREDITH, Porphyrius and Julian against the Christians. In: H. TEMPORINI/W. HAASE, Aufstieg und Niedergang der römischen Welt, Bd. 23 (1980).

1. Was hat Julian dem Christentum entgegenzustellen? Summe der Religion ist für ihn die fromme Scheu (εὐλάβεια) vor den Göttern; die Güte gegen die Menschen; die kultische Reinheit[1]. In der Nachfolge Jamblichs verbindet er den Neuplatonismus mit den alten Kulten.

a) Der Grundgedanke der ziemlich verworrenen Rede Julians auf den König Helios[2] ist der Glaube an einen *Sonnengott,* der sich auf absteigenden Seinsstufen polytheistisch entfaltet. Aus dem höchsten Prinzip geht der intelligible Helios hervor, der die Hierarchie der intelligiblen (νοητοί), intellektuellen (νοεροί) und denkenden (innerweltlichen) Götter – darunter den sichtbaren Helios als Abbild der geistigen Sonne – in sich enthält und aus sich entläßt. Julian richtete in seinem Palast dem Sonnengott eine Kapelle ein[3]. Er opferte den Göttern so häufig und so massenhaft, daß er sogar bei Heiden Anstoß erregte[4]. Dabei entwickelte er sich zu einem Fanatiker kultischer Reinheit[5] und verbot Bestattungen am Tage, weil die Begegnung mit Leichen beflecke[6].

b) Julian faßte sein *Herrscheramt* als *Priestertum* auf[7]. Der wahre Herrscher muß Verkünder (προφήτης) des Königs der Götter sein[8]. Er betont, daß er pontifex maximus ist und Prophet[9] des Heiligtums zu Didyma[10]. Dieses priesterliche Bewußtsein trägt die religiöse Reform seiner zweiten Regierungshälfte.

2. Ein starkes Motiv dieser Reform waren die Enttäuschungen, welche das Restitutionsedikt gebracht hatte. Nicht nur die Wiederherstellung der Tempel und ihres Besitzes stieß auf ungeahnte Schwierigkeiten[11], sondern vor allem blieb der erhoffte Aufschwung des heidnischen Kultes aus[12]. Selbst Julians einstiger Lehrer

---

38 Sokr. 3, 16, 1–5. – Sozom. 5, 18, 3–4. – J. GOLEGA, Der homerische Psalter. Studien über die dem Apollinarus v. Laodikea zugeschriebene Psalmenparaphrase, 1960.
   1 Jul. ep. 89 b p. 293 a. – **2** Jul. or. 4, besprochen von MAU. – Zur Rede auf die Göttermutter s. H. BOGNER, Kaiser J.s 5. Rede, Ph. 79 (1924) 251–97. – **3** Libanius or. 12, 81; 18, 127. – **4** Amm. Marcell. 25, 4, 17. – SEECK, Untergang 4, 496 zu S. 313, 12 ff. – W. ENSSLIN, Zur Geschichtsschreibung und Weltanschauung des Amm. Marcellinus, 1923, 54–56. – **5** KOCH, 543–46. – **6** CTh 9, 17, 5 v. 12. 2. 362. Dazu GOTHOFRED. – Bi/Cu 136 a und b. – Eunapius, Vit. Soph. 5, 1, 13–15 (Jamblich u. die Leiche). – **7** Libanius, or. 12, 80. – ATHANASSIADIS-FOWDEN, Julian 161 ff. – **8** Jul. or. 2 p. 90 a. – **9** Das heißt: Priester, s. W. KROLL, Kulturhistorisches aus astrologischen Texten, Klio 18 (1923) 213–25, bes. S. 218. – **10** Jul. ep. 88 p. 451 b. – **11** SEECK, Untergang 4, 305. – **12** Jul. ep. 78 p. 375 c; 84 p. 429 c; 89 a p. 453 cd; 98 p. 399 d.

Chrysanthius zeigt sich lau[13]. Manche heidnischen Priester hatten christliche Frauen, Kinder und Sklaven und wurden dadurch beeinflußt[14].

a) Zunächst suchte der Kaiser die *heidnischen Kulte* in einer Organisation zusammenzufassen. Nur so konnte eine Reichsreligion geschaffen und die heidnische Priesterschaft diszipliniert werden. Er ernannte Oberpriester (ἀρχιερεῖς) für die einzelnen Provinzen[15]. Unter den Provinzialoberpriestern standen wahrscheinlich die Oberpriester einzelner Städte, welche die Aufsicht über die Priester der verschiedenen Tempel führten[16]. Damit greift Julian auf Maßnahmen des Maximinus Daja und letztlich auf die Organisation des Kaiserkultes, der eine Hierarchie kannte, zurück[17]. Das Neue ist bei Maximinus Daja und Julian, daß die Hierarchie alle Kulte umfaßt.

b) Julians Reform ist eine Reform des *Priesterstandes*. Er hebt die Priester aus den Laien heraus. In seinen „Hirtenbriefen"[18] gibt er Vorschriften für den Lebenswandel der Priester: sie besuchen kein Theater, keine Schenke[19], lesen keine Liebesromane, keine Komiker und meiden die Schriften Epikurs und der Skeptiker[20]. Zum Priestertum geeignet macht Liebe zu den Göttern (τὸ φιλόθεον) und Menschen (τὸ φιλάνθρωπον)[21]. Herberge und Nahrung für Fremde und Arme ist bereitzustellen – Julian kannte die Missionswirkung der christlichen Liebestätigkeit[22]. Die Priester sollen zwei- bis dreimal täglich beten[23]. Für den Hymnengesang des Tempeldienstes ordnet Julian die gesangliche Ausbildung von Knaben in Alexandrien an[24]. Er fordert Ansprachen der Priester über ethische Texte und Göttermythen[25]. Sogar eine „Kirchenzucht" führte er ein[26].

3. Diese Gründung einer heidnischen „Kirche" wird im Winter 362/3 durch eine *Streitschrift gegen die „Galiläer"* ergänzt[27]. Das Werk knüpft (über Vermittler) an Kelsus und Porphyrius an[28], ist aber in manchem selbständig[29]. Gegen den Angriff auf die Göttermythen setzt Julian den Hinweis auf ungereimte Fabeleien der Bibel; gegen die Behauptung alleiniger Gottesoffenbarung an die Juden, die allen Völkern angeborene Gotteserkenntnis[30]. Der jüdische Gott ist nur ein untergeordneter Völkergott[31]. Im Vergleich der Religionen ist die jüdische zwar schlechter als die griechische, aber besser als die christliche. Julian lobt das mosaische Sittengesetz, die Opfer, die Reinheits- und Speisevorschriften[32]. Das Gute im Judentum, nämlich das Ritualgesetz, schafften die Christen ab, und Julian tadelt den Paulus (wohl

---

13 Eunapius, Vit. Soph. 23,2,2–9 p.501. – Zur ambivalenten Haltung des Themistius gegenüber Julian: L.J. DALY, „In a Borderland": Themistius' Ambivalence towards Julian, ByzZ 73 (1980) 1–11. – **14** Jul. ep.86 Bi/Cu S.119,17ff.; ep.84 p.430ab. – Sozom. 5,16,1. – **15** Wir kennen ihre Namen für Lydien, Asien, Galatien, Kilikien, Palästina: Eunapius, Vit. Soph. 23,2,7 p.501. – Jul. ep.89a p.452b; 84 p.429c. – SEECK, Libanius 273 (Seleucus); 111 (Clematius III). – **16** Jul. ep.88 p.451c. – SEECK, Untergang 4,318. – **17** S.o. Kap.1 § 1 Nr.4b mit A.38. Dazu: P. MONCEAUX, De communi Asiae provinciae, 1885, 68ff.; 104. – KOCH 56ff. – NILSSON, Griech. Rel.2 (1961) 386f. – **18** So genannt von GIBBON, Decline and Fall of the Roman Empire, Kap.23, ed. BURY Bd.4 S.88. Es sind: epp.84–89; 81 Bi/Cu. Eingehende Darstellung bei KOCH 49ff.; 511ff. – **19** Ep.84 p.430b. – **20** Ep.89b p.300c–303c. – **21** Ebd. p.305ab. – **22** Ep.84 p.429d; 430c. – **23** Sozom. 5,16,2. – KOCH 530 verweist dafür auf den Mithras- und Isiskult. Vgl. „Gebet I", RAC 8 (1972) 1221 (E.v. SEVERUS). – **24** Ep.109. – **25** Gregor v.Naz. or.4,115. Ein Beispiel gibt Julian, or.5 mit der Auslegung des Attis-Mythus, s. MAU 101ff. – KOCH 1370. – **26** KOCH 1375–81. – **27** Ed. NEUMANN, s.o. Qu. zu Kap.3. – „Galiläer" bei Julian: Bi/Cu Nr.151. – **28** J. GEFFCKEN, Zwei griechische Apologeten, 1907, 306. – NESTLE, Haupteinwände. – R. L. WILKEN, The Christians as the Romans saw them, 1984. – **29** ASMUS, Galiläerschrift 39f. – N. BROX, Gnostische Argumente bei Jul. Apostata, JAC 10 (1965) 181–6. – **30** C. Gal. p.176c; 52b NEUMANN. – **31** C. Gal. 100c S.178,14–181,9 NEUMANN. Völkergötter: Jamblich, De myst. 5,25. – **32** C. Gal. p.305b NEUMANN. – MAU 108; 111.

deswegen) heftig[33]. Das Christentum hat vom Judentum und Griechentum nur das Schlechte übernommen: von den Juden die Wut und Unduldsamkeit, von den Hellenen die sittliche Leichtfertigkeit, wobei Julian an die leichte Sündenvergebung in der Taufe denkt[34]. Christus ist kein Gott, sondern tot[35]. Am gegenwärtigen Christentum mißfällt dem Kaiser vor allem der Märtyrerkult (Verehrung von Gräbern und unreinen Totengebeinen)[36] und das Mönchtum[37]. Die Kettenaskese[38] gilt ihm als Zeichen dämonischer Besessenheit[39].

4. Im Einklang mit seiner ziemlich günstigen Beurteilung der *jüdischen Religion* steht Julians Versuch, den Tempel in Jerusalem wieder aufbauen zu lassen und damit dem Christentum einen weiteren Schlag zu versetzen[40].

§ 3. Die Lage der Kirche unter Julian

Lit.: B. DE GAIFFIER, ‚Sub Juliano Apostata‘ dans le Martyrologe Romain. AnBoll 74 (1956) 5–49. – GWATKIN (s. Kap. 1 § 9 Lit.) S. 219–25. – BRENNECKE, Studien (s. o. Kap. 2 § 7) 107–57.

1. Das Resitutionsedikt Julians führte zu *Zusammenstößen* zwischen christlichen und heidnischen Bevölkerungen.

a) Vor allem in Syrien, Phönizien und Palästina entlud sich der Groll der Heiden gegen die christlichen Verwüster ihrer Heiligtümer. So in Gaza[1], Askalon, Sebaste, Hierapolis, Baalbeck (Heliopolis)[2]. Die Gräber von Bischöfen, welche Tempel zerstört hatten (so des Patrophilus v. Skythopolis) und von Märtyrern wurden geschändet; zu Emesa und Epiphaneia in Syrien Götterbilder in den Kirchen aufgestellt; mißliebige Kleriker und Christen erschlagen[3]. Julian begnügte sich bei solchen Ausschreitungen mit mildem Tadel[4]. Sozomenus berichtet, daß damals sein Großvater und andere Christen aus der Gegend von Gaza fliehen mußten[5]. Einzelne Beamte benutzten das Restitutionsedikt zu Bedrückungen von Christen[6]. Der Advokat Magnus verbrannte in Berytus eine Kirche[7].

b) Zum Teil entstanden *Unruhen* durch die Weigerung von Bischöfen, Tempel, welche sie zerstört hatten, wieder aufbauen zu lassen, etwa im Fall des Markus v. Arethusa, der mißhandelt, aber nicht getötet wurde[8]. Es häuften sich aber auch

---

33 Belege: ASMUS, Galiläerschrift 37. – **34** C. Gal. p. 205 e–206 a; p. 43 b; 245 c NEUMANN. Vgl. Julian, Caes. p. 336 a b (Taufe). – **35** P. 154 d; 206 a NEUMANN. – **36** P. 335 b ff. – **37** C. Gal. lib. 2 Frgt. 12 S. 237 NEUMANN. – **38** S. u. Kap. 7 § 5. – **39** Ep. 89 b p. 288 b Bi/Cu. – **40** *Qu.*: Bi/Cu Nr. 134. – F. BLANCHETIÈRE: Julien philhellène, philosémite, antichrétien. L'affaire du temple de Jerusalem (363), JThS 31 (1980) 61–81. – G. STERNBERGER, Juden u. Christen im Heiligen Land Palästina unter Konstantin u. Theodosius, 1987, 151 ff.

1 S. „Gaza", RAC 8 (1972) 1123–34 (G. DOWNEY). – **2** RAC 1 (1950) 1113–18 (EISSFELDT). – **3** Gregor v. Naz. or. 4, 86–87; 5, 29. – Philost. 7, 4. – Chron. paschale I, 546 (DINDORF). – Sozom. 5, 9–10. – **4** Vgl. ep. 60 Libanius zur Ermordung Georgs v. Alexandrien. – **5** Sozom. 5, 15, 13–17. Vgl. Sokr. 3, 14, 7–8. – **6** SEECK, Libanius 53 (Alexander III); 97 (Belaeus). – BIDEZ, Vie 232 f. – **7** Theodoret, KG 4, 22, 10. – SEECK, Libanius 199 f. Zum Ganzen s. GWATKIN 219–24. – **8** Libanius ep. 819 Bd. 10 S. 741, 5–11 FOERSTER. – Gregor v. Naz. or. 4, 88–91. – Sozom. 5, 10, 8–14. – Theodoret, KG 3, 7, 6–10.

Gewalttaten von Christen gegen Tempel, Götterbilder, Altäre[9]. Auch Angehörige christlicher Sekten (der Enkratit Busiris in Ankyra) taten sich dabei hervor[10].

c) Von der heftigen christlichen *Propaganda gegen den Kaiser* zeugt Julians Brief nach Bostra[11] und das Verhalten der Witwe Publia in Antiochien, die mit ihrem Jungfrauenchor anzügliche Psalmenverse sang, wenn Julian vorüberging[12]. Als die Gebeine des Märtyrers Babylas aus der Nähe des Apollotempels in Daphne (den sie „verunreinigten") auf kaiserlichen Befehl entfernt werden mußten, wurde die Überführung der Reliquien zu einer Kundgebung gegen den Kaiser ausgestaltet. Kurze Zeit danach ging der Tempel in Flammen auf (22. Oktober 362). Julian, der christliche Brandstiftung vermutete, ließ die Große Kirche in Antiochien schließen[13], wobei es zu einem Zusammenstoß mit dem arianischen Bischof Euzoius kam[14]. Märtyrer im Sinne des Evangeliums gibt es unter Julian kaum: Haß und Gewalttätigkeit beseelen viele Christen. Im Falle des Artemius, dem wegen seiner Amtsführung als Militärbefehlshaber Ägyptens der Prozeß gemacht wurde, genügte die Hinrichtung durch Julian, um ihm die Krone des Martyriums zu verschaffen[15]. Die Märtyrer Juventinus und Maximinus aus der kaiserlichen Leibgarde wurden wegen des crimen laesae maiestatis hingerichtet[16].

2. Infolge der staatlichen Toleranzpolitik konnten sich die unter Konstantius verfolgten Gruppen wieder sammeln und Synoden halten.

a) Makedonius von Konstantinopel setzt die nach seiner Absetzung (Januar 360) begonnene Sammlung der *Homöusianer* (die seinen Nachfolger Eudoxius nicht anerkannten) fort: in Konstantinopel, Thrazien, Bithynien, dem Hellespont. Die zweite antiochenische Formel ist die Grundlage. Eleusius v. Kyzykos, Sophronius v. Pompejupolis (Paphlagonien), Eustathius v. Sebaste unterstützen ihn[17].

b) *Aëtius*, den Julian durch Gallus kennen gelernt hatte, wurde huldvoll zurückberufen[18]. Er hielt mit Eunomius Anfang 362 eine Synode in Konstantinopel und wandelte seine Schule zu einer Kirche durch Schaffung einer bischöflichen Organisation. Der wendige Eudoxius v. Konstantinopel näherte sich den Anhömöern wieder und ließ auf einem Umwege – über eine antiochenische Synode des Euzoius – den Beschluß, der 360 in Konstantinopel gegen Aëtius gefaßt worden war, wieder aufheben. Der sich anbahnende Zusammenschluß des Arianismus wird durch die Wende nach Julians Tod vereitelt[19].

c) Auf nicänischer Seite bringt *Athanasius* gleichsam als Gegenspieler des Eudoxius und Euzoius[20] Einigungsbestrebungen in Gang.

9 Durostorum (Thrazien): Theodoret, KG 3,7,5; Hieronymus, Chron. S.243,2 (HELM); Chron. pasch. I, 549 (DINDORF); Pessinus (wo Julian das Heiligtum der Göttermutter besucht hatte: BIDEZ, Vie 275 f.; Gregor v. Naz. or. 5,40); Merus (Phrygien): Sokr. 3,15; Sozom. 5,11,1–3; Cäsarea (Kappadozien): Bi/Cu Nr. 125; Basilius Caes. ep. 100 (Märtyrer Eupsychius). – 10 Sozom. 5,11,4–6. – 11 Ep. 114. – 12 Theodoret, KG 3,19. Ihr „Martyrium" bestand in einer (wohlverdienten) Ohrfeige. – 13 Amm. Marcellinus 22,12,8–13. – Sokr. 3,18–19. – Sozom. 5,18–20. – Theodoret, KG 3,10–13. – SEECK, Untergang 4,506 zu S.338,15. – Philost. S.231,8 ff. mit Apparat ed. BIDEZ/HANSEN. – 14 Theodoret, KG 3,12,3. – Über Julian und die Antiochener: A.J. FESTUGIÈRE, Antioche païenne et chrétienne, 1959, 63–89. – 15 J. DUMMER, Fl. Artemius dux Aegypti, APF 21 (1971) 121 ff. – 16 Theodoret, KG 3,15,4–9. – Joh. Chrysostomus, In SS Juv. et Maxim. 2, MPG 50,574. – Joh. Malalas, Chronogr. 327,15 ff. (DINDORF). – ENSSLIN 158. – Zum Ganzen s. DE GAIFFIER; BRENNECKE, Studien 114–57. – 17 Sokr. 3,10,4–5. – Sozom. 5,14. – 18 Jul. ep. 46. – 19 Philost. 7,5–8. – M. ALBERTZ, Zur Geschichte der jung-arianischen Kirchengemeinschaft, ThStKr 82 (1909) 205–78 (222–28). – BRENNECKE, Studien 107–17. – L. DUCHESNE, Macédonius, evêque d'Apollonias en Lydie, BCH 11 (1887) 311–17 (neu-arianischer Bischof). – 20 Athan., ep. ad Rufin., MPG 26, 1118 b.

§ 4. Das Konzil von Alexandrien (362)

Qu.: Tomus ad Antiochenos, MPG 26, 796–809. – M. TETZ, Ein enzyklisches Schreiben der Synode v. Alexandrien (362), ZNW 79 (1988) 262–81, hält die pseudoathanasianische Epistula catholica (MPG 28, 79–84. Kritische Ausgabe bei TETZ 271–73) für ein Schreiben dieser Synode. – Athanasius, Ep. ad Rufinianum, MPG 26, 1180–81. – Rufin, KG 10, 28–31. Von Rufin hängen Sokrates, Sozomenus, Theodoret ab.
Lit.: F. CAVALLERA, Le Schisme d'Antioche, 1905, 99–119. – HEFELE/LECLERQ, Conciles I, 2, 961–69. – L. DUCHESNE, Histoire 2 (1910) 340–50. – C. B. ARMSTRONG, The Synod of Alexandria and the Schism of Antioch in A. D. 362, JThS 22 (1921) 206–21; 25 (1924) 347–55. – E. SCHWARTZ, GS 4, 45–9. – LIETZMANN, Geschichte 3, 269–75. – J.-M. LEROUX, Athanase et la seconde phase de la crise Arienne. In: Politique et Théologie (s. o. Kap. 1 § 10) 145–56. – M. TETZ, Über nikänische Orthodoxie. Der sog. Tomus ad Antiochenos, ZNW 66 (1975) 194–222. – A. GRILLMEIER, Jesus d. Christus im Glauben d. Kirche I, 1979, 272–97.

Julians Erlaubnis zur Rückkehr der verbannten Bischöfe wurde am 9. Februar 362 in Alexandrien angeschlagen. Am 21. Februar zog Athanasius in die Stadt ein[1]. Sofort wurden den Arianern die Kirchen weggenommen. Die arianische Gemeinde, seit Georgs Ermordung unter der Leitung des Presbyters Lucius, mußte ihre Gottesdienste in Privathäusern halten[2].

1. Athanasius berief (wohl noch im Frühjahr 362) ein *Konzil nach Alexandrien.* Euseb von Vercelli, der mit Lucifer von Calaris in die Thebais verbannt gewesen war[3], hatte den Konzilsplan mit Athanasius vorbesprochen, wobei die Spaltung der Nicäner in Antiochien im Vordergrund gestanden haben dürfte. Jedenfalls reiste Lucifer sogleich nach Antiochien und ließ sich in Alexandrien durch zwei Diakone[4] vertreten. Euseb v. Vercelli wollte die Autorität des athanasianischen Konzils auch für die Lösung der Probleme, welche der Kirchenkampf unter Konstantius II. im Abendland hinterlassen hatte, benutzen. Ziel der Synode war die Regelung der Wiederaufnahme der unter Konstantius „Gefallenen"[5] und die Beseitigung der Spaltung unter den Nicänern Antiochiens. So waren neben einer nicht sehr großen Zahl ägyptischer Bischöfe und den drei Abendländern auch Vertreter der antiochenischen Eustathianer und der Anhänger des Meletius, die in der Altstadtkirche[6] Antiochiens ihre Gottesdienste hielten, anwesend, dazu einige apolliniaristische Mönche. Denn Vitalis, ein Schüler des Apollinaris, warb in Antiochien für die Inkarnationslehre des Apollinaris. Die „Große Kirche" in Antiochien war im Besitz des arianischen Bischofs Euzoius[7].

2. In der Frage der in Rimini und sonst „Gefallenen" entschied das Konzil, daß die Rädelsführer ausgeschlossen, aber die durch Gewalt Erpreßten bei Widerruf und Bekenntnis zum Nicänum ihr Amt wieder erhalten sollten[8].

3. Die *antiochenischen Angelegenheiten* wurden erst nach der Abreise der meisten Synodalen behandelt[9]. Die Anhänger des Meletius sollten der Eustathianergemein-

---

1 Hist. aceph. 9 f. – TURNER, Mon. I, 666 (OPITZ). – Vorbericht zum 34. Festbrief S. (10) Z. 6 ff. CURETON (= LARSOW S. 39). – 2 Sokr. 3, 4. – Lucius: Hist. aceph. 14, TURNER/OPITZ 669, 5. – 3 S. KiG C1, 24. – 4 MPG 26, 808 a. – Vgl. E. SCHWARTZ, GS 4, 46 A. 1. – 5 Das geht aus Rufin u. Athan., ep. ad Rufinianum (wo auch Synoden in Griechenland, Spanien, Gallien erwähnt werden) hervor. – 6 ἐν τῇ παλαι MPG 26, 797 bc. Ihr geistiges Haupt war Diodor, solange Meletius verbannt war; s. LOOFS, Diodor, RE 4 (1899) 673, 34 ff. – CHR. SCHÄUBLIN, Diodor, TRE 8 (1981) 763–67. – 7 Zum Ganzen: CAVALLERA, Schisme, 89–97. – E. SCHWARTZ, GS 4, 46–49. – Vitalis: Chronico paschale p. 548 (DINDORF). – 8 Rufin, KG 10, 29. – Athan., ep. ad Rufinianum, MPG 26, 1180 bc. – 9 Tomus 9.

de zugeführt werden[10]. Das bedeutet, daß Athanasius nicht mit Meletius als Bischof rechnet, sondern ihm seine Schäflein abspenstig machen will[11]. Da die Eustathianer die Dreihypostasenlehre der „Meletianer" ablehnten, soll sowohl die Rede von einer Hypostasis Gottes (sofern das nicht „sabellianisch" gemeint sei) als auch von drei Hypostasen (sofern an der einen Usia Gottes festgehalten wird) gestattet sein. Das Credo des Ossius und Protogenes in Serdika (welches eine Usia und Hypostasis Gottes behauptete), wird abgelehnt[12]. Daraus muß die Frage erwachsen, wie Usia und Hypostasis begrifflich zueinander zu bestimmen seien.

4. Das Hypostasenproblem wird noch dringlicher dadurch, daß die Synode den heiligen Geist in die Homousie des Vaters und des Sohnes mit einbezieht[13]. Damit leitet das Konzil von Alexandrien den dritten Abschnitt des arianischen Streites ein, der sich nicht mehr um die Christologie (das Verhältnis zwischen Sohn und Vater), sondern um die *Trinitätslehre* dreht.

a) Athanasius greift auf seine Briefe an Serapion zurück[14]. Serapion hatte ihm berichtet, es gäbe in Thmuis Leute, die sich zwar vom Arianismus zur Gottheit des Sohnes bekehrt hätten, aber den heiligen Geist als Geschöpf und obersten der dienenden Geister ansähen[15]. Athanasius nennt sie *„Pneumatomachuntes"* und „Tropiker"[16]. Wenn die Schrift De spiritu sancto des Didymus[17] um 358 entstanden ist, traten „Pneumatomachen" gleichzeitig in Thmuis und Alexandrien auf.

b) Der Name „Tropiker"[18] ist davon abgeleitet, daß sie bestimmte Schriftstellen (hier Amos 4,13; 1 Tim. 5,21; Sach. 4,5) zur „Redefigur" (Tropos) erklärten, so daß sie nicht wörtlich, sondern figürlich aufzufassen seien und so den gewünschten Schriftbeweis lieferten[19]. Man versucht, die Tropiker (und Pneumatomachen) von den Homöusianern herzuleiten (Meinhold) und ergänzt das durch die Annahme eines Einflusses von Aëtius und Eunomius während ihrer Tätigkeit in Alexandrien (356)[20]. Wahrscheinlicher ist eine, über Acacius von Cäsarea laufende[21], Verbindung zu dem Origenismus Eusebs v. Cäsarea, der den heiligen Geist für ein Geschöpf hielt[22]. Für etwa 359 bezeugt Hilarius v. Poitiers auch in Kleinasien Verfechter der Geschöpflichkeit des Geistes[23]. Zu ihnen gehörte Makedonius von Konstantinopel[24].

10 Tomus col. 797 bc. – 11 Vgl. Duchesne, Histoire 2, 349. – 12 Tomus 4–6. – 13 MPG 26, 801 b. – 14 CPG 2094. – C. R. B. Shapland, The Letters of St. Athanasius concerning the Holy Spirit, 1951. – L. Iammarone, La dottrina della processione eterna dello spirito santo dal figlio nelle lettere di S. Atanasio a Serapione, Renovatio (Genf) 24 (1989) 429–36. – 15 Ep. ad Serap. 1, 1 MPG 26, 529–32. – 16 Ebd. col. 605 ab; 548 b; 556 bc. – P. Meinhold, Pneumatomachen, PRE 21, 1 (1951) 1060–1101. – W. D. Hauschild, Die Pneumatomachen, 1967. – A. Laminski, Der Heilige Geist als Geist Christi und Geist der Gläubigen. Der Beitrag des Athanasius zur Formulierung des trinitarischen Dogmas im 4. Jahrhundert, 1969, 30 ff. – A. Heron, Zur Theologie der „Tropiker" in den Serapionsbriefen des Athanasius, Kyrios 14 (1974) 3–24. – 17 Didymus v. Alex., TRE 8 (1981) 741–6 (B. Kramer). – 18 Nur bei Athan., Serapionsbriefe u. Ps.-Athan. C. Haereses; s. Laminski S. 32 A. 19. – 19 S. Shapland, Reg. s. v. Tropici. – Zum Gebrauch von tropos in der Logik s. Überweg/Praechter, Philos. des Altertums 582. – M. Pohlenz, Die Stoa 1, 51. – Vgl. F. Chr. Baur, Die christl. Lehre von der Dreieinigkeit u. Menschwerdung Gottes, 1841, 494 f. – 20 Shapland 32 ff. – P. Meinhold, Pneumatomacha, PRE 21, 2 (1951) 1066–1101. – 21 Athan., ep. Serap. 4, 7 MPG 26, 648 ab. – In Thmuis amtierte 359 ein von Acacius v. Cäsarea eingesetzter Bischof Ptolemäus. Epiph. haer. 73, 26 S. 301, 5 Holl. – 22 Praep. ev. 11, 20, 1 S. 46, 7–9 Mras. – De eccl. theol. 3, 6 S. 164, 18–21, Klostermann. Vgl. Hauschild, Pneumatomachen 153 ff.; 185 ff. – Laminski 54 zum Problem des „Hervorgehens" von Sohn u. Geist. – 23 Hilarius, De trin. 12, 55–56. – 24 Hauschild 236–9. – Loofs, Macedonius, RE 12 (1903) 41–8 (46). – Meinhold (s. o. A. 16) 1067–78.

c) Athanasius forderte um der Einheit der göttlichen Trias willen die *Homousie des hl. Geistes*[25]. Durch den Tomus von 362 wird das Geistproblem in das Bewußtsein der kirchlichen Öffentlichkeit gerückt.

5. Zur *Christologie* im engern Sinne (Inkarnationslehre) stellt der Tomus fest, daß der fleischgewordene Erlöser keinen seelen- und vernunftlosen Leib gehabt habe, denn er hat auch die Seele erlöst[26]. Das richtet sich gegen Apollinaris und kommt von den Eustathianern. In der Christologie des Eustathius spielte die Seele Jesu eine hervorragende Rolle[27]. Auch mit dem Auftauchen des christologischen Problems zeigt das Konzil von Alexandrien den Beginn einer neuen theologischen Epoche an.

6. Als Euseb v. Vercelli und Asterius v. Petra[28] das Schreiben nach Antiochia überbrachten, hatte Lucifer bereits den Eustathianer Paulin zum Bischof geweiht[29] und damit (wohl absichtlich) die Beilegung des antiochenischen Schismas vereitelt.

7. Die Tätigkeit des Athanasius in Alexandrien mißfiel Julian. Schon im Frühjahr 362 verwies er ihn aus der Stadt[30]. Doch hielt der Eparch Ecdicius[31] das Edikt mit Rücksicht auf die Volksstimmung zurück. Erst auf eine ungnädige Mahnung Julians hin[32] gab er es am 24. Oktober 362 bekannt. Athanasius wich am gleichen Tage und begab sich in die Thebais[33].

§ 5. Die Christologie des Apollinaris von Laodikea

Qu.: CPG 3645–3700 u. Register s. v. Apollinaristae. – H. LIETZMANN, Apollinaris v. Laodicea u. seine Schule, 1904. Weitere Qu.: MÜHLENBERG, Apollinaris, TRE 3 (1978) 362–71 (Lit.).

Lit.: WALCH, Entwurf Bd. 3, 119–229. – H. DE RIEDMATTEN, La christologie d'Apollinaire de L., StPatr 3 (1957) 203–34. – R. A. NORRIS JR., Manhood and Christ, 1963, 81–122. – H. LIÉBAERT, Christologie, Hb. der DG, hrsg. von M. SCHMAUS u. A. GRILLMEIER; III, 1 (1965) 79–85. – E. MÜHLENBERG, Apollinaris v. L., 1969. – R. HÜBNER, Gotteserkenntnis durch die Inkarnation Gottes?, Kleronomia 4 (1972) 131–61 (Einwände gegen MÜHLENBERG). – A. GRILLMEIER, Jesus d. Christus I, 1979, 481–97. – E. MÜHLENBERG, Apollinaris v. L. und die origenistische Tradition, ZNW 76 (1985) 270–83.

Die Inkarnationslehre des *jüngeren Apollinaris*[1], der seit etwa 352 seine Ansichten vortrug[2], tritt für uns 362/3 ans Licht[3]. Sie stellt in aller Schärfe das christologische Problem, führt in der zweiten Hälfte des 4. Jahrhunderts zu Auseinandersetzungen

---

25 Ep. Serap. 1,2 MPG 26,523 b; 1,29 col. 596 c. – 26 Tomus 7 MPG 26,804 ab. – 27 R. LORENZ, Eustathius, TRE 10 (1982) 545. – Zur Verwandtschaft der Christologie des Athanasius mit der apollinaristischen: K. Hoss, Studien über das Schrifttum u. die Theologie des Athanasius, 1894, 76–9. – M. RICHARD, Athanase et la psychologie du Christ selon les Ariens, MSR 4 (1947) 5–54. – GRILLMEIER, Jes. d. Christus 440–9. – 28 Tomus 2 MPG 26,797 a. – 29 Rufin, KG 10,31. – 30 Jul. ep. 110 BIDEZ. – 31 Er hieß auch Olympus. Hist. aceph. 11 und dazu G. SIEVERS, Athanasii Vita acephala, ZLThK 38 (1868) 124. – 32 Ep. 119 BIDEZ. – 33 Hist. aceph. 11 TURNER/OPITZ S. 667. – Vorbericht z. 35. Festbrief S. (10) Z. 13–16 CURETON (= LARSOW S. 39 f.). – O. SEEL, Die Verbannung des Athanasius durch Julian, Klio 32 (1939) 175–88.

1 Zu diesem: Sokr. 2,46. – Sozom. 6,25,7–14. – 2 LIETZMANN 5 f. – 3 Tomus ad. Ant. 7. – Apollinaris, ep. ad Jovianum, S. 250; 146 LIETZMANN.

und Verurteilung (377 in Rom)[4] und leitet den großen christologischen Streit des 5. Jahrhunderts ein[5].

1. Apollinaris ging von der *Erlösungslehre* aus, welche Athanasius seit De incarnatione dargestellt hatte. Christi Ankunft war das Kommen Gottes, denn ein Mensch konnte die Welt nicht retten[6]. Über Athanasius hinaus fragt Apollinaris nach dem Wesen des inkarnierten Christus und bezeichnet diesen als die eine, fleischgewordene Natur des Gott/Logos (μία φύσις τοῦ θεοῦ λόγου σεσαρκωμένη)[7]. Es sind nicht zwei Naturen, nicht voller Gott und voller Mensch[8]. Sondern der Logos vereint sich mit dem Fleisch aus Maria, der Gottesgebärerin (Theotokos)[9] und bewegt und leitet es anstatt einer vernünftigen Seele[10]. Christus ist Gott im Fleisch (θεὸς ἔνσαρκος-νοῦς ἔνσαρκος)[11]. Mit dieser Hervorhebung der Einheit der einen Natur verbindet sich ein Frömmigkeitsanliegen: dem einen, unzertrennten Gott im Fleische wird eine unzertrennte Anbetung dargebracht[12].

2. Dieses Fleisch wird durch die Einheit mit dem Logos in eine höhere Wirklichkeit erhoben[13], ja, wie es scheint, bis zur Einbeziehung in die Trinität[14]. Bei Markell von Ankyra dagegen trennt sich der Logos, ehe er in Gott zurückkehrt, von seinem Fleische[15].

3. Das Fleisch ist für Apollinaris weit wichtiger als die Seele. Diese hat eigentliches Leben nur in Verbindung mit dem Fleisch[16]. Das wirkt semitisch, wozu auch der eschatologische Realismus des Apollinaris (Wiederaufleben des Tempeldienstes im Tausendjährigen Reich)[17] paßt. Die Erlösung besteht in der *Erlösung des Fleisches*[18], dem Sitz der schmutzigen Gedanken (mönchisch!)[19], der Sünde und des Todes, sie ist allein das Werk des als (menschliche) Nus tätigen Logos[20]. Mit Apollinaris beginnt auf kirchlichem Gebiet der Monophysitismus.

4. Auf die Frage: Wie überträgt sich das Erlösungswerk auf uns?, welche Athanasius in De incarnatione 9 behandelt hatte, antwortet Apollinaris: Durch den Glauben[21]. Indem der Glaube sich dem Herrn zueignet (ἐν τῇ τῆς πίστεως οἰκειώσει), wird die Unsterblichkeit des vergöttlichten Fleisches allen dargereicht[22]. Diese zueignende Tätigkeit, die zur Angleichung an Christus führt, wird durch den hl. Geist gewirkt[23]. Dabei ist – wie bei Athanasius – die den Kosmos durchwaltende Schöpfermacht Gottes im Blick[24]. Und im Abendmahl erhalten wir durch den Genuß des vergöttlichten Fleisches das Leben[25]. Die Gotteserkenntnis als Frucht der Inkarnation steht mehr am Rande[26].

4 LIETZMANN 26 f. – 5 Su Cristo. Il grande dibattito nel IV° secolo. Apollinare, Epifanio, Gregorio di Nazianzo, Gregorio di Nissa e altri (hrsg. von E. BELLINI), 1978 (Textlese). – 6 Apoll. Frg. 70*; 93*. – Athan., De inc. 7. Zu Apollinaris u. Athanasius: MÜHLENBERG (1969) 188 ff. – 7 Ep. ad Jov. S. 251,1 LIETZMANN. – 8 Frg. 42*; 81* LIETZMANN. – 9 S. 251,7–9 LIETZMANN. – 10 Belege: LOOFS, DG⁴, 267 f. – MÜHLENBERG 149 ff. – Zum anthropologischen Schema des Apollinaris: NORRIS 83–87. Über das soma apsychon des Inkarnierten bei Arius u. Euseb v. Cäsarea (das, wie bei Apollinaris, aus der origenistischen Lehre von der Inkarnation der präexistenten Christusseele herkommt) s. R. LORENZ, Arius judaizans?, 1979, 211 ff. – 11 S. 256,20 LIETZMANN – Frg. 70–72 u. ö. (Nus ensarkos). – 12 S. 177,8–10; 197,20 LIETZMANN. – Anbetung des Fleisches: 225,19. – 13 S. 261,1 LIETZMANN. – 14 S. 195,16–24; 199,20 LIETZMANN. – 15 Euseb. v. Cäs., C. Marcell. S. 53–6, KLOSTERMANN. – 16 Belege bei DE RIEDMATTEN 224 ff. – 17 Basilius v. Cäs., ep. 263,4 MPG 32,980 c; 265,2 col. 988 b. – 18 Frg. 76 LIETZMANN. – 19 S. 256,5–7 LIETZMANN. – 20 Frg. 38; 74; 93 u. S. 178,13–17; 306,15 LIETZMANN. – 21 S. 262,8–10 LIETZMANN. – 22 S. 168,12–16 LIETZMANN. – 23 Frg. 80. Vgl. S. 224,6 LIETZMANN. – DE RIEDMATTEN 209 A. 6. – 24 S. 169,3–10 LIETZMANN. – 25 Frg. 116 S. 235 LIETZMANN. – 26 HÜBNER, s. Lit.

§ 6. Das Scheitern Julians

Am 26. Juni 363 fiel Julian auf seinem Perserfeldzug. Bald kamen Gerüchte auf, ein Christ habe den todbringenden Speer geschleudert[1]. Mit dem *Tode des Kaisers* endete die heidnische Restauration.

1. Julian, der mit Konstantin, dessen Werk er beseitigen wollte, manches gemeinsam hat (so den Glauben, Empfänger von Zeichen und Offenbarungen der Gottheit zu sein), scheiterte, weil die Zahl der Christen in der Bevölkerung bereits zu hoch war und weil die Kirche mit ihren unzähligen Predigtstühlen ganz andere Möglichkeiten besaß, das Volk zu beeinflussen, als der Kaiser. Sein Versuch, die Kirche zurückzudrängen, brachte erhebliche Unruhe und glich einer Erschütterung des Reiches[2]. Aber vor allem war das Heidentum nicht in der Lage, die ihm von Julian zugedachte Rolle zu übernehmen. Für die Liebestätigkeit fehlte sowohl die Organisation wie der innere Antrieb, die auf christlicher Seite vorhanden waren. Der neue Lebensgeist jamblichischer Theosophie, den Julian dem Heidentum einhauchen wollte, drang nicht über die engen Kreise der „Sophisten", welche uns Eunapius vorführt, hinaus. Weder das Volk in den Städten, noch das Heidentum, welches in den Lokalkulten abgelegener Landstriche lebendig geblieben war, konnte damit etwas anfangen. Die von Julian erzielten „Bekehrungen" beschränkten sich auf Leute, die ihren Vorteil im Auge hatten. Julians Ritualismus, seine Gesetzlichkeit waren ein Rückfall auf eine vom Christentum überwundene Stufe der Religiosität.

2. Die größte Gefahr seines in genauer Kenntnis der Kirche geführten Angriffs bestand darin, daß bei längerer Dauer der Regierung sich christliche Sonderkirchen gefestigt hätten, woraus dem Reichskirchengedanken Schwierigkeiten erwachsen wären. Da sein rascher Tod das vereitelte, bleibt seine *Nachwirkung* darauf beschränkt, daß bis zum Tode des Valens (378) die antiheidnische Gesetzgebung des Konstantius nicht erneuert wurde.

3. Der „Hellenismus", dem Julian sein Leben geweiht hatte, war ungriechisch und zudem unzeitgemäß. Die *christlichen Schriftsteller* überschütteten den toten Julian mit Schmähungen. Die Reden Gregors v. Nazianz gegen Julian (or. 5–6), welche dessen Bild bis weit in die Neuzeit hinein bestimmt haben, sind ein Erzeugnis des Hasses, ausgeschmückt mit den Verleumdungskünsten sophistischer Rhetorik. Ephräm der Syrer scheut sich sogar nicht, den blutigen Verfolger der persischen Christen, Sapor, im Vergleich zu Julian mit Lob zu bedenken[3]. Eine maßvolle und vornehme Beurteilung von christlicher Seite gibt der Spanier Prudentius[4].

---

1 Beste Untersuchung der *Qu.*: TH. BÜTTNER-WOBST, Der Tod des Kaisers Julian, Ph. 51 (1892) 561–80. Auch bei KLEIN, Julian (s. o. § 1 Lit.). Verneint vorsichtig eine christliche Täterschaft. – 2 Gregor v. Naz., Or. 4, 74. – 3 Hymnen gegen Julian 2, 27. CSCO 174, 81. – 4 Apotheosis 450 ff.

4. Kapitel: Wiederaufnahme der Reichskirchenpolitik im Osten bis zum Tode des Valens († 378). Der dritte Abschnitt des Arianischen Streites

Qu.: Die Gesetze bei SEECK, Regesten 213 ff. – Ammianus Marcell. Buch 25,5 bis Buch 31. – Zosimus 4,1–24. Weiteres bei DEMANDT, Spätantike 109. – Hieronymus, Chron. a. 364 ff., S. 243 ff. HELM. – Rufin, KG 11,1–14. – Sokr. 3,22–4,38. – Sozom. 6,3–20. – Theodoret, KG 4. – Philostorgius 8.
Lit.: L. DE TILLEMONT, Hist. des Empereurs 4,577 ff.; 702 ff. 5,35 ff. – SEECK, Untergang 4,358–71; 514–19. Bd. 5,1–134; 421–84 (Qu.). – E. SCHWARTZ, GS 4,49–88. – LIETZMANN, Geschichte 4,1–39. – A. NAGL, Valens 3, PRE 2. Reihe, Bd. 7 (1948) 2097–2137. – G. DOWNEY, A History of Antioch, 1961 (u. ö.) 398–413. – PIGANIOL, L'Empire chrétien, 162–88. – K. L. NOETHLICHS, Die gesetzgeberischen Maßnahmen der christlichen Kaiser des 4. Jahrhunderts gegen Häretiker, Heiden und Juden, Diss. Köln 1971, 76–8; 92–9.

§ 1. Jovian (27.6.363–17.2.364)

Lit.: O. SEECK, Jovianus, PRE 9,2 (1916) 2006–11. – G. WIRTH, Jovian. Kaiser und Karikatur, JAC, Ergänzungsbd. 11 (FS Th. Klauser), 1984, 353–84.

Der von der Spitze des Heeres gewählte Nachfolger Julians, der Offizier *Jovian,* war Christ[1]. Nachdem er durch einen für Rom ungünstigen Vertrag Frieden von den Persern erkauft hatte, galt seine Sorge der Sicherung seines Thrones. Religiöse Streitigkeiten konnten ihm deshalb nicht erwünscht sein.

1. Jovian machte die Religionspolitik Julians rückgängig und erhob das *Christentum* wieder zur *Staatsreligion*[2]. Das wurde vielfach als erneutes Opferverbot aufgefaßt[3]. Doch schlug er, bestärkt von Rhetoren[4], einen Kurs der Duldsamkeit ein. Aber er zog die Grundstücke, welche Julian den Tempeln zugewiesen hatte, wieder ein[5]. Seine christliche Gesinnung wird durch die Aufhebung von Julians Schulgesetz[6] und den Schutz des Virginitätsgelübdes[7] unterstrichen. Das Labarum wird wieder zum Feldzeichen des Heeres[8].

2. Die *kirchlichen Parteien* bemühen sich sofort um die Gunst des Kaisers. Schon in Edessa, wo er am 27. September 363 nachweisbar ist[9], suchen ihn die jung-arianischen Bischöfe Candidus und Arrianus, Verwandte von ihm, auf und wollen ihn gegen Athanasius einnehmen. Doch vorsichtig vertagt Jovian eine Entscheidung[10].

---

1 Sokr. 3,14,4.22,3. – R. VON HAEHLING, Ammianus' Darstellung der Thronbesteigung Jovians im Licht der heidnisch-christlichen Auseinandersetzung. In: FS J. Straub, 1977, 347–88. – 2 Ut tantum deus excelsus colatur et Christus. Hist. acephala 12 S. 76 f. (Parallelstellen) FROMEN. – 3 Libanius ep. 1425,3 FOERSTER. – 4 Strategius: Libanius ep. 1436,4 u. 1119,1. – Themistius or. 5. Dazu: G. DAGRON, L'Empire Romain d'Orient, 1968, 163–75. – L. J. DALY, Themistius' Plea for Religious Tolerance, GRBS 12 (1971) 65–79. – 5 CTh 10,1,8 v. 4.2.364. – 6 CTh 13,3,6 v. 11.1.364. – 7 CTh 9,25,2 v. Februar 364; vgl. Sozom. 6,3,5–6. – 8 R. DELBRUECK, Spätantike Kaiserporträts, 1933, 26 f.; 88 f. – 9 SEECK, Regesten 213. – 10 Philost. 8,4–6. – ALBERTZ, Jungarianische Kirche, ThStKr 1909, 229 ff.

Und die Homöusianer um Basilius von Ankyra, welche in einer Eingabe die Rückkehr zu den Beschlüssen ihrer Partei in Seleukia (359) fordern, werden mit einer Ermahnung zum Frieden abgespeist[11]. Auch Apollinaris v. Laodikea sandte ein Glaubensbekenntnis an Jovian[12]. Inzwischen – der Tod Julians und der Regierungsantritt Jovians wurden am 19. August 363 in Alexandrien bekanntgegeben[13] – hatte Athanasius seine Zuflucht in der Thebais heimlich verlassen, schiffte sich am 6. September (8. Thoth) in Alexandrien ein und traf Jovian zu Hierapolis in der Euphratensis. Dieser empfing ihn ehrenvoll und geleitete ihn nach Antiochien[14]. Vermutlich dort verfaßte Athanasius auf Wunsch des Kaisers eine Glaubensdarlegung[15], die natürlich nicänisch und antiarianisch ist. Jovian bestätigte ihn im Amt[16]. Eine Gegengesandtschaft der alexandrinischen Arianer unter Lucius und anderen wird demgemäß in Antiochien vom Kaiser schroff abgewiesen, obwohl sie sich die Fürsprache von Hofeunuchen gesichert hatte[17]. In Antiochien übergab Jovian den „Rechtgläubigen", das heißt dem Meletius, die „Große Kirche"[18].

3. Der Kaiser verließ Antiochien Anfang November 363[19]. *Athanasius* verweilte lange und traf erst am 14. Februar 364 wieder in Alexandrien ein[20]. Sein Bemühen um Beseitigung der Spaltung zwischen den antiochenischen Nicänern – was für Athanasius nur die Einigung unter dem Bischof Paulin bedeuten konnte[21] – richtete nichts aus. Es kam nicht zur Aufnahme kirchlicher Gemeinschaft zwischen Athanasius und Meletius[22].

4. *Meletius* hielt seine Interessen für besser gewahrt, wenn er sich (wie vor 360[23]) mit Acacius zusammentat. Er berief Ende 363 eine Synode nach Antiochien, an der auch Acacius mit einigen Anhängern teilnahm[24]. Acacius, eingedenk des bei Hofe wehenden Windes, und Meletius bekennen sich hier zum Nicänum, schwächen aber das „homousios" durch die Erläuterung ὅμοιος κατ᾽ οὐτίαν ab. Man nähert sich also den Homöusianern[25]. Die Synode wird von strengen Nicänern kritisiert[26]. Jovian ließ trotz seiner nicänischen Überzeugung die verschiedenen kirchlichen Richtungen unbehelligt[27].

§ 2. Das Heidentum unter Valens

Qu. u. Lit.: s. o. vor diesem Kapitel. Zu den Gesetzen ergänzend: S. Riccobono, Fontes I, 511–13. – Eunapius, Vitae Soph. 7, 4, 11 ff. Giangrande. – Schultz, Heidentum 1, 189–208; Geffcken, Ausgang 141–45. – Vgl. KiG C1, 30 f.

11 Sokr. 3, 25, 1–4. – Sozom. 6, 4, 3–5. – 12 Lietzmann, Apoll. 250–2. – 13 Hist. aceph. 12. Turner, Mon. I, 667. – 14 Vorbericht z. 35. Festbrief S. (10) Z. 18 f. Cureton (= Larsow S. 39) Chronologie bei A. Martin, Hist. acéph. 299 A. 88 ff. – 15 Ep. ad Jovianum, MPG 26, 813–20. Es ist kein Synodalbrief aus Alexandrien (gegen Hefele/Leclercq I, 2, 971 f.); die mitgenannten Bischöfe sind aus der Begleitung des Athanasius. – 16 Ep. Jov. ad Athanasium, MPG 26, 813. – 17 MPG 26, 820–24. Jovian ließ die Eunuchen zur Strafe foltern. – 18 Theodoret, KG 4, 24, 4. – 19 Seeck, Regesten 213. – 20 Hist. aceph. 13. Der Vorbericht z. 36. Festbrief S. (10) Z. 11 v. u. Cureton, gibt ein falsches Datum (20. Februar); s. A. Martin, Hist. acéph., 299 A. 91. – 21 S. o. Kap. 3 § 4 Nr. 3. – 22 Basilius v. Cäs. ep. 89, 2; 214, 2; 258, 3. – 23 Epiph. haer. 73, 23 S. 296, 12; 303, 2 f. Holl. – 24 Sokr. 3, 25, 6–17. Die Unterschriften bei Sokr., verglichen mit der Liste der Acacianer bei Epiph. haer. 73, 26, 2 ff., enthalten 7 Acacianer. – 25 Trotz der Feindschaft zwischen Acacius u. Basilius v. Ankyra (Epiph. haer. 73, 23, 4). Auf der antiochenischen Synode ist Athanasius v. Ankyra, der Gegenbischof des Basilius (Philost. S. 66, 22 f. Bidez) durch Presbyter vertreten. – 26 Apollinaris v. Laodikea, ep. 364 inter Basil. – Ps. Athanasius, Refutatio hypocriseos Meletii et Eusebii, MPG 28, 85–8. – 27 Sokr. 3, 25, 19.

Jovians Nachfolger *Valentinian I.*, der als Offizier unter Julian am Christentum festgehalten hatte[1], erhob am 28. März 364 seinen Bruder *Valens* zum Mitaugustus[2]. Anfang Juni 364 fand in Naissus die Reichsteilung statt. Valens erhielt die östliche Präfektur: Ägypten, die asiatischen Provinzen und Thrazien. Illyrien wurde dem Westreich Valentinians zugeschlagen[3]. Diese Teilung ist ein weiterer Schritt zur Verselbständigung des Ostreiches.

1. Das *Toleranzgesetz*, welches Valentinian I. zu Beginn seiner Regierung erließ[4], galt natürlich auch für Valens. So genossen Heiden und Juden unter seiner Herrschaft Duldung[5].

2. Ungünstig für das *Heidentum* wirkte sich die Furcht beider Kaiser vor Magie aus[6]. Sie wähnten, daß ihnen aus Julians Freundeskreis mit Zauberei und Zukunftsdeutung nachgestellt werde[7]. Nach dem gescheiterten Aufstand Prokops (28. 9. 365–27. 5. 366), eines Verwandten Julians, wurden heidnische Anhänger Julians verfolgt[8].

3. Bei all diesen Vorgängen stehen jedoch politische Gesichtspunkte im Vordergrund. So auch in dem berüchtigten Prozeß des Theodorus 371/2 zu Antiochien. Theodorus war durch ein spiritistisches Orakel in den Verdacht geraten, Anwärter auf den Thron zu sein[9]. Man fahndete während der Untersuchung nach Zauberbüchern. Aus Furcht verbrannten viele in den östlichen Provinzen ihre Bibliotheken[10]. Vermutlich im Gefolge dieser Prozesse verbot Valens die Tieropfer (die für Zauber nötig waren). Nur Weihrauchopfer blieben erlaubt[11]. In der Regierungszeit des Valens sind Wiederherstellungen von Tempeln bezeugt[12].

§ 3. Rückkehr im Osten zur homöischen Reichskirchenpolitik

Qu. u. Lit.: s. o. § 2. – Briefe des Basilius, CPG 2900. – Lobreden auf Basilius von Gregor v. Nyssa (CPG 3185) u. Gregor v. Nazianz (or. 43). – P. Maran, Vita S. Basilii Magni (1730), MPG 29 S. V-CLXXVI (unentbehrlich). – F. Loofs, Eustathius v. Sebaste u. die Chronologie der Basiliusbriefe, 1898. – A. Nagl, Valens, PRE 2. Reihe, Bd. 7 (1948) 2097 ff. – M. Hauser-Meury, Prosopographie zu den Schriften Gregors v. Nazianz, 1960. – G. Brennecke, Studien zur Geschichte der Homöer, 1988, 181–242 (Lit.).

Valens geriet gleich zu Anfang seiner Regierung unter den Einfluß des Bischofs Eudoxius v. Konstantinopel, vielleicht durch die Kaiserin Domnica, der „arianische" Gesinnung nachgesagt wird[1]. Er ließ sich auch von Eudoxius vor Beginn

---

1 Sokr. 4, 1, 8–10; s. Seeck, Untergang 5, 422 zu S. 3, 31; 431 zu S. 19, 13. – 2 Ammianus 26, 4, 3. – Seeck, Unterg. 5, 423 zu S. 6, 29. – 3 *Qu.*: Stein, Geschichte 1, 206 A. 6. – 4 Erwähnt CTh 9, 16, 4 (Mai 371). – 5 Theodoret, KG 4, 24, 2. 5, 21, 3–4. – Noethlichs 95–9. – 6 Verbot nächtlicher Opfer (zwecks Magie): CTh 9, 16, 7 v. 9. 9. 364; vgl. Zosimus 4, 3, 2–3. – CTh 9, 16, 8 v. 12. 12. 370 verbietet den Unterricht in Astrologie bei Todesstrafe. – 7 Amm. Marcell. 26, 4, 4. – Zosimus 4, 1, 1. – Verbannung des Oberpriesters Seleukos: Seeck, Briefe des Libanius 273; von Julians Arzt Oribasius: Jones, Prosop. s. v. – Folterung des Maximus v. Ephesus: Jones, Prosop. s. v. Maximus 21. – 8 Amm. Marcell. 26, 10, 6–14. – 9 *Qu.*: Seeck, Untergang 5, 425 zu S. 10, 7. – Nagl, Valens 2111–13. – H. Funke, Majestäts- u. Magieprozesse bei Amm. Marcell., JAC 10 (1967) 165–75. – 10 Amm. Marcell. 29, 1, 41. 2, 4. – 11 Libanius, or. 30, 7. – 12 In Korasion (Isaurien): Dittenberger, Orientis graeci inscript. selectae Nr. 580. – Ein Tempel des Dusares in Syrien: Antioch on the Orontes 3. The Excavations 1937/39, ed. by R. Stillwell, Princeton 1941, 689; 696; 706.

1 Sokr. 4, 1. – Sozom. 6, 6. – Theodoret, KG 4, 12, 3–4. 19, 8–9.

seines ersten Gotenkrieges (Frühjahr 367) taufen[2]. Eudoxius lenkte seine *Kirchenpolitik*, welche an Konstantius II. anknüpfte, die homöische Formel von Konstantinopel (360) durchsetzen will und die anderen Richtungen (Anhomöer, Homö- und Homousianer) bedrückt. Die Kirchenpolitik des Valens ist jedoch unstet. Der Aufstand Prokops (365/6) sowie die Gotenkriege (367/70 und 378) erzwingen Pausen. Und der Schwerpunkt der Zwangsmaßnahmen verschiebt sich mit dem kaiserlichen Itinerar[3].

1. Nachdem Valens im Herbst 364 die Abgesandten des homöusianischen Konzils von Lampsacus, das gegen Eudoxius und die Beschlüsse von Konstantinopel (360) aufgetreten war, in die Verbannung geschickt hatte[4], verfügte er Anfang 365, daß alle durch Konstantius II. abgesetzten Bischöfe, die unter Julian zurückgekommen waren, wieder zu vertreiben seien[5]. Das betraf vor allem Meletius in Antiochien und Athanasius[6]. Gegen Eleusius von Kyzykos, der in Lampsacus den Vorsitz geführt hatte, ließ Valens nach der Niederwerfung Prokops eine Synode in Nikomedien zusammentreten, die zu Unterdrückungsmaßnahmen gegen die „Makedonianer" (Homöusianer) in Bithynien und dem Hellespont führte[7].

2. Um ihren Zusammenhalt in der seit 364 andauernden Verfolgung zu sichern, versammelten sich die *Homöusianer* auf einer Reihe von Synoden in der Asia, Pisidien, Isaurien, Pamphylien, Lykien[8]. Sie entsandten eine Abordnung (Eustathius v. Sebaste, Silvanus v. Tarsus, Theophilus v. Kastabala [Kilikien]), um von Valentinian Abhilfe zu erbitten. Dieser war schon nach Gallien abgereist. Doch erlangten die Gesandten nach ihrem Bekenntnis zum „Homousios" die Kirchengemeinschaft mit Papst Liberius und anderen abendländischen Kirchen (in Sizilien, Afrika, Gallien)[9]. Eine Synode zu Tyana in Kappadozien billigte die Ergebnisse der Gesandtschaft[10]. Eine Minderheit von 34 Bischöfen, die im karischen Antiochien zusammentrat, beharrte jedoch auf dem „Bekenntnis Lukians" und lehnte das Homousios weiterhin ab[11]. Die von der Mehrheit der Homöusianer für Frühjahr 367 in Tarsus vorgesehene Synode, welche die Einigung mit den Abendländern besiegeln sollte, wurde von Eudoxius vereitelt[12]. Eudoxius starb im Frühjahr 370 auf einer Ordinationsreise in Nicäa, und Valens setzte Demophilus von Beröa (Thrazien) als Nachfolger ein[13].

3. Wegen des Streits mit den Persern um Armenien reist Valens im Frühjahr 370 nach Antiochien und Hierapolis (Mesopotamien) und wieder im Sommer 371 nach Kleinasien. Antiochien bleibt von Oktober 371 bis 378 sein Stützpunkt und Win-

2 Philost. 9, 3. – Theodoret, KG 4, 12, 1–4. – Hieronymus, Chron. 245, 4 HELM. – Sokr. 4, 1, 6. – Abweichend SEECK, Untergang 5, 76, 2 ff. mit S. 456 f. – LOOFS, Eudoxius, RE 5 (1898) 580, 8–11. – 3 366: Nikomedien (s. unten). – 368/9: Skythien (Tomi). Sozom. 6, 21, 3–7; J. ZEILLER, Les origines chrétiennes dans les provinces danubiennes de l'Empire Romain, 1918, 307 f. – 370 ff.: Konstantinopel, Bithynien, Galatien, Kappadozien, Antiochien, Syrien. – 4 Sozom. 6, 7, 3–10. – Chronologie: SEECK, Unterg. 5, 456 zu 75, 27. – 5 Angeschlagen am 5. 5. 365 in Alexandrien. Hist. aceph. 15. – Sokr. 4, 13, 3. – Sozom. 6, 12, 5. – 6 Zum 5. Exil des Athanasius (5. 10. 365–1. 2. 366): G. R. SIEVERS, Athanasii Vita acephala, Zeitschrift für d. hist. Theol. 38 (NF 32) (1868) 84–162 (143–7). – A. MARTIN, Hist. acéph. 100. – Meletius: TILLEMONT, Mém. VIII, 765 (S. Mélèce, art. IX). – 7 Sokr. 4, 6. – Sozom. 6, 8. – 8 Sokr. 4, 12, 8. – 9 Sokr. 4, 12. – Sozom. 6, 10–12. – PIÉTRI, Roma christ. 265–68. Da Liberius am 24. 9. 366 starb (Coll. Avell. 1, 4. CSEL 35, S. 2, 17 GÜNTHER), wird die Gesandtschaft zwischen Herbst 365 (Abreise Valentinians I. nach Gallien, SEECK, Unterg. 5 23, 33) und Sommer 366 liegen. – 10 Sozom. 6, 12, 1. – 11 Sozom. 6, 12, 4. – 12 HEFELE/LECLERCQ, Conciles I, 1, 976–9. – 13 Philost. 9, 8. – Sokr. 4, 14. – Sozom. 6, 13. Die Greuelnachricht von den 80 Geistlichen, die Valens auf einem in Brand gesteckten Schiff untergehen ließ, weil sie gegen Demophilus protestiert hatten (Sokr. 4, 16; Sozom. 6, 14; Gregor v. Naz. or. 25, 10; 43, 46), ist unglaubwürdig. S. GWATKIN, Arianism 276 ff.

terresidenz[14]. Damit verlagern sich die kirchenpolitischen Zwangsmaßnahmen (die in der Hand des Gardepräfekten Modestus liegen) nach Galatien, Kappadozien und Syrien[15].

a) Modestus versucht, die Bischöfe durch Wegnahme der Kirchen, Gütereinziehung[16], Verbannung und Überredung zur Botmäßigkeit zu bringen. Ein Schwarm *homöischer Bischöfe,* welche bei Bedarf zu Synoden (für Ab- und Einsetzungen) zusammentreten, folgt dem Gardepräfekten. So werden Bithynien und Galatien für die homöische Reichskirche gewonnen[17].

b) Zur Seele des Widerstandes wird *Basilius,* der seit 370 (Sommer/Herbst) Bischof von Cäsarea in Kappadozien ist[18]. Er beugt sich weder Modestus noch dem Kaiser[19], der angeblich zu Epiphanias 372 in Cäsarea weilte[20]. Basilius wird schonend behandelt, wobei angesichts der armenischen Verwicklungen auch der Einfluß der Metropole Cäsarea in der armenischen Kirche mitgespielt haben mag[21]. Im Jahre 372 bittet der comes Terentius in kaiserlichem Auftrag, Basilius möge Bischöfe für Armenien weihen[22].

c) Die Teilung *Kappadoziens* in zwei Provinzen (372), die den Sprengel des Basilius verkleinerte, ist keine Kampfmaßnahme, sondern eine Verwaltungsangelegenheit[23]. Es kennzeichnet die kirchlichen Zustände, daß der Bischof von Tyana, das durch die Teilung zur Metropole aufgerückt war, Abgabentransporte für die alte Metropole Cäsarea überfallen ließ[24]. Zum Schutz der Transporte setzte Basilius mit gewaltsamer Überredung seinen Freund Gregor von Nazianz als Bischof in den elenden Fuhrmannsflecken Sasima[25]. Gregor, der die Stelle nie antrat, grollte zeitlebens über diesen Eingriff in sein Leben, der ihn später den Thronos von Konstantinopel kosten sollte.

d) Im Herbst 374 klagten Gegner des Basilius ihn bei Hofe in Antiochien an[26]. Die Sache schleppte sich ins Jahr 375 hinein und wurde schließlich von Valens niedergeschlagen[27]. Wahrscheinlich veranlaßten diese Klagen, daß Demosthenes, der Vikar der Diözese Pontus, in die kirchlichen Angelegenheiten eingriff, worunter Gregor von Nyssa, der Bruder des Basilius, besonders zu leiden hatte[28].

4. In *Antiochien* wurde Meletius, der von seinem zweiten Exil[29] wohl eigenmächtig im Windschatten des Gotenkrieges (367) zurückgekehrt war, wieder ver-

---

14 S. Seeck, Regesten. – 15 Zu Modestus: G. R. Sievers, Das Leben des Libanius, 1868, 227–32. – Seeck, Libanius 213–18. – 16 Hierzu s. C. Müller, FHG V,2 S.245 (Faustus v. Byzanz 4,9). – 17 Gregor v. Nyssa, C.Eunomium 1,126–143 Jäger. – Ders., Trauerrede auf Basilius, MPG 45,796 d–797 b. – 18 Bibliogr. zu Basilius: P. J. Fedwick (Hrsg.), Basil of Caesarea. Christian, Humanist, Ascetic, Toronto 1981, 627–99. – E. Young, From Nicaea to Chalcedon, 1983, 342 f.; 369–73. Zur Wahl des Basilius: Gregor v. Naz. or. 43, 37–39. – 19 Gregor v. Naz., or. 43, 44–54. – Sokr. 4, 26. – Sozom. 6, 16. – Theodoret, KG 4, 19. – 20 So Gregor v. Naz. or. 43, 46–52. – Seeck bestreitet das: Unterg. 5, 459 zu 81, 3. In der Tat wird Valens kaum im Januar über den verschneiten Taurus von Antiochien nach Cäsarea gereist sein, und wozu? Überwinterte er in Kleinasien? G. May, Basilius d. Gr. u. der röm. Staat. In: B. Moeller/G. Ruhbach (Hrsg.), Bleibendes im Wandel der KG., 1973, 47–70. – 21 W. Hager, Armenien, TRE 4 (1973) 45 f. – 22 Basil. ep.99,4. – 23 Basil. ep.74–76; 97; 98,2. – Gregor v. Naz. or. 43,58. – Hauser-Meury, Prosop. 42 A.47. – E. Honigmann, Trois Mémoires posthumes, 1961, 28–33. Auch die Provinz Lykaonien wurde um diese Zeit geteilt. Ramsey, The Historical Geography of Asia Minor 388. – 24 Gregor v. Naz. or. 43,59. – 25 Gregor v. Naz., Carmen de vita sua vs. 439–46 ed. Chr. Jungck, 1974. – 26 Basil. ep.190,2. – Maran, Vita cap. 31,3 MPG 29 S.CXXV D zu Anm. (a). – 27 Basil. ep.213,2 (Vorladung an den Hof), verf. 375. Maran, Vita 33,6. Ep.129,2 (Sommer 375: Loofs, Eustathius 46 A.5). – 28 Basil. ep.225; 231; 232; 237; 239; 251. – Maran, Vita, MPG 29 S.CXXXVII–CXLIII. – Loofs, Eustathius 6–16. – J. Daniélou, Grégoire de Nysse à travers les lettres de S. Basile et de Grégoire de Naziance, VigChr 19 (1965) 31–41. – 29 Durch das Edikt von 365, s. o. Nr. 1.

bannt, als Valens seine Residenz dort aufschlug[30]. Flavian und Diodor leiteten die Anhänger des Meletius, die jedoch ihrer Kirchen beraubt wurden und ihre Gottesdienste unter freiem Himmel halten mußten[31]. Als Euzoius, der arianische Bischof Antiochiens, 376 starb[32], erhielt er in Dorotheus von Heraklea einen dem Kaiser genehmen Nachfolger[33]. Die Bedrückungen dehnten sich auf die syrische Provinz aus. Über Verfolgungen in Chalkis und Beröa (wo ein Kloster niedergebrannt wurde) unterrichten Briefe des Basilius[34]. In Edessa nahmen die „Arianer" (Homöer) im September 373 den Orthodoxen die Kirche weg[35]. Bischof Barse scheint um dieselbe Zeit verbannt worden zu sein[36]. Die Verfolgung erfaßte die ganze Osrhoëne[37]. Auch der Freund des Basilius, Euseb von Samosata, wandert im Sommer 374 in die Verbannung nach Thrazien[38]. In Palästina wurde Kyrill von Jerusalem verjagt[39].

5. Basilius versucht angesichts des staatlichen Drucks, die *Nicäner* zusammenzufassen und das antiochenische Schisma zu heilen. Er wird dabei von Euseb von Samosata, dem Freunde des Meletius, beraten[40]. Basilius erhofft sich die Unterstützung des Athanasius und der Abendländer. Papst Damasus soll eine Bischofsgesandtschaft in den Orient entsenden[41]. Da Basilius im antiochenischen Schisma für Meletius und gegen Paulin (den Athanasius 362 im Tomus ad Antiochenos anerkannt hatte) Partei nahm, erregte er Verstimmung bei Athanasius und Papst Damasus. Im Herbst 375 erkannte Damasus durch das Schreiben Per filium[42] den Paulin als Bischof von Antiochien an. Damasus, ungerührt von den hochrhetorischen Klagen des Basilius über die Verfolgung, regte keinen Finger für diesen[43]. Aber durch die Berührung mit den östlichen Angelegenheiten machte die römische Trinitätstheologie Fortschritte[44].

---

30 Loofs, Meletius, RE 12 (1903) 556,14–25. – 31 Sokr. 4,12. – Sozom. 6,18. – Theodoret, KG 4,24. – 32 Datiert bei Sokr. 4,35,4. – 33 Sokr. a.a.O. – Philost. 9,14. Über die Lehre des Dorotheus: Sokr. 5,23,4. – Sozom. 7,17,9. – 34 Ep.221; 222; 256 (verf. 375, s. Loofs, Eustathius 48 Anm. – Maran, Vita Kap. 33,8; 36,5 setzt die Briefe auf 376). – Weitere Nachrichten: Theodoret, KG 4,13,2–3. – 35 Edessenische Chronik 31, hrsg. von L. Hallier, 1892, 149; 100 f. – Rufin, KG 11,5. – Sokr. 4,10. – Sozom. 6,18. – 36 Einzelheiten: Hallier (Edess. Chronik) 101. – Briefe des Basilius an Barse: ep.264 u. 267. – 37 Sozom. 6,21,1. – Vertreibung Abrahmas von Batnae: ep.132. – 38 Maran, Vita Kap. 30,3. MPG 29 S.CXX. – Loofs, Eusebius v. Samosata, RE 5 (1898) 620–22. – 39 Zu erschließen aus seiner Rückkehr unter Theodosius I.: Sozom. 4,30,3. – Hieronym., vir. ill. 112. – Da Kyrill für den 365 verstorbenen Acacius v. Cäsarea noch zweimal (widerrechtlich) Nachfolger bestellte (Epiph. haer. 73,37,5), geschah das nicht 365 (gegen Yarmold, TRE 8 [1981] 261,37 f.), auch nicht 367 (Gotenkrieg!), sondern als Valens in Antiochien residierte (nach 371). Das Material bei Le Quien III, 157 ff. – 40 Loofs, RE 5 (1898) 620–2. – M. Spanneut, Eusèbe de Samosate, DHGE 15 (1963) 1673–5. – 41 Basil. ep.66 u.a. – Das Material bei Loofs, Eustathius v.S. und d. Chronol. der Basiliusbriefe, 1898, 35–8. – Maran, Vita Kap. 17 ff. – J. Schäfer, Basilius d.Gr. Beziehungen zum Abendlande, 1908. – L. Duchesne, Hist.2, 1910, 398 ff. – E. Schwartz, GS 3, 36 ff.; 4,54 ff. 64 f. Gegen Schwartz: Seeck, RMP 62 (1907) 499–501. – M. Richard, S. Basile et la mission du diacre Sabinus (1942), Opera Minora 2 Nr. 34. – Ders., La lettre „Confidimus quidem" du pape Damase (1951), Op. Min. 2 Nr. 35. – F. Scheidweiler, Besitzen wir das lateinische Original des römischen Synodalschreibens aus dem Jahre 371? Annales de l'inst. de philol. et d'hist. orient. et slaves 13 (1955) 572–86. – Caspar, Papsttum 1,220 ff. – Piétri, Roma christ., 791 ff. – W. de Vries, Die Ostkirche u. die Cathedra Petri im 4. Jahrhundert, OrChrPer 40 (1974) 114–44 (129 ff.). Unkritisch ist P. P. Joannou, Die Ostkirche u. die Cathedra Petri im 4. Jh., 1972. – 42 Jaffé 235. – Lietzmann, Apollinarius 19. – Piétri, Roma 792 ff. – 43 Caspar 224 ff. – Piétri 779 A.2; 797 ff. – E. Schwartz, Über die Sammlung des Cod. Veronensis, ZNW 35 (1936) 1–23 (Ausgabe der ep. Confidimus u.a.). – 44 Die ep. Confidimus fordert das Bekenntnis zur Homousie des hl. Geistes. – Piétri 828 ff.

6. Nachdem Athanasius am 2. oder 3. Mai 373 gestorben war[45], ging die Schonfrist für *Ägypten* zu Ende. Bischof Petrus II., den Athanasius fünf Tage vor seinem Tode zum Nachfolger geweiht hatte[46], wurde auf kaiserliche Anweisung von dem Statthalter Palladius sogleich vertrieben[47], mit den üblichen Begleitumständen: Erstürmung der Theonaskirche, Verprügelung der streitbaren Jungfrauen. Petrus floh nach Rom zu Papst Damasus. Wenige Tage später zog der Arianer Lucius als Bischof, geleitet von Euzoius von Antiochien (den einst Bischof Alexander aus Alexandrien vertrieben hatte) und dem kaiserlichen Finanzminister (comes sacrarum largitionum) Magnus[48], in die ägyptische Hauptstadt ein. Widerspenstige Kleriker und Mönche wurden verbannt, zum Teil in die Bergwerke von Phaeno (Südpalästina). Magnus ging auch gegen die Bischöfe der ägyptischen Provinz vor[49]. Lucius suchte die Wüstenmönche der Nitria, die zum orthodoxen Patriarchen hielten, mit einem militärischen Überfall heim[50].

7. Als Valens wegen des Einbruchs der Goten in Thrazien[51] im Frühjahr 378 aus Antiochien auszog, rief er die Verbannten zurück[52]. Petrus II. begab sich wieder nach Alexandrien und verjagte den arianischen Bischof Lucius[53]. Im Dezember 378 entrissen die Orthodoxen in Edessa den Arianern (Homöern) die Kirche wieder[54]. Valens war am 9. August 378 bei *Adrianopel* gefallen. Diese Schlacht ist der Anfang vom Ende des römischen Weltreichs[55].

8. Die Rückkehr zur Reichskirchenpolitik kommt unter Valens auch darin zum Ausdruck, daß die *christliche Mission* in der römischen Diplomatie wieder eine Rolle spielt: in Armenien[56], bei den Sarazenen[57] und den Goten[58]. Der Gotenführer Fritigern, ein Gegner des Heiden Athanarich, bittet Valens um Entsendung christlicher Lehrer[59].

45 2. Mai: Vorbericht z. 35. Festbrief S. (11) Z. 3 v. u. CURETON (= LARSOW 46). – 3. Mai (8. Pachom): Hist. aceph. 20. TURNER, Mon. I, 671. Das Jahr: Hist. aceph. 18 S. 670. Vgl. MARTIN, Hist. acéph. 211 f. À. 171 u. 172. – 46 Hist. aceph. 20. – 47 Sokr. 4, 21, 4. – 48 SEECK, Libanius S. 199, Magnus III. – 49 S. HOLL zu Epiph. haer. 72, 11, 1 S. 265. – 50 *Qu.*: Enzyklika Petrus' II. bei Theodoret, KG 4, 22; vgl. 4, 20–21. – Sokr. 4, 20–22. – Sozom. 6, 19–20. – Rufin, KG 11, 2 f. – Palladius, Dial. 17 S. 103, 18 COLEMAN-NORTON. – 51 Amm. Marcell. 31, 4, 9–11; 5, 1–2. – 52 Hieronymus, Chron. S. 249, 3–5 HELM. S. 415, 17 f. die Parallelquellen. – R. SNEE, Valens' recall of the Nicene exiles and anti-arian propaganda, GRBS 26 (1985) 395–419. – 53 Sokr. 4, 37. – Sozom. 6, 39, 1–2. – 54 Chronik v. Edessa 33. Dazu HALLIER 102 (Chronologie). – 55 SEECK, Untergang 5, 132 ff. – STEIN, Geschichte 293. – J. STRAUB, Die Wirkung der Niederlage bei Adrianopel auf die Diskussion über das Germanenproblem in d. spätröm. Literatur, Ph. 95 (1943) 225–86. – H. WOLFRAM, Die Schlacht von Adrianopel, AÖAW. PH 114 (1977) 227 ff. – 56 Basil. ep. 99, 4. – 57 Rufin, KG 11, 6. – Sokr. 4, 36. – Sozom. 6, 38, 1 ff. Theodorus Lector, GCS 1971, S. 69, 14 ff. HANSEN (Sarazenenkönigin Mavia). – R. SOLZBACHER, Mönche, Pilger und Sarazenen, 1989, 80 ff. – 58 L. J. DALY, The Mandarine and the Barbarians. The Response of Themistius to the Gothic Challenge, Hist 21 (1979) 351–79. – 59 Jordanes, Getica, MGAA VI S. 92 MOMMSEN. – E. A. THOMPSON, The Visigoths in the Time of Ulfilas, 1966, 86–93; 115–18, bestreitet, daß Valens eine Rolle bei der Bekehrung der Westgoten gespielt habe. Diese sei erst nach 382 durch den von Wulfila herangebildeten Klerus erfolgt.

§ 4. Die kirchlichen Parteien und Gruppen

1. Da das Reichsbekenntnis von Konstantinopel 360 (der Sohn ist dem Vater „ähnlich gemäß der Schrift") den Arianismus nicht ausschließt und der Hofbischof Eudoxius streng arianisch lehrt, auch in seiner monophysitischen Christologie[1], tut man der *homöischen Reichskirche des Valens* kein Unrecht, wenn man sie arianisch nennt, auch wenn eine ihrer Säulen wie Acacius von Cäsarea aus Opportunismus (unter Jovian) sich mit dem Nicänum abfinden kann[2]. Die Verbannung des Eunomius nach dem Tode des Aëtius († etwa Frühjahr 366) hat keine dogmatischen, sondern politische Gründe: seine Freundschaft mit dem Usurpator Prokop[3]. Die theologische Auseinandersetzung mit Eunomius wird nicht von den Homöern, sondern den Nicänern (Basilius v. Cäsarea und Gregor v. Nyssa) geführt[4]. Die jungarianische Kirche behauptet sich unter Valens im Ganzen und erliegt erst der Verfolgung unter Theodosius I. und seinen Nachfolgern, etwa ein Menschenalter nach dem Tode des Eunomius († um 394)[5].

2. Der Vorstoß der Homöusianer, der zur Einigung mit Papst Liberius geführt hatte, verläuft schließlich im Sande, da sich 34 Bischöfe absondern[6] und die geplante Synode von Tarsus, welche die Gemeinschaft mit dem Abendlande besiegeln sollte, verboten wurde. Die *homöusianische Partei* wurde nicht nur durch die staatliche Verfolgung im Hellespont, Bithynien und Westkleinasien geschwächt. Sie wurde auch durch das seit 362 (Synode von Alexandrien) aufgeworfene Problem der Homousie des hl. Geistes wieder stärker von den Nicänern getrennt.

3. Die *Alt-Nicäner*, welche von Anfang an das Nicänum bekannten, zerfallen in verschiedene Gruppen: die Kirche des Athanasius; die Eustathianer in Antiochien; die Anhänger Markells von Ankyra; die Apollinaristen. Obwohl sie sich zum Teil befehdeten[7], galt ihnen allen Athanasius als Autorität.

a) *Athanasius* residiert seit 366 unangefochten in Alexandrien. Es gibt Auseinandersetzungen mit den Heiden, denen man den Augustustempel (Cäsareum) wieder weggenommen hatte[8]; einen Krawall, als der Arianerbischof Lucius in Alexandrien auftaucht[9]. In den Festbriefen seiner letzten Jahre zieht Athanasius wieder gegen die Melitianer zu Felde, die sich unter Julian offenbar wieder gesammelt haben. Er tadelt ihren „Arianismus" und Reliquienkult[10]. Der gottesdienstliche Gebrauch apokrypher Schriften bei den Melitianern bildet sogar den Hintergrund des berühmten Kanonverzeichnisses im 39. Festbrief von 367[11]. Für seine Gemein-

---

1 Bekenntnis des Eudoxius: Hahn, Bibliothek § 191; CPE 3405 (Lit.). Zum seelenlosen Leib Christi bei Arius s. R. Lorenz, Arius judaizans 211 ff. – 2 S. o. § 1 Nr. 4. – 3 Albertz, Zur Geschichte der Jungarianischen Kirchengemeinschaft, ThStKr 83 (1909) 205–78 (243). – 4 E. Cavalcanti, Studi Eunomiani, 1976. – Kopecek, Neo-Arianism, 1979, 361 ff. – M. van Esbroeck, Amphiloque d'Iconium et Eunape: l'homélie CPG 3238, Aug. 21 (1981) 517–39. – 5 Albertz (s. o. A. 3) 265 A. 7. – Kopecek 528 ff. – 6 S. o. § 1 bei A. 10. – 7 Streit zwischen Eustathius v. Antiochien u. Markells Schüler Photin; zwischen Eustathianern und Apollinaristen um die Seele Jesu: R. Lorenz, Die Eustathius v. A. zugeschriebene Schrift gegen Photin, ZNW 76 (1980) 109–28. – Ders., Eustathius v. A., TRE 10 (1982) 543–46. – 8 Vorbericht zum 38. Festbrief S. (11) Z. 14 f. Cureton; Calderini, Dizionario I, 1 118; 171. – 9 Am 24./5. Sept. 367. Vorbericht z. 39. Festbrief S. syr. 1 Z. 2 ff. Cureton. – Hist. aceph. 19, Turner, Mon. I S. 670. Vgl. R. Lorenz, Eine Pierius-Memoria in Alexandrien, ZKG 98 (1988) 87–92. – 10 S. CSCO 150/1 (1955): S. Athanasi, Lettres festales en copte, ed. L. Th. Lefort, Index s. v. Mélitiens. – 11 S. CSCO 151 S. 33, 32 ff.; 39, 27 ff. – E. Preuschen, Analecta II (1910) 51, 20 ff. *Lit.:* Quasten, Patrology 3 (1960) 54 f. – Th. Zahn, Geschichte des Neutestamentlichen Kanons Bd. 2 (1890) 203–12. – St. N. Sakkos, Der 39. Festbrief Athanasius' des Großen (griechisch). In: Tomos heortios, Thessalonich 1974, 131–171.

de sorgt Athanasius durch Kirchenbauten: Wiederherstellung der Cäsareumkirche[12], Bau einer Kirche (die später nach ihm benannt wurde) im Hafenviertel[13]. Er bleibt aber auch in seinen letzten Jahren für das kirchliche Leben außerhalb Ägyptens von Bedeutung. Seine Beziehungen zu Rom erwärmten sich wieder nach dem Tode des Liberius (24. September 366), der sich seine Rückkehr aus der Verbannung mit der Verurteilung des Athanasius erkauft hatte. Athanasius schreibt an den Nachfolger Damasus, um diesen gegen den arianischen Bischof von Mailand, Auxentius, der Presbyter bei Gregor, dem Gegenbischof des Athanasius, gewesen war[14], in Bewegung zu setzen; erhält Briefe von abendländischen Synoden (Gallien, Spanien)[15] und warnt die Nordafrikaner vor dem Konzil von Rimini[16].

b) Von *Markell von Ankyra* († 374)[17] hatte sich Athanasius vor der Rückkehr aus dem zweiten Exil geschieden[18], ohne feindlich gegen ihn aufzutreten. Dagegen bekämpfte Basilius von Cäsarea, der hier den Homöusianern folgt, den „Sabellianismus" Markells und fordert Athanasius zu dessen Verurteilung auf[19]. Diese Feindschaft bewog die Markellianer in Ankyra, um das Jahr 371 eine Gesandtschaft unter dem Diakon Eugenius mit einer Expositio fidei zu Athanasius zu schicken[20]. Sie reiste über Makedonien und Achaja und erhielt Empfehlungsschreiben von dort[21]. Athanasius gewährt ihr seine Kirchengemeinschaft[22]. Das kündet an, daß die Beziehungen des Basilius zu Athanasius unter keinem allzu günstigen Stern stehen würden. Freundlich zu den Markellianern stellten sich auch – zum Ärger des Basilius – die ägyptischen Bischöfe, die 373, nach der Vertreibung Petrus' II. von Alexandrien, nach dem palästinensischen Diocäsarea verbannt worden waren[23].

c) Auch zu *Apollinaris* blieb Athanasius' Verhalten freundlich, obwohl er gegen die These einiger Apollinarisschüler (die vom Meister selbst abgelehnt wurde), daß Christi Leib gleichwesentlich mit Gott gewesen sei, auftrat[24]. Er gab dem Apollinaristen Timotheus, Bischof von Beirut, ein Empfehlungsschreiben nach Rom mit[25], das diesem die Gemeinschaft mit Rom eintrug[26]. Doch wurden die Apollinaristen allmählich aus der nicänischen Kirche hinausgedrängt. Die Reisen des Apollinaristen Vitalis (375/6) und die zweite Reise des Timotheus (377/8) nach Rom enden negativ[27]. Damasus verurteilt den Apollinarismus 377 in Gegenwart Petrus' II. von Alexandrien[28] und wiederum im Tomus Damasi (381?)[29]. Der Apollinarismus wird zur Sonderkirche[30], die von Spaltungen nicht verschont bleibt[31].

12 Vorbericht z. 40. Festbrief S. syr. 1 Zeile 9 v. unten, CURETON (= S. 45 LARSOW). – 13 Bendidion, Mendidion. Vorbericht z. 41 u. 42. Festbrief, S. syr. 1 Z. 1 ff. v. unten, CURETON. – CALDERINI, Dizionario I, 1, 101. – 14 Hilarius, C. Auxent. 8 f. – Athanasius, Ep. ad Afros 10. – M. MESLIN, Les Ariens d'Occident, 1967, 41–44. – 15 Athan., Ep. ad Rufinum. – 16 Ep. ad Afros 1. – 17 S. Epiphanius, haer. 72, 1, 1 mit HOLLS Anmerkungen S. 255. – 18 S. o. Kap. 2 § 4 Nr. 4. – 19 Basilius, ep. 69, 2 (Herbst 371). Vgl. TH. ZAHN, Markell v. A., 1868, 87 ff.; 94 f. – 20 M. TETZ, Markellianer und Athanasius v. Alex., ZNW 64 (1973) 75–121. – 21 Vermutlich weilt Markell daselbst, s. TH. ZAHN, Markell 83; TETZ a. a. O. 85 f.; 117 f. – Die Expositio trennt sich von Photin. – 22 Epiph. haer. 72, 11, 3. – 23 Epiph. haer. 72, 11–12. – Basilius, ep. 265, 3. – MARAN, Vita c. 29, 4 MPG 29, CLII. – G. MAY, Gregor v. Nyssa in der Kirchenpolitik seiner Zeit, JÖBG 15 (1966) 105–32 (107 f.). – M. TETZ, Markelliana I/III, ZKG 75 (1964); 79 (1969); 83 (1973). – 24 Ep. ad Epictetum, ed. G. LUDWIG, 1911. – 25 Wohl vor ep. ad Epict. 368/69. – 26 Facundus, Pro defens. 7, 3. MPG 67, 678. – Leontius Byzant. Adversus fraudes Apoll., MPG 86, II col. 1076 a. – 27 LIETZMANN, Apoll. 18; 27; 57 ff. – CASPAR, Papsttum I, 220; 241 A. 3. – PIÉTRI, Roma christ. 812; 833. – 28 PIÉTRI 833 ff.; 841 ff. – 29 TURNER, Monum. I, 284 ff. – A. M. RITTER, Das Konzil v. Konstantinopel (s. u.) 246 ff. – 30 Zur Ausbreitung: Kilikien, Phönizien (Sozom. 6, 27, 9); Ölbergmönche in Jerusalem (Basilius, ep. 258, 2; 259, von 377); Pisidien (Sozopolis) (Basilius, ep. 266. – MARAN, Vita c. 36, 8 S. CL c); Nazianz (LIETZMANN, Apoll. 31 ff.). – Basilius erklärt sich 377 gegen Apollinaris: F. LOOFS, Eustathius v. Sebaste, 1898, 70–76. – G. L. PRESTIGE,

3. In Antiochien bildete sich eine *„Trennungschristologie"* aus, welche zum Gegenbild des Apollinarismus werden sollte. Schon die Christologie des Eustathius von Antiochien hatte eine dualistische Tendenz[32]. Diodor, ein Presbyter des Meletius, stellte gegen die Lehre von der einen Natur des Erlösers seit etwa 362 die Zweiheit in Christus: Sohn Gottes – Sohn Davids[33]. Die Fronten des christologischen Streites bereiten sich vor.

§ 5. Weiterbildung der Trinitätslehre.
Die Jungnicäner

Lit.: Zur Einführung in die Probleme: F. CHR. BAUR, Die christliche Lehre von der Dreieinigkeit und Menschwerdung Gottes, 1841, 395–525. Weiteres s. u. die Anm. – W. D. HAUSCHILD, Gott, Geist u. der Mensch. Studien zur frühchristlichen Penumatologie, 1972.

Die Behauptung der *Homousie des Geistes* erzeugte die Frage, wie der heilige Geist in die Trinität einzuordnen sei. Die Bestreiter dieser Homousie, die in den Serapionbriefen des Athanasius erscheinen[1], treten auch in Kleinasien auf[2]. Der hl. Geist ist ein Geschöpf, ein dienendes Wesen, das ausgesandt wird[3]. Auf nicänischer Seite gibt es zwischen den beiden konstantinopler Konzilen von 360 und 381 zwei Typen von Trinitätslehre: den athanasianischen und etwas später den kappadozischen.
1. *Athanasius*[4] kommt es bei der Verteidigung des nicänischen Glaubens auf den Nachweis an, daß der Sohn (und damit der hl. Geist als „Geist Christi") dasselbe eine göttliche Sein wie der Vater hat (ταυτότης der Gottheit, ἑνότης der Usia)[5]. Gegen den Vorwurf des Sabellianismus betont Athanasius, daß Vater und Sohn sich wie Zeugender und Gezeugter unterscheiden[6]. „Vater" (als Zeugender) ist der eigentliche Name Gottes. Selbigkeit und Andersheit von Vater und Sohn verdeutlicht Athanasius mit dem Immanenzgedanken. Der Sohn ist aus dem Vater, der ihn zeugte, und im Vater als dessen eigener (ἴδιος) Logos[7], und so ist auch der Geist „im Sohn". Indem Vater und Sohn einander schauen und lieben[8], ist Athanasius auf dem Wege zur Betrachtung des innertrinitarischen Lebens als eines wechselseitigen Schauens und Liebens (wie bei Augustin). Die volle Gottheit der Trinität sichert für Athanasius die Erlösung[9].

S. Basil the Great and Apollinaris of Laodicea, 1956. – H. DE RIEDMATTEN, La correspondence entre Basile de Césarée et Apollinaire de Laodicée, JThS 7 (1956) 199–210; 8 (1957) 53–70. – 31 LIETZMANN, Apoll. 40 ff. – 32 S. R. LORENZ, Eustathius v. Antiochien, TRE 10 (1982) 543–46. – 33 LIETZMANN, Apoll. 142; 145. – A. GRILLMEIER, Jesus d. Christus im Glauben d. Kirche, 1979, 506 ff.
1 S. o. Kap. 3 § 4 Nr. 4. – 2 Epiphanius, Ancoratus (verf. 374) S. 2, 20 HOLL. – F. LOOFS, Macedonius u. die Macedonianer, RE 12 (1903) 41–48. – P. MEINHOLD, Pneumatomachoi, PRE XXI, 1 (1951) 1066–1101. – HAUSCHILD (s. u. Lit. zu § 6) 62 ff. – 3 Epiph. Ancor. S. 3, 22 ff. HOLL. – 4 CH. HAURET, Comment le „Défenseur de Nicée" a-t-il compris le dogme de Nicée?, 1936. – J. LEBON, Le sort du „consubstantiel" nicéen, RHE 47 (1952) 485–529; 48 (1953) 632–82. – D. RITSCHL, Athanasius, 1964. – A. LAMINSKI, Der Heilige Geist als Geist Christi und Geist der Gläubigen. Der Beitrag des Athanasius zur Formulierung des Trinitarischen Dogmas, 1969. – F. DINSEN, Homousios, 1976, 115–35. – B. STUDER, Gott und unsere Erlösung im Glauben der alten Kirche, 1985. – Bibl.: F. YOUNG, From Nicaea to Chalcedon, 1983, 339 ff.; 362 ff. – 5 Athan. Or. c. Arian. 3, 3 col. 328 b. Weitere Belege: LOOFS, DG[4], 237. – 6 Or. c. Ar. 3, 4 col. 328 c. – 7 Or. c. Ar. 1, 19 col. 52 a; 1, 20 col. 55 c u. öfter. – 8 Or. c. Ar. 2, 82 col. 320 sq. – 9 S. R. LORENZ, Der 10. Osterfestbrief des Athanasius, 1986, 74 ff., gegen RITSCHL.

2. Die *Trinitätslehre der großen Kappadozier*[10] beruht in Fortführung des Ansatzes der Homöusianer[11] auf der Unterscheidung von Usia und Hypostasis. Gott ist eine Usia, drei Hypostasen[12], wobei Usia als Allgemeinbegriff oder Gattung (κοινόν, genus) und Hypostasis als „Art" (ἴδιον, species) verstanden wird[13]. Da „homousios" hier homöusianisch (Wahrung der drei Hypostasen) verstanden wird, spricht man seit Th. Zahn von „Jungnicänern"[14]. Das wird aus dogmatischen Gründen (Unveränderlichkeit des Dogmas) von mancher Seite bestritten[15].

a) *Gregor von Nazianz* bemüht sich besonders um die Festlegung der Eigenart (ἰδιότητες) der göttlichen Hypostasen. Er gelangt schließlich zu ἀγεννησία (Vater), γέννησις (Sohn), ἐκπόρευσις (Geist)[16].

b) In den Jahren nach 360 rückt das Geistproblem in den Vordergrund infolge des Gegensatzes zwischen der athanasianischen Ausweitung der Homousie auf den Geist und den Verfechtern der Geschöpflichkeit des Geistes („Pneumatomachen")[17]. Zudem stand im Mönchtum der Geist als Spender der Charismen in hohem Ansehen, was auch auf Basilius von Cäsarea zutrifft. Die Lehre des *Basilius* vom Heiligen Geiste[18] ist auf die Doxologie gegründet, die er mit dem Taufbefehl (Mt. 28, 19) verknüpft: Wir glauben, wie wir getauft sind (an Vater, Sohn und Geist), und lobpreisen, wie wir glauben[19]. Die anbetende Unterscheidung der göttlichen Hypostasen ist der Weg der Gotteserkenntnis[20], der in plotinischen Farben geschildert wird[21].

c) Diese mystische Stimmung kehrt bei Gregor von Nazianz wieder, der einst in der Einsamkeit am Flusse Iris mit Basilius kontemplativ meditiert hatte[22]. Er sehnt sich, daß der menschliche Geist (Nus) sich dem grenzenlosen Meer des göttlichen Seins in Erkenntnis vereine und so vergöttlicht werde[23]. Und Gregor von Nyssa steht am Anfang der byzantinischen Mystik[24].

10 Beste Darstellung: K. Holl, Amphilochius v. Ikonium in seinem Verhältnis zu den großen Kappadokiern, 1904. Der Versuch von H. Gstrein (JÖBG 15 [1966] 133–45), Amphilochius zum „vierten großen Kappadokier" zu machen, ist abzulehnen, wie C. Datema, Amphilochii Icon. Opera CChr, Ser. Graeca 3 (1978) S. XXVII–XXX, nachweist. Qu. zur kappad. Trinitätslehre: Basilius v. C.: Gegen Eunomius (verf. etwa 363/4) und „Über den hl. Geist" (= DSS, verf. 375), CPG 2837; 2839, dazu Briefe, die Dörries (s. u.) nennt. – Gregor v. Naz., Die 5 „Theologischen Reden" (Or. 27–31, gehalten 380 in Konstantinopel). – Gregor v. Nyssa, Gegen Eunomius (verf. 380/3, CPG 3135; 3136); Ex communibus notionibus, CPG 3138. Dazu R. Lorenz, Die Eustathius v. Antiochien zugeschriebene Schrift gegen Photin, ZNW 71 (1980) 109–28; Große Katechese, Kap. 1–4 (um 385), CPG 3150, s. J. Barbel, Gregor v. Nyssa, „Die große katechetische Rede", 1971 (ÜK) (Lit.). – 11 S. o. Kap. 2 § 7 Nr. 1 c. – 12 Belege bei F. Loofs, DG⁴, 1906, 257–9. – 13 Basilius ep. 214, 4; 210, 5; 226, 6. Weitere Belege bei Lampe, Lexikon 1456/7. – 14 Th. Zahn, Markell v. Ankyra, 1868, 24; 87; 89 f., „jüngere Nicäner". – Harnack, DG II (1931) 163. – 15 Auch von A. M. Ritter, Das Konzil v. Konstantinopel 270 ff.; 292. – 16 Holl, Amphilochius 167 ff. Unterschiede zwischen Basilius u. Gregor v. Nyssa ebd. 211–18. – 17 S. o. Kap. 3 § 4 Nr. 4. – 18 H. Dörries, De Spiritu Sancto (= DSS). Der Beitrag des Basilius zum Abschluß des trinitarischen Dogmas, 1956. – P. Luislampe, Spiritus vivificans. Grundzüge einer Theologie des hl. Geistes nach Basilius v. Cäsarea, 1981. – 19 Ep. 159, 3; 125, 3; DSS 27, 67 MPG 32, 193 a. – 20 DSS 46 MPG 32, 152 b sqq. – 21 DSS col. 100 ac. – Hom. 15, 1 MPG 31, 465 ac. – H. Dehnhard, Das Problem der Abhängigkeit des Basilius von Plotin, 1964. Dazu J. Gribomont, RHE 60 (1965) 487–92. – 22 Basilius epp. 2; 7; 14. – Ullmann, Leben Gregors v. Naz. 36–41. – 23 Or. 38, 7. MPG 36, 317 b–320 a. Vgl. Holl, Amphilochius 163 f. – J. Dräseke, Neuplatonisches in des Gregorios v. Nazianz Trinitätslehre, ByzZ 15 (1906) 141–60. – 24 H. Koch, Das mystische Schauen beim hl. Gregor v. Nyssa, ThQ 80 (1898) 397–432. – Holl, Amphilochius 205–7. – H. Merki, Ὁμοίωσις θε–. Von der platonischen Angleichung an Gott zur Gottähnlichkeit bei Gregor v. Nyssa, 1952. – J. Daniélou, Platonisme et théologie mystique, ²1954. – W. Völker, Gregor v. Nyssa als Mystiker, 1955. – E. Mühlenberg, Die Unendlichkeit Gottes bei Gregor v. Nyssa, 1966. – Ecriture et culture philosophique dans la pensée de Grégoire de Nysse, ed.

d) Die doxologische Geistlehre des Basilius wurde vom Konzil zu Konstantino-pel 381 aufgenommen[25].

3. Abgesehen vom Rückgriff auf den Neuplatonismus beschränkt sich die Be-nutzung *griechischer Philosophie* in der Darlegung der Trinitätslehre auf gängige Begriffe[26] und die Schullogik[27]. Basilius von Cäsarea unterwirft die griechische Bildung der Theologie und mönchischen Moral; er benutzt sie (gelegentlich) zum literarischen Aufputz und in seinem Briefstil. Rhetorische Figuren verwendet Gre-gor v. Nazianz reichlicher als Basilius[28]. In der Klosterschule zu Cäsarea gab Basi-lius der griechischen Bildung keinen Platz[29].

3. Auch *kirchenpolitisch* bemüht sich Basilius um die Durchsetzung des Nicä-nums durch Zusammenführung der Nicäner. Sein Ziel ist die Beseitigung des an-tiochenischen Schismas zwischen den Nicänern Paulin und Meletius zugunsten des Meletius und Erlangung von Unterstützung (gegen Valens) durch das Abendland. Letztere war ohne Athanasius nicht zu erreichen. Dieser, dem Meletius abgeneigt, versagte sich. Papst Damasus, der auf Alexandrien Rücksicht nahm und Paulin von Antiochien anerkannte (375)[30], gab sich spröde. Er forderte von den Orientalen als Vorbedingung einer Gesandtschaft, welche Unterstützung bekunden sollte, die Annahme einer von Rom vorgeschriebenen Glaubensformel, was Basilius ablehnte (ep. 156). Die Bemühungen des Basilius um Solidarität Roms blieben erfolglos[31].

§ 6. Die Pneumatomachen (Makedonianer)

Qu.: S. o. § 4 Nr. 4b. – P. Meinhold, Pneumatomachen, PRE XXI, 2 (1951) 1090 ff. – Sammlung pn. Fragmente: F. Loofs, Zwei makedonianische Dialoge, SAB 1914, 1, 526–51. Zu den Fragmenten des Soziphanes (in den Sermones Arianorum, MPL 13, 613 bc) s. Loofs, Christologie 66 (s. u. Lit.). – Chr. Bizer, Studien zu pseudoathanasianischen Dialogen. Der Orthodoxos u. Aëtios, Diss. Bonn 1970. – Äußerungen des Eustathius v. Sebaste stellt Dör-ries DSS (s. o. § 5 A. 18) 81–84 zusammen. – Schreiben aus Suedra in Pamphylien (ca. 374)

M. Harl, 1971. – D. L. Balás, Gregor v. Nyssa, TRE 14 (1985) 173–81 (Lit.). Bibl.: F. Young, From Nicaea to Chalcedon, 1982, 344 ff.; 368 ff. – **25** R. Staats, Die basilianische Verherrli-chung des hl. Geistes auf dem Konzil v. Konstantinopel 381, KuD 25 (1979) 235–53. – Berührun-gen zwischen Augustin u. Basilius s. B. Pruche, DSS, SC 17bis, S. 219 ff. – **26** Z. B. oikeiosis. Lampe, Lexikon 938 s. v. Nr. 5a. – **27** Gregor v. Nyssa, Ex communibus notionibus, s. o. A. 10. – **28** Ad Adolescentes, CPG 2867. – L. Schucan, Das Nachleben von Basilius Magnus. Ad adoles-centes. Ein Beitrag zur Geschichte des Humanismus, 1973. – E. Lambertz, Zum Verständnis von Basilius' Schrift Ad adolescentes, ZKG 90 (1979) 221–41. – E. Norden, Die antike Kunstprosa, 1909 (Nachdruck 1974), 562 ff. (Gregor v. Nazianz). – E. v. Ivánka, Hellenisches u. Christliches im frühbyzantinischen Geistesleben, 1947. – W. Jaeger, Das frühe Christentum u. die griechische Bildung, 1962. – A. Wifstrand, Die alte Kirche u. die griech. Bildung, 1967. – Bibl. zu Antike u. Christentum bei Altaner, Patrologie (1978) 13–17; 536 f. – **29** Dem Unterricht lagen biblische Texte zugrunde. U. W. Knorr, Der Beitrag des Basilius zur christlichen Durchdringung Klein-asiens, Diss. Tübingen 1968 (Masch.) 80–96. – **30** Lietzmann, Apollinaris XIV ff.; 57. – Piétri, Roma christ. 792 ff. – **31** Eine Übersicht über die Datierung der Verhandlungen durch Maran (Garnier) und Tillemont gibt Loofs, Eustathius v. S., 1898, 35–38. – J. Schäfer, Basilius' des Gr. Beziehungen zum Abendland, 1909. – E. Schwartz, GS 3, 38 ff.; 4, 65–88. – Caspar, Papsttum I, 220–32. – P. P. Joannou, Die Ostkirche und die Cathedra Petri im 4. Jahrhundert, 1972 (unkri-tisch). – W. de Vries, Die Ostkirche u. die Cathedra Petri im 4. Jh., OrChrPer 40 (1974) 114–44 (129 ff.). – J. Taylor, St. Basil the Great and Pope St. Damasus I., DR 91 (1972) 186–203; 269–74. – P. J. Fedwick, The Church and the Charisma of Leadership in Basil of Caesarea, 1979. – Ders. (Hrsg.), Basil of Caesarea. Christian, Humanist, Ascetic, 2 Bde., Toronto 1981 (Bibl.). – J. Gri-bomont, Saint Basile, Evangile et Eglise (Mélanges) 502 ff. (Basile et l'Occident), 1984.

bei Epiphanius, Ancoratus S. 2–4 HOLL. Dazu haer. 74. – Einschlägige Briefe des Basilius bespricht DÖRRIES DSS 19 ff. – Synodalschreiben (376) des Amphilochius v. Ikonium, CPG 8596. – Das Schreiben einer angeblichen illyrischen Synode (von 375?) an kleinasiatische Bischöfe über die Homousie der Dreieinigkeit (Theodoret, KG 4, 9) ist dubios; vgl. KiG C1, 32 A. 27 u. 28. – Streitgespräch Theodors v. Mopsuestia in Anazarbos (etwa 392) mit Makedonianern: KG des Nestorianers Barḥadbᵉ schabbā, PO IX, 5 (1913) 637–67 NAU. – Sokr. KG ed. HUSSEY; Sozom. ed. BIDEZ/HANSEN: Register s. v. Macedonius, Macedoniani. – Gregor v. Nazianz (für Konstantinopel) Or. 31 und die von HAUSCHILD (s. u.) 77–78 besprochenen Reden. – Gregor v. Nyssa, CPG 3137; 3139; 3142. – Didymus v. Alexandrien, CPG 2544; 2570 (Lit.).

Lit.: F. LOOFS, Eustathius v. Sebaste, 1898. – DERS., Macedonius, Macedonianer, RE 12 (1903) 41–48; 24 (1913) 55. – DERS., Die Christologie des Macedonius. In: FS A. Hauck, 1911, 64–76. – E. SCHWARTZ, GS 4, 55 ff. – MEINHOLD 1066–1101. – H. DÖRRIES, DSS (s. § 5 A. 18). – DERS., Basilius u. das Dogma vom hl. Geist. In: Wort u. Stunde I, 1968, 118–44. – W. D. HAUSCHILD, Die Pneumatomachen, Diss. Hamburg 1967. – DERS., Eustathius v. Sebaste, TRE 10 (1982) 547–50.

1. *„Pneumatomachen"* sind für die orthodoxe Polemik sowohl die arianischen Eunomianer[1] als auch die homöusianischen Bischöfe in der Nachbarschaft von Konstantinopel (Thrazien, wo um 375 der „makedonische" Bischof Sabinus wirkte[2], Hellespont, Bithynien), welche nach der Absetzung des Makedonius von Konstantinopel (360) an ihm festhielten und sich unter Ablehnung des Nicänums um die zweite antiochenische Formel sammelten[3]. Für sie setzte sich seit 383 (CTh 16, 5, 11 v. 25. 7. 383) der Name *„Makedonianer"* durch[4]. Aus ihren Anschauungen ist zu schließen, daß schon Makedonius „pneumatomachisch" dachte. Die späteren Anführer der „Pneumatomachen" (Eleusius von Kyzykos, Marathonius von Nikomedien[5]) stammten aus diesem Kreis oder waren mit ihm verbunden (Eustathius v. Sebaste)[6].

2. Die nicht-arianischen „Pneumatomachen" waren keine Neuerer, sondern standen in origenistischer Tradition. *Origenes* hielt den hl. Geist für ein Geschöpf[7], ebenso Euseb v. Cäsarea, der eine binitarische Gotteslehre (nur Vater und Sohn sind Gott) hatte[8].

3. Der pneumatomachische Streit setzte ein mit dem Bruch zwischen Basilius v. Cäsarea und Eustathius v. Sebaste im Frühjahr 373[9], bei dem es (abgesehen von der Zuwendung des Basilius zu Meletius v. Antiochien, dem Widersacher des Eustathius) um die Homousie des Geistes ging[10]. *Eustathius* war das Haupt der kleinasiatischen Pneumatomachen. Nach dem Bruch bezichtigte er Basilius des Sabellianismus wegen des einstigen Briefwechsels mit Apollinaris v. Laodicea[11]. Er fe-

---

1 Ps. Basilius, C. Eunomium 5 MPG 29, 753 a. – 2 W. D. HAUSCHILD, Die antinicänische Synodalaktensammlung des Sabinus v. Heraklea, VigChr 24 (1970) 105–26. – 3 Sokr. 2, 45, 2–3. – Sozom. 4, 27, 2. – 4 MEINHOLD Sp. 1066–78. – HAUSCHILD, Pneumatomachen 236 f. – 5 Sokr. 2, 38, 4 u. 2, 45. – Sozom. 4, 20, 2 u. 4, 27. Vgl. Philost. 8, 17 S. 115, 15–20 BIDEZ. Zu Eleusius: LE QUIEN, Oriens Christ. I, 750 f. – 6 Sokr. 2, 45, 5. – Sozom. 4, 27, 1 u. 5, 14, 1. – 7 R. REDEPENNING, Origenes Bd. II, 1846, 310 f. – Origenes, Hom. 5 in Numeros, GCS 30 (1921) 25, 15. – 8 G. KRETSCHMAR, Studien zur frühchristl. Trinitätslehre, 1956, 2 ff. – HAUSCHILD, Pneumatomachen 147 ff. – 9 F. LOOFS, Eustathius v. S., 1898, 35–38. – E. SCHWARTZ, GS 4, 55 ff. – HAUSCHILD, Pneumatomachen 191 ff. – 10 Verlauf des Streites: DÖRRIES DSS (s. o. § 5 A. 18) 94 ff. – HAUSCHILD, Pneumatomachen 203–16. – 11 G. L. PRESTIGE, St. Basil the Great and Apollinaris of Laodicea, 1956. – H. DE RIEDMATTEN, La correspondance entre Basile de C. et Apollinaire de Laodicée, JThS 7 (1956) 199–210; 8 (1957) 53–70. – K. J. WOOLCOMBE, JThS 9 (1958) 154–64 (Besprechung von PRESTIGE).

stigte die homöusianische (pneumatomachische) Position durch Zusammengehen mit der homöischen Staatskirche, was ihm die Besetzung von Bistümern mit Gesinnungsgenossen erleichterte. Eine Synode in Kyzykos (376) besiegelte das[12]. Die Gegensynode der Basilianer ist das Konzil des Amphilochius zu Ikonium 376, welches die Pneumatomachen verdammt[13]. Basilius denunziert den Eustathius als Pneumatomachen in Rom[14], woraufhin die römische Synode des Jahres 378 die Pneumatomachen (ohne Nennung des Eustathius) verurteilte[15]. Der mit Basilius verbündete Meletius schließt sich durch das Konzil von Antiochien 379 an[16]. Abschließend erklärt sie das Konzil von Konstantinopel 381 zu Häretikern[17]. Staatliche Unterdrückungsgesetze, denen die Pneumatomachen allmählich erliegen, begleiten dies[18].

---

12 Loofs, Eustathius v. S. 8–18. – Hauschild, Pneumatomachen 205 f. – **13** CPG 8596. – **14** Ep. 263, 3 MPG 32, 990 b. – **15** Turner, Monum. I, 284, 28–285, 37. – E. Schwartz, ZNW 34 (1935) 189 f. – **16** CPG 8597. – Meinhold, Pneumatomachen 1068, 55 ff.; 1085, 44 ff. – **17** Ritter, Das Konzil v. Konstantinopel (s. u. Kap. 5 § 4) Register s. v. „Makedonianer". – Meinhold 1069, 6 ff. – **18** Meinhold 1086 ff.

5. Kapitel: Der Sieg nicänischer Orthodoxie im Osten unter Theodosius I. (379–395)

Qu.: Die Gesetze bei SEECK, Regesten und RAUSCHEN (s. u.). – Heidnische Historiker: Eunapius (Universalgeschichte) Frg. 48–61, FGH IV S. 35–48, MÜLLER. – DERS., Vitae Sophistarum, ed. J. GIANGRANDE, 1956. – Zosimus, Historia Nova 4, 24–59 MENDELSSOHN, 1887. Die Ausgabe von F. PASCHOUD, 1971–1989, bietet frz. Übersetzung u. Kommentar. – Christ ist Johannes Antiochenus: Frg. 185/87, MÜLLER IV, 608 ff. – S. Aurelius Victor, Epitome de Caesaribus 48, ed. F. PICHLMAYR, 1970. – Chroniken: Prosper, Hydatius, Marcellinus Comes (MGAA, Chronica Minora I u. II MOMMSEN). – Orosius Historia adv. paganos, CSEL 5, 1882 ZANGEMEISTER. – Kirchenhistoriker: Rufin, KG 11, 12–34. – Sokr. Buch 5. – Sozom. B. 7. – Theodoret, KG B. 5. – Philost. 9, 17–11. 2 S. 124 ff. BIDEZ. – Übersicht der Qu. bei G. RAUSCHEN, Jahrbücher der christl. Kirche unter dem Kaiser Theodosius d. Gr., 1897, XIII ff. und 1–18. – DEMANDT, Spätantike 124 f.

Lit.: W. ENSSLIN, Die Religionspolitik des Kaisers Theodosius d. Gr., 1953. SEECK, Untergang 5, 135–258; 484 ff. – STEIN, Geschichte 1, 295–335. – V. SCHULTZE, Geschichte des Untergangs des griechisch-römischen Heidentums Bd. 1, 1897, 257 ff.; Bd. 2, 1892. – CASPAR, Papsttum 1, 237 ff.; 506. – LIETZMANN, Geschichte 4, 24 ff. – N. Q. KING, The Emperor Theodosius and the Establishment of Christianity, 1951. – K. L. NOETHLICHS 128–91. – A. H. M. JONES, The Later Roman Empire I, 1973, 154–69. – PIGANIOL, L'empire chrétien, 229–43; 273–99. – PIÉTRI, Roma christ. 832 ff. – DEMANDT, Spätantike 124–37. – A. LIPPOLD, Theodosius d. Gr. u. seine Zeit, ²1980.

§ 1. Sammlung der Nicäner

Lit.: TILLEMONT, Mémoires VIII, 319–36 (Euseb v. Samosata); 341–78 (Meletius); IX, 305–627 (Gregor v. Nazianz, Gregor v. Nyssa, Amphilochius v. Ikonium). – C. ULLMANN, Gregor v. Nazianz, ²1866. – F. LOOFS, Artikel „Eusebius v. Samosata", „Gregor v. Nazianz", „Gregor v. Nyssa", RE ³1899/1903. – F. CAVALLERA, Le schisme d'Antioche, 1905, 209–43. – P. GALLAY, La vie de s. Grégoire de Nazianze, 1943. – A. EHRHARDT, The first two years of the Emperor Theodosius I., JEH 15 (1964) 1–17. – H. DÖRRIES, Die christliche Intoleranz und die theodosianische Reichskirche. In: Wort u. Stunde 1, 1966, 46–64. – CHR. JUNGCK, Gregor v. Nazianz, De vita sua, 1974 (TÜK). – J. PLAGNIEUX, S. Grégoire de Naziance Théologien, o. J. (1951). – Bibl.: TRE 14 (1985) Gregor v. Naz. (MOSSAY), Gregor v. Nyssa (BALÁS).

1. Mit dem *Tode des Valens* (9. 8. 378) endete die homöische Reichskirchenpolitik nun auch im Osten. *Gratian,* jetzt Alleinherrscher, erließ zur Beruhigung der Lage ein Toleranzedikt, welches die Rückberufung der Vertriebenen und freie Religionsübung für alle mit Ausnahme der Eunomianer, Photinianer und Manichäer verfügte[1]. Er widerrief es schon im folgenden Jahr[2]. Angesichts der Überflutung der Balkanprovinzen durch die Barbaren erhob er den militärisch bewährten Spanier *Theodosius* am 19. 1. 379 zum Mitaugustus und übertrug ihm die östliche Prä-

---

1 Johannes Antiochenus, Frg. 185 FHG IV, 608 MÜLLER. – Sokr. 5, 2, 1. – Sozom. 7, 1, 3. –
2 CTh 16, 5, 5 v. 20. 8. 379 (Mailand).

fektur und vorübergehend die besonders gefährdeten Diözesen Dazien und Mazedonien[3].

2. Petrus von Alexandrien hatte schon zu Lebzeiten des Valens seinen Sitz wieder eingenommen[4]. Die *Heimkehr aller Vertriebenen* scheint aber erst nach Gratians Gesetz geschehen zu sein (Meletius v. Antiochien, Euseb v. Samosata, Kyrill v. Jerusalem, Gregor v. Nyssa)[5]. Die zurückgekehrten Nicäner bemühten sich, möglichst viele Bistümer mit ihren Gesinnungsgenossen zu besetzen[6]. Gregor v. Nazianz verließ seine zeitweilige Zurückgezogenheit beim Theklaheiligtum im isaurischen Seleukia im Frühjahr 379 und folgte dem Ruf der nicänischen Minderheit von Konstantinopel, ihr als Prediger zu dienen[7]. Die Anastasiakirche, wo Gregor predigte[8], lag nahe der Rundung des Hippodroms[9].

3. Meletius fand bei seiner Rückkehr drei Bischöfe in *Antiochien* vor: den Arianer Dorotheus, den Eustathianer Paulin und den Apollinaristen Vitalis[10]. Er ließ das Häuflein des Paulin unbehelligt[11]. Meletius mußte auf Paulin, der von Alexandrien und Rom anerkannt war, Rücksicht nehmen, wenn er kirchliche Gemeinschaft mit dem Abendland erlangen wollte. Er bewies seine starke Stellung durch ein antiochenisches Konzil von 152 Bischöfen (September/Oktober 379)[12]. Zwecks Herstellung der Kirchengemeinschaft mit dem Abendlande nahm das nach Rom übersandte (bis auf die Unterschriften verlorene) Synodalschreiben den Damasusbrief Confidimus und andere Damasusstücke (Ea gratia; Illud sane; Non nobis) auf[13].

4. Die allgemein anerkannte Autorität des Meletius in Syrien und Gregors von Nazianz rednerische Erfolge in *Konstantinopel* paßten Petrus II. von Alexandrien nicht, obwohl er Gregor durch einen Brief „eingesetzt" hatte[14]. Er wünschte keinen Freund des Meletius, sondern einen Parteigänger Alexandriens als Bischof der Hauptstadt. Dafür bot sich ihm der kynische Philosoph und orthodoxe Christ Maximus an, ein Alexandriner[15]. Dieser schlich sich in Gregors Vertrauen ein, der ihm sogar eine Lobrede hielt (Or. 25). Dann ließ er sich heimlich des Nachts in Gregors Kirche durch ägyptische Bischöfe, die Petrus entsandt hatte, zum Bischof Konstantinopels weihen. Doch versagte ihm Theodosius, den Maximus in Thessalonich aufsuchte, die Bestätigung[16]. Diese Vorgänge fallen in die erste Hälfte des Jahres 380[17] und sind ein Vorspiel des späteren Ringens der Patriarchate.

---

3 *Qu.*: Seeck, Untergang 5, 479 zu 125. 8. – Stein, Geschichte 1, 295 f. – **4** Sokr. 4, 37. – Sozom. 6, 39, 1. – **5** Sokr. 5, 3 u. 5. – Sozom. 7, 2, 5–3, 1. – Theodoret, KG 5, 5. – Kyrill: Sokr. 5, 3; Hieronymus, vir. ill. 112. – Gregor v. Nyssa: Vita Macrinae, Opera VII, 1 S. 387, 3–6; 393, 26 ff.; C. Eunom. 1, 124 f., Opera I S. 64, 22–65, 2 Jaeger². – **6** Meletius, Euseb v. Samosata: Theodoret, KG 5, 4, 2–10. – Gregor v. Nyssa: vgl. G. May, Gregor v. Nyssa in der Kirchenpolitik seiner Zeit, JÖBG 15 (1966) 105–32. – **7** Gregor Naz., De Vita s. vs. 547–49 mit Jungcks Kommentar. – Ullmann 103 u. 153. – Gallay 129. – **8** Jungck 196. – **9** A. M. Schneider, Byzanz (IF 8), 1936, 51. – W. Kliess, Topographisch-archäologischer Plan von Istanbul, 1967, Register. – A. Berger, Patria (s. o. Kap. 1 § 5 *Qu.*) 444–47. – **10** E. Schwartz, GS 3, 36–40; 4, 90–94. – Ders., ZNW 35 (1936) 14–23. – Cavallera, Schisme d'Antioche 232–43. – **11** Über die Übereinkunft (pactum) zwischen beiden s. Ambrosius, ep. 12 u. 13. – Cavallera, Schisme 232 ff. (gegen Sokr. 5, 5, 6 u. Sozom. 7, 3, 4–5, die eine Nachfolgeregelung zugunsten des Überlebenden behaupten). – **12** G. Bardy, Le concile d'Antioche (379), RBén 45 (1933) 196–213. – CPG 8597. – **13** Erhalten im cod. Veron. LX fol. 43 v–47r; veröffentlicht von E. Schwartz, ZNW 35 (1936) 19–23. – Ders., GS 4, 90–93. – **14** Gregor, De vita s. vs. 858–64 und Jungck 188 f. – **15** W. Ensslin, Maximus 109 PRE Suppl. 5, 676 f. – Hauser-Meury, Prosopographie zu d. Schriften Gregors v. Nazianz, 1960 s. v. Maximus II. – Athanasius, Ep. ad Maximum philos. – Basilius v. Cäsarea, ep. 9. – Hieronymus, vir. ill. 127. – F. Cavallera, S. Jérôme, 1922, I, 59 ff.; II, 20. – **16** Gregor, Vita vs. 750–1020 und die Stellen bei Hauser-Meury. – **17** Rauschen, Jahrbücher 74 f. – Gallay 160.

§ 2. Erste Religionsgesetze des Theodosius

1. Theodosius unternahm zunächst nichts gegen das *Heidentum*[1]. Am 17.6.379 bestätigte er dem Alytarchen von Antiochien, der bei den dortigen Olympischen Spielen als Stellvertreter des Zeus geehrt wurde, seine Privilegien[2]. Die Schonung volkstümlicher Festbräuche entspringt dem Trachten nach Popularität.

2. Dem Kaiser erschien die Aufrichtung der *Orthodoxie* in der Kirche selbst vordringlich. In dem berühmten Edikt von Thessalonich vom 28.2.380[3] „*Cunctos populos*"[4] verfügt er, daß Katholik nur sei, wer dem Glauben des Apostels Petrus (das heißt der römischen Kirche) folgt, den Damasus v. Rom und Petrus v. Alexandrien lehren[5]. Etwas später nennt Theodosius dann östliche Bischöfe als Gewährsmänner des Glaubens[6]. Das Edikt von Thessalonich ist an das größtenteils arianische (homöische) Volk Konstantinopels gerichtet; die Beziehung auf „alle Völker" (unter der Herrschaft des Theodosius) deutet ein Zukunftsprogramm an. Da der Kaiser durch die Kriegswirren auf dem Balkan und dann durch eine Krankheit in Thessalonich festgehalten wurde, wo er sich von Bischof Acholius taufen ließ[7], wurde das Edikt erst nach dem Einzug des Herrschers in Konstantinopel (24.11.380)[8] durchgeführt. Da der homöische Bischof Demophilus sich weigerte, das Nicänum anzunehmen, mußte er die Stadt verlassen. Die Kirchen wurden unter dem Protest einer riesigen Menschenmenge den Nicänern übergeben. Der Kaiser führte Gregor v. Nazianz persönlich in die Apostelkirche ein. Die Arianer hielten vom 26. November 380 an ihre Gottesdienste vor den Stadttoren[9].

3. Wichtig für die Praxis ist das am 10. Januar 381 in Konstantinopel erlassene Gesetz CTh 16,5,6 an den Gardepräfekten Eutropius (den Historiker[10]). Es verbietet den Häretikern (genannt sind Photinianer, Arianer [= Homöer], Eunomianer) den Besitz von Versammlungsräumen und Kirchen. Diese sind den orthodoxen Bischöfen zu übergeben. Das ging nicht ohne Krawalle ab[11]. Schon 380 war Euseb v. Samosata in Doliche durch den Steinwurf eines arianischen Weibes ums Leben gekommen[12]. Einigungsversuche der antiochenischen Homöer mit den Eunomianern von Konstantinopel in dieser bedrängten Lage scheiterten jedoch[13]. Im Jahre 381 ergingen noch *Gesetze* gegen Apostasie zum Heidentum[14]; gegen die Manichäer, welche des Rechtes, Testamente zu errichten und Erbschaften oder Schenkungen zu empfangen und überhaupt der Möglichkeit, nach römischem Recht zu leben, beraubt werden (mit rückwirkender Gültigkeit)[15]; ein Verbot für Arianer,

1 Zosimus IV,29 S.184,24f. MENDELSSOHN. - 2 CTh 10,1,12. - G.DOWNEY, A History of Antioch, [3]1974, Reg. s.v. Alytarch. - 3 28.2., nicht 27. da Schaltjahr. - E. SCHWARTZ, GS 4,88 A.2 bezweifelt das Datum. - 4 CTh 16,1,2.2,25. GOTHOFRED erkannte die Zusammengehörigkeit der beiden Stücke. - Sozom. 7,4,5f. - LIETZMANN, Geschichte 4,26f. - ENSSLIN, Religionspolitik 15–28. - RITTER, Konzil (s.u. Lit. § 3) 28–31; 221–28. - PIÉTRI, Roma christ. 849–53. - 5 Zur Zusammenstellung von Damasus v.Rom u. Petrus v.Alexandrien s. die Belege GOTHOFREDS zu CTh 16,1,2. - 6 CTh 16,1,3 v. 30.7.381. - 7 Sokr. 5,6,3-6. - Sozom. 7,4,3-6. - Chronologie: Für Nov. 379 bis Jan.380 (vor dem Edikt): SEECK, Untergang 5,484 zu S.137,27. Für Herbst 380: SEECK, Regesten 285. - E. SCHWARTZ, GS 4,88 A.2 schwankt. - LIPPOLD, PRE (s.o. Lit.) 10,40ff. (Herbst 380). - 8 Sokr. 5,6,6. - 9 Sokr. 5,7,10. - Sozom. 7,5. - Gregor Naz., De vita s. vs. 1305–95 mit JUNGCKS Kommentar zu vs.1311 (Lit.). Die Apostelkirche (nicht die Sophienkirche) als Kathedralkirche: ULLMANN, Gregor v. Naz. 153 A.3. - 10 SEECK, Libanius 155ff. (Eutrophius IV). - HAUSER-MEURY, Prosop. 80f. - 11 Sokr. 5,10,1. - Sozom. 7,12,1. - 12 Theodoret, KG 5,4,8. - LOOFS, Eusebius v.Samosata, RE 5 (1898) 621,45ff. - 13 Philost. 10,1 S.126 BIDEZ. - ALBERTZ, ThStKr 82 (1909) 248ff. - KOPECEK, Neo-Arianism 441f. Die Synode tagte vermutlich 380. - 14 CTh 16,7,1 v. 2.5.381. - 15 CTh 16,5,7 v. 8.5.381. -

Kirchen (als Ersatz für die weggenommenen) zu bauen[16]. Für die frühen Häretikergesetze des Theodosius ist das Bestreben kennzeichnend, eine Bestimmung des
orthodoxen Glaubens zu geben. Das wird durch das Konzil von 381 aufgenommen
und ersetzt.

4. Die *unterdrückten Gruppen* bestanden zunächst weiter.

a) Nach der homöusianischen (makedonianischen) Synode von Antiochia in Ka-
rien (379) blieb ein, sich von den „Nicänern" abspaltender, Kern entschiedener
„Makedonianer" übrig[17], um die sich Theodosius vor dem Konzil von Konstantinopel vergeblich bemühte.

b) Die Apollinaristen entfalteten nach ihrer Verurteilung durch Papst Damasus
und dem Bruch mit Epiphanius v. Salamis, Paulin v. Antiochien, Petrus v. Alexandrien[18] eine lebhafte Werbetätigkeit[19] durch Wanderpredigt[20]; sie breiteten sich
in Syrien[21], Kleinasien[22], Konstantinopel[23] und Thrazien[24] aus. In den Jahrzehnten
nach 381 wurde im Orient die Saat der monophysitischen Bewegung ausgestreut,
welche das byzantinische Reich schließlich zersprengt hat.

§ 3. Das Konzil von Konstantinopel 381

Qu.: CPG 8598–8601. – G. L. Dossetti, Il simbolo di Nicea e di Costantinopoli, 1967. –
Gregor v. Nazianz, De vita sua vs. 1506–1918, Jungck (S. 213 ff. zu Ritter). – Ders., Or. 42
(Abschiedsrede). – Rufin, KG 11 S. 1016, 19 ff. Mommsen. – Sokr. 5,7,2; 5,8; 5,9,3–5. –
Sozom. 7,7–9. – Theodoret, KG 5,7,2–8,9. – Umstritten ist der Quellenwert der Rede
Gregors v. Nyssa, In suam ordinationem (Opera IX [1967] 331–41 Gebhardt), s. G. May,
Die Datierung der Rede In suam ordinationem des Gregor v. Nyssa u. die Verhandlungen
mit den Pneumatomachen auf dem Konzil zu Konstantinopel 381, VigChr 23 (1969) 38–57.
– A. M. Ritter, Gregor v. Nyssa „In suam ordinationem". Eine Quelle für die Geschichte d.
Konzils v. Konstantinopel 381? ZKG 79 (1968) 308–28. – Quellen zum Konzil: Ritter (s. u.)
19–21.

Lit.: Rauschen, Jahrbücher. – N. O. King, The Emperor Theodosius and the Estab-
lishment of Christianity, 1961. – Hefele/Leclercq, Histoire des Conciles II, 1 (1908) 1–63.
– Lit. zu der Unterschriftenliste: CPG 8601 (Schwartz/Honigmann). – A. M. Ritter, Das
Konzil v. Konstantinopel u. sein Symbol, 1965. – Ders., Zum Homousios von Nicäa u.
Konstantinopel. In: FS C. Andresen, 1979, 404–23. – W. D. Hauschild, Das trinitarische
Dogma von 381 als Ergebnis verbindlicher Konsensbildung. In: Glaubensbekenntnis u. Kir-
chengemeinschaft (hrsg. v. K. Lehmann/W. Pannenberg) 1982, 13–48. – A. de Halleux,
The second Ecumenical Council. A dogmatic and ecclesiological Evaluation, Cristianesimo
nella Storia 3 (1982) 297–328. – Ders., „Hypostase" et „personne" dans la formation du
dogme trinitaire (ca. 375–381), RHE 79 (1984) 313–69; 625–70. – Aufsatzsammlungen:
ITQ 48 (1981) Heft 3 u. 4. – Th. E. Torrance (Hrsg.), The Incarnation in the Nicene-Con-
stantinopolitan Creed, Edinburgh 1981. Diskussion zu Torrance: EvTh 43 (1983) 16–35. –
La signification et l'actualité du IIe concile oecuménique pour le monde chrétien d'au-
jourd'hui, Chambéry 1982. – Credo in Spiritum Sanctum (Atti del congresso … di pneuma-
toligia) 2 Bd., Rom 1983. – Konstantinopel, Ökumenische Synoden I, TRE 19 (1989) 518–24

---

16 CTh 16,5,8 v. 19.7.381. – 17 Sokr. 5,4. – Sozom. 7,2,3–4. – 18 S. Lietzmann, Apollinaris
27. – 19 Gregor Naz., De vita s., vs. 609–30. – 20 Vgl. Liberatus, Brev. 10. MPL 68,991. –
21 Sozom. 6,27,9. – 22 Gregor Naz., ep. 101; 125. – 23 Gregor Naz., ep. 202. Vgl. Sozom.
6,27,3. – Einzelheiten: Lietzmann, Apoll. 31–42, wo auch die Gesetze gegen die Apollinaristen
besprochen sind. – Hauser-Meury, Prosop. 54: Apollinaristen in Nazianz. – 24 Lietzmann,
Apollinaris 153.

(A. M. RITTER). – R. STAATS, Die römische Tradition im Symbol von 381 (NC) und seine Entstehung auf der Synode von Antiochien 378, VigChr 44 (1990) 209–21.

1. Die Synode hat eine ziemlich lange *Vorgeschichte.*

a) Schon im Frühjahr 380 ist in Rom bekannt, daß ein Konzil in Konstantinopel bevorsteht, welches den Thronos der Hauptstadt neu besetzen soll. Damasus schreibt an Acholius v. Thessalonich[1] (Dazien und Mazedonien gehören seit 379 vorübergehend zum Reichsteil des Theodosius)[2]. Damasus weist auf Kanon 15 von Nicäa (Verbot, den Bischofssitz zu wechseln) hin, was gegen die Kandidatur Gregors v. Nazianz, der ja Bischof von Sasima war, geht. Der Papst vertritt also die Interessen des Petrus v. Alexandrien gegen Meletius.

b) *Meletius* blieb nicht untätig und begab sich bald nach dem Einzug des Kaisers nach Konstantinopel[3]. Er gewann das Ohr des Theodosius[4] und sorgte dafür, daß die Synode größtenteils aus seinen Anhängern bestand; Ägypten und der Okzident wurden nicht berücksichtigt[5]. Das Konzil, welches 150 Teilnehmer zählte[6], trat Anfang Mai 381[7] zusammen und tagte bis zum 9. Juli[8]. Die Besetzung des Thronos der Hauptstadt, nach Ungültigkeitserklärung der Wahl des Maximus, war die vordringlichste Aufgabe. Meletius, der den Vorsitz führte, setzte – natürlich in Abstimmung mit Kaiser und Konzil – *Gregor v. Nazianz* zum Bischof Konstantinopels ein und der Kaiser übergab ihm die Apostelkirche[9]. Der plötzliche Tod des Meletius bezeichnet eine Zäsur. Die Möglichkeit, das antiochenische Schisma und den Streit mit Rom zu beenden, indem man sich auf Paulin als Nachfolger einigte, wie Gregor v. Nazianz vorschlug[10], wurde vertan, da die Anhänger des Meletius (erbittert über die Politik des Damasus) den Presbyter Flavian zum antiochenischen Bischof weihten. Das war einer der Gründe für Gregors Rücktritt.

c) Nach diesem Zwischenspiel werden (wohl auf kaiserlichen Wunsch) Bischöfe aus Ägypten und Mazedonien hinzugezogen. Diese führten durch den Hinweis auf Kanon 15 von Nicäa den Rücktritt Gregors herbei[11]. Man wählte Nektarius, einen hohen Beamten (Prätor) zum Nachfolger[12].

2. *Der Ablauf der Synode* ist nicht immer sicher festzustellen.

a) Die Verhandlungen mit den 36 pneumatomachischen („makedonianischen") Bischöfen, welche auf kaiserliche Einladung unter Führung des Eleusius v. Kyzykos, Markians v. Lampsakos[13] und das Euethius v. Ephesus[14] gekommen waren, gehören nach dem Zeugnis der antiken Kirchenhistoriker an den Anfang des Konzils[15].

b) Vermutlich folgte die Besetzung des Stuhls von Konstantinopel. Die Synodalen nennen in ihrem Rechenschaftsbericht an den Kaiser[16] als ihre Leistung: die

---

1 Ep. 5 u. 6 ed. SILVA TROUCA, Collectio Thessalonicensis. CPL 1623. Vgl. Gregor Naz., De vita s. vs. 1106 f. – 2 SEECK, Untergang 5, 479 zu 125,10, richtiger als RAUSCHEN 469–72. – 3 πάλαι παρῆν Sokr. 5, 8, 3 f. – 4 Das spiegelt sich in dem legendenhaften Bericht Theodorets, KG 5, 6, 1–3; 5, 7, 2–3. – 5 Gregor Naz., De vita s. 1509. – Theodoret, KG 5, 7, 2. – 6 Sokr. 5, 8. – Sozom. 7, 7. – Theodoret, KG 5, 7, 2. Eine Karte mit den Sitzen der Bischöfe bei KING, Theodosius. – 7 Sokr. 5, 8, 6 coss. – 8 RAUSCHEN 95 A. 3. – 9 Gregor, De vit. s. 1525 ff. – 10 De vit. s. 1680 ff. – 11 Gregor, De vit. s. 1572 ff. – ULLMANN, Gregor v. Naz. 167 ff. – GALLAY 200 ff. (s. d. Lit. am Kopf dieses Kap. S. 199). – 12 Gregor, vit. 1703–1827. Dazu JUNGCK 220 ff. – RAUSCHEN 98. – 13 Sokr. 5, 8, 12. – Sozom. 7, 8. – Theodoret, KG 5, 8, 8. – 14 Sokr. 5, 8, 5. – Sozom. 7, 7, 2–3. – 15 Photius, Bibliotheca cod. 257, p. 477a 28 BEKKER (= HENRY 8 S. 17, 28). – Euethius wird von Papst Liberius unter den Homöusianern genannt: Sokr. 4, 12, 22. – 16 Sokr. 7, 7, 5–6. – RITTER, Konzil 78–85; 253–70 setzt die Verhandlungen in die Mitte des Konzils. Dazu JUNGCK 220 ff. zu Gregor, vita vs. 1753 ff. Einzelheiten über die Streitigkeiten auf dem Konzil RAUSCHEN 98 f.

Herstellung der kirchlichen Einheit, Bestätigung des nicänischen Glaubens und Aufstellung von Regeln (Kanones) für die kirchliche Ordnung.

3. Die Forschung über das *Bekenntnis der Synode* (= C)[17] neigte zu der Annahme, daß C „unecht" sei und nur sekundär mit dem 2. Ökumenischen Konzil verbunden wurde. Als Begründung diente das Schweigen der Überlieferung über C bis zum Konzil von Chalkedon[18] und das Vorkommen eines sehr ähnlichen Bekenntnisses schon 374 bei Epiphanius v. Salamis[19] (HORT-HARNACK'sche Theorie)[20]. Die Untersuchung der äthiopischen Epiphaniusüberlieferung hat aber wahrscheinlich gemacht, daß C in den Text des Epiphanius anstelle des ursprünglich dort stehenden Nicänums eingeschaltet wurde, was schon E. SCHWARTZ vermutet hatte[21]. Das Zeugnis von Chalkedon für C als Symbol der Synode von 381 ist entscheidend[22].

4. Die *disziplinären Bestimmungen*[23], die durch das Konzil von 382[24] ergänzt wurden, führen die Angleichung der Ostkirche an die Reichseinteilung weiter, indem die fünf Diözesen des Ostreichs auch kirchliche Obermetropolitanverbände wurden, deren Bischöfe (ohne Einladung) nicht außerhalb Amtshandlungen vornehmen durften, wie es bei der Weihe des Maximus geschehen war. Die Provinzialverfassung blieb innerhalb der Diözesen bestehen[25]. Kanon 3 billigt dem Bischof von Konstantinopel, des neuen Rom, einen Ehrenvorrang nach dem Bischof Roms zu. Das richtet sich gegen Alexandrien, ist also wohl vor Ankunft der Ägypter und Abendländer verabschiedet[26]. Die Synode übersandte ihre Beschlüsse mit den Unterschriften dem Kaiser mit der Bitte um Bestätigung, damit sie Gesetzeskraft erlangten[27].

5. Das 2. ökumenische Konzil schloß den arianischen Streit und erhob die Lehre von der in sich gleichrangigen *Trinität* (unter Aufnahme jungnicänischer Theologie) zum Dogma[28]. Durch seine Anerkennung im Abendland ist es ein Symbol

---

17 CPG 8598 (BENESCHEWITZ). – MANSI 3, 557. – 18 Text bei DOSSETTI 244–51. *Lit.*: F. KATTENBUSCH, Das Apostol. Symbol I, 1894, 216–48. – J. KUNZE, Marcus Eremita. Ein neuer Zeuge für das altkirchliche Taufbekenntnis, 1895. – DERS., Das nicänisch-konstantinopolitanische Symbol, 1898. – A. HARNACK, Konstantinopolit. Symbol, RE 11 (1902) 12–28 (Hort-Harnack'sche Theorie). – H. LIETZMANN, Symbolstudien I–II, ZNW 21 (1922) 1–24. – E. SCHWARTZ, Das Nicänum u. das Constantinopolitanum auf der Synode von Chalkedon, ZNW 25 (1926) 38–88. RITTER, Konzil 132 ff. (mit Forschungsbericht). – J. N. D. KELLY, Early Christian Creeds ³1972, 296–367. – 19 ACO II, 1, 2 S. 79, 33–80, 18 SCHWARTZ. Weitere Stellen bei J. LEBON, Les anciens symboles dans la définition de Chalcédoine, RHE 32 (1936) 809–76. – KELLY 296 f.; 316 f. – 20 Ancoratus 118, 9–12 S. 116 f. HOLL. – 21 F. J. A. HORT, Two Dissertations. II On the Constantinopolitan Creed and other Eastern Symbols, 1876. HARNACK s. o. A. 18. – 22 B. M. WEISCHER, Die Glaubenssymbole des Epiphanius v. Salamis u. des Gregorios Thaumaturgos im Qerellos, OrChr 61 (1977) 20–40. – DERS., Die ursprüngliche nikänische Form des ersten Glaubensbekenntnisses im Ankyrotos des Epiphanius v. Salamis, ThPh 53 (1978) 407–14. – E. SCHWARTZ (s. o. A. 18), ZNW 25 (1926) 85–88 (erklärt das Schweigen vorher mit der alexandrinischen Opposition gegen C). – 23 D. HOLLAND, The Creeds of Nicaea and Constantinople reconsidered, ChH 38 (1969) 1–14, bestreitet das wieder. Dagegen RITTER, FS Andresen 412 ff. – Zur anti-pneumatomachischen Theologie von C: s. A. DE HALLEUX, La profession de l'Esprit Saint dans le symbole de Constantinople, RTL 10 (1979) 5–39. – B. SCHULTZE, Die Pneumatologie der Synode v. Konstantinopel als abschließende Formulierung der griech. Theologie (381–1981), OCP 47 (1981) 5–54. – STAATS (s. o. Kap. 4 § 5 A. 25). – 24 Kanon 2–4. Text bei ALBERIGO, Concil. oecum. decr. 31 f. – 25 RAUSCHEN 131–33; 479–81. Parallel dazu fand 382 eine Synode in Rom statt, s. RAUSCHEN 134 f. – 26 K. MÜLLER, Kanon 2 u. 6 von Konstantinopel 381 u. 382. In: FS A. Jülicher 1927, 190–212. – 27 CPG 8598–8603. – Einfluß des Kaisers auf die Kanones: LIPPOLD, PRE Suppl. XIII: Die Kaiser Theodosius d. Gr. u. Theodosius II. (Separatdruck 1972), 19 f. – 28 Sokr. 5, 8, 20. – Sozom. 7, 9, 5. – In der Unterschriftenliste fehlt Acholius, der wohl wegen Kan. 3 (Rangerhöhung Konstantinopels) nicht unterschrieb. – Die Bezeichnung „ökumenische Synode": RAUSCHEN 96 zu A. 2. Rezeptionsgeschichte: A. M. RITTER, TRE 19, 521 f.

kirchlicher Einheit. Durch seine Aussage, der hl. Geist gehe vom Vater aus, wird es andererseits infolge der im Westen seit Augustin sich durchsetzenden Lehre, daß der Geist von Vater und Sohn (a patre filioque) ausgehe, zum Symbol der Trennung zwischen Ostkirche und abendländischer Kirche[29].

§ 4. Zurückdrängung und Verbot des Heidentums

Qu.: Die Gesetze nennt G. Rauschen, Jahrbücher der christlichen Kirche unter dem Kaiser Theodosius d. Gr., 1897. – Libanius, Or. 30 Pro templis (= Opera III, 80–118 Foerster). – Eunapius, Vitae Soph. (Giangrande). – Zosimus 4, 29 ff.; 5, 38, 3–4 (Mendelssohn). – Chroniken (Chron. Min. I, 243 ff.; 460 ff. Mommsen. – Malalas – Alexandrinische Weltchronik, hrsg. von A. Bauer u. J. Strzygowski, DAWW. PH 51 [1906]) s. o. Qu. Kap. 5. – Rufin, KG 11, 22–30. – Sokr. 5, 16–17. – Sozom. 7, 15, 2–15. – Theodoret, KG 5, 21–22.

Lit.: V. Schultze, Geschichte des Untergangs des griech.-römischen Heidentums I, 1887; II (geographisch gegliedert) 1892. – J. Geffcken, Der Ausgang des griechisch-römischen Heidentums, 1929. – Noethlichs 166 ff. – T. Christensen, Christus oder Jupiter. Der Kampf um die geistigen Grundlagen des Römischen Reiches, 1981. – F. Thelamon, Païens et Chrétiens au IVe siècle, 1981.

1. Die *Gesetze des Theodosius gegen die Heiden* beginnen Mitte 381 mit dem Verbot des Abfalls von Christen zum Heidentum[1]. Ein solches Verbot gab es bisher nicht. Es wird zwei Jahre später in Abstimmung mit Gratian für Morgen- und Abendland wiederholt[2]. Die Strafe ist der Verlust des Rechts, ein Testament zu machen und Vermächtnisse zu empfangen, „ut sint absque iure Romano"[3]. Diese Strafe steigert sich später zu unwiderruflicher Infamie[4].

2. Der heidnische *Kult* wird getroffen durch das Verbot von Opfern bei Tempelfesten[5] und zum Zweck der Zukunftserforschung[6]. Beides ist kein Novum[7]. Das Verbot der Orakelopfer raubte den Tempeln einen wesentlichen Teil ihrer Zugkraft. Man konnte aus dem zweideutigen Gesetzestext auch ein allgemeines Opferverbot herauslesen. Jedenfalls sagt Libanius um 388, daß nur das Weihrauchopfer dargebracht werden konnte[8]. Doch besteht der Opferdienst zunächst in Rom und Alexandrien fort[9]. Seit Mitte 385 schloß oder zerstörte der Gardepräfekt Cynegius Tempel auf seiner Rundreise durch die Diözese Otirns[10].

3. Als Theodosius nach dem Sieg über den Usurpator Maximus († 28. 8. 388)[11] in Italien weilte, gerät er unter den Einfluß des *Ambrosius,* der schon auf die Religionspolitik Gratians gewirkt hatte[12]. Nach dem Bußakt des Kaisers in Mailand[13] werden die Bollwerke des Heidentums in Rom und Alexandrien[14] angegriffen. Der Erlaß vom 24. 2. 391 an den römischen Stadtpräfekten, der Opfer und das Betreten

---

29 Vgl. Theodoret, KG 5, 9, 11 S. 292, 13–16 Parmentier. – **30** Streit um das filioque: Kelly, 358 ff.

1 CTh 16, 7, 1 v. 2. 5. 381. – **2** CTh 16, 7, 2 v. 20. 5. 383 (Theodosius); 16, 7, 3 v. 26. 5. 383 (Gratian). – **3** CTh 16, 7, 2. – **4** CTh 16, 7, 4. 5 v. 9. 6. 391. Datierung: Seeck, Regesten 104, 15. – **5** CTh 16, 11, 8 v. 30. 11. 382; 12, 1, 112 v. 16. 6. 386. – **6** CTh 16, 10, 7 v. 21. 12. 381; 16, 10, 9 v. 25. 5. 385. – **7** S. o. Kap. 4 § 2 Nr. 2 u. 3. – **8** Or. 30, 7 S. 91, 4–8 Foerster. – **9** Or. 30, 33 u. 35, S. 104 u. 105 Foerster. – **10** Seeck, Untergang 5, 218 f. mit d. Anm. S. 526. Dort auch zur Kompetenzüberschreitung des Cynegius. – Jones, Prosop. s. v. Cynegius 3. – **11** Belege: Stein, Geschichte 320 A. 1. – **12** S. KiG C1, 40. – G. Gottlieb, Ambrosius v. Mailand u. Kaiser Gratian, 1973. Kritisch dazu Noethlichs, JAC 16 (1973) 152–6. – **13** S. KiG C1, 42. – **14** Ägypten als „Tempel der ganzen Welt", Asclepius 24, Corpus Hermet. II S. 326, 19 Nock/Festugière. –

der Tempel verbietet[15], wird am 16.6.391 auf Ägypten ausgedehnt[16]. Der alexandrinische Bischof Theophilus reizt den christlichen Pöbel gegen die Heiden auf. Ende 391 wird der *Serapistempel* in Alexandrien zerstört, die Serapisstatue zerschlagen. Tempelvernichtungen in Kanopus und im übrigen Ägypten schließen sich an[17]. Aber zweieinhalb Jahrhunderte nach diesem Triumph kirchlicher Gewalt zog der siegreiche Islam in Alexandrien ein. Das letzte Heidengesetz des Theodosius[18] kommt einem Verbot des Heidentums gleich. Nicht nur jede Form des öffentlichen Kultes, sondern auch private Andachtsübungen: Anzünden von Kerzen für die Ahnen, Aufhängen von Kränzen, Verbrennen von Weihrauch für die Haus- und Schutzgötter, werden untersagt. In diese Zeit dürfte die Zerstörung eines Götzenbildes auf dem samaritanischen Garizim durch eine Verwandte des Kaisers, Poemenia, fallen[19].

4. Der Kampf gegen die Tempel geht von Bischöfen[20] und *Mönchen* aus. In Syrien zogen Mönchshorden durch das Land und plünderten und zerstörten Tempel[21]. Zum Teil wurden auch Tempel in Kirchen umgewandelt[22]. Das geächtete Heidentum schrumpfte, bestand aber weiter[23].

5. Zur Verdrängung heidnischer Lebensformen gehört die allmähliche Beschränkung *heidnischer Feste* zugunsten christlicher und staatlicher (dynastischer) Feiertage[24] und die kirchliche Kritik am Sakral-, Volks- und Kunsttanz (Ballett), die freilich erst unter Justinian zu staatlichen Maßnahmen führt[25].

6. Der *Sieg der Kirche* beruhte jedoch nicht allein auf Gewalt, sondern auch auf den Werten, welche sie darbot: der religiösen Hoffnung, der Armenfürsorge und gelegentlicher Hilfe gegen Willkür der Beamten[26]. Hinzu kommen religiöse Angleichungen, welche den Übertritt erleichterten. Züge heidnischer Göttergestalten und heidnischen Aberglaubens gingen in die christliche Verehrung der Heiligen und der Jungfrau Maria ein[27].

§ 5. Die Ketzerverfolgung

Qu. u. Lit.: Die Religionsgesetze u. anderen Qu. in chronologischer Folge bei Rauschen, Jahrbücher 88 ff. – Noethlichs 128–65. S. auch KiG C1, 43.

15 CTh 16,10,10. – Noethlichs verzeichnet S. 331 A. 976 die auf Rom bezüglichen Religionsgesetze seit Konstantin. – **16** CTh 16,11,11. – **17** Rufin, KG 11,22–30. – Eunapius, Vit. Soph. 38–40 Giangrande. – Suda s. v. Σαράπις, Ὄλυμπος ed. Adler. – F. Thelamon 245–79 (Lit.). Chronologie: Seeck, Untergang 5,533–35, gegen Rauschen 534–36. – **18** CTh 16,10,12 v. 8.11.392 mit Gothofreds Kommentar. – **19** P. Devos, La „Servante de Dieu" Poemenia d'après Pallade, la tradition copte et Jean Rufus, AnBoll 87 (1969) 189–212. – 20 Markell v. Apamea: Sozom. 7,15,12; Theophilus v. Alexandrien: Zosimus 5,23,4, S. 249,9–12 Mendelssohn. – Sozom. 7,15,1 f. – **21** Libanius, Or. 30,8–9. 11. Vgl. R. van Loy, Le „Pro templis" de Libanios, Byz. 8 (1933) 7–39; 389–404. – **22** F. W. Deichmann, Frühchristliche Kirchen in antiken Heiligtümern, JdI 54 (1939) 105–36. Liste auf S. 115 ff. – Ders., „Christianisierung der Monumente", RAC 2 (1954) 1228–41. – R. G. Coquin, La christianisation du temple de Karnak, BIFAO 72 (1972) 169–78. – **23** Schultze, Untergang 1,434 ff.; 2,245 ff. – G. Downey, Artikel „Gaza", RAC 8 (1972) 1129. – **24** CTh 2,8,19 v. 7.8.389. Vgl. 2,8,22 v. 3.7.395 (Arkadius): die Festtage der Heiden sind keine allgemeinen Feiertage mehr. – **25** C. Andresen, Altchristliche Kritik am Tanz – ein Ausschnitt aus dem Kampf der alten Kirche gegen heidnische Sitte, ZKG 72 (1961) 217–62. – Sakraltanz bei den ägyptischen Melitianern. In: F. J. Dölger, AuC 4 (1934) 245–65. – **26** Dazu s. V. Schultze, Untergang 2, Kap. 1. – **27** Schultze, Untergang 2, 344 ff.

1. Die Ketzergesetzgebung des *Theodosius*[1] reicht von Februar 380 bis April 394. Dazwischen liegt eine Pause von Ende Januar 384 bis März 388, die durch die Usurpation des Maximus im Abendland bedingt ist[2]. Von Mitte 388 bis Mitte 391 befindet sich Theodosius im Abendland, dann wieder – veranlaßt durch den Tod Valentinians II. (15.5.392) und die Erhebung des Eugenius zum Kaiser (22.8.392)[3] – von September 394 (am 6.9.394 Sieg am Frigidus über Eugenius) bis zu seinem Tode am 17. Januar 395. Die dynastischen Interessen des Kaisers, der seinem Sohn Honorius das abendländische Kaisertum sichern will, rücken in den Vordergrund. Aus der Münzprägung des Theodosius läßt sich die Zurückdrängung des Hauses Valentinians I. ablesen[4].

2. Unter den *Ketzern*[5] werden in erster Linie die Arianer (Eunomianer) und die Manichäer, welchen einige enkratitische Gruppen (Apotaktiten, Sakkophoren, Hydroparastaten) zugesellt werden[6], verfolgt. Den Manichäern wird das Recht, Testamente zu machen und Erbschaften zu empfangen, entzogen (Intestabilität). Sie werden aus der Gesellschaft ausgestoßen; auch die Todesstrafe wird angedroht[7]. Die montanistischen Taskodrogiten[8] im Pontus trifft nur ein Versammlungsverbot[9]. Die Gesetze des Theodosius zielen darauf, den Ketzern den Kult unmöglich zu machen durch Versammlungsverbot, Wegnahme der Kirchen und Untersagung des Kirchenbaus. Theodosius befiehlt, Aufspürer (inquisitores) und Denunzianten gegen die Häretiker einzusetzen[10] – was einst Trajan im Briefe an Plinius als unwürdig abgelehnt hatte. Auch der Erlaß in die Vergangenheit rückwirkender Gesetze[11] verstößt gegen ein wichtiges Rechtsprinzip. Die Durchführung dieser Gesetze litt freilich unter der Nachlässigkeit der Beamten[12].

3. Ein Versuch zur Einigung der Parteien ohne Gewalt ist das *Religionsgespräch* im Juni 383, welches der Kaiser nach Konstantinopel einberief[13]. Theodosius forderte hier die Streitenden schließlich zur Vorlage ihres Glaubensbekenntnisses auf und billigte nur das Taufbekenntnis des Nektarius v. Konstantinopel (= C?) und das (nicänische) Credo der Novatianer[14]. Die Folge des Religionsgespräches waren neue Häretikergesetze[15]. Das Verfolgungssystem wird durch das Verbot der Ordinationen und des Führens kirchlicher Amtsbezeichnungen durch Häretiker abgerundet[16]. Doch bildeten die Goten in Konstantinopel eine Stütze der Homöer[17]. Die Nachfolger des Theodosius setzten die Ketzerverfolgung fort[18]. Dadurch ver-

---

1 CTh 16,1,2.2,25; 16,1,3; 16,5,6–23. – 2 Als der Gardepräfekt Cynegius 387 in Alexandrien gegen das Heidentum vorging, kam es im Theater zu Hilferufen des Volkes an Maximus. Libanius, Or. 19,14 ed. FOERSTER Bd.2 S.390,9ff. – 3 KiG C1,43. – 4 S. J.W.E. PEARCE, RIC IX,1933 (1968) XVI f.; XIX–XXIII; XXVII f. – 5 Aufschlüsselung der verfolgten Häretiker bei GOTHOFRED Bd. VI Paratitlon zu CTh 16,5. – 6 CTh 16,5,7.9. Zu diesen Sekten s. u. – 7 CTh 16,5,9 v. 31.3.382. – F. H. KADEN, Die Edikte gegen die Manichäer von Diokletian bis Justinian. In: FS H.Lewald, 1953, 55–68. – 8 Epiph. haer. 48,14,3–5. – LAMPE, Lexikon s.v. – 9 CTh 16,5,10 v. 20.6.383. – 10 CTh 16,5,9 v. 31.3.382. – 11 Z.B. gegen die Manichäer CTh 16,5,7 v. 8.3.381. – 12 Strafandrohung für säumige Beamte: CTh 16,10,12 v. 8.11.392. – Klagen Gregors v. Nazianz über ungehinderte Entfaltung der Ketzer: ep.125 u. 202. – 13 Sokr. 5,10. – Sozom. 7,12. – M.ALBERTZ, Zur Geschichte der jung-arianischen Kirchengemeinschaft, ThStKr 82 (1909) 205–78 (251 f.). – 14 H.C. VOGT, Coetus Sanctorum, 1968, 243 f. – Bekenntnis des Eunomius: CPG 3457 und M.ALBERTZ, Untersuchungen über die Schriften des Eunomius, Diss. Halle 1908, 36–52. – R.P. VAGGIONE, Eunomius. The Extant Works, 1987, 131 ff. – 15 Regest bei Sozom. 7,12,11–12. – ALBERTZ, Geschichte (s.o. A.13) 252 ff. – NOETHLICHS 318 f. A.840. – 16 CTh 16,5,21 v. 15.6.392. – 17 Über den Gotenbischof Selenas in Konstantinopel: Sokr. 5,23,8. – Sozom. 7,17,11–13. – Der gotische Konsular Plintha: JONES, Prosop.II S.892 f. – 18 CTh 16,5,25 v. 13.3.395 (Arkadius).

kümmerten die Sekten, aber noch 423 geht Theodoret v. Kyros gegen eunomianische Dörfer in seinem Sprengel vor[19].

§ 6. Förderung des öffentlichen Ansehens der Kirche

Die Kehrseite der Heiden- und Ketzerverfolgung ist die *Begünstigung der Kirche*.
1. In der von Konstantin eingeleiteten Befreiung des Klerus von öffentlichen Leistungen (*Immunität*)[1] ist Theodosius eher zurückhaltend. Er dehnt die Immunität lediglich auf die Küster von Kirchen und heiligen Orten aus[2]. Der Kampf gegen die Dekurionenflucht in den Klerus geht weiter[3].
2. Zur Wahrung der Würde des geistlichen Amtes dürfen Bischöfe nicht als Zeugen vor *Gericht* vernommen werden[4], und Priester (nicht jedoch die niederen Kleriker) sind beim Verhör als Zeugen – wenigstens grundsätzlich – von der Folter befreit[5]. Auch dürfen Kleriker bei kirchlichen Streitigkeiten nicht vor ein weltliches Gericht gebracht werden, sondern nur vor das Bischofsgericht[6]. Die Kirchen besitzen gewohnheitsrechtlich das Asylrecht[7]. Für Staatsschuldner gab es aber kein Asyl[8].
3. Die Heiligkeit kirchlicher *Feste* schützt das Verbot des Folterns und körperlicher Strafen in der Fastenzeit[9]. An Sonntagen werden Zirkusspiele untersagt, damit der Gottesdienstbesuch nicht leide[10].
4. Die *Sittengesetzgebung*: Einschärfung der Trauerzeit der Witwen[11], Verbot der Ausbildung und Beschäftigung von Saitenspielerinnen[12], öffentliche Verbrennung von Päderasten[13], ist zwar vom Moralismus des spätantiken Dominats geprägt, verschafft aber auch kirchlichen Anschauungen Geltung[14].

§ 7. Zur Würdigung der Religionspolitik Theodosius' I.

Qu. u. Lit.: Themistius, Or. 14–19 ed. Schenkl/Downey Bd. I, 1965. – Pacatus, Lobrede auf Theodosius I. ed. R. A. Mynors, Panegyrici lat., 1964, 82 ff. – Ambrosius, De obitu Theodosii, CPL 159. – Augustin, De civ. Dei 5, 26. – Theodoret, KG 5, 15. 24–25 u. ö. – Weitere antike Stimmen bei A. Lippold, Die Kaiser Theodosius d. Gr. und Theodosius II. (Separatdruck 1972 aus PRE Suppl. Bd. XIII) Abschnitt C 2, Sp. 114 ff. – G. Dagron, L'Em-

19 Ep. 81 MPG 83, 1261 cd. – Albertz, Geschichte 260 mit A. 3 (s. o. A. 13).
1 Dazu J. Gaudemet, L'Eglise dans l'Empire Romain, 1958, 176–79. – Jones, LRE, Index s. v. clergy. – 2 CTh 16, 2, 26 v. 31. 3. 381 u. Gothofreds Erläuterung. – 3 Einzelheiten: Rauschen, Jahrbücher 377 u. Register s. v. curiales. – O. Seeck, „Decurio", PRE 4 (1900) 2319 ff. – KlP 1, 1417 ff., „Decurio" (1979) (H. Stiegler). – 4 CTh 11, 39, 8 v. 29. 6. 381. – Rauschen 91. – 5 CTh 11, 39, 10 v. 25. 7. 386. Vgl. Seeck, Regesten. – 6 Const. Sirmond. 3 v. 384, s. Rauschen 174. – J. N. Bakhuizen van den Brink, Episcopalis Audientia, MNAW 1956. – 7 Sokr. 5, 14, 6–7. – TRE 4 (1979) „Asylrecht III" (Landauer). – 8 CTh 9, 45, 1 v. 18. 10. 392. – 9 CTh 9, 35, 4 v. 27. 3. 380. – CTh 2, 8, 21 v. 27. 5. 392 setzt alle Prozesse in der Osterzeit aus. – Osteramnestie: Const. Sirm. 8 v. 386. Rauschen S. 233 bezweifelt die Echtheit. – 10 CTh 2, 8, 20 v. 17. 4. 392; 15, 5, 2 v. 20. 5. 394, s. Seeck, Regesten 84, 27. – 11 CTh 5, 9, 1 v. 18. 12. 380; 3, 8, 1 v. 30. 5. 381. – 12 CTh 15, 7, 10 v. 24. 6. 385. – 13 CTh 9, 7, 6 v. 6. 8. 390. Vgl. 3. Mose 20, 13. Längere Fassung: Mosaicarum et Romanarum Legum Collectio tit. 5 bei Riccobono, Fontes 2, 556 f. Auch bei Gothofred. – Mommsen, Röm. Strafrecht, 1899, 703 f. – 14 Gothofred zu CTh 15, 7, 10 u. 9, 7, 6, Rauschen 211.

pire Romain d'Orient au IVe siècle et les traditions politiques de l'Hellénisme. Le témoignage de Thémistius, 1968. – W. Portmann, Geschichte in der spätantiken Panegyrik, 1988.

1. *Theodosius,* von kirchlicher Seite *„der Große"* genannt[1], steht zeitlich zwischen Konstantin und Justinian. Er verfolgt das konstantinische Ziel einer geeinten Reichskirche. Aber er verläßt die Politik Konstantins, indem er nicht wie dieser die Einheit von einer dehnbaren Auslegung des Reichsbekenntnisses erhofft, sondern er gründet die Reichskirche auf das streng festgelegte Dogma, wie auch später Justinian. Das führt unter Zustimmung der Kirche zur *Verfolgung von Heiden und Ketzern.* Die theodosianische Staatskirche trägt in sich die Keime der mittelalterlichen Inquisition.

2. Aus religiösen und politischen Gründen hält Theodosius an der Übereinstimmung der morgen- und abendländischen Kirche fest. Aber seine Zurückweisung abendländischer Einmischung in das antiochenische Schisma und in die Affäre des „Bischofs" Maximus[2] stärkt das Selbstbewußtsein der *griechischen Kirche.* Die Rangerhöhung des Thronos von Konstantinopel bereitet die spätere Gleichstellung mit dem römischen Bischof und die Verselbständigung der byzantinischen Kirche vor. Das Papsttum spielt in der theodosianischen Kirchenpolitik eine ziemlich bescheidene Rolle.

3. Trotz der Glaubensdefinitionen in manchen seiner Gesetze hat sich Theodosius – wenn auch Spuren der Kaiserideologie nicht fehlen[3] – nicht als Quelle von Glaubensvorschriften, sondern als Gefolgsmann der kirchlichen Lehrer (Bischöfe) bekannt[4]. Bei aller Devotion war er doch bestrebt, die staatlichen Interessen und die öffentliche Ordnung gegenüber bischöflichen und mönchischen Übergriffen zu wahren, freilich auch hier vor klerikalem Druck zurückweichend (Kallinikon)[5].

---

1 S. Demandt, Spätantike 137 mit A. 46. – 2 S. KiG C1, 39. – 3 S. KiG C1, 45 f. – 4 Coll. Avell. ep. 2 a. CSEL 35,1 S. 45,13 ff. Guenther. Gegen Ensslin, Religionspolitik 44 u. ö. – 5 S. KiG C1, 42.

6. Kapitel: Kirchenverfassung und Gemeindeleben

Aus der Durchführung der kirchlichen Aufgaben (Gottesdienst, Leitung, Lehre, Liebestätigkeit) und aus dem Streben nach Verwirklichung des ekklesiologischen Selbstverständnisses als der einen, heiligen Kirche sind die Ämter, die Ordnungen und die Verfassung der Kirche erwachsen. Dazu kommen im 4. Jahrhundert die Probleme, welche die Umwandlung der altkatholischen Kirche zur Reichskirche schuf. Der Zustrom zu den christlichen Gemeinden nach der konstantinischen Wende und die räumliche Ausdehnung der Kirche in bisher heidnische Striche des flachen Landes erzwangen den Ausbau der kirchlichen Verfassung über den im 3. Jahrhundert erreichten Stand hinaus[1].

§ 1. Christliche Mission im 4. Jahrhundert

Eine Geschichte der Mission und *Ausbreitung des Christentums* im 4. und 5. Jahrhundert ist noch nicht geschrieben worden[2].

1. Als neue und wichtige Kraft für die Ausbreitung des Christentums tritt im 4. Jahrhundert das die Kirche begünstigende Kaisertum auf. Konstantin, dessen große Religionsedikte geradezu Werbeschriften für das Christentum sind[3], ist der größte christliche Missionar des 4. Jahrhunderts; er konnte sich nicht mit Unrecht als dreizehnten Apostel fühlen[4]. Die Kirche hat auch jetzt, wo sie ungehindert auftreten konnte, keine planmäßige Mission entfaltet. Es gibt nichts, was mit der Weltmission des Urchristentums vergleichbar wäre.

a) Natürlich waren sich die *Bischöfe* der Aufgabe, die Heiden zu bekehren, bewußt[5]. Aber es bleibt bei der bisherigen Methode[6]: die Kirche wirkt durch ihre

---

1 E. HATCH/A. HARNACK, Die Gesellschaftsverfassung der christlichen Kirchen im Altertum, 1883. – H. ACHELIS, Das Christentum in den ersten drei Jahrhunderten, 1912, Kap. 3 (S. 88 ff.). – HARNACK, Mission 455 ff. – V. BARTLETT, Church Life and Church Order in the first five Centuries, 1943. – C. ANDRESEN, Die Kirchen der alten Christenheit, 1971, Reg. s. v. „Mission"; „Verfassung". – 2 Dazu wäre eine Neubearbeitung von LE QUIEN, Oriens Christianus, Paris 1740 erforderlich unter Auswertung der inzwischen gefundenen Inschriften u. Papyri. Chronologische Angaben zu den Bischofssitzen u. ältere Lit. bei K. PIPER, Atlas Orbis Christiani, 1931, 18–35. Dazu die Länder- u. Städteartikel in den Enzyklopädien, zuletzt in TRE. Immer noch brauchbar ist V. SCHULTZE, Untergang I, 87–122; 298–333. II, 203–339. – K. MÜLLER/H. v. CAMPENHAUSEN, KG I (1941) 458–94. – B. KÖTTING, Art. Christentum (Ausbreitung), RAC 2 (1954) 1139–59. – W. H. C. FREND, The Winning of the Countryside, JEH 18 (1967) 1–14. – DERS., The Mission of the Early Church (1967). In: Religion Popular and Unpopular, 1974, Nr. VIII. – K. BAUS, Hdb. II, 1 (1972) 189–238 (Lit.). – H. FROHNES/U. W. KNORR (Hrsg.), KG als Missionsgeschichte I, 1974. – 3 Z. B. Euseb, VC 2, 24 ff. S. o. Kap. 1 § 3. – 4 Über die „Bekehrungen" aus Opportunismus: W. DAUT, Die „halben Christen" unter den Konvertiten u. Gebildeten des 4. u. 5. Jh.s, ZMR 55 (1971) 171–88. – 5 Athanasius, Ep. ad. Dracontium 7, MPG 25, 532 b. – U. W. KNORR, Basilius, s. o. Kap. 4 § 5 A. 29. – P. ANDRES, Der Missionsgedanke in den Schriften des Joh. Chrysostomus, 1935. – P. KRÜGER, Missionsgedanken bei Ephräm dem Syrer, MWRW 4 (1941) 8–15. – W. SPEYER, Die Euphemia-Rede des Asterios v. Amaseia. Eine Missionsschrift für gebildete Heiden. JAC 14 (1971) 39–47. – 6 K. HOLL, Die Missionsmethode der alten u. die der mittelalterlichen Kirche, GAufs. 3, 1928, 117–28.

Existenz und der einzelne Christ im alltäglichem Umgang auf die Heiden ein. Athanasius mahnt, durch das Beispiel christlicher Tugend die Heiden zu gewinnen[7]. Diese Mission der Tat bewährt sich in der kirchlichen Armenfürsorge[8]. Freilich kommt auch fanatische Absonderung von den Heiden vor[9]. Es gab außerhalb des Mönchtums kaum eine besondere Missionspredigt. Die Heiden hatten zur Gemeindepredigt Zutritt[10], und die Gewonnenen wurden durch die Taufunterweisung (Katechumenat) weitergeleitet[11]. Gelegentlich betätigt sich der Eifer einzelner. So richtete der edessenische Priester Protogenes in seinem größtenteils heidnischen Verbannungsort in der Thebais (zur Zeit des Valens) eine Schreibschule für Knaben ein und legte in missionarischer Absicht Bibelstellen als Übungstexte vor[12].

b) Zur Christianisierung der lange heidnisch bleibenden *ländlichen Gebiete* ermahnt Chrysostomus die Großgrundbesitzer, auf ihren Latifundien Kirchen zu bauen und sich um die Bekehrung ihrer Kolonen und Sklaven zu bemühen[13].

c) Die Mission war von dem Gedanken des dämonischen Truges der Götter und ihres Kultus beherrscht. Daraus erklärt sich, als die Kirche die staatliche Macht hinter sich hat, das gewaltsame Vorgehen gegen die Tempel, dessen sich Arianer und Orthodoxe gleichermaßen befleißigten[14]. Auch die christliche Apologetik des 4. und 5. Jahrhunderts ist auf den *Kampf gegen die Dämonen* gestimmt[15].

2. Als zweite neue Missionskraft neben der kaiserlichen Politik erweist sich das *Mönchtum*. Zwar gehörte Mission keineswegs zu den Zielen des Wüsteneinsiedlers. Aber der Ruf seiner charismatischen Heilungs- und Segnungskraft zieht auch Heiden an[16]. Und Pachomius wird in seiner Taufvision auf sein Bekehrungserlebnis und -gelübde des rettenden Dienstes an den Menschen, also zur Mission der Tat, gewiesen[17]. Seine Klostergründungen wollen den von ihm gelobten Dienst an den Menschen verwirklichen[18]. Gegen Ende des 4. Jahrhunderts stellt Alexander, der Begründer der Akoimeten, eine wandernde Missionsgruppe von Mönchen zusammen[19].

3. Die Mission unter den *„Barbaren"* außerhalb der Reichsgrenzen blieb weiterhin sich selbst überlassen[20]. Christliche Kaufleute schlossen sich in fremden Handelsplätzen zu Gemeinden (conventiculi) zusammen[21]. Christliche Gefangene erzielen Bekehrungen: die gefangene Nino gewinnt (um 330) das ostgeorgische Königshaus[22]. Oder Barbaren werden bei einem Aufenthalt im römischen Reich

---

7 So in den Paränesen der Festbriefe. – 8 HARNACK, Mission 170–220. – Pachomius wurde durch die christliche Liebestätigkeit gewonnen. Vita prima 4 f., S. 3 ed. HALKIN, 1932. – 9 S. HAUSER-MEURY, Prosop. zu d. Schr. Gregors v. Naz., 1960, s. v. Nonna I, S. 135. – 10 Apost. Konst. 8, 12. – 11 J. MAYER, Geschichte des Katechumenats u. der Katechese in den ersten 6 Jh.n, 1868. – „Katechumenat I", TRE 18 (1989) 1–5 (G. KRETSCHMAR). – 12 Theodoret, KG 4, 18, 7 ff. – 13 Chrysost., MPG 60, 146–50; 62, 379. – SCHULTZE, Untergang I, 315 f. – 14 Georg v. Alexandrien (Arianer); Theophilus v. Alex. (Orthodoxer). – 15 Euseb v. Cäsarea, Theophanie; Theodoret, „Heilung der hellenischen Krankheiten". CPG 3488, 6210. – 16 Beispiele bei Rufin, KG 11, 6. – Sokr. 4, 36, 3 ff. – Sozom. 6, 38, 5 ff. – Theodoret, Hist. rel. 26, 13–15 (Symeon der Säulensteher); ebd. 28 (Theläus bekehrt Heiden). – Sozom. 5, 15, 14 ff.: Hilarion v. Gaza (bekehrt Heiden durch einen Exorzismus). – P. BROWN, The Rise and Function of the Holy Man in Late Antiquity, JRS 61 (1971) 80–101. – 17 Vita prima 4 f., ed. HALKIN, 1932, 3. – Pachomius baute eine Kirche für heidnische Hirten, ebd. 29, 19. – 18 S. R. LORENZ, Zur Chronologie des Pachomius, ZNW 80 (1989) 280–3 (S. 281). – 19 E. DE STOOP (Hrsg.), Vie d'Alexandre l'Acémète. Texte grec et traduction latine, PO VI (1911) 645–706, hier S. 654 ff. – 20 Vgl. E. A. THOMPSON, Christianity and the Northern Barbarians. In: A. MOMIGLIANO, The Conflict between Paganism and Christianity in the fourth Century, 1963, 56–78. – Ders., The Visigoths in the Time of Ulfila, 1966. – K. SCHÄFERDIEK, Germanenmission, RAC 10 (1978) 492–548. – 21 Rufin, KG 10, 9 S. 972, 27 ff. MOMMSEN. – Philost. 3, 4 S. 33, 8 ff. BIDEZ. – 22 Rufin, KG 10, 9–11. – F. THÉLAMON (s. o. Kap. 5 § 4 Lit.) Index s. v. Nino. Zu Thélamon s. R. LORENZ, ThLZ 107 (1982) 906 ff. – „Georgien", TRE 12

Christen[23]. Die Kaiser erhofften sich politische Vorteile von der Bekehrung wichtiger Barbarenstämme. So kam es zur Missionsgesandtschaft Konstantius' II. nach Südarabien, wo römischer und perischer Machtbereich aneinanderstießen[24].

§ 2. Die Ortsgemeinde

Qu.: 1. *Übersichten.* E. Hennecke, Neutestamentliche Apokryphen, [2]1924, 551–87. – H. Lietzmann, Kirchenrechtliche Sammlungen, PRE 11, 488–501. – W. M. Plöchl, Geschichte des Kirchenrechts, [2]1960, 105 ff. – Feine (s. u.) 90–96. – Kirchenordnungen (= KO) I, TRE 18 (1989) 662–70 (P. S. Bradshaw). – Kirchenrechtsquellen I, TRE 19 (1990) 1–6 (G. May). – 2. *Konzilsbeschlüsse:* Ankyra 314 (Kanon 20–25 sind die einer Nachsynode von Cäsarea, s. J. Lebon, Sur un concile de Césarée, Muséon 51 [1938] 89–132. Vgl. CPG 8502 f.). – Neucäsarea (unter Kaiser Licinius. CPG 8504). – Nicäa 325. – Antiochien c. 327/8. Die Kanones (bei Lauchert 43–50) gehören nicht der Kirchweihsynode von 341, wie die Teilnehmerliste (bei Schulthess, 65 f.; 84 f. u. Turner, Monumenta II, 2 [1913] 231; 312–15, vgl. S. VII) beweist: E. Schwartz, GS 3, 145 A. 1; 216 ff.; 224 ff. – Gangra (340/1, s. Gwatkin, Arianism 189–92). – Laodikea (genaue Zeit unbekannt, s. DThC 8, 2 [1925] 2611–15, E. Amman; E. Schwartz, GS 4, 190 f.). – Konstantinopel 381 u. 382. Ausgaben: H. Th. Bruns, Canones Apostolorum et conciliorum veterum saec. IV–VII, 2 Bd., 1839. – Lauchert. – P. Joannou, Fonti I, 1 (Les canons des conciles oecouméniques); I, 2 (Synodes particuliers); II (Canones des pères grecs), Grottaferrata 1962/63 (flüchtig, historisch unzuverlässig). Kanonessammlungen entstehen in Antiochien (2. Hälfte des 4. Jh.s: E. Schwartz, Die Kanonessammlungen der alten Reichskirche, GS 4, 150–275. – W. Selb, Die Kanonessammlungen der oriental. Kirchen u. das griechische Corpus Canonum der Reichskirche. In: FS W. Plöchl, 1967, 371–83. – L. Buisson, Die Entstehung des Kirchenrechts, ZSavRG Kan 52 [1969] 1–175: hebt den alttestamentlichen Einfluß hervor) und wohl auch in anderen Metropolen: E. Schwartz, GS 4, 182 (Palladius v. Amasea); E. Honigmann, Trois Mémoires posthumes, 1961, 74 ff. (Kanonikon v. Ephesus); W. Riedel, Die Kirchenrechtsquellen des Patriarchats von Alexandrien, 1900. – 3. *Die Kanonischen Briefe* von Bischöfen (z. B. Basilius v. C. epp. 188; 199; 217). Sie benutzen gern Konzilskanones, s. E. Schwartz, GS 5, 329–334; 4, 185 f. – F. Van de Paverd, Die Quellen der kanonischen Briefe Basilius' d. Gr., OrChrPer 38 (1979) 5–63, hält, umgekehrt wie E. Schwartz, Basilius für die Qu. der dem Konzil v. Antiochien (324/5) zugeschriebenen Kanones (deren Text bei Schulthess 164–66. – 4. *Kirchenordnungen:* a) Hippolyt, Traditio Apostolica, ed. G. Botte, [5]1989. – RAC 15 (1990) 524–30 (= Hippolyt v. Rom, VI. Cl. Schulten). b) Syrische Didaskalie (1. Hälfte des 3. Jh.s, s. Bardenhewer 2, 304–12. – Quasten 2, 147–52). Ausgaben (Lagarde, Funk, Tiedner) s. TRE 18 (1989) 665. – Dt. Übersetzung: H. Achelis/J. Flemming, Die syr. Didaskalia, 1904. Die syr. Ausgabe von A. Vööbus (CSCO 401/2; 407/8, 1979) nimmt leider die späteren kanonistischen Zusätze in den Text auf. c) Die sog. „Apostolische KO" (= Doctrina XII Apostolorum, ed. F. X. Funk, 1887, 50–73) spiegelt vermutlich die Verhältnisse einer ägyptischen Dorfgemeinde zu Beginn des 4. Jh.s wieder. Vgl. Bardenhewer 2, 256–62; Quasten 2, 119 f. d) Canones Hippolyti (Auszug aus der KO Hippolyts), ed. R. G. Coquin, PO 31, 2 (1966). d) Apostolische Konstitutionen, ed. F. X. Funk, Didascalia et Constitutiones Apostolorum, 1905. Enthält in 8, 47 (Funk 565 ff.) die Canones Apostolorum. – M. Metz-

---

(1984) 390, 2 ff. (J. Assfalg). – Sozom. 2, 6, 2–3 (gefangene Priester missionieren). – **23** So Theophilus der „Inder", Philost. 3, 5. – **24** Philost. 3, 4. – C. D. G. Müller, Kirche u. Mission unter den Arabern in vorislamischer Zeit, 1967. – F. Altheim/R. Stiehl, Christentum am Roten Meer I, 1971. – Irfan Shahid, Byzantium and the Arabs in the fourth century, 1984. – Ders., Byzantium and the Arabs in the 5th Century, 1989. – Zur Missionierung Äthiopiens: G. Lanczkowski, Aethiopia, JAC 1 (1958) 134–53. – F. Heyer, Äthiopien, TRE 1 (1977) 572–96. – Zur politischen Motivierung der Mission bei Ambrosius v. Mailand: Paulinus, Vita Ambrosii 36 (CPL 169).

GER (Hrsg.), Les Constitutions Apostoliques, SC 320; 329; 336 (1985/7). f) Testamentum Domini nostri Jesu Christi (wohl 5. Jh.), ed. J. E. RAHMANI, 1899.
   Lit.: J. BINGHAM, The Antiquities of the Church, 1726. Latein. Übersetzung von GRISCHO-VIUS, Halle 1751/2 (= Antiquitates). – RAC 3 (1957): Diakon (888–90. TH. KLAUSER); Diakonisse (917–28. A. KALSBACH). – J. GAUDEMET, L'Eglise dans l'Empire Romain, 1958. – H. VON CAMPENHAUSEN, Kirchliches Amt u. geistliche Vollmacht in den ersten drei Jh., 1953. – W. M. PLÖCHL, Geschichte des Kirchenrechts I, 1960. – P. H. LAFONTAINE, Les conditions positives de l'accession aux ordres dans la première législation ecclésiastique (300–492), 1963. – JONES, LRE 1964, 873–937. – H. E. FEINE, Kirchliche Rechtsgeschichte I, ⁵1972 (Lit.). – A. FAIVRE, Naissance d'une hiérarchie, 1977. – E. HERRMANN, Ecclesia in Re publica, 1980. – „Diakon", TRE 8 (1981) 621 ff. (P. PHILIPPI). – „Konstitutionen, Pseudoapostolische", TRE 19 (1990) 540–44 (M. METZGER). – J. TH. SAWICKI, Bibliographia synodorum particularium, 1967.

   1. Der schon im dritten Jahrhundert offenkundige Niedergang des bürgerlichen Lebens der *Städte,* hervorgerufen durch die verschlechterte Wirtschaftslage des Reiches und zunehmende staatliche Eingriffe in die Stadtverwaltung, setzt sich im 4. Jahrhundert fort[1]. Das Volk hatte längst das Recht zur Wahl der städtischen Beamten eingebüßt und war auf Akklamationen oder Mißfallensbekundungen im Theater oder Zirkus beschränkt. Die Stadtverwaltung lag in der Hand einer Olig-archie, des Gemeinderates (ordo decurionum, curia, βουλή), der in sich nach Rang und Besitz abgestuft war[2]. Unter den der curia auferlegten Zwangsdiensten[3] ist der drückendste die Eintreibung der Steuern unter persönlicher Haftung. Durch das Verbot der Flucht aus dem immer mehr gedrückten und absinkenden Deku-rionenstand in das Militär, staatliche Ämter oder den Klerus versuchen die Kaiser im 4. Jahrhundert, die Dekurionen wie auch andere, zur Versorgung wichtige Gruppen (Handwerker- und Schiffergilden, Kolonen) zu einer erblichen Zwangs-kaste zu machen, was nur teilweise gelingt[4].
   2. Die christliche Gemeinde steht im Rahmen der bestehenden Schichtung der Gesellschaft in honestiores, humiliores, Sklaven[5]. Die Übernahme von Wertvor-stellungen und Rechtsbestimmungen der bürgerlichen Gemeinde kommt darin zu-tage, daß *Sklaven* und Kolonen allmählich zum Klerus nicht mehr zugelassen wer-den. Ja, Kleriker[6] und die Kirche selbst besitzen Sklaven. Die Kirche benutzte sie zur Bewirtschaftung ihrer Ländereien[7]. Sie verhält sich weniger als Anwalt der Sklaven denn als Anwalt ihres eigenen Besitzinteresses an den Sklaven[8]. Die Kir-chenväter billigten die Sklaverei; eine kümmerliche Ausnahme ist Gregor von Nys-sa[9]. Wenn ein Großgrundbesitzer in einem Kolonendorfe seiner Ländereien eine Kirche baute, sollte jedoch der Priester aus seinen Kolonen genommen, aber nicht

1 O. SEECK, Untergang 2, 147–93. – E. STEIN, Geschichte 1, 70 ff. – P. PETIT, Libanius et la vie municipale à Antioche, 1955. – JONES, LRE 1295–1317. – J. VOGT, Die Spätantike, 1976 (= DERS., Der Niedergang Roms, 1965). – 2 O. SEECK, Decemprimat und Dekaprotie, Klio 1 (1901) 147–87. – W. LIEBENAM, Die Stadtverwaltung im römischen Kaiserreich, 1900. – 3 Aufgezählt bei JONES, LRE 749 mit A. 87. – 4 „Decurio", KlPauly 1 (1979) 1417–19 (STIEGLER). – DEMANDT, Spätantike 272 ff. Lit. zur sozialen Mobilität ebd. 275 A. 9. – 5 Vgl. DEMANDT 272 ff. – 6 CTh 16, 2, 8 v. 27. 8. 343. – 7 W. L. WESTERMANN, Sklaverei, PRE Suppl. VI (1935) 894–1068 (1067 f.). – H. GÜLZOW, Christentum u. Sklaverei in den ersten drei Jh.n, 1969. – 8 HERRMANN, Ecclesia in Republic, 256 ff. (Belege). – 9 F. TINNEFELD, Die frühbyzantinische Gesellschaft, 1977, 142 ff. – A. STEINMANN, Sklavenlos und alte Kirche, 1922. – K. H. SCHNEIDER, Christl. Liebesgebot u. weltliche Ordnungen, Diss. Köln 1975, 94 ff. (Ambrosius). – Ausschluß von Kolonen u. Sklaven vom Klerikerstand: NOETHLICHS, JAC 15 (1972) 152. – R. KLEIN, Die Sklavenfrage bei Theodoret

aus seinen Fronpflichten entlassen werden[10]. Hier zeigen sich Ansätze zum Eigen-
kirchenwesen[11].

3. Im Unterschied zur bürgerlichen Gemeinde wird die christliche streng mon-
archisch, durch den *Bischof,* geleitet. Sie besitzt auch eigene Stände (τάγματα): in
gewisser Analogie zur Bürgergemeinde die „Leitenden" (ἡγούμενοι, d. i. der Klerus)
und das Kirchenvolk aus Getauften und Katechumenen[12]. Dabei treten Untergrup-
pen auf; einerseits der *niedere Klerus,* dessen Entstehung von Rom ausgeht und der
in der ersten Hälfte des dritten Jahrhunderts dort schon vorhanden ist[13], andererseits bei den *Laien:* „Jungfrauen" (Asketen) beiderlei Geschlechts, Witwen, von
denen manche Gemeindedienste leisten (Besuch und Pflege von Kranken, Hilfe-
stellung bei der Taufe weiblicher Personen)[14]. Aber schon in der syrischen Didaskalia werden die Witwen zugunsten der Diakonissen, welche dem Bischof näher
zugeordnet sind, zurückgedrängt. Die Diakonissen gehen ihrerseits schließlich im
weiblichen Mönchtum auf[15].

4. Der *Bischof* ist der Vorgesetzte seines Klerus. Seine Autorität beruht auf der
apostolischen Sukzession. Er steht in der Amtsnachfolge der Apostel und empfängt
durch die Handauflegung bei seiner Weihe den hl. Geist[16]. Grundpfeiler seiner
Macht sind die Sakramentsverwaltung (an der er auch die Presbyter beteiligen
kann), die Schlüsselgewalt (Handhabung der Bußdisziplin) und die Ordinationsge-
walt, welche ihn über die Presbyter erhebt. Er wird sogar als Mittler zwischen Gott
und den Gläubigen bezeichnet[17]. Zur Stärkung seiner Stellung trägt die bischöfliche Schiedsgerichtsbarkeit und ihre staatliche Anerkennung bei[18], sowie die Verfügung über die Mittel für die Armenpflege. Der bischöfliche Lehrstuhl (κάθεδρα)
wird jetzt zum hohen Thron wie bei den weltlichen Würdenträgern[19]. Der Bischof

v. Kyros. In: FS Joh. Straub, 1982, 586–630. – Gregor v. Nyssa begnügte sich freilich (In Ecclesiast.
sermo 4, Opera [ed. W. Jaeger] V, S. 337, 13–15 Alexander) mit dem stoischen Topos, daß kein
Mensch von Natur aus Sklave sei (Stoicorum veterum fragmenta. Collegit H. v. Arnim, Leipzig
1903–14. Bd. III S. 86, 19), aus dem keine praktischen Folgerungen gezogen werden. – 10 CTh
16, 2, 33 v. 398; CJ 1, 3, 16 v. 409. – 11 L. Antonini, Le chiese cristiane nell' Egitto secondo i
documenti dei papiri, Aegyptus 20 (1940) 129–201 (148 ff.). – R. Puza, Gründer einer Gemeinde
u. Stifter einer Kirche oder eines Klosters in der christl. Antike, AkathKR 15 (1982) 58–72. –
A. Steinwenter, Die Rechtsstellung der Kirchen u. Klöster nach den Papyri, ZSavRG Kan 19
(1930).– H. J. Feine, Ursprung, Wesen u. Bedeutung des Eigenkirchentums. In: F. Merzbacher
(Hrsg.), Recht u. Gesellschaft, 1966, 157–70. – 12 Euseb, Dem. ev. 7, 1, 75 S. 311, 17 ff. Heikel.
– 13 Brief des Papstes Kornelius (251/2) bei Euseb, KG 6, 43, 11 S. 618, 15 ff. Schwartz. – Hippolyt, TA 11; 13. S. 30; 32 Botte. – Zur Geschichte dieser Ämter: R. Sohm, Kirchenrecht I, ³1922,
128–31. – H. Achelis, Das Christentum in den ersten 3 Jh.n, 1912, II, 27 ff.; 418 f. – Faivre,
Naissance 58–68. – Über die Tätigkeit des niederen Klerus unterrichtet Bingham, Antiquitates
Buch III Kap. 2 ff. – H. Reuter, Der Subdiakonat, dessen historische Entwicklung u. liturgisch-
kanonistische Bedeutung, 1890. – 14 Den Dienst der Witwen hebt das Testament domini nostri
Jesu Christi besonders hervor (anachronistisch – vielleicht regionale Besonderheit). – 15 *Qu.:*
J. Mayer, Monumenta de viduis, diaconissis, virginibus. FlorPatr 42, 1938. – L. Zscharnack, Der
Dienst der Frau in den ersten Jahrhunderten der christl. Kirche, 1902. – R. Gryson, Le ministère
des femmes dans l'église ancienne, 1972. – A. Kalsbach, „Diakonisse", RAC 3 (1957) 917–28
(Lit.). – G. Stählin, χῆρα, ThWNT 9 (1973) 428–54. – H. Achelis, Eine Christengemeinde des
3. Jh.s. In: Achelis/Flemming, Die syr. Didaskalia, 1904, 266–317. – 16 v. Campenhausen,
Kirchl. Amt 163 ff. – 17 v. Campenhausen 267 A. 2. – O. Perler, L'évêque représentant du Christ selon
les documents des premiers siècles. In: B. D. Dupuy/Y. Congar (Hrsg.), L'épiscopat et l'église
universelle, 1962, 31–66. – 18 S. KiG C1, 11. – „Audientia episcopalis", RAC 1 (1950) 915–17
(A. Steinwinter). – 19 E. Stommel, Bischofsstuhl und Hoher Thron, JAC 1 (1958) 52–78.

ist eine herausragende Persönlichkeit des öffentlichen Lebens[20]. In der Finanznot der spätantiken Stadt übernehmen Bischöfe auch öffentliche Aufgaben: Errichtung und Erhaltung städtischer Bauten (Aquädukte, Säulenhallen, Brücken) mit kirchlichen Mitteln[21].

5. Die *Wahl eines Bischofs*[22] erfolgte im 4. Jahrhundert (wie schon zuvor) durch das Zusammenwirken von Ortsgemeinde (Volk und Klerus) mit den Bischöfen – meist aus der Nachbarschaft –, welche die Weihe durch Handauflegung erteilten[23]. Das Volk wählte durch Zuruf den ihm vorgestellten oder von ihm selbst gewünschten Kandidaten oder lehnte ihn ab[24]. Die Wahl des alexandrinischen Bischofs durch die Presbyter der Stadt wich 328 der Kür durch ägyptische Bischöfe[25]. Bei der Volkswahl stellten sich Mißstände durch Bestechung seitens der Bewerber ein[26]. Das begünstigte die Zurückdrängung der Volkswahl[27]. Kaiser Justinian schränkte die Bischofswahl zu einem Vorschlagsrecht von Klerus und Vornehmen ein. Die ordinierenden Bischöfe wählten dann den „Würdigsten" aus[28]. Manche Bischöfe bestimmten und weihten ihren Nachfolger selbst[29]. Die synodale Gesetzgebung bekämpfte das[30]. Das Treueverhältnis zwischen dem Bischof, der seinen Sitz nicht wechseln soll[31], und seiner Gemeinde wird auch im Bild der Ehe zwischen beiden ausgedrückt[32].

6. Eine besondere *Ausbildung* der Kleriker gab es nicht. Sie zehrten von ihrer profanen Bildung und schulten sich durch die Ausübung ihres Amtes[33]. Die Presbyter einer Gemeinde bildeten einen Rat (συνέδριον, βουλή), der dem Bischof bei seiner richterlichen Tätigkeit und in wichtigen Angelegenheiten zur Seite stand[34]. Die Diakone sind Gehilfen des Bischofs und der Presbyter[35]. Auch sie sind ein Kollegium, das seit dem vierten Jahrhundert unter dem Erzdiakon steht[36].

7. In großen Städten, wo die Bischofskirche die Gemeinde nicht mehr faßte, legte sich die Bildung von *Pfarreien* nahe. Die „Pfarreien" und die Selbständigkeit der Presbyter Alexandriens, wo in verschiedenen Wohnvierteln (ἄμφοδον, λαῦρα)

---

20 E. JERG, Vir Venerabilis. Untersuchungen zur Titulatur der Bischöfe in den außerkirchlichen Texten der Spätantike, 1970. – 21 Theodoret, ep. 81. MPG 83, 1261 c. – Edessenische Chronik LXVIII ed. L. HAULER, 1892, 152; 114. Für den Osten fehlt eine Arbeit wie S. MOCHI ONORY, Vescovi e Città, 1933. – 22 BINGHAM, Antiquitates Buch IV Kap. 1 ff. – F. X. FUNK, Die Bischofswahl im christl. Altertum u. im Anfang des Mittelalters, Kirchengeschichtl. Abh. u. Unters. I, 1897, 23–39. – K. MÜLLER, Die älteste Bischofswahl u. -Weihe in Rom u. Alexandrien, ZNW 28 (1929) 274–96. – JONES, LRE 914 ff. – L. MORTARI, Consecrazione episcopale e collegialità. La testimonianza della chiesa antica, 1969. – R. GRYSON, Les élections ecclésiastiques au IIIᵉ siècle, RHE 68 (1973) 353–404. – DERS., Les élections épiscopales au IVᵉ siècle, RHE 74 (1979) 304–45. – 23 Sokr. 6, 3. – Theodoret, KG 1, 7, 10 S. 32, 3–7 PARMENTIER. Vgl. Nicäa (325) Kanon 4. – 24 Euseb, KG 6, 29. – Philost. 9, 10. 13. – 25 MÜLLER (s. A. 22) 279 f. – 26 JONES, LRE 909. Schon Origenes klagte darüber: Num. hom 23, 4. GCS 30 S. 208, 24–27. – 27 FUNK, Bischofswahl 32. – Über den Einfluß vornehmer Familien s. J. FELLERMAYR, Tradition und Sukzession im Lichte des römischen Erbdenkens, 1979, 227 ff. – 28 Nov. 123, 1 v. J. 546; 139, 2 v. 546. – 29 So Athanasius den Presbyter Petrus. Hist. aceph. S. 85, 19 f. Fromen. Weitere Beispiele: Euseb, KG 5, 23, 2–4. – 30 z. B. Kanon 23 v. Antiochien, LAUCHERT 49. Vgl. Apost. Konst. 8, 47, 76, FUNK 586. – 31 Nicäa, Kanon 15. – 32 J. TRUMMER, Mystisches im alten Kirchenrecht, ÖAKR 2 (1951) 62–75. – 33 Die Ausführungen Gregors v. Nazianz über die Anforderungen des geistlichen Amtes hat ULLMANN, Gregor v. Naz., 1866, 355–77 zusammengestellt. – J. VOLK, Die Schutzrede Gregors v. Naz. u. die Schrift über das Priestertum des Joh. Chrysostomus, ZPrTh 17 (1895) 56–63. – K. L. NOETHLICHS, Anspruch und Wirklichkeit. Fehlverhalten und Amtspflichtverletzungen des christl. Klerus anhand der Konzilskanones des 4. bis 8. Jh.s, ZSavRG Kan 107 (1990) 1 ff. – 34 ApostlKonst. 2, 28, 4 S. 109 FUNK. – Chrysost., De sacerd. 3, 15. – Synesius, Op. 67. – 35 „Diakon", TRE 8 (1981) 621 ff. (P. PHILIPPI). – 36 „Archidiacre", DThC I (1903) 948–1083 (A. AMANIEU).

Kirchen bestanden, die von Presbytern versorgt wurden (Arius an der Baukaliskirche)[37], stammen allerdings aus der Missionsgeschichte: die Christianisierung der Stadt war nicht zentral, sondern von einzelnen Persönlichkeiten und ihren Gruppen aus erfolgt[38]. Als „Pfarreien" darf man auch die von Presbytern oder Landbischöfen (Chorbischöfen) geleiteten Dorfgemeinden bezeichnen[39].

8. Für den Klerus wurde Anfang des 4. Jahrhunderts die *Zölibatsforderung* laut[40], wird aber in Nicäa (325) abgelehnt[41]. Es galt im Osten auch als normal, daß verheiratete Kleriker Kinder hatten[42]. Der Zölibat drang in der griechischen Kirche schließlich nur für Bischöfe durch[43].

9. Die Bischöfe und Kleriker, welche nicht von eigenen Mitteln leben konnten, erhielten ihren *Unterhalt* aus den Opfergaben[44] und sonstigen Einnahmen der Gemeinde (Grundbesitz, staatliche Zuschüsse seit Konstantin). Manche Kleriker ernährten sich durch Handel, Handwerk oder Ackerbau. Konzile rügen den Zinswucher von Geistlichen[45]. Entsprechend dem Sportelwesen in der staatlichen Beamtenschaft[46] wurden Gebühren für kirchliche Amtshandlungen üblich, obwohl das getadelt wird[47]. Bischöfe zahlen ἐνθρονιστικά an ihre Ordinatoren[48].

10. Die für den kirchlichen Bedarf notwendigen *Bauten:* Baptisterium, Wohnungen für Bischof und Kleriker, Archiv-, Kanzlei- und Verwaltungsräume, Herbergen für Reisende, mit Ställen und Vorratskammern, Unterkünfte für das Personal (Dolmetscher, Sekretäre [notarii], Lohnarbeiter, Totengräber, Wächter, Sklaven)[49] wurden nach Möglichkeit bei der Bischofskirche errichtet. Diese Ge-

---

37 Epiph. haer. 69,1,2. 2,2–4. – H. BRAKMANN, Alexandria in den Kanones des Hippolyt, JAC 22 (1979) 139–49 (143 ff.). – 38 „Alexandrien I", TRE 2 (1978) 255,15 ff. (C. D. G. MÜLLER). – 39 Kleriker in der χώρα, Dörfern, Kastellen und auf großen Gütern: CTh 16,2,16 (v. J. 361) u. 33 (v. J. 388). – K. MÜLLER, Beiträge zur Geschichte der Verfassung der alten Kirche, ABA (phil.-hist. Kl.) 1933, 3,3–35 (11 f.). – Über Landbischöfe und die Beschränkung ihrer Funktionen: E. KIRSTEN, „Chorbischöfe", RAC 2 (1954) 1105–14. – 40 Konzil v. Elvira (Spanien, um 306), Kanon 33, S. 18 LAUCHERT. – 41 Sokr. 1,11. – Sozom. 1,23. – V. DE CLERCQ, Ossius of Cordova, 1954, 278–80. – Ankyra (314) Kan. 10 läßt die Verheiratung eines Diakons nur zu, wenn dieser bei der Ordination seine Heiratsabsicht bekanntgab. Neucäsarea, Kanon 1: Wenn der heiratet, soll abgesetzt werden. Bestehende Ehen durften fortgesetzt werden. – 42 CTh 16,2,9 v. 11.4.349 mit GOTHOFREDS Kommentar. *Lit.:* J.A. u. A. THEINER, Die Einführung der erzwungenen Ehelosigkeit der christl. Geistlichen und deren Folgen, ³1892 ff. – B. KÖTTING, Der Zölibat in der alten Kirche, 1968. – R. GRYSON, Les origines de célibat ecclésiastique du Ier au VIe siècle, 1970. – G. DENZLER, Das Papsttum u. der Amtszölibat I, 1973. – 43 2. Trullanum 691, Kan. 12; 48. S.106 f.; 122 LAUCHERT. CPG 4443/4. – 44 Anweisungen hierzu: Didaskalie 2,28,1–6. – Apost. Konst. 2,25 u. 28; 8,31,2. 47,4 f., FUNK. – 45 Einzelheiten u. Belege bei M. WINKLER, Einkommensverhältnisse der Kleriker im christl. Altertum, ThPM 10 (1900) 1–12; 77–82; 162–75; 235–48; 331–39; 471–86. – F. X. FUNK, Handel u. Gewerbe im christl. Altertum, Kirchengeschichtl. Abh. u. Unters. 2, 1899, 62–77. – JONES, LRE 894 ff. – 46 O. SEECK, Untergang 2,104. – „Sportula", KlPauly 5,322 f. (OPPERMANN). – 47 Das Konzil v. Elvira (c. 306) Kan. 48 verbietet, Münzen ins Taufwasser zu werfen. – 48 JONES, LRE 909. – 49 Totengräber (κοπιᾶται), seit Anfang des 4. Jh.s erwähnt. GOTHOFRED zu CTh 13,1,1 (v. 2.12.356); 16,2,15 (v. 360). BINGHAM III Kap. 8. – „Kopiaten", RE 11 (1902) 35 f. (ACHELIS). – „Koimeterien", RE 10 (1901) 823,12 ff. (N. MÜLLER). – H. LECLERCQ, Fossoyeurs, DACL 5,2 (1923) 2069–92. – FAIVRE, Naissance 284–7. – Die *Parabolanen* in Alexandrien sind eine Korporation von Krankenpflegern, die den Patriarchen Theophilus und Kyrill auch als Schlägertruppe diente (s. GOTHOFRED zu CTh 16,2,42.43 [v. J. 416 u. 418]). – BINGHAM III,9. – „Parabolani", RE 14 (1904) 675 (ACHELIS). – παραβολᾶνοι s. LIDDELL/SCOTT, Lexikon 1305; Supplement S. 114: παραβαλανεύς. –„Dolmetscher:" RAC 4 (1959) 41 f. HERMANN. – Peregrinatio Aetheriae 47,3 (Jerusalem). – BINGHAM III Kap. 13 § 4. – Notarii: BINGHAM III Kap. 12 § 2; 13 § 5. In Alexandrien ist 431 ein Presbyter Chef (primicerius) der Notare, ACO I,I,2 S.7 Nr. 34 SCHWARTZ. – Das Kirchenvermögen und der Grundbesitz wurde von einem οἰκονόμος, der oft Kleriker war, verwaltet (BINGHAM III,12. – JONES, LRE 902; 911. – LAMPE, Lexikon s. v. οἰκονόμος A 3,944). –

bäudegruppe, in Nordafrika oft domus ecclesiae genannt, ist für Syrien archäologisch gut belegt[50].

§ 3. Übergemeindliche Organisation der Kirche

Lit.: R. Sohm, Kirchenrecht I, 1922, 368–77; 396–408. – K. Lübeck, Reichseinteilung und kirchliche Hierarchie des Orients, 1901. – H. Linck, s. o. Kap. 1 § 8 A. 71 (Kanon 4; 6; 7 von Nicäa). – K. Müller, Beiträge (s. o. § 2 A. 39). – Ders., Kanon 2 und 6 von Konstantinopel 381 u. 382. In: FS A. Jülicher, 1927, 190–202. – E. Schwartz, Der 6. nicänische Kanon auf der Synode von Chalkedon, SAB, 1930, 611–40. – W. Hagemann, Die rechtliche Stellung der Patriarchen von Alexandrien u. Antiochien. Eine histor. Untersuchung, ausgehend vom Kanon 6 des Konzils v. Nicäa, OstKSt 13 (1964) 171–91. – W. de Vries, Die Patriarchate des Ostens: bestimmende Faktoren bei ihrer Entstehung. In: I Patriarcati orientali nel primo millesimo, OrChrA 181, 1968, 13–36. – Dagron, Naissance 454–87. – „Kirchenverfassung 3“, TRE 19 (1990) 114 ff. (P. Landau), Lit. bis 1973: K. Baus, Hdb. der KG (hrsg. v. H. Jedin) II, 1, 239.

1. Die *Verbindung zwischen den Ortsgemeinden* besteht durch Briefe und Synoden. Im Briefwechsel der Bischöfe wird die Kirchengemeinschaft zwischen ihnen anerkannt und bestätigt. Reisende Kleriker und Laien weisen ihre Kirchengemeinschaft und damit das Recht zum Empfang der Eucharistie durch Briefe ihres Bischofs (εἰρηνικά, litterae formatae)[1] nach. Seit Nicäa (325) ist die staatliche Provinz auch als Kirchengebiet unter dem Bischof der Provinzialhauptstadt (Metropolis) anerkannt[2]. Einen weiteren Schritt zum Ausbau der Metropolitanverfassung tut das Konzil von Antiochien (326/7) unter dem Vorsitz Eusebs von Cäsarea[3]. Der Metropolit ist der ranghöchste Bischof der Provinz und hat die Sorgepflicht (φροντίς, sollicitudo) für sie. Doch ist es die Provinzialsynode, welche die bischöfliche Disziplinargerichtsbarkeit und die Verwaltung des Kirchenguts überwacht. Es zeichnet sich schon ein synodaler Instanzenzug ab, indem der Metropolit bei Uneinigkeit einer Synode im Bischofsprozeß eine neue Synode mit Teilnehmern aus der Nachbarprovinz[4] berufen kann.

2. Das Konzil von Konstantinopel (381 und 382) bestätigt die *Provinzialverfassung* und führt darüber hinaus die *Reichsdiözese* (genannt werden die Diözesen Ägypten, Oriens, Asia, Pontus, Thrazien), also die Zusammenfassung mehrerer Provinzen, als kirchliche Einheit ein[5]. Bischöfe einer „Diözese" dürfen in einer fremden keine Amtshandlungen ohne offizielle Aufforderung vornehmen. Die Ka-

---

Lohnarbeiter: E. Herrmann (s. o. Lit.) 256 ff. – *Wächter:* Gothofred zu CTh 16, 2, 26 (v. 381). – L. Antonini (s. o. A. 11) 148. – 50 J. Lassus, Sanctuaires chrétiens de la Syrie, 1944, 38–41; 216–42. – N. Duval/P. A. Février/J. Lassus, Groupes épiscopaux de Syrie et l'Afrique du Nord. Fouilles d'Apamée de Syrie, Miscellanea, fasc. 7, Brüssel 1972, 215–51. – F. W. Deichmann, Christianisierung der antiken Stadt, RAC 2 (1954) 1234 ff. – J. Boguniowski, Domus ecclesiae: Der Ort der Eucharistiefeier in den ersten Jahrhunderten, Rom 1987 (Diss. Univ. Greg.).
   1 A. Harnack, Litterae formatae, RE 11 (1902) 536–38. – W. Elert, Abendmahl und Kirchengemeinschaft in der alten Kirche, hauptsächlich des Ostens, 1954, 108–12; 122–27. – 2 Näheres s. Kap. 1 § 8 n. 6. – 3 E. Schwartz, GS 3, 216–30. – CPG 8535/6. Datierung auf 326 nach H. Chadwick, The Fall of Eustathius of Antioch, JThS 49 (1948) 27–35. – 4 Kanon 14 ed. V. N. Beneschewitz, Syntagma XIV Titulorum, Petersburg 1906. Bd. I S. 259. Bei Joannou, Fontes I, 2, 116, 5 fehlt die Stelle fälschlich. – 5 K. Müller, Kanon 2 u. 6 von Konstantinopel (s. o. Lit.) 199. – „Diözese", RAC 3 (1957) 1052–62 (A. Scheuermann).

nones von Konstantinopel sehen kein eigenes synodales Organ für die „Diözese" vor (Ägypten und in gewissem Maße auch Antiochien[6] sind ein Sonderfall), sondern es gibt in ihr nur durch Nachbarbischöfe erweiterte Provinzisalsynoden[7]. Noch weiter führt Kanon 3 von Konstantinopel, der dem Bischof des „neuen Roms" den zweiten Rang nach dem des alten Rom zuerkennt und ihn damit über Alexandrien und Antiochien erhebt[8]. Im Osten, wo es viele von Aposteln herrührende Gemeinden gab, spielt im 4. Jahrhundert die Begründung der führenden Stellung eines Bischofssitzes auf apostolischen Ursprung keine Rolle[9]. Daß dem Bischof von Jerusalem (Αἴλια) in Nicäa (Kanon 7) ein Ehrenvorrang (τιμή), unbeschadet der Rechte der Metropole Cäsarea, zugestanden wurde, hängt mit Konstantins Verehrung für das Heilige Land zusammen. Es ist der erste Schritt Jerusalems zum Patriarchat, was in Chalkedon (451) erreicht wird[10].

3. In der Residenz weilten bei Anwesenheit des Kaisers stets Bischöfe, die ihre Anliegen bei Hofe verfolgten. Sie konnten jederzeit als Konzil zusammentreten. Diese „ortsständige Synode" (σύνοδος ἐνδημοῦσα) kündet sich in den fortwährenden Bischofsversammlungen der Residenz Antiochien zwischen 341 und 344 an und wird in Konstantinopel eine lange Geschichte haben[11].

§ 4. Die Entfaltung des Kultus

Qu.: C. A. SWAINSON, The Greek Liturgies chiefly from original authorities, 1884. – F. E. BRIGHTMAN, Liturgies Eastern and Western, I 1896. – H. LIETZMANN (Hrsg.), KlT 5 (1960), Zur Geschichte d. orientalischen Taufe u. Messe im 2. und 4. Jh. (A. ADAM. Hier auch Serapions Euchologion). – KlT 61 (1919), Die klementinische Liturgie (LIETZMANN). – KlT 35 (1909), Die Konstaninopolitanische Meßliturgie vor dem 9. Jh. (A. BAUMSTARK). – J. QUASTEN, Monumenta eucharistica et liturgica vetustissima (Florilegium Patrist. fasc. VIII, Pars I–VII, 1935/7). – A. HÄNGGI/I. PAHL, Prex eucharistica, 1968. – Griechische Liturgien, übersetzt v. R. STORF, BKV 5 (1912). – Übersetzung der Basiliusliturgie bei F. Probst, Liturgie des 4. Jh.s u. deren Reform, 1893, 390–408. Ebd. 415–44 Übersetzung der Chrysostomosliturgie. – Taufkatechesen als Qu. für den Aufbau der Liturgie: Kyrill v. Jerusalem (CPG 3586), Theodor v. Mopsuestia (CPG 3852). H. LIETZMANN, Die Liturgie des Theodor v. Mopsuestia. SAB 23 (1933) 915–36.

Lit.: G. RIETSCHEL/P. GRAFF, Lehrbuch der Liturgik, ²1951. – L. FENDT, Einführung in die Liturgiewissenschaft, 1958. – B. MEYER/H. AUF DER MAUR/B. FISCHER/A. HÄUSSLEIN/B. KLEINHEYER (Hrsg.), Gottesdienst der Kirche. Hdb. der Liturgik, 1983 ff. – F. KATTENBUSCH, Messe (dogmengeschichtlich), RE ³12 (1903) 664–97. – A. BAUMSTARK, Die Messe im Morgenlande, 1906. – DERS., Vom geschichtlichen Werden der Liturgie, 1923. – DERS., Comparative Liturgy (1958, fz. ³1953). – L. DUCHESNE, Les origines du culte chrétien (1889) ⁵1925. – H. LIETZMANN, Messe u. Herrenmahl, 1926 (grundlegend). – DERS., Geschichte der Alten Kirche 3, ³1961, 292–336. – G. DIX, The Shape of the Liturgy, 1947. – A. RAES, Introductio in liturgiam orientalem, 1947. – „Gottesdienst IV", TRE 14 (1985) 39–42 (P. F. BRADSHAW). – W. NAGEL, Geschichte des christlichen Gottesdienstes, ²1970. – F. VAN

---

6 R. DEVREESSE, Le patriarcat d'Antioche de la paix de l'église jusqu'à la conquête arabe, 1943. – 7 Vgl. MÜLLER 202. – 8 N. H. BAYNES, Alexandria and Constantinople (1936). – In: DERS., Byzantine Studies and other Essays, 1955, 97–115. – DAGRON, Naissance. Zur ablehnenden Haltung Roms s. W. DE VRIES, Die Beziehugen zwischen Ost und West in der Kirche des ersten Konzils von Konstantinopel (381), OstKSt 22 (1973) 30–43. – 9 F. DVORNIK, The Idea of Apostolicity in Byzantium, 1958. – 10 E. HONIGMANN, Juvenal of Jerusalem, DOP 5 (1950) 209–79. – 11 MÜLLER/v. CAMPENHAUSEN, KG I, 1, 562; 629. – HAJJAR, Le synode permanent dans l'église byzantine des origines au XIe siècle, 1962. – R. POTZ, Patriarch und Synode in Konstantinopel, 1976.

DE PAVERD, Zur Geschichte der Meßliturgie in Antiochien u. Konstantinopel gegen Ende des 4. Jh.s, 1970. – A. TARBY, La prière eucharistique de l'Eglise de Jérusalem, 1972. – W. WAGNER, Der Ursprung der Chrysostomusliturgie, 1973 (für Echtheit, abgelehnt von F. VAN DE PAVERD, OstKSt 1975, 70 f.). – A. GERHARDS, Die griech. Gregoriosanaphora, 1984. – „Liturgie", RGG ³4 (1960) 404 ff. (G. KRETSCHMAR); LThK 6 (1961) 1085 ff. (H. J. SCHULZ/ A. RAES); „Liturgie I", TRE 21 (1991) 358 ff. (F. KALB).

1. Die großen *Gottesdienstordnungen* (Liturgien) des 4. und der folgenden Jahrhunderte beruhen auf der Verbindung des Wortgottesdienstes mit der Feier des Abendmahls, die zeitlich weit zurückreicht[1]. Der Kern des Gottesdienstes ist die Mahlfeier mit den sie begleitenden Handlungen und Gebeten („Anaphoraä")[2]. Die noch im 5. Jahrhundert im außeralexandrinischen Ägypten vorkommende Samstagabendagape mit anschließender Kommunion[3] dürfte ein Überrest frühchristlich-judenchristlichen Brauches sein. Es bilden sich Liturgiegebiete um die großen Metropolen (Antiochien, Alexandrien und später Konstantinopel)[4]. Die Annahme einer Ur-Liturgie, welche sich verzweigt habe[5], ist weniger wahrscheinlich, als LIETZMANNS These von zwei Urtypen, welche aus Serapion v. Thmuis und Hippolyt von Rom erschlossen werden können[6]. Jerusalem, das mit der Jakobusliturgie eine Ordnung des antiochenischen Typs hat[7], wirkt als Mutter aller Kirchen und Pilgerzentrum weithin als Vorbild[8]. Die Liturgien können anhand der Aufeinanderfolge ihrer Stücke und der verknüpfenden Stichworte klassifiziert werden. Im kirchlichen Kult des vierten Jahrhunderts breitet sich eine Mysterienatmosphäre aus, die zur Geheimhaltung gewisser Riten (Taufe, Eucharistie) und Lehren führte (Arkandisziplin)[9]. Der Opfer- und Wandlungsgedanke bestimmt die Abendmahlsauffassung des ausgehenden 4. Jahrhunderts[10]. Syrische Theologen gelangen zur Behauptung einer eucharistischen Selbstschlachtung Christi im Obergemach zu Je-

---

1 Justin, I. Apol. 67. – 2 „Anaphora", RAC 1 (1950) 422 ff. (A. BAUMSTARK). – „Epiklese", RAC 5 (1962) 586–92 (J. LAAGER). – Zur Anaphora in der Gebetssammlung (Euchologion) des Serapion v. Thmuis († c. 362), CPG 2495 s. „Serapion v. Th.", LThK 9 (1964) 682 f. (A. HAMMAN); HÄNGGI/PAHL 128–33 (Lit.); LIETZMANN, Messe 149–58; 186–97. Die Behauptung von B. BOTTE (L'Euchologue de Sérapion est-il authentique? OrChr 48 (1966) 50–56), das Euchologion sei wegen arianischer Tendenz (negative Gottesprädikate) unecht, trifft nicht zu. Das Euchologion sagt (gegen Arius): der Sohn erkennt und sieht den Vater und „spricht ihn aus", QUASTEN, Monumenta euch. 66, 1 ff. Vgl. dagegen Arius bei Athanasius, De syn. 15 S. 242, 19 f.; 243, 14–23 OPITZ. – 3 Sokr. 5, 22, 43 f. – Sozom. 7, 19, 8. – K. GAMBER, Die Eucharistiefeier im Papyrus v. Der Balizeh u. die Samstagabendagapen in Ägypten, OstKSt 7 (1958) 48–65. – 4 F. VAN DE PAVERD (s. o. Lit.). – Kennzeichen des ägyptischen Liturgietyps stellen HÄNGGI/PAHL 101 zusammen. Väterzeugnisse zur ägyptischen Liturgie bei BRIGHTMAN 504 ff. – 5 DIX 208 ff. – 6 LIETZMANN, Messe 174 ff. – 7 G. KRETSCHMAR, Die frühe Geschichte der Jerusalemer Liturgie, JLH 2 (1956) 22–46. – CH. RENOUX, Hierosolymitana, ALW 23 (1981) 1–29; 149–75 (Bibl.). – 8 Itinerarium Egeriae, ed. O. PRINZ, ⁵1960. Hier S. VI zu den Namensformen Silvia, Aetheria, Egeria. – A. BLUDAU, Die Pilgerreise der Aetheria, 1927. Vgl. schon 333 den Pilger von Burdigala (Bordeaux): Itinera Hierosolymitana ed. P. GEYER, CSEL 39, 1898. – M. STAROWIECKI, Bibliografia Egeriana, Aug. 19 (1972) 297–318. – J. WILKINSON, Egeria's Travels, 1982. – P. DEVOS, Egeriana III, AnBoll 109 (1991) 363 ff. – B. KÖTTING, Peregrinatio Religiosa, ²1980. – E. D. HUNT, Holy Land Pilgrimage in the Later Roman Empire AD 312–460, 1984. P. DEVOS, La date du voyage d'Egérie, AnBoll 85 (1967) 165–96 (Egeria reiste 381/4). – 9 G. A. ANRICH, Das antike Myterienwesen in s. Einfluß auf das Christentum, 1894, bes. 155–63. – „Arkandisziplin", RE 2 (1897) 51–55 (N. BONWETSCH), RAC 1 (1950) 667–76 (O. PERLER); TRE 4 (1979) 1–8 (D. POWELL). – CHR. JACOB, Arkandisziplin, 1990 (Zu Ambrosius v. Mailand). – 10 G. C. STEITZ, Die Abendmahlslehre der griech. Kirche in ihrer geschichtlichen Entwicklung, JDTh 9 (1864) 409–81; 10 (1865) 64–153, 399–463; 11 (1866) 193–253; 12 (1867) 211–86; 13 (1868) 3–66, 649–700 (wertvoll). – J. BETZ, Die Eucharistie in der Zeit der griech. Väter, I, 1 (1953); II, 1 (²1963).

rusalem[11]. Diesem Mysterium des Abendmahls nähert man sich mit Furcht und Schrecken[12], auch bei den Arianern[13]. Statt der urchristlichen Freude herrscht Furcht. Das bewog viele, dem Abendmahl fernzubleiben[14].

2. Das gottesdienstliche Leben bereichert sich, indem nach dem Vorbild des Gemeindegottesdienstes in der Osternacht (Vigil)[15] auch anderen hohen Festen *Vigilien* vorgeschaltet werden. Aus einer heilsgeschichtlich-historisierenden Tendenz entstehen *neue Feste* (Epiphanias, Weihnachten)[16].

3. Aus den Gebeten, die jedem Christen zu festen Tagzeiten auferlegt waren, erwuchsen im 4. Jahrhundert *Gebetsgottesdienste,* deren Bestandteile Psalmodie, Gebet und Schriftlesung waren[17]. Die Umwandlung der häuslichen Gebetszeiten zum Kathedraloffizium vollzog sich wahrscheinlich auf dem Umweg über das Asketen- und Mönchtum[18]. In Antiochien psalmodierten zunächst Gruppen von Jungfrauen in Privathäusern; fromme Laien um Flavian und Diodor wurden von dem arianischen Bischof Leontius († 357) zur Verlegung ihrer Psalmodie in die Kirche aufgefordert[19]. Die Entwicklung vom häuslichen zum Kathedraloffizium dürfte überall so ähnlich verlaufen sein.

§ 5. Christliche Erziehung der Gemeinde (Predigt, Katechumenat, Kirchenzucht)

1. Das wichtigste Mittel der Kirche zur christlichen Erziehung der seit Konstantin zuströmenden Massen war die Predigt[1]. Diese hatte schon im zweiten Jahrhun-

11 Stellen bei Betz, Bd. IV, 4a, 71; 77. – Gregor v. Nyssa MPG 46 612a–613b. – 12 J. Quasten, Mysterium tremendum. Eucharistische Frömmigkeit des 4. Jh.s. In: Vom christl. Mysterium, GAufs. zum Gedächtnis v. O. Casel, 1951, 66–75. – 13 Philostorgius, KG 2, 13 S. 25 Bidez: φρικτὴ θυσία. – 14 Chrysostomos MPG 50, 655. – 15 A. Baumstark, Nocturna Laus, 1957 (1967 mit Ergänzungen), 124 ff., 168 ff. – Über Psalmodie in Alexandrien s. Augustin, Conf. 10, 33. – 16 H. Usener, Das Weihnachtsfest, [2]1911. – J. Mosnay, Les fêtes de Noël et d'Epiphanie d'après les sources littéraires cappadociennes du IVe siècle, 1965. – „Epiphanienfest", RAC 5 (1962) 902 ff. (E. Pax); TRE 9 (1982) 762–69 (F. Mann). – „Feste u. Feiern IV", TRE 11 (1983) 115–20; 130–2 (H. Merkel). – H. J. Auf der Maur, Feiern im Rhythmus der Zeit (Gottesdienst der Kirche [s. o. Lit.] Bd. 5, 1982. – 17 J. Stadlhuber, Das Stundengebet der Laien im christl. Altertum, ZkTh 71 (1949) 129–43. – L. Duchesne, Origines 453 ff. – A. Baumstark, Vom geschichtl. Werden (s. o. Lit.) 9 ff.; 64–70. – Ders., „Abendgebet", RAC 1 (1950) 9–12. – „Gebet I", RAC 8 (1972) bes. 1213–16; 1219–24 (E. v. Severus). – Lietzmann, Geschichte 3, 306. – S. Bäumer, Geschichte des Breviers, 1895. – Horen in Jerusalem: A. Bludau, Die Pilgerreise der Ätheria, 1927, 43–58. – R. Zerfass, Die Schriftlesung im Kathedraloffizium Jerusalems, 1968. – 18 Zum mönchischen Offizium: A. Veilleux, La liturgie dans le cénobitisme pachômien au IVe s., 1968 (lehnt Kassian als Quelle für das pachom. Offizium ab). – 19 Theodoret, KG 3, 19, 1–6 (im J. 362); ebd. 2, 24, 8–11. – Zur Art der Psalmodie: J. Mateos, La psalmodie dans le rite byzantin, POC 15 (1965) 107–26. – Ders., L'office monastique à la fin du IVe s., OrChr 47 (1963) 53–88. Anweisungen für das Kathedraloffizium bieten Apost. Konst. 2, 59, 1 f. und 8, 34–39. Vgl. M. Metzger (Hrsg.), Les Constitutions Apostoliques, Bd. II, 84 f. (= SC 329), 1986. – Allgemein: J. Quasten, Musik u. Gesang in den Kulten der heidnischen Antike u. christlichen Frühzeit, 1930 116 f.

1 *Lit.:* J. Bingham, Antiquitates (s. o. § 2 Lit.) Bd. VI Buch 14 Kap. 4 S. 108 ff. – C. Ullmann, Gregorius v. Naz., 1866, 126 ff. – F. Probst, Katechese und Predigt vom Anfang des 4. bis zum Ende des 6. Jh.s, Breslau 1884. – M. Schian, „Predigt, Geschichte der", RE 15 (1904) 623–37. – E. Norden, Die antike Kunstprosa, 1909, 534–73; 841–65. – C. Bauer, Der hl. Johannes Chrysostomus u. seine Zeit, 2 Bd., 1929/30. – J. Bernard, La prédication des Pères cappadociens. Le prédicateur et son auditoire, 1968. – A. Niebergall, Die Geschichte der christl. Predigt, 1955 210–27. – P. Rentinck, La cura pastorale in Antiochia nel IVo secolo, 1970, 100–7. Weitere Lit.

dert (Justin)[2] ihren Platz nach den gottesdienstlichen Schriftlesungen und knüpfte an sie an. Aber erst Origenes gab ihr die Form einer fortlaufenden, praktisch-theologischen Auslegung eines bestimmten Textes (Homilie)[3]. Es wurde auch an Wochentagen gepredigt[4], in Alexandrien jeden Mittwoch und Freitag (den Fasttagen)[5]. Besondere Anlässe gaben der Predigt ein Thema, wie Feste[6], Märtyrergedenktage oder Notstände[7]. Die Themapredigt bot Gelegenheit zur Entfaltung rhetorischer Kunst[8]. Berühmt ist die Schilderung („Ekphrasis") des Frühlings in einer Osterrede Gregors v. Nazianz[9]. Der spätantike Geschmack für das Grelle und Gräßliche meldet sich („zum Fest tanzen wir gute Tänze angesichts der zerrissenen Eingeweide der Märtyrer")[10]. Mit der Gedächtnisrede zieht der Panegyrikus, auch auf Lebende[11], in die Kirche ein. Die andächtigen Hörer wurden freilich in der Großstadt Antiochien von Taschendieben heimgesucht[12]. Der Niedergang der kirchlichen Kunstpredigt[13] nach der Mitte des 5. Jahrhunderts hängt mit dem Zurücktreten des Wortgottesdienstes gegenüber der Feier des sakramentalen Kultmysteriums zusammen.

2. Die Einübung im Christentum begann nach dem Aufnahmebegehren des einzelnen mit dem *Katechumenat*[14]. Die Bewerber wurden nach ihren Beweggründen und Lebensumständen befragt und mußten Zeugen ihres Lebenswandels beibringen – die Urgestalt des christlichen Patenamtes[15]. Die Aufnahme wird von „Bekehrungsbuße" begleitet[16]. Berufe, die es mit Heidentum (Bildhauer und Maler von Götterbildern), Theater, Zirkus, Unzucht zu tun hatten, waren aufzugeben[17]. Nach der konstantinischen Wende wurde der Aufschub der Taufe bis zum Sterbebette (lebenslanges Katechumenat), wodurch das unbequeme Bußverfahren für getaufte, grobe Sünder vermieden wurde, häufiger[18]. Bei Katastrophenangst kamen Massentaufen vor[19]. Der Katechumenenunterricht, der schon immer homiletisches Gepräge trug[20], schrumpfte auf eine Vorbereitungskatechese bei der Aufnahme zusammen[21]. Dann nahmen die Katechumenen am Wortgottesdienst teil („Hörer"). Aus der Menge der Katechumenen sondert sich durch den Entschluß, sich zur

bei BARDENHEWER, Geschichte 3 (1923); QUASTEN, Patrol. 3 (1960); ALTANER/STUIBER, Patrol. (1978) unter den Namen der Prediger. – **2** Apol. 67, 3–4 S. 75 GOODSPEED. – **3** S. SCHIAN, S. 630, 4 ff. – NIEBERGALL 215 ff. – **4** PROBST 138. – **5** Sokr. 5, 22, 45. Die Notiz 5, 22, 58, daß in Alexandrien seit dem Abfall des Arius die Presbyter nicht mehr predigen durften, ist unglaubwürdig. – **6** Zuerst Ostern. Melito v. Sardes († vor 190), Peri Pascha. CPG 1092. – **7** Chrysostomus' „Säulenpredigten" nach der Zertrümmerung der kaiserlichen Bildsäulen in Antiochien (387): MPG 49, 15–222. – **8** S. die Analysen bei NORDEN, Kunstprosa 565 ff. Hymnische Prosarhythmen: NORDEN 844 ff.; 855 f. – **9** Or. 44, 10–11, MPG 36, 617 c–620 b. – **10** Chrysost. MPG 49, 187. Zum Grausigen bei Ammianus Marcellinus: E. AUERBACH, Mimesis, 1959, 53 ff.; 65 ff. – **11** Gregor. Naz. or. 25 auf Maximus/Heron. – **12** Chrysost. MPG 48, 755. – **13** Charakteristik der großen Prediger des 4. Jh.s bei PROBST 215 ff. – NORDEN 562 ff. – **14** *Lit.:* J. MAYER, Geschichte des Katechumenats in den ersten sechs Jahrhunderten, 1868. – F. Probst (s. o. A. 1). – F. X. FUNK, Die Katechumenatsklassen des christl. Altertums. In: Kirchengeschichtl. Abhdl. u. Unters. I, 1897, 209–41. – DERS., Zur Frage von den Katechumenatsklassen, ebd. III, 1907, 57–64. – A. JÜLICHER, GGA 1899, 10 f. (zu FUNK). – E. SCHWARTZ, Bußstufen u. Katechumenatsklassen, Straßburg 1911 (= GS 5, 274–362). – A. BLUDAU, Der Katechumenat in Jerusalem im 4. Jh., ThGl 16 (1924) 223–42. – G. KRETSCHMAR, Die Geschichte des Taufgottesdienstes in der alten Kirche, 1970, 63–86; 145–65. – RENTINCK (s. o. A. 1) 34–56. – B. NEUNHEUSER, Taufe u. Firmung, HDG IV, 2, 1983 73–86. – **15** E. DICK, Das Pateninstitut im altchristlichen Katechumenat, ZkTh 63 (1939) 1–49. – S. FELICI (Hrsg.), Catechesi baptismale e reconciliazione nei padri del IV secolo, 1984. – **16** MAYER 12; **16**. – Didask. S. 54, 20–32 ACHELIS/FLEMMING. – E. SCHWARTZ, Bußstufen, GS 5, 337 ff. – **17** KO Hippolyts 15–16 S. 33 f. BOTTE. – Apost. Konstit. 8, 32. – **18** Belege bei BINGHAM Bd. IV, Buch 11 Kap. 6 S. 236 ff. GRISCHOVIUS. – **19** PROBST 44. – **20** MAYER 32. – **21** PROBST 46. Belege 61–66.

Taufe einschreiben zu lassen, im 4. Jahrhundert deutlicher die Gruppe der Tauf-bewerber (φωτιζόμενοι, βαπτιζόμενοι) ab[22]. Diese werden nun in das als „Geheim-nis" geltende Symbol und die Taufriten eingeführt[23]. Der Verfall des Katechume-nats seit Ausgang des 4. Jahrhunderts wurde nicht nur durch den Taufaufschub, sondern vor allem durch das allmähliche Vordringen der Kindertaufe heraufge-führt[24]. Eine christliche Unterweisung für Kinder gab es nicht, außer in Klöstern (Pachomius, Basilius v. Cäsarea); sie blieb der Familie überlassen.

3. Für die *Kirchenbuße* bei schweren Sünden bildete sich seit der Mitte des drit-ten Jahrhunderts (decische Verfolgung 249–251) ein geregeltes Verfahren aus, nachdem sich im Kampf mit den Novatianern und anderen Rigoristen die Ansicht durchgesetzt hatte, daß keine Sünde von Buße und Vergebung auszuschließen sei[25]. Das öffentliche Bußbekenntnis in der Kirche[26] geht zurück, es konnte nicht nur dem Stadtklatsch, sondern angesichts der kaiserlichen Sittengesetzgebung auch ei-nem lebensgefährlichen Kriminalprozeß ausliefern. In der Durchführung der Buße bildeten sich, unter dem Einfluß des origenistischen Erziehungsgedankens, Stufen zwischen Exkommunikation und Wiederaufnahme aus, deren Elemente schon bei Gregor dem Wundertäter vorhanden sind[27], nicht aber bei Petrus I. von Alexan-drien[28]. Das Konzil von Ankyra (314) kennt drei Bußstufen: Hörende (vor der Kirchentür), Niederfallende (beim Schlußgebet des Wortgottesdienstes, nach wel-chem sie die Kirche verlassen müssen), stehend Anwesende bei der Eucharistie, ohne diese empfangen zu dürfen (συνεστῶτες)[29]. Basilius v. Cäsarea hat das voll ausgebildete System: Weinende (προσκλαίοντες), Hörende, Knieende, Mitstehen-de[30]. Doch herrscht keine strenge Einheitlichkeit[31]. Kleriker wurden bei schweren Sünden nicht der Buße unterworfen, sondern abgesetzt[32]. Die im Abendland seit dem 4. Jahrhundert auftretenden lebenslänglichen Verpflichtungen fast mönchi-scher Art für wieder aufgenommene, einstige Büßer sind im Osten unbekannt[33]. Der Niedergang der öffentlichen Buße[34] wurde vor allem dadurch herbeigeführt,

---

22 „Katechumenatsklassen". Belege bei Lampe, Lexikon s. v. – Probst 85 f. – Kretschmar 152 f. – Taufriten: Kretschmar 137–40. – 23 Kyrill v. Jerusalem, Mystagogische Katechesen, CPG 3585. – „Arkandisziplin", RAC 1 (1950) 667–76 (O. Perler). – TRE 4 (1979) 1–14 (M. Brocke). – 24 *Qu.*: H. Lietzmann (Hrsg.), KlTexte Nr. 154, Texte z. Geschichte der Taufe, besonders der Kindertaufe in d. alten Kirche (H. Kraft), 1969. – Kretschmar 81 ff. – 25 *Qu.*: H. Karpp, Die Buße. Quellen zur Entstehung des altkirchlichen Bußwesens, 1969. – *Lit.*: F. X. Funk, Die Bußsta-tionen im christl. Altertum, KG Abhdl. u. Unters. I, 1897, 182–209. – K. Holl, Enthusiasmus u. Bußgewalt im griech. Mönchtum, 1898, 225–330. – L. Fendt, Sünde u. Buße in den Schriften des Methodius v. Olympus, Kath 85 (1905) 24–45. – E. Schwartz, Bußstufen, s. o. Nr. 2. – H. Ache-lis, Das Christentum in den ersten 3 Jh.n, II, 1912, 121–53 (dort auch zum Begriff „Todsünde"). – B. Poschmann, Buße u. letzte Ölung, HDG IV, 3 (1951). – J. Grotz, Die Entwicklung des Buß-stufenwesens in der vornicänischen Kirche, 1953. – A. E. Dunstone, The Atonement in Gregory of Nyssa, 1964. – „Exkommunikation", RAC 7 (1969) 1–22 (Doskocil). – Rentinck (s. o. A. 1) 281 ff. – „Buße V", TRE 7 (1981) 452–73 (G. A. Benrath). – 26 Karpp (s. o. A. 25) Nr. 156. – A. Harnack, Der kirchengeschichtl. Ertrag der exegetischen Schriften des Origenes II, 1919, 127 f. – 27 Im echten Teil seines kanonischen Briefes, CPG 1765. – E. Schwartz, GS 5, 309 mit Anm., wonach Grotz 406 ff. zu berichtigen ist. – 28 Ep. canonica, CPG 1639. – E. Schwartz, GS 3, 89–100. – 29 Kanon 4 und 25 (= Cäsarea) von Ankyra. – 30 E. Schwartz, GS 4, 180; 5, 348 ff. – 31 „Buße", „Bußkleid" (Emonds/Poschmann), „Bußstufen" (Poschmann), RAC 2 (1954) 802–16. – 32 Poschmann, HDG (s. A. 25) 57 ff. – 33 Poschmann 55 f. – 34 Ein Sym-ptom ist die Abschaffung des „Bußpriesters" in Konstantinopel i. J. 391 nach einem Skandal. Sokr. 5, 19; Sozom. 7, 11. Rauschen, Jahrbücher 537 ff. – Holl, Enthusiasmus 244–53. – E. Schwartz, GS 5, 352 f. Weitere Lit. bei V. Grumel, Les Régestes des actes du Patriarcat de Constantinople, I, 1972, S. 8 Nr. 9. – Rentinck, Cura pastorale (s. o. A. 1) 309.

daß die klerikale Strenge auf die Dauer nicht durchsetzbar war. Im Mönchtum entstand eine neue Bußgewalt in der Vollmacht des asketischen Pneumatikers[35].

4. Zur Disziplinierung der Gemeinde gehört das *Fasten*[36]. Vom Judentum waren die beiden wöchentlichen Fasttage übernommen, aber auf Mittwoch und Freitag verlegt worden[37]. An Sonn- und Feiertagen, auch der Sonnabend stieg im Laufe des 4. Jahrhunderts im Osten zum Festtag auf, war das Fasten verboten[38]. Der Sinn des Fastens ist Trauer, Reinigung, Vorbereitung auf das Heilige. Die bedeutendste Fastenzeit war das Fasten vor Ostern, das sich in der zweiten Hälfte des 3. Jahrhunderts von Karsamstag und Karfreitag auf die ganze Karwoche erstreckt[39] und im Anfang des 4. Jahrhunderts auf 40 Tage entsprechend dem Fasten Jesu (Mt. 4, 2), des Moses (Ex. 34, 28) und des Elia (1 Kg. 19, 8), ausgedehnt wurde (τεσσερακοστή, Quadragesima)[40]. Auch andere Feste wurden allmählich mit Fastenzeiten verbunden[41]. In der Quadragesima wurde täglich gepredigt[42].

§ 6. Liebestätigkeit und Armenpflege

Qu.: H. GRIMM, Quellen zur Geschichte der Diakonie I, 1960. – A. HAMANN, Riches et pauvres dans l'Eglise ancienne, 1962 (Predigttexte).
Lit.: 1. O. SEECK, Untergang Bd. 1, 1921, 191–428 (Verfall der antiken Welt). – R. v. PÖHLMANN, Geschichte der sozialen Frage und des Sozialismus in der antiken Welt, 2 Bd. (1893) ³1925. – F. LOT, La fin du Monde antique et le début du moyen-âge, 1925. – E. STEIN, Geschichte I, 1928, 24 ff. – M. ROSTOVZEFF, Gesellschaft u. Wirtschaft im römischen Kaiserreich, Bd. 2 Kap. 12, o. J. (1930). – E. KORNEMANN, Röm. Geschichte 2, ⁷1977. – JONES, LRE 1973, 1025 ff. – B. TREUCKER, Politische u. sozialgeschichtliche Studien zu den Basiliusbriefen, Diss. Frankfurt 1961. – R. TEJA, Organizacion economica y social de Capadocia en el siglo IV segun los padres capadocios, 1974. – A. CHASTAGNOL, La fin du monde antique, 1976. – B. GAIN, L'Eglise de Cappadoce au IVe siècle d'après la correspondance de Basile de Césaré, 1985. – 2. G. UHLHORN, Die christl. Liebestätigkeit in der alten Kirche, ²1882. – L. LALLEMAND, Histoire de la charité, 1902/3. – E. TROELTSCH, Die Soziallehren der christlichen Kirchen u. Gruppen, 1912. – W. LIESE, Geschichte der caritas, 1922. – A. HARNACK, Mission 170–220. – H. BOLKESTEIN, Xenon, MNAW.L 84 (1937) 1007–46. – DERS., Wohltätigkeit und Armenpflege im vorchristlichen Altertum, 1939. – Bo REICKE, Diakonie, Festfreude u. Zelos in Verbindung mit der altchristlichen Agapenfeier, 1951 (weist auf den Zusammenhang von Liturgie u. Liebestätigkeit hin). – J. KABIERSCH, Philanthropie (s. o. Kap. 3 Lit.). – A. HAMMAN, Liturgie et vie sociale, 1968. – A. R. HUNDS, Charity and social aid in Greece and Rome, 1968. – M. E. PFEFFER, Einrichtungen der sozialen Sicherung in der griech. und römischen Antike, 1968. – A. NÖTZEL, Kirche als „neue Gesellschaft". Die humanisierende Wirkung des Christentums nach Joh. Chrysostomus, 1984. – „Armenpflege",

---

35 HOLL, Enthusiasmus passim. – 36 H. ACHELIS, Fasten in der Kirche, RE ³5 (1898) 770–80 (hier die wichtige Lit. des 17. u. 18. Jh.s). – F. X. FUNK, Die Entstehung des Osterfastens, KG Abhdl. u. Unters. I (1897) 241–278. – H. BEHM, νῆστις etc., ThWNT 4 (1943) 925–35. – „Fasten", „Fastenspeisen", „Fasttage", RAC 7 (1969) 447–552 (R. ARBESMANN). – „Fasten III", TRE 11 (1982) 50–55 (HALL/CREHAN). – 37 Didache 8, 1 mit dem Kommentar von R. KNOPF bei LIETZMANN, Hb zum NT, Ergänzungsbd., 1923, S. 23. – 38 W. RORDORF, Sabbat und Sonntag in der alten Kirche, 1972. – LAMPE, Lexikon s. v. sabbaton. – 39 Didaskalia 21, S. 107, 19 FLEMMING. – Dionys von Alexandrien, Ep. ad Basilidem 1. JOANNOU, Fontes II S. 10, 20. – 40 Euseb v. Cäsarea, De solemn. pasch. 4 u. 5. MPG 24, 697.700. – A. CANTALAMESSA, Ostern in der alten Kirche, 1978, Nr. 56. – W. HUBER, Passah und Ostern, 1969, S. 160 ff. – E. SCHWARTZ, GS 4, 1–10. – R. LORENZ, Der 10. Osterfestbrief des Athanasius v. Alex., 1986. – 41 K. HOLL, Die Entstehung der vier Fastenzeiten in der griech. Kirche, GAufs 2 (1928) 155–203. – 42 PROBST 138 f.

RAC 1 (1950) 689–98 (W. Schwer). – „Armenfürsorge" II, TRE 4 (1971) 14–23 (W. D. Hauschild); „Armut V", ebd. 85–87 (D. Flood); „Diakonie I", ebd. 8 (1981) 622–29 (Philippi).

1. Die Gottesverehrung fordert nach christlicher Anschauung die *Liebestätigkeit*
(Lk. 10, 25 ff.). Deren Hintergrund ist der wirtschaftliche und soziale Niedergang
breiter Bevölkerungsschichten im römischen Reich des vierten Jahrhunderts[1].

a) Der rücksichtslose Steuerdruck[2] und die Korruption der Verwaltung zwingen
viele Bauern (γεωργοί, coloni), sich in den Schutz örtlicher Machthaber und Großgrundbesitzer zu begeben (patrocinium, προστασία)[3]. Sie übertragen ihnen ihren
Grundbesitz, dessen Nutzung sie gegen Pachtzins und Frondienste behalten, und
sinken zu Hörigen herab. Konstantin band die *Kolonen* an die Scholle, um die
Stetigkeit des Steueraufkommens zu sichern[4]. Ihre Lage war elend[5]. Viele verließen
ihre Äcker und vermehrten das Proletariat der Städte oder schlossen sich Räuberbanden an[6]. Vielfach wünschte die Bevölkerung die Barbaren herbei[7]. Die Großgrundbesitzer erlangten nach dem Vorbild der kaiserlichen Domänen die niedere
Gerichtsbarkeit über ihre Leute[8] und richteten sich Privatgefängnisse ein[9]. Damit
kündet sich die frühmittelalterliche Grundherrschaft an.

b) Dem erblichen Zwangskolonat entspricht in den *Städten* der erbliche Stän-
dezwang für Angehörige lebenswichtiger Gilden[10], der freilich nicht selten durchbrochen wurde[11]. Auch die städtischen Arbeiter und kleinen Gewerbetreibenden
lebten in Dürftigkeit[12]. Zu den Abgaben kamen Zwangsdienste für den Staat oder
die Gemeinde (munera)[13].

2. Die *kirchliche Liebestätigkeit* suchte augenblickliche Notstände zu lindern und
strebte nicht nach einer Änderung der gesellschaftlichen Verhältnisse. Das einzige
Mittel der Kirche gegen die Armut war das Almosen und die Empfehlung, *Almosen*
zu geben. Das beließ das Ganze beim Alten.

a) Man verteilte Kleidung an Bedürftige[14] und veranstaltete Speisungen für
Witwen[15] und Arme. Die Agapen wurden zu Armenspeisungen, die ein privater
Wohltäter stiftete[16]. Sie fanden im Hause des Einladenden statt[17], aber auch in der
Kirche[18]. Bei der Großen Kirche in Antiochien befanden sich Speiseräume[19].

---

1 Lot 62 ff. – Stein, Geschichte 18 ff. – Seeck (s. Lit.). – Jones, LRE 767–872. – 2 E. Kornemann, Röm. Gesch. II, 369 ff. – Vgl. die Schilderung Hist. Monachorum 16, 5–7 S. 72 Preuschen. – 3 CTh 11 Titel 24. – Lot 142 ff. – Piganiol 304 ff.; 397 (Lit.). – 4 CTh 5, 17, 1 v.
J. 332. – „colonatus" KlPauly 1 (1979) 1246 f. (D. Medicus). – Jones 293 ff. – Demandt, Spätantike 329–37. – 5 Chrysostomus MPG 58, 581/2. – Theodoret ep. 43, MPG 83, 1221a. –
6 Demandt 318. – Teja 139 f. – Zu Räuberbanden im röm. Reich: R. MacMullen, Enemies of
the Roman order. Treason, Unrest and Alienation in the Empire, 1966. – 7 Zosimus IV 32, 2 f.
Mendelsohn. – 8 Stein 20. – Valens gesteht ihnen die Einziehung der Steuern ihrer Kolonen
zu: CTh 11, 1, 14 v. J. 371. – 9 CTh 9, 11, 1 v. 388 (Ägypten). – Libanius or. 45, 5 Opera III
S. 361, 9 ff. Foerster (Syrien). – E. R. Hardy, Large Estates of Byzantine Egypt, 1931, 67 ff. –
Kirchliche Gefängnisse: Basilius v. Cäsarea, ep. 286. – „Domäne" RAC 4 (1959) 40–91
(F. M. Heichelheim). – 10 Bäcker, Müller, Schiffer u. a. Piganiol, Empire 314 ff. –
11 R. M. MacMullen, Social Mobility and the Theodosian Code, JRS 54 (1964) 49–53. –
12 Jones 1044. – 13 „munera" KlPauly 3 (1979) 1470 (H. Vretska). – Schilderung des sozialen
Elends in den Homilien des Joh. Chrysostomus, z. B. MPG 51, 261 ff. – Uhlhorn 230 ff. –
14 Basilius v. C. ep. 286. – 15 KO Hippolyts 30; 35 Botte. – 16 K. Völker, Mysterium und
Agape. Die gemeinsamen Mahlzeiten in der alten Kirche, 1927, 163 f. – Bo Reicke 85–89. –
17 KO Hippolyts 27; 30 Botte. Kan. Hipp. 34 Riedel. – 18 Konzil. v. Laodikea, Kan. 28. –
19 Gl. Downey, A History of Antioch in Syria, ³1974, 349 mit A. 142. – Über den Rückgang
der Agapen: Uhlhorn 245: K. Völker 203 ff. – Mißstände bei den Agapen (Gier, Trunkenheit,
Lärm): Kan. Hipp. 34 Riedel; Bo Reicke 88–91.

b) Eine geregelte *Verwaltung des Almosenwesens* unter Leitung des Bischofs[20] wurde durch die Zunahme der Zahl der Armen erzwungen. Um 390 waren in das Verzeichnis (κατάλογος) der antiochenischen Kirche mehr als 3000 bedürftige Witwen und Jungfrauen eingetragen[21].

3. Die große Neuerung im 4. Jahrhundert war die Entstehung der Wohltätigkeitsanstalten und der Eintritt des *Mönchtums* in die Armenpflege.

a) Die frühesten der christlichen Wohltätigkeitsanstalten sind die *Herbergen*[22]. Sie knüpfen mit ihrer unentgeltlichen Bewirtung nicht an das antike Beherbergungsgewerbe, sondern an das Gästehaus der Bürger und Städte für ihre Besucher an[23]. So richteten Bischöfe ein Xenodochium bei ihrer Kirche ein[24], wo jedoch nur rechtgläubige Christen Aufnahme fanden[25]. Freilich gab es auch Schattenseiten[26]. Infolge der Notwendigkeit, obdachlose Arme und erkrankte Reisende aufzunehmen[27], diente das christliche Xenodochium als Reise-, Armen- und Krankenunterkunft. Die Herberge wurde zum Hospiz[28]. In Konstantinopel gab es unter Makedonius (350–60)[29] Armen- und Krankenhospize[30]; zur Zeit Justinians bestanden auch Säuglings-, Waisen- und Altersheime[31].

b) Die *anachoretischen Mönche* fürchteten bei der Liebestätigkeit die Durchbrechung der Abgeschiedenheit. Doch gaben manche von ihrem Arbeitserwerb Almosen[32] und die Gastfreundschaft galt als Tugend[33]. Pachomius fühlte sich seit seiner Bekehrung zum Liebesdienst verpflichtet (Tätigkeit in Scheneset/Chenoboskion)[34]. Die Verbindung von Mönchtum und Wohltätigkeitsanstalt wurde in Kleinasien (offenbar unabhängig von Pachomius) von Eustathius (seit 356 Bischof von Sebaste)[35] gestiftet. Er gründete bald nach 356 ein „Armenhaus" (πτωχοτρο-

20 Gefordert von Didaskalia S. 294 ACHELIS/FLEMMING; Apost. Konst. II, 27, 6; Konzil v. Gangra Kan. 7 u. 8. – 21 DOWNEY 49 A. 142. – M. ROUCHE, La matricule des pauvres. In: M. MOLLET (Hrsg.), Etudes sur l'histoire de la pauvreté, 1974, 83–110. – 22 Frühester Beleg: Hegemonius (vor 348), Acta Archelai 4 CGS 16 (1906) S. 5, 9–19 BEESON. – Um 350 Xenodochien in Antiochien: Chronicon pasch. S. 535, 14 ff. DINDORF; Malas XIII S. 318, 6 DINDORF. – Kaiser Julian ep. 84 will christliche Xenodochien nachahmen. Er sagt hier auch, daß die Christen verlassene Tote bestatten. – 23 *Lit.:* UHLHORN 316–31. – D. GORCE, Les voyages, l'hospitalité et le port des lettres dans le monde chrétien du IVe et Ve siècles, 1925. – T. KLEBERG, Hôtels, restaurants et cabarets dans l'antiquité romaine, 1957. – RAC: „Gastfreundschaft", (8, 1972, 1066–1123. HILTBRUNNER/GORCE/H. WEBER); „Herberge" (14, 1988, 602–26. HILTBRUNNER). – PRE: ἑστιατόρια (VIII, 1913, 1315. STEMPEL); καταγώγιον, καταγωγή (X (1919) 2459–68 (KRUSE); ξενοδοχεῖον 2. Reihe IX (1967) 1487–1503 (HILTBRUNNER); Valetudinarium, 2. Reihe XV, 2 Sp. 262–64 (K. SCHNEIDER). – BOLKESTEIN, Xenon. – KÖTTING, Peregrinatio (s. o. Kap. 6 § 4 A. 8) 366–68. – Herbergen an heidnischen Wallfahrtsorten: Suppl. Epigraph. Grecum IV, Leiden 1922, 34 ff. – 24 Testamentum Dñi nostri J. Christi I 19 S. 26, 7 f. RAHMANI. – 25 Didask. 12 S. 19, 19–24. ACHELIS/FLEMMING. – 26 Unchristliches Verhalten christlicher Herbergswirte: Hegemonius, Acta Archelai 4 S. 5 (1906), 15 f. (hrsg. v. CH. H. BEESON). – Unzufriedenheit u. üble Nachrede bei der Almosenverteilung: Chrysostomus, De sacerd. 3; 21 n. 7. – O. PLASSMANN, Das Almosen bei Joh. Chrysostomus, Diss. Bonn 1960. – 27 Gregor v. Nyssa, De paup. amand., Opera IX (1967) S. 99, 19 ff. VAN HECK. – 28 BOLKESTEIN, Xenon 131. – 29 Chronologie: F. FISCHER, De patriarcharum Constantinopolitanorum catalogis, 1884, 329. – DAGRON, Constantinople (s. o. Kap. 1 § 5 Lit.) 436 f. – 30 Sozom. 4, 20 S. 170, 3 ff. BIDEZ/HANSEN. – Das angebliche Aussätzigenhospital des Zoticus unter Konstantin ist Legende. A. AUBINEAU, Zoticus de Constantinople, AnBoll 93 (1975) 61–118. – 31 CJ 1, 2, 19. 23. – 32 Apophth. Poimen 22. MPG 65, 328ab. – 33 D. GORCE, Die Gastfreundschaft der altchristlichen Einsiedler und Mönche, JAC 15 (1972) 66–91. – Klöster als Pilgerherbergen: KÖTTING, Peregrinatio 379–85. – L. REGNAULT, Les Sentences des Pères du désert, Bd. III (Troisième Recueil), 1960; IV (Série des Anonymes), 1985, Reg. s. v. aumône, hospitalité. – 34 Vita gr. prima 4 f., S. 3 f. HALKIN, – Bohairische Vita 8, A. VEILLEUX, Pachomian Koinonia I, 1980, 28 f. – 35 F. LOOFS, Eustathius v. Sebaste und die Chronologie der Basiliusbriefe, 1898, 82.

φεῖον) unter Leitung des Diakons und Mönches Aërius. Die Spannung zwischen radikalem Mönchtum und Wohltätigkeitsanstalt kommt in der Sezession eben dieses Aërius zum Ausdruck[36]. Die Gründung des Eustathius wird von Basilius v. Cäsarea mit Hilfe zweier Mönche des Eustathius nachgeahmt[37]. Auf Konstantinopel wirkte eustathianischer Einfluß über Marathonius, der durch Eustathius Asket geworden war. Marathonius gründete als Diakon des Makedonius dort ein Kloster und war „Aufseher der Hospize und Klöster" der Stadt[38].

c) Vom Osten kamen die Wohltätigkeitsanstalten ins *Abendland,* wie die Übernahme ihrer griechischen Bezeichnungen beweist. Ein wichtiges Verbindungsglied war der fromme, aristokratische Kreis des Hieronymus in Rom. Fabiola gründete ein Krankenhaus daselbst und der Senator Pammachius ein Xenodochium in Porto, dem Seehafen Roms[39]. Die römischen Diakonien des 7. Jahrhunderts sind klosterähnliche Gebilde zur Armenversorgung[40]. Ihr Ursprung im Ägypten des 4. Jh.s[41] ist zweifelhaft[42].

---

36 Epiph. haer. 75, 1–7. – WALCH, Entwurf III, 321–38. – 37 Basilius ep. 223, 3; 119. – P. MARAN, Vita Basilii cap. XXV, 1 MPG 29, S. XCIII. – A. DIERKING, S. Basilii Magni de divitiis et paupertate sententiae quam habent rationem cum veterum philosophorum doctrina, Diss. Münster 1911. – L. VISCHER, Basilius d. Gr., Diss. Basel 1953, 141–67. – ST. GIET, Les idées et l'action sociales de S. Basile, 1941, 419–23. – U. KNORR, Basilius d. Gr., sein Beitrag zur christlichen Durchdringung Kleinasiens, Diss. Tübingen 1969, S. 97–122. – F. BRÜCK, Kirchenväter und soziales Erbrecht, 1956 (zum „Seelteil" bei Basilius). Dazu WIEACKER ZSavRG Rom 74 (1957) 482–88. – 38 Sokr. II 38, 4. 44, 5. – Sozom. IV 20, 23. – DAGRON, Constantinople Reg. s. v. institutions charitables. – 39 Hieronymus ep. 77, 6; 66, 11. – Eine Übersicht der Xenodochien im Orient u. Okzident gibt HILTBRUNNER (s. o. Lit.) 1494–1502 – 40 „Diakonie", RAC 3 (1967) 911 ff. – 41 Behauptet von H. I. MARROU, L'origine orientale des diaconies romaines, MAH 57 (1940) 95–142. – 42 TH. STERNBERG, Der vermeintliche Ursprung der westlichen Diakonien in Ägypten u. die Conlationes des Joh. Cassian, JAC 31 (1988) 173–209.

7. Kapitel: Entstehung und Entwicklung des Mönchtums im Osten des Reiches

Qu.: Vgl. KiG C1, 46 ff. – HUGO KOCH, Quellen zur Geschichte der Askese u. des Mönchtums in der alten Kirche, 1933. – Athanasius, Vita Antonii (VA) MPG 26, 837–936 (CPG 2101) – (Ps.) Athanasius, Brief an die Jungfrauen, CPG 2147 (Maria als Vorbild der Askese). – Apophthegmata Patrum. MPG 65, 71–440 (Vgl. CPG 5560–5615). – TH. HOPFNER, Über die koptisch-sakidischen „Apophthegmata Patrum Aegyptiorum" u. verwandte lateinische, koptisch-bohairische u. syrische Sammlungen, DAWW. PH 61, 2 (1918). – L. REGNAULT, Les sentences des pères du désert, 5 Bd. 1966/85. – B. MÜLLER, Weisung der Väter, 1980 (Alphabetische Sammlung deutsch). – Palladius, Historia Lausiace ed. C. BUTLER 2 Bd. 1898/1904; ed. G. J. M. BARTELNIK, 1974. – Historia Monachorum. *Griechisch:* (E. PREUSCHEN, Palladius und Rufinus, 1897. – A. FESTUGIÈRE, Les Moines d'Orient, 4 Bd. 1961–65, Bd. IV, 1 (1964). *Lateinisch:* E. SCHULZ-FLÜGEL (Hrsg.), T. Rufinus, Historia Monachorum sive de Vita sanctorum Patrum, 1990 (Rufin bearbeitet eine lateinische Übersetzung des anonymen griechischen Originals). Deutsche Ü.: S. FRANK, Mönchtum im frühchristl. Ägypten, 1967. – Die asketischen Briefe des Hieronymus (bes. ep. 22; 130) und seine Mönchsviten (Vita Pauli, Vita Hilarionis, Vita Malchi). – Johannes Cassianus, Conlationes; De institutis coenobiorum. CSEL 13; 17 PETSCHENIG (1886/8). – Pelagius, Epistula ad Demetriadem. MPL 30, 15–45. – M. AUBINEAU (Hrsg.), Grégoire de Nysse, Traité de la Virginité, SC 119 (1966).

Lit.: O. ZÖCKLER, Askese u. Mönchtum, Bd. 1, 1887. – A. HARNACK, Die ps. klementinischen Briefe De virginitate u. der Ursprung des Mönchtums, SAB 1891, 361–85. – ST. SCHIEWITZ, Das morgenländische Mönchtum, 3 Bd. 1901/38. – K. HEUSSI, Der Ursprung des Mönchtums, 1936. – LIETZMANN, Geschichte 4 (1944) 116–73. – M. VILLER/K. RAHNER, Aszese u. Mystik in der Väterzeit, 1939. – TH. CAMELOT, Les traités De virginitate au IVe siècle, EtCarm 31 (1952) 272–92. – M. AUBINEAU, Les écrits de s. Athanase sur la virginité, RAM 31 (1955) 140–73. – G. KRETSCHMAR, Ein Beitrag zur Frage nach dem Ursprung des Mönchtums, ZThK 61 (1964) 27–67. – P. NAGEL, Die Motivation der Askese in der alten Kirche u. der Ursprung des Mönchtums, 1966. – S. FRANK (Hrsg.), Askese und Mönchtum in der alten Kirche, WdF 409 (1975) (Lit.). – J. GRIBOMONT (Hrsg.), Commandements du Seigneur et libération évangélique, Etudes monastiques, StAns 70, 1976. – A. GUILLAUMONT, Aux origines du monachisme chrétien, 1979. – La tradizione dell' enkrateia (hrsg. von U. BIANCHI), Rom 1985. – P. BROWN, The Body and Society. Men, Women and Sexual Relations in Early Christianity, 1988. – Die neuere Forschung über das Mönchtum wurde eingeleitet von H. WEINGARTEN: Der Ursprung des Mönchtums im nachkonstantinischen Zeitalter, ZKG 1 (1876/7) 1–35; 545–74 (separat Gotha 1877). Zwar ist WEINGARTENS These, die VA sei unecht und das Mönchtum erst um 350 entstanden, unhaltbar. Aber er gibt eine feinsinnige Analyse der Vita Pauli und hat mit dem Versuch, die Einschließungen des Antonius durch Hinweis auf die Κάτοχοι (Gebundenen) am Serapisheiligtum zu Memphis zu erklären, die religionsgeschichtliche Erforschung des Mönchtums eröffnet, welche von R. REITZENSTEIN (Historia Monachorum u. Historia Lausiaca, 1916 [s. auch unten die Lit. zu Antonius]) entscheidend gefördert wurde. Vgl. E. PREUSCHEN, Mönchtum und Serapiskult, ²1903. – S. MORENZ, Neue Urkunden zur Ahnenreihe des Klosters, ThLZ 74 (1949) 423–29 (Lit.). – L. DELEKAT, Katochē, Hierodulie u. Adoptionsfreilassung, 1964.

§ 1. Askese und Apotaxis. Antonius der Einsiedler

1. Der Mutterboden des Mönchtums ist die christliche *Askese,* die bis in Schichten des Neuen Testaments, besonders bei Lukas, zurückreicht[1]. Kernpunkt dieser Askese ist die geschlechtliche Enthaltsamkeit (ἐγϰράτεια) oder Ehelosigkeit[2]. Dazu können Einschränkung der Nahrung, Kleideraskese und gelegentlich Besitzverzicht treten[3].

2. *"Enkratiten"* ist Gattungsbegriff für geschlechtlich enthaltsam Lebende und bezeichnet keine fest umschriebene, von Tatian begründete Sekte[4]. Der "Enkratit" Julius Kassianus in Ägypten (Ende des 2. Jh.s)[5] war Valentinianer[6]. In Kleinasien gibt es im 3. Jahrhundert zahlreiche enkratitische Gruppen (Apotaktiten, Sakkophoren, Hydroparastaten – letztere verwenden Wasser statt Wein bei der Eucharistie)[7]. Ausdruck dieser asketischen Stimmung ist die Literatur der apokryphen Apostelakten (seit Mitte des 2. Jh.s), die aus Kleinasien und Syrien stammt[8]. Hier wird die Enthaltsamkeit sogar zur Vorbedingung der Auferstehung[9]. Das Stichwort dieser Askese ist "apotaxis" (vgl. Lk. 14, 33), die Absage an Ehe, Besitz, weltliche Bindungen und Genüsse[10]. Euseb von Cäsarea malt das Leben der Apostel in enkratitischen Farben[11]. Doch bekämpft die Kirche asketische Gewohnheiten, welche auf dualistische Abwertung der Schöfung hindeuten[12]. Ein eschatologisches Motiv für Askese ist die Vorwegnahme des engelgleichen (bedürfnislosen) Lebens, wo auch das Schamgefühl der Geschlechter überflüssig wird[13].

Mit den enkratitischen Gruppen Kleinasiens, die ja auch den Hintergrund der eustathianischen Bewegung bilden, wird der doppelte Ausgang der frühchristlichen Askese sichtbar; einerseits die Sekte, andererseits das Mönchtum.

3. Das asketische Vorbild des *Origenes* (Euseb KG 6, 2, 9 ff.) und seine asketische Lehre wirken auf das werdende Mönchtum[14]. In der Studiengemeinschaft des Ori-

1 J. LEIPOLDT, Griechische Philosophie u. frühchristliche Askese, 1961, 35 f. – NAGEL, Motivation (s. o. Lit.) 7. – 2 W. BAUER, Mt. 19, 12 und die alte Kirche. In: FS G. Heinrici, 1914, 23–44. – K. MÜLLER, Die Forderung der Ehelosigkeit aller Getauften in der alten Kirche, 1927. – K. NIEDERWIMMER, Askese und Mysterium. Über Ehe, Eheschließung u. Eheverzicht in den Anfängen des christl. Glaubens, 1975. – "Askese", RE 2 (1897) 134–42 (R. SEEBERG); RAC 1 (1950) 749–95 (STRATHMANN/KESELING); TRE 4 (1972) 204–25 (J. GRIBOMONT). – 3 Beispiele bei ZÖCKLER, Askese 1, 104–69. – Per foramen acus. Il cristianesimo antico di fronte alla pericope evangelica del giovane rico, hrsg. G. VISONÁ u. a., Mailand 1986. – 4 M. ELZE, Tatian u. seine Theologie, 1960. – WALCH, Entwurf 1, 425–47. – "Enkrateia", RAC 5 (1962) 343–65 (H. CHADWICK). – 5 A. HILGENFELD, Die Ketzergeschichte des Urchristentums, 1884 Reg. s. v. Cassianus, Julius. – 6 Klemens Alex., Teppiche III 13, 91–14, 94, 1. – 7 Näheres bei G. FICKER, Die Petrusakten, 1903, 62–91. – DERS., Amphilochiana I, 1906, 217–58. – R. REITZENSTEIN, Hist. Mon. 205–8. – W. M. CALDER, The Epigraphy of the Anatolian Heresies. In: Anatolian Studies. FS Sir William Ramsay, 1923, 59–91. – 8 Acta Apostolorum apocrypha, ed. LIPSIUS/BONNET, 1899/1902. Nachdruck mit Bibl. 1959. – F. BAVON et alii (Hrsg.), Les actes apocryphes des apôtres. Christianisme et paganisme, Genf 1981. – Johannesakten: C Chr Ser. apocr. 1, 2 (1983) ed. JOUNOD/KAESTLI. – Deutsche Ü.: (HENNECKE)/SCHNEEMELCHER II, 1989 (K. SCHÄFERDIEK). – E. PLÜMACHER, Apokryphe Apostelakten, 1978 (Separatdruck aus PRE Suppl. XV, 11–70). – 9 Akten des Paulus u. der Thekla Kap. 5 u. 12. LIPSIUS I S. 218 u. 244. – 10 S. REITZENSTEIN Hist. Mon., Reg. s. v. apotaxis u. apatheia. – 11 Dem. ev. III 5, 74 ff. GCS 23 S. 124, 10 ff. HEIKEL. – 12 Kan. 14 von Ankyra (314). – 13 S. FRANK, Angelikos Bios, 1964. Über FRANK hinausführend: NAGEL, Motivation 34–48. 51–54. – Zu einer Reihe radikal-asketischer Oxyrhynches-Logien s. J. JEREMIAS bei HENNECKE/SCHNEEMELCHER I, 66 ff. – Asketische Nacktheit: NAGEL 91 ff. – J. HECKENBACH, De nuditate sacra sacrisque vinculis, 1911. – Nacktheit in gnostischen Sekten: K. RUDOLPH, Die Gnosis, 1980, 266. – 14 W. E. BORNEMANN, In investiganda monachatus origine quibis de causis ratio habenda sit Originis, 1885. – W. VÖLKER, Das Vollkommen-

genes zu Cäsarea führte der Lehrgang von der Selbsterkenntnis über die Tugend-
übung zur Gotteserkenntnis[15]. Das ist auch ein Kampf gegen die Dämonen[16]. Der
Antoniusschüler Ammonas[17] lebt in origenistischer Spiritualität[18], ja es scheint,
daß sich Origenistisches in den Briefen des Antonius findet: die Forderung der
Selbsterkenntnis und Spekulationen über die Einheit und Zertrennung der geistigen Substanz (Usia noera)[19]. Freilich kann unmittelbarer gnostischer Einfluß auf
Antonius nicht ausgeschlossen werden[20]. Gnostisch wirken seine Ausführungen
über das Hören des „Rufes" in ep. 1.

4. Ziel der Askese ist die Gewinnung magischer Kräfte; christlich gesprochen
von *Charismen:* der Gabe des wegweisenden Wortes (ῥῆμα), der Heilungskraft,
der Visionen und Prophetie, der Gabe der Unterscheidung der Geister, die innere
Ruhe und Harmonie (ἡσυχία)[21]. Der Übergang von der Askese zum Mönchtum
besteht in der räumlichen Trennung des Asketen von seinem angestammten Wohn-
sitz. Er schafft sich eine „Sonderwelt" mit seiner Zelle vor dem Dorfe und später
mit der Einsiedlerkolonie und dem Kloster[22]. Solches geschah bereits gegen 240
n. Chr. Denn als Antonius sich um 271 bekehrte, hatte sein asketischer Lehrmeister
schon ein Menschenalter als Einsiedler vor dem Heimatdorf gewohnt[23].

5. *Antonius* (251–356)[24] lebte nach seiner Bekehrung bis zum 35. Lebensjahr
(271–86)[25] als Asket bei seinem Dorf, zuletzt in einem Grabmal[26], wo er siegreich
mit Dämonen kämpfte. Danach schloß er sich 20 Jahre in einem „Brunnenhaus"
(παρεμβολή, castellum) auf dem gebirgigen Wüstenrand (ὄρος) des Niltals ein[27],
also bis zu seinem 55. Jahr (311 n. Chr.). Von da ab entfaltete er eine Tätigkeit
nach außen. Er unterweist die Nachahmer, welche sich um seine Klause auf dem
„äußeren" Berg (Pispir, „die Rippe")[28] angesiedelt hatten. In der Gegend von Arsinoë (Faijum) besaß er einen Anhängerkreis („Brüder" und „Söhne"), zu dem auch

heitsideal des Origenes, 1931. Kritisch zu Völker: Hal Koch, Pronoia und paideusis, 1932,
329–42. – 15 Gregor der Wundertäter, Dankrede an Origenes, ed. P. Koetschau, 1894. –
P. Courcelle, Commais-toi toi-même de Socrate à S. Bernard, 1974, 97–100. – Ein radikaler
Fall von Apotaxis: Euseb, De martyr. Palaest. 4 (KG Bd. II 913, 6–17 [vgl. 912, 19–913, 27]
E. Schwartz). – 16 E. Redepenning, Origenes 2, 1846, 375 ff. – 17 Eine Liste der Jünger des
Antonius in ASS Jan. III S. 475–76. – B. Draguet, Une lettre de Sérapion de Thmuis aux disciples
d'Antoine, Muséon 64 (1951) 1–25. – 18 F. Klejna, Antonius und Ammonas. Eine Untersuchung über die Herkunft und Eigenart der ältesten Mönchsbriefe, ZKTh 62 (1938) 309–48. –
B. Outtier/A. Louf u.a.: Lettres des pères du désert, 1985. – 19 Antonius ep. 4 u. 7 ed. Garitte, CSCO 119 (1958). – G. Couilleau, La liberté d'Antoine, StAns 76 (1977) 14–40. –
20 V. Myszor, Antonius-Briefe und Nag-Hammadi-Texte, JAC 32 (1989) 72–88. – 21 VA
13–16. – R. Reitzenstein, Antonius (s. u. A. 24) S. 14 f (weist auf Pythagoreisches hin). –
22 Heussi, Ursprung 53. – Zum Begriff „Mönch" s. E. A. Judge, The earliest use of monachos
for ‚monk' (P. Coll. Youtie 77) and the origins of monasticism, JAC 20 (1977) 72–89. – 23 VA
3. – Den Geburtsort des Antonius, Koma (Mittelägypten), nennt Sozom. 1, 13, 2. Vgl. A. Cal-
derini/S. Dario, Dizionnario dei nomi geografici e topografici dell' Egitto Greco-Romano III
(1978/82) 137. – 24 Alter von 105 Jahren: VA 89, MPG 26, 968 a. – Hieronymus, Chronik
S. 218, 14; 240, 6 GCS 47 (1956) Helm. – R. Reitzenstein, Des Athanasius Werk über das Leben
des Antonius, SAH 1914, 8. – L. von Hertling, Antonius der Einsiedler, 1929. – H. Dörries,
Die VA als Geschichtsquelle, NAWG 1949, 14. – M. Tetz, Athanasius u. die Vita Antonii, ZNW
73 (1982) 1–20 (vermutet Serapion v. Thumis als Vf. einer Ur-Vita des Antonius). – R. Lorenz,
Die griechische Vita Antonii des Athanasius u. ihre syrische Fassung, ZKG 100 (1989) 77–84
(gegen die von Draguet behauptete Priorität der syrischen VA). – Ders., Eine Serapion v. Thumis zugeschriebene arabische Vita Antonii, ZKG 102 (1991) 348–61. – 25 VA 10, MPG
26, 860 b. – 26 VA 8 f. – 27 VA 12–14. MPG 26, 861 b–864 c. – 28 VA 14. Zu „Pispi" s.
C. Schmidt, GGA 1889, 16 f. Karte bei C. Butler, HL 2 S. XCVIII. – St. Timm, Das christlich-
koptische Ägypten in arabischer Zeit, Teil 2 (1984) 741–49 s. v. der 'el Menun (Lit.)

Frauen gehörten (Syneisakten?), dem er schreibt und den er besucht[29]. Mehrfach tritt er in Alexandrien auf[30]. Trotz seines Rückzugs auf den „inneren" Berg in der Felsenwüste am Roten Meer[31] nach der Verfolgung des Maximinus Daja († 313)[32] besucht er regelmäßig die Brüder auf dem „äußeren" Berg[33].

6. Die Bindung zwischen dem asketischen Lehrer und seinen Jüngern wirkt gemeinschaftsstiftend, schon bei Antonius in Pispir. Der Asket *Hierakas*[34], ein Zeitgenosse des Melitius und Petrus' I. († 311) von Alexandrien[35], lebte mit einer Schülerkolonie eine Meile vor der Stadt Leontopolis (Deltagebiet)[36]. Hierakas berührte sich in seinen gelehrten Studien (er schrieb griechisch und koptisch) und in seinem Spiritualismus (keine leibliche Auferstehung, sondern nur eine geistliche der Seele) mit Origenes. Doch seine Behauptung der Homousie des Logos erregte das Mißfallen des Origenisten Arius[37]. Er lehnte die Ehe ab. Das Ringen um Enkrateia ist Vorbedingung für den Eingang in das Reich Gottes. Die Heilsgeschichte ist ein Fortschreiten zur Enkrateia. Die Hierakiten lebten mit Syneisakten[38], ein archaischer Zug. Hierakas steht sowohl in der Tradition des gnostisch gefärbten Enkratismus Julius Kassians, als auch der ägyptischen Dorfanachorese. Die Hierakiten verbreiteten sich im Gau von Arsinoë[39] und in der Thebais[40].

7. Während die asketische Studiengemeinschaft des Origenes und Pamphilus zu Cäsarea (Palästina) an die antiken Philosophenschulen anknüpft, sind es unmittelbare Lebensbedürfnisse, welche in der ägyptischen Provinz in der zweiten Hälfte des dritten Jahrhunderts *Zusammenschlüsse von Asketen* hervorrufen: Sicherung des Lebensunterhalts durch gegenseitige Unterstützung oder Schutz alleinstehender Jungfrauen[41]. In Koma (Mittelägypten) bestand um 271 ein „Jungfrauenhaus" (παρθενών), in welches Antonius seine kleine Schwester zur Aufziehung gab (VA 3). Diese ist im Alter (c. 330) Vorsteherin einer Jungfrauengemeinschaft[42]. Und der Bekennerbischof Paphnutios, der 325 in Nicäa mittagte, war in einer oberägyptischen Asketengruppe erzogen worden[43]. In kleineren Orten („Kastellen") existierten kleine Gruppen männlicher Asketen, welche sich durch ihre Kleidung (grobe Schuhe) kenntlich machten. Sie lebten zusammen, arbeiteten, fasteten, spendeten reichlich Almosen, betreuten Jungfrauen und kritisierten den Klerus. Hieronymus nennt sie „remnuoth", Kassian „Sarabaiten"[44], beides sind koptische Bezeichnungen.

29 Antonius ep. 4 u. 7. Garitte (CPG 2330). – VA 15. – Bei Arsinoë gab es Hierakiten, die ja bekanntlich Syneisakten hatten: E. Preuschen, Paladius u. Rufinus, 1897, 124, 3 ff. – **30** Im Jahre 311 in der Verfolgung VA 46 u. 47; 338 gegen die Arianer, VA 69–71; Vorbericht zum 10. Festbrief. Vgl. R. Lorenz, Der 10. Osterfestbrief des Athanasius v. Alexandrien, 1986, 3. – **31** Zur Lage des Mons Antonii s. Timm, Teil 3 (s. o. A. 28) 1287–1330. – **32** VA 47 u. 49. Das Jahr des Rückzugs ist unbekannt. – **33** VA 89. – Palladius, HL 21. – Besuch des Antonius bei Amun in der nitrischen Wüste: Apophth. Ant. 34 MPG 65, 85 d. – **34** Epiph. haer. 67. – A. Harnack, Hierakas, RE 8 (1900) 38 f. – Bardenhewer 2, 251–3. – Heussi, Ursprung 58–65. – M. Pesce (Hrsg.), Isaia il diletto, Brescia 1968, Reg. s. v. Hierakas. – **35** Epiph. haer. 68, 1, 2 S. 140, 22 f. Holl. – **36** Vita Epiphanii 27 s. Holl im Apparat zu haer. 67, 2 S. 133. – **37** Epiph. haer. 69, 7, 6. – **38** Epiph. haer. 67, 8, 3. – **39** Preuschen, Palladius u. Rufinus 124. – **40** Epiph. Ancoratus 82, 2, 3 GCS 25 S. 162, 30 ff. Holl. Vgl. die Warnung vor Hierakiten bei (Ps.?) Athanasius, Ep. ad Virgines, CSCO 151 S. 65, 1–68, 30 Lefort. – **41** Zum Leben der Jungfrauen in der Familie: A. de Mendieta, La virginité dans Eusèbe d'Emèse et l'ascétisme familiale dans la IIère moitié du IVe siècle, RHE 50 (1955) 777–825. – **42** VA 54 Schluß. – **43** Sokr. 1, 11, 6. – Heussi, Ursprung 65 f. – **44** Hieronymus ep. 22; 34. – Kassian, Coll. 18, 4 u. 7. – Remnuoth = ⲡⲙ̄ⲛⲟⲧⲱⲧ = μονάζων. Zu Sarabaiten: ⲥⲁⲣ und ⲁⲃⲏⲧ (= Kloster) s. W. Westendorf, Koptisches Handwörterbuch 1965/77, 193 u. 15. – Reitzenstein, Antonius 45. – S. Rubenson, The Letters of S. Antony. Origenistic Theology, Monastic Tradition and the Making of a Saint, 1990.

§ 2. Das Mönchtum der nitrischen und sketischen Wüste

Lit.: W. Bousset, Apophthegmata-Studien zur Geschichte des ältesten Mönchtums, 1923. – Ders., Das Mönchtum der sketischen Wüste, ZKG 42 (1923) 1–41. – H. G. Evelyn White (ed. by W. Hauser), The Monasteries of the Wadi Natrun. Part II: The History of the Monasteries of Nitria and of Scetis, 1932. – Heussi, Ursprung 69–115. – „Apophthegmata", RAC 1 (1950) 545–50 (Klauser/De Labriolle). – Ch. Guy, Le centre monastique de Scété dans la littérature du Ve siècle, OrChrPer 30 (1964) 129–45. – J. Chitty, The Desert a City, 1966. – Ders., Abba Jesaias, JThS 23 (1971) 47–72. – E. D. Hunt, Palladius of Helenopolis, JThS 24 (1973) 456–80. – Ph. Rousseau, Ascetics, Authority and the Church in the Age of Jerome and Cassian, 1978. – R. Kasser, Le site monastique des Kellia, 1984. – L. Regnault, La vie quotidienne des pères du désert en Egypte au IVe siècle, 1990.

1. So wie Antonius, in seiner Zelle oder Höhle auf dem „inneren" Berge sitzend, zu Ruhe (ἡσυχία), Leidenschaftslosigkeit und den Charismen des Pneumatikers gelangt ist[1], so ist das „Sitzen" (καθέζεσθαι) in der Zelle das Zentrum des monastischen Lebens in der *Nitria* und der *Sketis*[2].

2. Als erster ließ sich *Amun* in der nitrischen Wüste als Einsiedler nieder, nachdem er 18 Jahre unter dem Einfluß der Thomasakten in geistlicher Ehe daheim mit seiner Frau verbracht hatte. Er lebte noch 22 Jahre in der Wüste und starb vor Antonius[3]. Sein Todesjahr ist unbekannt[4]. Um Amun sammelten sich so viele Nachahmer, daß er für strenge Anachoreten eine neue Niederlassung 12 Meilen weiter südlich gründete, die „Kellia" (Zellen). Daß er dabei den Rat des Antonius einholte[5], zeigt ebenso wie Amuns Besuche bei Antonius[6], daß Amuns Übergang vom Enkratismus der apokryphen Apostelakten zur Wüstenanachorese durch das Vorbild des Antonius veranlaßt sein muß. Die nitrische Wüste war gegen Ende des 4. Jahrhunderts von Tausenden von Mönchen bevölkert[7]. Sie lebten entweder als einzelne oder zu mehreren unter einem Dach in Einzelzellen[8]. Die Ausgrabungen bestätigen das. In den Kellien drängten sich um 625 n. Chr. die Zellen mancherorts auf 20 bis 40 Meter Abstand zusammen[9]. Gegen 390 gab es in der Nitria eine große Kirche, sechs Bäckereien und eine Fremdenherberge. Die Psalmodie (in der neunten Stunde) sang jeder in seiner Zelle[10]. Die Mönche ernährten sich durch Leineweberei oder Flechten von Körben und Seilen und verdingten sich als Lohnarbeiter in der Ernte[11]. Die Anachoreten lebten nicht völlig abgeschlossen. Sie besuchten einander, und ihre Erwerbsarbeit und wirtschaftliche Versorgung brachte Berührungen mit der Außenwelt.

3. Die nitrischen Mönche wurden des öfteren in die Angelegenheiten des nahen Alexandrien verwickelt. Athanasius bemühte sich um sie und lud den abba Pambo nach Alexandrien ein[12]. Der arianische Bischof Lucius v. Alexandrien überfiel 374 die orthodoxen nitrischen Mönche mit bewaffneter Hand[13]. Ebenso wüst hauste

---

1 VA 10 u. 14. – **2** Reitzenstein, Hist. Mon. 67 A. 3. – A. Schmitz Die Welt der ägyptischen Einsiedler, RQ 37 (1929) 189–243. – **3** Palladius, HL 8. – VA 60. – Reitzenstein, Hist. Mon. 25 f. (Hinweis auf die Thomasakten). – **4** Tillemont, Mémoires VII art. S. Amon mit note: Tod 340/4. – Evelyn White, 46: Tod spätestens 337: Schritt in die Wüste 315 oder später. – **5** Apophth. Antonius 34. – **6** VA 60. – Apophth. Makarius 4; 26. – **7** Rufin: 3000 (KG 2,3). – Palladius: 5000 (HL 7). – **8** Rufin, HM 21. – **9** Mission Suisse d'archéologie copte de l'Université de Genève, Survey archéol. des Kellia, Campagne 1981, I (R. Kasser), Löwen 1983, 55. – **10** HL 7. – **11** HL 7. – Evelyn White 173 ff. – H. Dörries, Mönchtum u. Arbeit, 1931 (= Ders., Wort und Stunde I, 1966, 277–301). – **12** Apophth. Pambo 4. – **13** Rufin, KG 2,3 f. – Sokr. 4, 24. – Evelyn White 73 f.

der orthodoxe Patriarch Theophilus[14]. Nachdem er sich aus machtpolitischen Gründen in plötzlicher Abkehr von seinem bisherigen Origenismus zu der Masse der ungebildeten Anachoreten geschlagen hatte, welche Gott in menschlich-körperlicher Gestalt dachten (Anthropomorphiten), verfolgte er seit 399/400 mit Schlägerbanden die origenistischen Mönche der Nitria, deren Haupt die vier „langen Brüder" waren[15]. Der Origenist Euagrius Pontikus, welcher in den Kellien lebte, war vor Ausbruch dieser Verfolgung gestorben[16].

4. Die mönchische Besiedlung der sketischen Wüste setzt mit *Makarius* dem Ägypter, vermutlich um 330, ein[17]. Es bilden sich vier Anachoretengruppen mit je einer Kirche[18]. Daraus sind zweifellos die vier Klöster der Sketis entstanden, von denen drei bis in die Gegenwart fortdauern[19]. Die Blütezeit der Sketis endete 407 mit der Verwüstung durch die Maziken; doch erhielt sich mönchisches Leben[20].

§ 3. Pachom

Qu.: Besprechung des gesamten Materials bei A. VEILLEUX, La liturgie dans le cénobitisme pachômien au IVe siècle, 1968, 1–108 (Bibl.).
1. Viten des Pachomius. a) *Griechisch:* F. HALKIN (Hrsg.), S. Pachomii Vitae Graecae, 1932. – DERS., BHG 1396–1401. – DERS., Le corpus Athénien de s. Pachôme, Genf 1982. – Die „Paralipomena" oder „Asceticon" (so genannt von den Bollandisten) sind eine lose Anekdotensammlung über Pachom (BHG 1399). – Die griechische „Vita altera" deutsch: BKV 31, 1917 (H. MERKEL). – A. J. FESTUGIÈRE, Les Moines d'Orient IV, 2 (1965): La première vie grecque de s. Pachôme. b) *Syrisch:* P. PEETERS, BHO 829. c) *Koptisch:* Sahidisch (Fragmente), L. TH. LEFORT (Hrsg.) CSCO 99; 100 (1933). – Bohairisch, DERS., CSCO 89 (1925); 107 (1936). – DERS., Les vies coptes de s. Pachôme et de ses premiers successeurs, 1943 (Ü.). – Arabisch: s. G. GRAF, Geschichte 1, 460 f. – VEILLEUX, Liturgie 40–68. d) *Lateinisch:* H. VAN CRANENBURGH, La vie latine de s. Pachôme traduite du grec par Denys le Petit, 1969. – A. DE VOGÜÉ, Les pièces latines du dossier pachômien, RHE 67 (1972) 26–67. – Bericht über den Streit um die Priorität der griechischen oder der koptisch/arabischen Überlieferung bei GOEHRING (s. u.) 11–19. – 2. Pachomianisches Schrifttum. a) Pachomius (Katechesen, Briefe, Regel): CPG 2353–57. – H. QUECKE (Hrsg.), Die Briefe des Pachomius, 1975. – H. BACHT, Das Vermächtnis des Ursprungs II. Pachomius, der Mann u. sein Werk, 1983 (Regel). Hier S. 45 f. Bericht über die Arbeiten von VAN MOLLE. b) Horsiese (Orsiesius), CPG 2263–67. – BACHT, Vermächtnis I, ²1983 (Liber Orsiesii). c) Theodor, CPG 2373–76. – A. DE VOGÜÉ, Les nouvelles lettres d'Horsièse et de Théodore. Analyse et commentaire, StMon 28 (1986) 7–50. – Bibl. zu Theodor: TIMM (s. o. § 1 A. 28) 2, 954 A. 15. – A. VEILLEUX, Pachomian Koinonia Bd. 1–3, 1980/2 (Übers. von Leben, Regel, Schriften Pachoms, Theodors, Horsieses). d) Ammon, Epistula ad Theophilum de Pachomio et Theodoro, CPG 2378. – J. E. GOEHRING, The Letter of Ammon and Pachomian Monasticism, 1986. e) Engelregel: Palladius, HL 32 f.

---

14 A. FAVALE, Teofilo d'Alessandria, 1958. – **15** Sokr. 6, 7–13. – Sozom. 8, 11–13. – Palladius, Dial. 17. – Hieronymus/Theophilus ep. 86–96. – K. HOLL/A. JÜLICHER, Die Zeit des ersten origenistischen Streits. In: HOLL, GAufs 2, 1927, 310–50. – EVELYN WHITE 132 f. – **16** WALCH, Entwurf 7, 503–75. – E. SCHWARTZ, Palladiana, ZNW 36 (1937) 161–204 (168–76). – W. BOUSSET, Euagriusstudien (= DERS., Apophthegmata 281–331). – „Evagrius Pontikus", TRE 10 (1982) 565–70 (A. Guillaumont). – A. BUNGE, Euagrius Pontikus, Briefe aus der Wüste, 1986 (Lit.). – M. W. O'LAUGHLIN, Origenism in the desert; anthropology and integration in Evagrius Ponticus, Cambridge Mass. 1987. – **17** Paladius, HL 17. Zu den verschiedenen Makarii s. BUTLER, HL 2, 193 f. – EVELYN WHITE 61 ff. – A. GUILLAUMONT, Le problème des deux Macaire dans les Apophthegmata Patrum Irénikon 48 (1975) 41–59. – **18** Kassian, Coll. 10, 2, 3 (Bericht des abba Isaack). – **19** EVELYN WHITE 96 ff. – **20** BOUSSET, Apophthegmata 64; 65. – EVELYN WHITE 150–67.

S. 84 ff. Butler. Vgl. Sozom. KG 3, 19, 9–17. Dazu P. Ladeuze (s. u.) 256–66 und R. Draguet, Les chapitres de l'Hist. Laus. sur les Tabénisiotes dérivent-ils d'une source copte? Muséon 57 (1944) 15–95. – Veilleux, Liturgie 138–55.

Lit.: P. Ladeuze, Etude sur le cénobitisme pakhômien, 1898 (für Priorität der griech. Vita prima [= G 1]). – W. Bousset, Untersuchungen zur Vita Pachomii (= Apophthegmata, 1923, 209–80). – F. Ruppert, Das pachomianische Mönchtum u. die Anfänge des klösterlichen Gehorsams, 1971. – A. de Voguë, La vie arabe de s. Pachôme et ses deux sources présumées, AnBoll 91 (1973) 379–90. – B. Büchler, Die Armut der Armen. Über den ursprünglichen Sinn der mönchischen Armut, 1980. – Goehring: s. o. Qu. Nr. 2 d. – Ders., New frontiers in Pachomian studies. In: B. Pearson/J. E. Goehring (Hrsg.), The Roots of Egyptian Christianity, 1986, 236–57. – Ph. Rousseau, Pachomius. The making of a community in 4th century Egypt, 1985.

Bo = Bohairische Vita; G 1 = Griechische Vita prima; S = Sahidische Viten mit den Kodexziffern Leforts; VC = Th. Lefort, Les vies coptes, s. o. § 3 Qu. Nr. 1. – Th. Baumeister, Der aktuelle Forschungsstand zu den Pachomiusregeln, MThZ 40 (1989) 313–21.

1. *Koinobitisches Mönchtum* ist das Zusammenleben einer Anzahl Mönche unter einem Abt und einer Regel innerhalb einer Umfriedung oder eines Gebäudes. Diese Lebensform wurde mit dauerndem Erfolg erst von *Pachom* († 347) begründet[1]. Das Mönchtum Pachoms ist bestimmt durch sein Bekehrungsgelübde, daß er sein Leben dem Dienste an den Menschen weihen wolle[2], und durch den Eindruck der anachoretischen Askese (Lehrzeit bei Palamon)[3]. Er findet, geleitet von Visionen und Auditionen, den Ausgleich zwischen Dienst und Anachorese, indem er – nach anfänglichem Scheitern – Asketen zu gemeinsamem Leben sammelt und ihnen durch Beschaffung des Unterhalts, durch Vorbild und Unterweisung (Regel) dient[4]. Dabei erweist sich Pachom als sehr umsichtig in der Organisation und der Sicherung der wirtschaftlichen Grundlagen seiner Klöster[5]. Asketengruppen schließen sich den Pachomianern an[6]. Gegen das Lebensende Pachoms bestehen 9 Männer- und 2 Frauenklöster in der Thebais[7]. Das pachomianische Mönchtum breitet sich mit Ausnahme von Kanopos (Abukir)[8] nicht wesentlich weiter über diesen Klosterverband aus. Die visionäre Klarsicht (τὸ διορατιϰόν) des Pneumatikers Pachom über die Echtheit der Berufung der Mönche wird auf der Synode von Latopolis, nicht lange vor Pachoms Tod, angeklagt[9]. Immerhin wirkt der pachomianische Prädestinatianismus[10] gnostisch.

1 Patnom = der Adler. – Über den angeblichen Versuch eines Aotas: G1, 120 und Reg. s. v. – Festugière, Moines d'Orient IV, 2 84 f. – Chronologie: R. Lorenz, Zur Chronologie des Pachomius, ZNW 80 (1989) 280–3. – 2 Bo 7; G1, 5; S3 = VC S. 61, 7–12. – 3 Charakteristisch: Einschränkung des Schlafes. Halkin, Vies, Reg. s. v. Palamon. – VC S. 84, 19–21; 90, 5 f. 18 f. – Th. Lefort, Les premiers monastères pachômiens, Muséon 52 (1939) 383–87 (zu Schenesêt). – Nächtliche Gebetswanderungen Pachoms und Beten in unterirdischen Räumen: Bo 19, Veilleux, Koinonia 1, 270 A. 19, 4. – 4 S1 = VC S. 3, 8–5, 29; S3 ebd. S. 65, 7–69, 3. – 5 Ruppert 296–320. – Ladeuze 274–305. – Schiewitz, Mönchtum 1, 176–224. – P. Deseille, L'esprit de monachisme pachômien, 1980. – Zum Kloster Pbow (Faw) vgl. Timm (s. o. § 1 A. 28) 2, 847–57. – 6 Bo 40–52; 54; 56/58. Veilleux ergänzt Bo aus paralleler Überlieferung – G1, 54; 80 f.; 83. – 7 G1, 112 S. 73, 11 Halkin. – 8 Zu Kanopos s. Bacht, Vermächtnis 1, 96. – Calderini III, 66 f. – 9 G1, 112. – Bousset, Apophthegmata 231–36. – Ch. W. Hendrik, Gnostic proclivities in the Greek Life of Pachomius and the „Sitz im Leben" of the Nag Hammadi Library, NT 22 (1980) 78–94. Dagegen J. C. Shelton in: Barns/Browne/Shelton (Hrsg.), Nag Hammadi Codices. Greek and Coptic Papyri from the Cartonnage of the Covers, 1981, 1–11. – 10 G 1, 25 S. 15, 24 ff. Halkin.

2. Die Mönchsmassen in und bei der Stadt *Oxyrhynchos* ('al-Bahnasā)[11], wo 10000 Mönche und 20000 Jungfrauen gehaust haben sollen[12], können nur koinobitisch versorgt und untergebracht vorgestellt werden[13].

§ 4. Mönchtum in Palästina und auf dem Sinai

Das Mönchtum in Palästina und auf der Sinaihalbinsel, wo heilige Stätten Mönche anzogen, trägt ägyptisches Gepräge.

1. Der Stifter des *palästinensischen Mönchtums*, Hilarion v. Gaza (291–371), ließ sich, nach einem Besuch bei Antonius, 306 für mehr als zwei Jahrzehnte als Einsiedler und Gründer wandernder Anachoretengruppen in dem öden Küstenstrich südlich Gazas nieder. Vor dem Andrang von Jüngern und Hilfeflehenden sucht er schließlich auf Reisen, die ihn über Ägypten, Sizilien, Dalmatien nach Zypern führen, die ersehnte Einsamkeit[1]. Sein Freund Epiphanius (v. Salamis) erbaut ein Kloster in Eleutheropolis[2]. Im Ostjordanland traf die Pilgerin Egeria auf Einsiedler und Mönchskolonien[3]. Es gibt aber auch Beispiele „syrischer" Askese: Hocken in Erdlöchern und „Grasfressen"[4]. Unabhängig davon und beginnend mit Chariton († um 350), einem Kleinasiaten aus Ikonium, der bei einer Pilgerfahrt im Heiligen Lande hängen geblieben war, entstehen im judäischen Gebirgsland und in der Wüste Juda die „Lauren" (λαύρα = Gasse), Anachoretensiedlungen unter einem Abt; ursprünglich an den Abhängen eines Tales oder an einer Straße aufgereihte und zum Verbindungsweg hin offene Höhlen oder Zellen. Sie hatten eine Kirche und einen Markt, wo die Einsiedler die Erzeugnisse ihrer Handarbeit in Lebensmittel und Gebrauchsgüter umsetzten[5]. Eine Folge der Pilgerbewegung sind die Lateinerklöster in Jerusalem und Bethlehem[6].

2. In den Tälern des Sinai-Gebirgsstocks fand Egeria Ende des 4. Jahrhunderts Einsiedler vor, welche nach ägyptischer Weise lebten; auch im Westen der arabischen Halbinsel gab es Mönche bei Pharan und der Hafenstadt Raithu am Roten Meer[7]. Das ist nicht verwunderlich; eine Karavanenstraße der Sarazenen vom Roten Meer zum Nil wird von Athanasius bezeugt[8].

---

11 TIMM 1, 283–306. – 12 Rufin, HM 5,8 S. 283 SCHULZ-FLÜGEL. – 13 Über die Kirchen in Oxyrhynchos s. L. ANTONINI, Le chiese cristiane nell'Egitto dal IV al IX secolo secondo i documenti dei papiri greci. Aegyptus 20 (1940) 129–208, Abschnitt V.
1 Hieronymus, Vita s. Hilarionis. MPL 23,29–54. Deutsche Ü.: BKV 15 (1914) 33–72 (L. SCHADE). – Sozom. 3,14,21–28; 5,10,1–4. 15,14–17; 6,32,1–8. – O. ZÖCKLER, Hilarion v. Gaza. Eine Rettung, NJDTh 3 (1989) 146–78. – Chronologie: GRÜTZMACHER, Hilarion, RE 8 (1900) 55,2ff. – 2 SCHIEWITZ, Mönchtum 2, 126ff. – 3 Itinerarium Egeriae 10–16 S. 13ff. PRINZ ⁵1960. Vgl. BLUDAU, Aetheria 21ff. – SCHIEWITZ 2,148ff. – 4 The Ecclesiastical History of Evagrius, ed. BIDEZ/PARMENTIER, 1898 I,21 S. 30,10–30. – 5 E. SCHWARTZ, Kyrillos v. Skythopolis, 1939 Reg. IV,289ff.: κοινόβια, λαῦραι, μοναστήρια – LAMPE, Lexicon s. v. – CHITTY, Desert 15ff. – G. GARITTE (Hrsg.), La vie prémétaphrastique de s. Chariton, BIHBR 21 (1941) 5–50. – 6 E. D. HUNT, Holy Land Pilgrimage in the Later Roman Empire AD 312–360, 1984. Vgl. KiG C1, 52f. – 7 Itin. Egeriae 1–9 S. 1–13 PRINZ. – A. BLUDAU, Die Pilgerreise der Aetheria, 1927, 7ff. – SCHIEWITZ, Mönchtum 2, 1913 (in den Abschnitten über „Nilus" überholt). – R. DEVREESSE, Le christianisme dans la péninsule sinaïtique des origines à l'arrivée des musulmans, RBI 39 (1940) 205–23. – R. SOLZBACHER, Mönche, Pilger und Sarazenen. Studien zum Frühchristentum auf der südlichen Sinaihalbinsel von den Anfängen bis zum Beginn islamischer Herrschaft, 1989. – L. REGNAULT, Sentences, IIIe Recueil, 1976 Index 318ff. s. v. Sinai, Pharan, Raithou, abba Sisoë, Silvanus. – 8 VA 49f.

§ 5. Das syrische Mönchtum

Qu.: Sozomenus, KG 3, 14, 29–30; 6, 33–34. – Theodoret, Historia religiosa, SC 234; 257 (1977/9) ed. CANIVET/LEROY MOLINGHEN. – Theodoret, KG 4, 26–28. – Johannes Chrysostomus: die Texte bei SCHIEWITZ (s. u.) 290–312. – Aphrahat, Demonstrationes I–XXIII ed. J. PARISOT, PS 1 (1894); 2 (1897) 1–481. Deutsche Übers. von G. BERT, 1888. – Ephräm d. Syrer: Das Material bei E. BECK, Asketentum u. Mönchtum bei Ephrem, OrChrA 153 (1958) 341–69. – Ps. Ephräm, Epistula ad montenses, ed. J. OVERBECK: Ephraemi Syri ... opera selecta, Oxonii 1865, 113–36. Deutsch von C. KAYSER in ZKWL 5 (1884) 25–66. – L. HALLIER, Untersuchungen über die edessenische Chronik, 1892. – Wertlos ist die syr. Vita des Mar Awgin, s. A. BAUMSTARK, Geschichte der syr. Literatur, 1922, 235–7. – A. VÖÖBUS, Syriac and Arabic Documents regarding Legislation relative to Syriac Asceticism, Stockholm 1960.

Lit.: ST. SCHIEWITZ, Das morgenländische Mönchtum Bd. 3, 1938. – J. VAN DER PLOEG, Oud Syrisch Monniksleven, 1942. – P. CANIVET, Le monachisme syrien selon Théodoret de Cyr, 1971. – A. VÖÖBUS, History of Asceticism in the Syrian Orient, 2 Bd., 1958/60. VÖÖBUS' These vom manichäischen Ursprung des syr. Mönchtums wurde widerlegt von A. ADAM, GGA 213 (1960) 127–45. Kritik an VÖÖBUS auch von J. GRIBOMONT, S. Basile, Evangile et Eglise I, 1984, 5–15. – „Afrahat", TRE 1 (1977) 625–35 (G. G. BLUM). – J. PEÑA/P. CASTELLANO/R. FERNANDEZ, Les reclus syriens, Mailand 1980. – DIES., Les cénobites syriens, 1983.

1. Die starke asketische Prägung der *frühen syrischen Kirche* wird nicht nur durch den Enkratismus Tatians und durch Afrahat († nach 345)[1] bezeugt, sondern auch durch die pseudoklementinischen Briefe über die Jungfräulichkeit[2] und die wohl in Syrien entstandenen Thomasakten und das Thomasevangelium. Die Taufe verpflichtete zur Ehelosigkeit oder Enthaltsamkeit. Die Kirche der Getauften bestand aus Asketen („Söhne [Töchter] des Bundes"; bᵉnaj [bᵉnāt] qᵉjāmā), die von Afrahat auch als „Einzige, Alleinige" (iḥidajē = μονάζοντες) angeredet werden[3], sowie aus „Heiligen" (qaddischē, continentes): Eheleute, die enthaltsam lebten. Nur die Jungfrauen und Enthaltsamen werden in das Brautgemach des Herrn eingehen[4] – wie bei dem Ägypter Hierakas. Diese Strenge ließ sich nicht aufrecht erhalten. Die „Bundessöhne" wurden zu einem Stand in der Kirche. Die Entschiedensten gingen zur Anachorese über. Audius (Uda), Erzdiakon in Edessa, gründete nach 325, als er wegen seiner Ablehnung der nicänischen Osterregelung aus der Kirche gedrängt wurde, in der Chalkidike (Kölesyrien) und anderen Gegenden, sowie nach seiner Verbannung in Skythien als Missionar der Goten Zellensiedlungen (Mandren)[5] von Asketen[6].

2. Die frühesten Nachrichten über *syrische Anachoreten* weisen auf Nordsyrien. Sozomenus bezeugt, daß ein Aones, der sich unter Kaiser Valens (364–378) bei Phadan in der Nähe des noch heidnischen Harran niederließ, als erster syrischer Anachoret galt. Die Pilgerin Egeria fand Ende des 4. Jahrhunderts je eine Zellen-

---

1 Vgl. Parisot S. XV–XVII. – 2 CPG 1004. – G. KRETSCHMAR, s. o. Lit am Kopf dieses Kapitels. – 3 A. ADAM, Grundbegriffe des Mönchtums in sprachlicher Sicht, ZKG 65 (1953/4) 209–39. – VÖÖBUS, Asceticism 1, 97–108. – P. NAGEL, Motivation (s. o. Lit. zu § 1) 15; 41–44. – K. MÜLLER, Die Forderung der Ehelosigkeit für alle Getauften in der alten Kirche, 1927. – G. WINKLER, The origins and idiosyncrasies of the earliest forms of asceticism. In: W. SKUDLAREK (Hrsg.), The continuing quest for God. Collegeville 1982, 9–40. – 4 Afrahat, Dem. 6 § 6, S. 265 Parisot. – 5 DUCANGE, Glossarium mediae et inf. graecitatis, 1988 s. v. Spalte 862. – LAMPE, Lexicon s. v. – 6 Epiph. haer. 70, 1; Ancoratus 14, 3–4. – K. D. SCHMIDT, Die Bekehrung der Germanen, 1936 228–30. – „Audianer", RAC 1 (1950) 910–15 (PUECH). – VÖÖBUS, Asceticism 2, 124 f.

siedlung bei Phadan und Harran vor[7]. Zur Zeit des Valens begann vermutlich auch Makarius in der Wüste bei der Stadt Chalkis sein Eremitenleben. Hier hauste Hieronymus zwischen 375/7[8]. Ein anderer Typ, die Bergmönche, tritt im Waldgebirge von Singara, südlich von Nisibis, und bei dem Mons Gangalius nahe Amida auf[9]. Sie leben ohne Hütte, preisen Gott auf den Bergen (Hebr. 11, 37 f.), essen weder Brot noch Gekochtes, sondern nähren sich von Kräutern, die sie mit Sicheln schneiden. Daher ihr Name „Weidende", „Grasfresser" (βοσκοί)[10]. Bergmönche muß es schon im endenden dritten Jahrhundert gegeben haben: der 338 verstorbene Jakob, Bischof von Nisibis, war Bergmönch gewesen[11]. Julianus Saba („der Alte") († 366/7)[12], der vom Höhleneremiten zum Haupt einer Jüngerkolonie wurde, pflegte auf ausgedehnten Wanderungen durch die Einöde in Höhlen und auf Bergen zu beten[13]. Sein Schüler Asterius gründete noch zu Konstantins Zeit (also vor 337) eine Mönchssiedlung („Kloster") bei Gindarus, 47 km nordöstlich Antiochiens[14]. Auch in den Gebirgsgegenden der Antiochene mehren sich in der zweiten Hälfte des vierten Jahrhunderts Einsiedler und Mönchskolonien[15]. Durch Ausschwärmen von Jüngern der Altväter entstehen die für Syrien charakteristischen „Klosterfamilien", deren jeweiliger Zusammenhalt in der vom Altvater stammenden, mündlichen Lebensregel besteht[16]. Die syrischen Klöster lagen in der Regel an Verbindungsstraßen oder bei Dörfern, wegen der Versorgung durch Almosen. Ackerbau galt als hinderlich für immerwährendes Gebet, setzte sich schließlich aber doch weitgehend durch[17].

3. Kennzeichnend für das syrische Mönchtum ist der Eifer für *Mission* und *pastorale Tätigkeit*[18]. Damit hängt zusammen, daß Mönchsbanden auf dem flachen Lande heidnische Tempel zerstören[19]. Ein weiteres Merkmal ist die Grundstimmung der *Buße*. Die syrischen Asketen und Mönche sind „Trauernde" (ʾabilē)[20] über ihre Sünde. Das ist die Wurzel eigentümlich strenger Formen der syrischen Askese: der Belastung mit schweren Ketten und Eisengewichten[21], Kauern in zu engen Lattenkisten[22], Beten in unbequemen Stellungen[23], dauerndes Stehen unter freiem Himmel in den Unbilden der Witterung[24]. Das syrische Klausnertum, das um die Mitte des 4. Jahrhunderts für uns sichtbar wird[25], gewinnt neben der Ein-

---

7 Sozom. 6, 33, 3–4; 34, 1. – Itinerarium Egeriae 21, 1–5 S. 28 Prinz (1960). – Schiewitz 3, 45–92. – 8 Schiewitz 3, 195 ff. – Festugière, Antioche 415 ff. – 9 Sozom. 3, 14, 30; 6, 33, 1–2. – 10 Sozom. 6, 33, 2. – Vööbus, Asceticism 1, 150–7. – 11 Chronik v. Edessa Nr. 17 S. 95 f. Hallier. Vgl. die Ausgabe von Guidi, CSCO 1 f. (1903). – Hieronymus, Chronik S. 234 Helm. – Schiewitz 3, 47 A. 9; 85 f. A. 5. – P. Peeters, La légende de s. Jacques de Nisibe, AnBoll 38 (1920) 285–373 (289 f.). – 12 Sozom. 3, 14, 29. – Theodoret, Hist. rel. 2. – Schiewitz 3, 59–69. – 13 S. das religionsgeschichtliche Material bei U. Mann, Überall ist Sinai, 1988. Vgl. oben § 4 A. 3 zu Pachom. – 14 Schiewitz 3, 180–2. – Canivet, Monchaisme § 118. – 15 Schiewitz 3, 203 ff.; 236 f. – Karte bei H. Jedin (Hrsg.), Atlas zur KG (1970) 12. – 16 Zu den Klostergruppen von Teleda, Chalkis, Apamea s. Schiewitz 3, 195–202; 229–35. Karte s. Jedin, Atlas 12 B. Lit. ebd. 18. – 17 J. Lassus, Sanctuaires chrétiens de Syrie, 1947, 266 f. – 18 Vgl. Sozom. 6, 34, 7. – Der Asket Abraham bekehrt das Dorf Kiduna: Schiewitz 3, 166 ff.; vgl. 422 ff. – P. Krüger, Missionsgedanken bei Ephräm dem Syrer, MWRW 4 (1941) 8–15. – O. Hendriks, L'activité apostolique du monachisme monophysite et nestorien, POC 10 (1960) 3–25; 97–113. – 19 Libanius, Or. 30 Pro templis. Übersetzung von R. Van Loy, Byz. 8 (1933) 7 ff.; 389 ff. – Theodoret, Hist. rel. 28, 5. – A. Vööbus, Einiges über die karitative Tätigkeit des syr. Mönchtums, 1947. – Ders., Asceticism 2, 361 ff. – 20 Schon bei Afrahat, PS 1 S. LXV Parisot. – Vööbus, Asceticism 2, 34 A. 88. – 21 Belege bei A. J. Festugière, Antioche païenne et chrétienne, 1959, 292–94. Diese Kettenaskese wird in Ägypten abgelehnt: Schiewitz 3, 414. – 22 Schiewitz 3, 313–15. – 23 Vööbus 2, 288. – 24 Theodoret, Hist. rel. 23, 1; 27, 1. – Zusammenstellung der „Freiluftmönche" (ὑπαίθροι) bei Peña/Castellano/Fernandez, Reclus syriens (s. o. Lit.) 34 f. – 25 Abraham Kidunaia, Chronicon Edessense 21 (i. J. 355/6).

schließung[26] in Zellen oder Höhlen eine besondere Gestalt (wohl im Laufe des 5. Jahrhunderts): ein oder mehrere Klausner wohnen in Türmen, welche über das Land verstreut sind, sich aber seit dem 6. Jahrhundert auch in Klöstern finden[27]. Ebenfalls syrisch ist das von Symeon dem Älteren († 459) eingeführte Stehen auf einer Säule, welches Freiluftaskese, Stehen und Einschließung verbindet[28]. Die Selbstquälerei syrischer Asketen, die bis zur Selbstzerstörung, zum Aufsuchen des Todes durch wilde Tiere oder Feuer gehen kann[29], hat ihre Parallelen nicht im Manichäismus, sondern in Indien[30]. Edessa und die griechische Indienliteratur können hier vermittelt haben[31].

4. Der Übergang von der Anachoretengruppe zum *Koinobion* vollzieht sich in der Einführung gemeinsamer Gebetsstunden, Mahlzeiten[32] und schließlich Unterkünfte[33]. Die syrischen Klöster behalten von ihrer anachoretischen Vorstufe her die Gestalt einer Ansammlung von Einzelzellen, jetzt von einer Mauer umschlossen und mit Kirche[34]. Wissenschaftliche Tätigkeit in syrischen Klöstern bestand vor allem im Übersetzen und Abschreiben griechischer patristischer Literatur[35].

5. Enthusiastisches Mönchtum erscheint in Syrien in Gestalt der Messalianer und der Akoimeten.

a) Die *Messalianer* („Beter", m⁽ᵉ⁾ṣalianē, εὐχῖται)[36] treten in zwei Formen auf: als

---

26 Ein Euseb bei Carrhae (Osrhoëne), zur Zeit des Kaisers Valens. Sozom. 6, 33, 3. – 27 Peña u. a., Les reclus 54, leitet das aus der Besetzung verlassener römischer Limestürme her. – 28 H. Lietzmann, Das Leben des hl. Symeon Stylites, 1908, 241–43, bezweifelt einen Zusammenhang mit den Säulenstehern (φαλλοβάται), Lukian, De Syria Dea 29, vor dem Tempel zu Hierapolis (Bambyke). Ähnlich H. J. W. Drijvers, Spätantike Parallelen zur altchristl. Heiligenverehrung unter besonderer Berücksichtigung des syrischen Stylitenkultus, Göttinger Orientforschungen 17 (1978) 77–113. – K. Holl, Der Anteil der Styliten am Aufkommen der Bilderverehrung (1907), GAufs. 2, 388–98. – H. Delehaye, Les saints stylites, 1923. – H. G. Blersch, Die Säule im Weltgeviert, 1978. – E. Peña/P. Castellano/R. Fernandez, Les Stylites Syriens, Mailand 1987. – 29 Vööbus 2, 28–32. – 30 Zöckler, Askese 1, 56–59. – K. Ruping, Zur Askese in indischer Religion, ZMW 61 (1977) 81–97. – Haripanda Chakraborti, Asceticism in Ancient India, Kalkutta 1977. – 31 Bardesanes v. Edessa schrieb über indische Asketen, s. Porphyrius, De abstinentia 4, 17 S. 256 ff. Nauck. Vgl. Stobaios, Ecl. I, 3 Wachsmuth Bd. I, 66 ff. – Megasthenes: F. Jacoby, FGH 3 Teil C (1958) 603 ff. – C. Müller, FHG 2 (1848) Nr. 41. – Palladius, De gentibus Indiae et Bragmanibus, ed. W. Berghoff, 1967. – G. Chr. Hansen, Alexander u. die Brahmanen, Klio 43/5 (1965) 351–80. – A. Dihle, Indische Philosophen bei Clemens Alex. In: Mullus. FS Th. Klauser, 1964, 60–70. – 32 Schiewitz 3, 307 ff.; 311. – 33 Zu studieren am Beispiel des Publius bei Zeugma am Euphrat: Theodoret, Hist. rel. 5. – Schiewitz 3, 190–95. – Publius richtete eine griechische u. eine syrische Abteilung ein. O. Hendriks, Les premiers monastères internationaux syriens, OrSyr 3 (1958) 164–84. – 34 Canivet, Monachisme 212 ff. – Peña u. a., Cénobites (s. o. Lit.) S. 44 f. Hier architektonische Einzelheiten 37; 39 ff.; 45 f. – O. Hendriks, La vie quotidienne du moine syrien, OrSyr 5 (1960) 293–330; 401–32. – 35 Vööbus 2, 388 ff. – Canivet, Monachisme 235–53. – 36 Qu.: Walch, Entwurf 3, 481 ff. – Reitzenstein, Hist. Mon. (1916) 195 ff. (Johannes v. Damaskus, Timotheus v. Konstantinopel). – M. Kmosko, Liber Graduum (= LG), PS 3, 1926, CLXX–CCXCII. – J. Gribomont, Le dossier des origines du messalianisme. In: Epektasis (Mél. J. Daniélou, 1977) 611–25. – Zur Identifizierung des Vf.s der „Makarius-Schriften" (CPG 2410–2427): J. Stiglmayer, Sachliches u. Sprachliches bei Makarius v. Ägypten, 1912. – L. Villecourt, La date et l'origine des homélies spirituelles attribuées à macaire, CRAI 1920, 29–53 (erkannte messalianische Züge). – H. Dörries, Symeon v. Mesopotamien, 1941 (= Symeon I. Hinter „Makarius" verberge sich Symeon). – Ders., Die Theologie des Makarius/Symeon, 1978 (= Symeon II; rückt Symeon vom Messalianismus ab). – Ders., Die Messalianer im Zeugnis ihrer Bestreiter, Saeculum 21 (1970) 213–27. – W. Jaeger, Two rediscovered works of ancient christian literature, Gregory of Nyssa and Macarius, 1954. Dagegen R. Staats, Gregor v. Nyssa und der Messalianismus, 1962. – Ders., Beobachtungen zur Definition u. zur Chronologie des Messalianismus, JÖB 32/4 (1982) 235–44. – Ders. (Hrsg.), Makarius-Symeon, Epistola Magna, 1984. – G. Quispel, Makarius, das Thomasevangelium u. das Lied von der Perle,

Wandergruppen und in Klöstern[37]. Die Wandernden haben die höchste Stufe der Weltentsagung erreicht. Sie sind arm, fremd und obdachlos und schlafen im Sommer auf Straßen und Plätzen der Städte. Sie arbeiten nicht wegen des ständigen Betens[38]. Als Pneumatiker haben sie weder Regel noch Gesetz und fasten nicht[39]. Das Ursprungsgebiet des Messalianismus ist Mesopotamien[40]. Sie breiten sich rasch aus, nach Südostkleinasien, Armenien, Alexandria[41], ja um 400 nach Karthago[42], auch nach Konstantinopel[43]. Bald setzt ihre Verfolgung ein. Amphilochius von Ikonium († vor 403)[44] betreibt ihre Verurteilung auf einer Synode zu Side in Pamphylien (zwischen 383 und 394)[45], der weitere folgen[46]. Ein trauriges Kapitel ist die armenische Synode von Šahapivan (i. J. 447): rückfälligen Messalianern (auch Kindern!) sollen die Sehnen beider Kniekehlen durchschnitten werden[47]. Die Aufzählungen messalianischer Lehren und Gebräuche in den Ketzerlisten beruhen auf den (verlorenen) Akten von Side, die schon Theodoret benutzte und welche noch Photius vorlagen. Verloren ist auch das „Asketikon", vielleicht ein Frage- und Antwortkatechismus nach Art des Asketikon des Basilius[48]. Die Grundanschauung des Messalianismus ist die des alten Mönchtums: Askese und Gebet führen zur Freiheit von Leidenschaften (Apatheia) und zum Empfang des Geistes und von Charismen. Die Messalianer betrachteten sich als Pneumatiker[49]. Gegenüber den himmlischen charismatischen Gaben verblassen Taufe und Abendmahl zu Adiaphora[50]. Der Mensch steht seit Adams Fall unter der Herrschaft des Bösen. Durch den Fluch über Adam fährt bei der Geburt ein Dämon in ihn und treibt zum Bösen. Dieser Dämon wird durch die Taufe nicht beseitigt, sondern kann nur durch beständiges Gebet niedergehalten werden. Doch bleibt die Willensfreiheit bestehen[51]. Obwohl „Makarius" vom Reich des Lichtes und der Finsternis spricht und die manichäische Vorstellung vom ständig wehenden Sturm im Reiche der Finsternis verwendet[52], ist er kein Manichäer. Er kennt nicht zwei ewige feindliche Prinzipien. Satan ist ein Geschöpf Gottes, das Reich des Bösen beginnt mit seinem Sturz. Makarius/Symeon, an geistigem Rang den großen Kappadoziern vergleichbar, wurde durch seine Homilien zu einer prägenden Kraft der byzantinischen Mystik[53] und wirkte bis in den deutschen Pietismus[54].

1967. – V. Desprez (Hrsg.), Ps. Macaire, Oeuvres spirituelles I, SC 275 (1980) (Lit.). – W. Strathmann (Hrsg.), Makarius-Symposium über das Böse, 1982. – 37 Epiph. haer. 80,3,2. 7,5. – 38 Polemik gegen das Stundengebet: s. Photius, Bibliotheca, cod. 52 S. 39,9–11 Henry. – LG 7,20 S. 184,25–185,4 Kmosko. – 39 Epiph. haer. 80,2–3.6. – 40 Epiph. haer. 80,3,7. – Theodoret, KG 4,11,5 (zu Adelphius u. Symeon). – 41 Kmosko CLXXXVIff.; CCf. – 42 S. R. Lorenz, ThR 25 (1949) 31. – 43 Timotheos MPG 86,1 col. 48a. – 44 J. Datema, CChr SG 3 (1978) S. XI. – Die Messalianer müssen etwa um die Mitte des 4. Jahrhunderts aufgetaucht sein. – 45 K. Holl, Amphilochius v. Ikonium in seinem Verhältnis zu den großen Kappadoziern, 1904,31–34. – 46 Konstantinopel 426. Qu.: V. Grumel, Les régestes des actes du patriarcat de Constantinople I,1 (1972) Nr. 49 S. 38; vgl. Nr. 46. – Gribomont, Dossier 616f. – Ephesus 431: Alberigo, Decreta 66,36ff. – 47 Kmosko CLXXXVIIf. – Zu dem Messalianer Lampetius, der Klöster im Taurus gründete, ebd. CCXLIX unten ff.; CXXVIIIf.; Photius cod. 52 S. 39,38–44,36 Henry. – 48 Dörries, Symeon I,8f.; 13ff. – Vergleich der Angaben Theodorets († c.466), des Presbyters Timotheus v. Konstantinopel (Zeit Justinians I.) und des Johannes v. Damaskus († vor 754) bei Kmosko CXXIV–CXXVIII (sie alle benutzten Side) u. bei Dörries, Symeon I, 425–41. – 49 Theodoret, Haer. fabul. 4,11. – Kmosko CCXXVff. – 50 Nachweis ähnlicher Züge im nicht-messalianischen Mönchtum bei Reitzenstein, Hist. Mon. 193ff.; 202 A. 3; 207ff. – Nagel, Motivation 69ff. – 51 Belege: Dörries, Symeon II,50ff.; 63ff.; 76ff. – 52 Hom. 2,4 S. 17,52ff. Dörries/Klostermann/Kroeger – 53 H. Dörries, Diadochus v. Photike u. Symeon, Wort u. Stunde I, 1966, 352–422. – H. V. Berger, Die Lichtlehre der Mönche des 14. und des 4. Jh.s, JÖB 31/2 (1981) 473–512. – 54 E. Benz, Die protestantische Thebais, AAMz 1 (1963).

b) Das beständige Gebet der (erst später so genannten) *Akoimeten* („Schlaflosen") in der Tag und Nacht mit abwechselnden Chören gesungenen Doxologie beruht nicht auf einem solchen metaphysischen Dualismus, sondern auf der biblischen Weisung: Betet ohne Unterlaß! (Ps. 33 [34], 2; 1 Thess. 5, 17). Der Begründer der Akoimeten, der Grieche Alexander, welcher in Konstantinopel in einem officium des Stadt- oder Gardepräfekten tätig war, entsagte um 380 der Welt[55] und begab sich in das Kloster eines Abtes Elias, vermutlich in Mesopotamien. Hier tritt schon sein Interesse an der Psalmodie und an der buchstäblichen Befolgung der Gebote Jesu hervor. Weil das Kloster gegen Matth. 6, 34 Lebensmittel für den folgenden Tag sammelt, verläßt er es nach 4 Jahren und beginnt die apostolische Nachfolge als Anachoret, was sich über Jahrzehnte erstreckt. Zeitweise haust er am Euphrat in einem eingegrabenen Vorratskrug (Pithos) und schweift tagsüber betend auf den Bergen; beides sind „syrische" Formen der Askese. Jünger sammeln sich, für die er ein Kloster gründet. Er unternimmt zwischendurch apostolische Wanderungen als „Erzieher zur Gerechtigkeit" und verläßt (um 420?) schließlich mit 150 Mönchen das Kloster am Euphrat. Sie ziehen im Limesgebiet zwischen Euphrat und Palmyra psalmodierend ohne Vorräte, nur mit der hl. Schrift versehen, umher und werden in den Limeskastellen durchgefüttert. Nach einem Zwischenspiel in Antiochien, wo sie der Bischof verfolgt, gelangt Alexander endlich mit einem Rest von 24 Mönchen um 425 nach Konstantinopel[56]. Klerikale Neider vertrieben ihn auch dort. Er gründet sein letztes Kloster in Goma (am nördlichen Ausgang des Bosporus), wo er um 430 stirbt[57]. Sein Nachfolger verlegt das Kloster nach Eirenaion am mittleren Bosporus[58]. Von dort wird das 463 in Konstantinopel erbaute und später berühmte Kloster Studion mit Akoimetenmönchen besiedelt[59]. Die akoimetische Psalmodie findet sogar im Abendland eine Nachahmung in Agaunum (Wallis)[60].

§ 6. Das Mönchtum in Kleinasien und in Konstantinopel

Qu.: Pr. Maran, Vita s. Basilii, 1730. Abgedruckt MPG 29 (1857) S. I–CLXXVII.
Bibl.: P. J. Fedwick, Basil of Caesarea, Christian, Humanist, Ascetic, 2 Bd., 1981, Bd. 2, 627–99.

1. In *Kleinasien* gab es neben den althergebrachten „virgines" schon in den ersten Jahrzehnten des vierten Jahrhunderts mannigfache Formen der Askese und Apotaxis auf dem Boden des strengen Novatianismus[1] und der enkratitischen Sekten[2]. Vor 341 (Konzil v. Gangra) trat Eustathius, der etwa 300 bis nach 377 lebte, als Vorkämpfer der asketischen Bewegung auf. Vom Radikalismus der in Gangra ver-

---

55 *Qu.:* Vie d'Alexandre l'Acémète, ed. E. de Stoop, PO VI, 5 (1911) 645–704 (= VAl) mit wichtiger Einleitung. – G. Dagron (Hrsg.), La vie ancienne de s. Marcel l'Acémète, AnBoll 86 (1962) 271–321 (= VM). – Kallinikos, Vita Hypatii, SC 177 (1971) (Bartelink) c. 41 S. 242–46 (Bibl.). – *Lit.:* Tillemont, Mémoires XII, 490–98.682. – „Acémètes", DACL I, 1 (1907) 307–21 (J. Pargoire). – Schiewitz 3, 368–74. – Vööbus, Asceticism 2, 185–91. – „Akoimeten", TRE 2 (1978) 148–52 (R. Riedinger). – 56 Einzelheiten: VAl S. 687–92. – 57 Tillemont XII, 682. – 58 VM 7. – 59 Theodoros Anagnostes, GCS 1971 S. 108, 29 ff. ed. G. C. Hansen. – Theophanes, Chronogr. I S. 113, 3 de Boor. – 60 Gregor v. Tours, Hist. Franc. 3, 5.
1 Sozom. 1, 14, 9: der Einsiedler Eutychianus zur Zeit Konstantins. – 2 S. o. § 1 Nr. 2.

urteilten Eustathianer[3] lenkte er in kirchliche Bahnen zurück; er wurde vor 356 Bischof von Sebaste (Armenia II)[4]. Durch die von ihm angeregten Bruderschaften und seinen Einfluß auf Basilius v. Cäsarea wurde er zum Begründer des Mönchtums in Kleinasien[5]. Kennzeichnend für Eustathius ist die Verbindung von Askese und Liebestätigkeit. Er errichtete ein Hospiz in Sebaste, was zur Absonderung seines Presbyters Aërius führte, der darin eine Bedrohung der Abgeschiedenheit von der Welt sah[6]. Eustathius legte großen Wert auf das mönchische Gewand, welches die Trennung von der Welt unterstrich[7]. Die Anfänge des Mönchtums in Konstantinopel wurden durch Marathonius, einen Jünger des Eustathius, in dessen Sinn beeinflußt (Gründung von Hospiz und Kloster)[8]. Eustathius war vor dem Konzil von Gangra Presbyter unter Euseb von Konstantinopel (früher von Nikomedien), der ihn wegen mißliebiger „Verwaltung"[9] absetzte. Das Mönchtum in Konstantinopel ist also von Nicht-Nizänern gestiftet, was die offizielle Hagiographie verschweigt[10].

2. Daß die Wirklichkeit in Kleinasien bunter aussah, zeigt ein Blick auf *Seleukia in Isaurien*, wo beim Heiligtum der Thekla männliche und weibliche „Apotaktiten" zusammenströmten und monasteria (Zellen) bauten[11]. Zur eustathianischen Bewegung gehört offenbar auch der Diakon Glykerius in Venata bei Nazianz, der ein besonderes Gewand trug, die Hierarchie verachtete (wie Aërius) und 374 bei einem Feste nach religiösen Tänzen mit einem Schwarm Jungfrauen in die Anachorese zieht[12].

3. *Basilius von Cäsarea* bricht 356, bewogen vom Ruhm der „Philosophie" (Askese) des Eustathius, seine Studien in Athen ab.

a) Er läßt sich nach einer asketischen Bildungsreise zu den Mönchen Ägyptens, Palästinas, Kölesyriens und Mesopotamiens[13] im felsigen Waldtal des Flusses Iris, nahe dem Landgut Annisi seiner Familie, nieder[14]. Durch beratendes und tätiges Eingreifen in Angelegenheiten der Gemeinde von Cäsarea gelangt er zielstrebig dort zur Bischofswürde; nicht ohne Widerstand.

b) In der Einöde am Iris war Gregor v. Nazianz mit anderen zu ihm gestoßen. Basilius und Gregor verfaßten hier nicht nur die „Philokalie", eine Blütenlese aus

3 Diese lehnten Ehe, Familie, Besitz, den Geschlechtsunterschied und verheiratete Geistliche ab. Verheiratate können nicht ins Reich Gottes eingehen. Die Opfergaben der Gemeinde stehen den Asketen zu. LAUCHERT, Kanones 79–83. – HEFELE/LECLERCQ I, 2 (1927) 1029/45. – 4 Athanasius, ep. Aeg. et Lib. 7. – 5 Sokr. 2, 43, 1–6. – Sozom. 3, 14, 31–37; 4, 27, 3–4. – Basilius, ep. 119; 222. – 6 Epiph. haer. 75. – WALCH, Entwurf 3, 321–38; 536.77. – F. LOOFS, Eustathius v. Sebaste und die Chronologie der Basiliusbriefe, 1898. – „Aërius", LThK 1 (1957) 164f. (BACHT). – „Eustathius v. S.", TRE 10 (1982) 547–50 (W. D. HAUSCHILD). – J. GRIBOMONT: S. Basile, Evangile et Eglise, Mélanges 1984. – 7 Basil. ep. 223, 3. Vgl. Sokr. 2, 43, 1. – 8 Sokr. 2, 38, 4. – Sozom. 4, 27, 4. – J. PARGOIRE, Les débuts du monachisme à Constantinople, RQH 65 (1899) 67–143. – G. DAGRON, Les moines et la Ville. Le monach. à Constantinople jusqu'au concile de Chalcédoine, Travaux et Mém. (Centre de rech. d'hist. et de civil. byzant.) 4 (1970) 229–76. – DERS., Naissance d'une capitale. Constantinople et ses institutions de 330 à 451, 1974. – 9 ἐπὶ διοικήσεως … καταγνωσθείς, Sozom. 4, 24, 9. Vermutlich liegt eigenmächtige Zuweisung der Gemeindeopfer an Asketen vor, vgl. Gangra Kanon 7 u. 8 u. Synodalbrief S. 79, 29–31 LAUCHERT. – 10 DAGRON, Moines 231 A. 9. – 11 Egeria, Itin. 23, 1–6 S. 29 f. PRINZ. – G. DAGRON, Vie et miracles de s. Thècle, 1978, 58; 72 ff. – R. ALBRECHT, Das Leben der hl. Makrina auf dem Hintergrund der Thekla-Tradition, 1986, 277–302. – 12 Basilius epp. 169–71, die aber Gregor v. Nazianz gehören: A. CAVALLIN, Studien zu den Briefen des hl. Basilius, Lund 1944, 81–92. – A. M. RAMSAY, The historical geography of Asia Minor, 1890, 292 f. – 13 Bas., ep. 1; 223, 2. – 14 Beschreibung (Ekphrasis) der Landschaft: Basilius, ep. 14. – Gregor v. Naz. epp. 4–6. – Lage von Annisi: SC 178 (1971), Grégoire de Nysse, Vie de s. Macrine, S. 39 mit A. 3 (P. MARAVAL).

Origenes, sondern auch Regeln (ὅϱοι) für die sich sammelnde Bruderschaft[15]. Das sind die Anfänge der Moralia des Basilius, einer Zusammenstellung neutestamentlicher Texte in Frage- und Antwortform als Anweisung für das Leben des Christen[16]. Basilius ist ein entschiedener Vertreter des Koinobitentums, sieht aber auch Anachoretenzellen in der Nähe seiner Klöster vor[17]. Wie bei Eustathius sind Kloster und Armenhospiz verbunden. Die Mönchsgemeinde ist für Basilius die eigentliche Kirche. Bei den basilianischen Klöstern fehlt der strenge Zentralismus des pochomianischen Klosterverbandes. Auf das Abendland wirkte die Regel des Basilius in der Übersetzung Rufins[18].

15 Gregor. Naz. ep. 6, 4. – 16 CPG 2875 f. – Gribomont, S. Basile, Evang. et Eglise, 1984, 2 Bd. Nr. X. – D. Amand de Mendieta, L'ascèse monastique de s. Basile, 1949. – S. Frank, Mönchische Reform im christl. Altertum. Eustathius v. Sebaste u. Basilius v. C. In: FS E. Iserloh, 1980, 35–50. – Ders., Basilius v. C., Die Mönchsregeln, 1981 (Ü.). – J. F. Laun, Die beiden Regeln des Basilius, ihre Echtheit u. Entstehung, ZKG 44 (1925) 1–61. – B. Gain, L'église de Cappadoce au IVe siècle d'après la correspondance de Basile de C., 1985, 122–63 (Mönchtum). – 17 Gregor v. Naz. or. 43, 62, 4. – 18 CPG 2876. – R. Lorenz, Die Anfänge des abendländischen Mönchtums im 4. Jahrhundert, ZKG 57 (1966) 1–61 (45 ff.).